2023年度国家出版基金资助项目
"十四五"时期国家重点出版物出版专项规划项目
中国建材工业智能制造研究与实践丛书

中国石材行业
智能制造研究与实践

主 编 张进生 赵 民

中国建材工业出版社
北 京

图书在版编目（CIP）数据

中国石材行业智能制造研究与实践/张进生，赵民主编． --北京：中国建材工业出版社，2024.8

（中国建材工业智能制造研究与实践丛书/江源主编）

ISBN 978-7-5160-3717-1

Ⅰ．①中… Ⅱ．①张… ②赵… Ⅲ．①石材工业–建筑材料工业–智能制造系统–研究–中国 Ⅳ．①F426.91

中国国家版本馆 CIP 数据核字（2023）第 015694 号

中国石材行业智能制造研究与实践

ZHONGGUO SHICAI HANGYE ZHINENG ZHIZAO YANJIU YU SHIJIAN

主　编　张进生　赵　民

出版发行：中国建材工业出版社

地　　址：北京市西城区白纸坊东街 2 号院 6 号楼

邮　　编：100054

经　　销：全国各地新华书店

印　　刷：北京印刷集团有限责任公司

开　　本：787mm×1092mm　1/16

印　　张：18.25

字　　数：400 千字

版　　次：2024 年 8 月第 1 版

印　　次：2024 年 8 月第 1 次

定　　价：96.00 元

本社网址：www.jccbs.com，微信公众号：zgjcgycbs

请选用正版图书，采购、销售盗版图书属违法行为

版权专有，盗版必究。本社法律顾问：北京天驰君泰律师事务所，张杰律师

举报信箱：zhangjie@tiantailaw.com　　举报电话：(010)63567684

本书如有印装质量问题，由我社事业发展中心负责调换，联系电话：(010)63567692

《中国建材工业智能制造研究与实践丛书》

总 策 划：佟令玫（经济日报出版社社长、中国建材工业出版社社长）

顾问委员会

顾　　问：杜善义（中国工程院院士）
　　　　　柴天佑（中国工程院院士）
　　　　　缪昌文（中国工程院院士）
　　　　　瞿金平（中国工程院院士）
　　　　　张联盟（中国工程院院士）
　　　　　彭　寿（中国工程院院士）
　　　　　董绍明（中国工程院院士）
　　　　　钟义信（发展中世界工程技术科学院院士）

主任委员会

主 任 委 员：张广沛（中国建筑材料联合会监事长）
　　　　　　孔祥忠（中国水泥协会执行会长）
　　　　　　张佰恒（中国建筑玻璃与工业玻璃协会会长）
　　　　　　齐子刚（中国石材协会常务副会长）
　　　　　　徐熙武（中国建筑卫生陶瓷协会副会长）
　　　　　　胡幼奕（中国砂石协会会长）
　　　　　　李卫国（中国建筑防水协会会长）
　　　　　　王　兵（中国绝热节能材料协会会长）
　　　　　　刘能文（中国木材保护工业协会会长）
副主任委员：曾令荣（中国建筑材料工业规划研究院院长/
　　　　　　　　　建筑材料工业信息中心主任）

王郁涛（中国水泥协会秘书长）
杨晓东（中国砂石协会副秘书长）
胡希宝（中国建筑防水协会副秘书长）
邓惠青（中国石材协会原副秘书长）
何　进（广东省玻璃行业协会会长）
万永宁（广东省玻璃行业协会原会长）
陈　林（广东省玻璃行业协会秘书长）
刘长雷（中国玻璃纤维工业协会秘书长）
韩继先（中国绝热节能材料协会常务副会长兼秘书长）
韩玉杰（中国木材保护工业协会执行秘书长）

丛书编委会

主　　编：江　源（国家智能制造专家委员会委员/中国建筑材料工业规划研究院副院长/建筑材料工业信息中心常务副主任）
编　　委：王孝红（济南大学自动化研究所所长）
　　　　　曾令可（华南理工大学材料科学与工程学院教授）
　　　　　李如燕（中国物资再生协会墙材革新与再生建材工作委员会主任）
　　　　　何　成（上海第二工业大学智能制造与控制工程学院教授）
　　　　　胡立志（中建西部建设股份有限公司副总经理）
　　　　　刘华东（四川华西绿舍建材有限公司党委书记、董事长）
　　　　　师海霞（中国混凝土与水泥制品协会副秘书长）
　　　　　方立波（世邦工业科技集团股份有限公司总经理）
　　　　　许武毅（中国南玻集团股份有限公司工程玻璃事业部原应用技术总监）
　　　　　刘起英（中国玻璃控股有限公司总工程师）
　　　　　陆思远（广东高力威机械科技有限公司总经理）
　　　　　吴士慧（北京东方雨虹防水技术股份有限公司副总裁）
　　　　　李　萍（新明珠集团股份有限公司智能制造与能源总监）
　　　　　韩　文（景德镇陶瓷大学机械电子工程学院院长）
　　　　　张进生（山东大学日照研究院院长）
　　　　　张文进（中材科技股份有限公司副总裁）
　　　　　于亚东（中国巨石股份有限公司信息技术中心主任）
　　　　　王　屹（南京玻璃纤维研究设计院有限公司院长、党委副书记）

本书编委会

主 任 委 员：齐子刚（中国石材协会常务副会长）

副主任委员：邓惠青（中国石材协会原副秘书长）

主　　　编：张进生（山东大学机械工程学院教授、山东大学日照研究院院长）

　　　　　　赵　民（大连工业大学艺术与信息工程学院机械工程系主任）

副　主　编：邓惠青（中国石材协会原副秘书长）

　　　　　　邱建平（佛山慧谷科技股份有限公司董事长）

　　　　　　陈思扬（云浮市科特机械有限公司总经理）

　　　　　　苏永定（福建盛达机器股份公司董事长）

　　　　　　林智敏（泉州市海恩德机电科技发展有限公司总经理）

　　　　　　邓飞舟（佛山慧谷科技股份有限公司总经理）

参　　　编：李忠远（佛山慧谷科技股份有限公司常务副总经理）

　　　　　　王文浩［吾尚良品环境服务（上海）有限公司副总经理］

　　　　　　吴　建（泉州华大超硬工具科技有限公司董事长）

　　　　　　柯金镛（福建晋工机械有限公司总经理）

　　　　　　蔡栋梁［福建南安冠尊建材发展有限公司（花岗石直采平台）
　　　　　　　　　　董事长］

　　　　　　林火烟（晋江华宝石业有限公司董事长）

　　　　　　叶根翼（福建兴翼机械有限公司董事长）

　　　　　　王　飞（齐鲁工业大学副教授）

　　　　　　王一彩（山东大学日照研究院石材工程研究中心副主任）

　　　　　　张　恒（山东大学机械工程学院助理研究员）

　　　　　　王炜富（大连工业大学艺术与信息工程学院副教授）

　　　　　　孙　孟（大连工业大学艺术与信息工程学院讲师）

　　　　　　马浩燊（建筑材料工业信息中心智能制造研究中心主任助理）

参编单位： 佛山慧谷科技股份有限公司

　　　　　　云浮市科特机械有限公司

　　　　　　福建盛达机器股份公司

　　　　　　泉州市海恩德机电科技发展有限公司

　　　　　　吾尚良品环境服务（上海）有限公司

　　　　　　泉州华大超硬工具科技有限公司

　　　　　　福建晋工机械有限公司

　　　　　　福建南安冠尊建材发展有限公司（花岗石直采平台）

　　　　　　晋江华宝石业有限公司

　　　　　　福建兴翼机械有限公司

出版者的话

实现中国式现代化需要出版出力发力

如果你不是在工厂里工作，就会觉得制造业离我们很远，厂房里那些巨型的机器设备和复杂的工艺流程是我们普通人无法想象的。但其实制造业又离我们很近，我们居住的空间内，看得见的门窗、地板、吊顶、瓷砖、卫生洁具，等等；看不见的混凝土、水泥、砂石、保温材料、防水材料……这些无处不在、数不清的建筑材料正是由大量的生产加工企业经过各种不同工艺流程制造完成的，并被用于社会生活中的各类场景中，构成了可以给我们带来安全舒适体验的生活和工作空间。由此可见，社会生活与制造业的发展息息相关，而作为制造业重要组成部分的建材行业的高质量发展，也必将助力人民实现对美好生活的向往。

我国制造业的基础很好，是世界上唯一一个拥有联合国产业分类当中全部工业门类的国家，拥有41个工业大类、207个工业中类、666个工业小类，形成了比较独立完整的产业链体系。我国已成为世界第二大经济体、第一工业大国、第一制造大国，在国际分工的格局中，成为全球产业链中不可或缺的重要环节。

从制造大国向制造强国迈进离不开智能化。我国拥有支撑智能化的巨大互联网基本盘，截至2022年，我国网民人数已达10.67亿，成为全球规模最大的网络社会。从2012年到2021年，我国数字经济年复合增速达15.9%。移动物联网发展已经实现了"物超人"，物联网连接数量超过人联网数量，已建成全球规模最大、技术领先的光纤宽带和5G网络，形成全球规模最大、应用广泛、创新活跃、生机勃勃的网络社会。这些阶段性成果是我国推动网络应用从虚拟到实体、从生活向生产跨越的重要基础。

建材行业作为我国传统制造业的重要组成部分，进行智能制造数字化转型十分迫切。通过出版相关图书，实现建材行业最新成果转化，促进建材工业与信息化、智能化技术在更广范围、更深程度、更高水平上实现高质量融合发展，是我们策划《中国建材工业智能制造研究与实践丛书》的初衷。

"明者远见于未萌，知者避危于无形"。智能化的书最令人担心的就是"一旦出版就已落伍"，因此我们对这套丛书的前瞻性或者说超前性提出了特别要求，希望这套书可以帮您预见未来，可以带领您前行几步，可以告诉您一些您不知道的，达到"启发"的目的，所以我们在丛书名里加上了"研究"两个字，希望本书可以收录一些在实验室阶段的研究工作成果,这些成果虽然充满未知,但是有方向感。丛书名里的"实践"二字,则希望通过这套书充分展示行业成功的智能化案例,让这些"干货"可以再次用于指导实践,让更多企业照着做就可以,最终协助更多企业创造更多社会价值。

《中国建材工业智能制造研究与实践丛书》有幸入选"十四五"时期国家重点出版物出版规划项目和2023年度国家出版基金项目。在立项之初,我们提出了"坚持正确导向,代表国家水平,体现创新创造"的目标要求,坚持"一主线、两延伸、三融合"的编写原则。"一主线"指的是要以智能制造工艺过程中关键核心技术为主;"两延伸"指的是我们对于智能制造的理解要往前端和后端适度延伸,并且应该包括机器智能和平台智能两部分,既要牢牢把握住关键技术这个核心,也要向前端的需求分析、客户信息、订单处理、原材料采购和后端的营销、仓储、物流、服务等环节延伸,以体现机器智能和平台智能的完整性;"三融合"指的是工艺技术与新发展理念的融合、工艺技术和智能技术的融合、工艺技术与先进案例的融合。

如今,这套丛书在众多院士、专家、教授、专业技术人员和行业协会、建材企业的共同努力下陆续出版面世,作为服务建材行业的专业出版机构,我们深感欣慰。欣慰的是,丛书的出版适逢党的二十大胜利召开后的春天,也正是全国上下深入学习贯彻习近平新时代中国特色社会主义思想和党的二十大精神,并以中国式现代化全面推进中华民族伟大复兴的重要历史时期。出版的意义格外重大。

中国式现代化离不开建材产业的现代化,建材产业的现代化更离不开每一个企业的现代化,而智能化又是当下每一个企业实现现代化的重要路径之一。

实现中国式现代化需要出版出力发力。希望《中国建材工业智能制造研究与实践丛书》能够发挥好"十四五"时期国家重点出版物出版规划项目的优势,让专业图书更好发挥产业价值,真正惠泽行业企业,助力建材行业在实现中国式现代化的道路上行稳致远。

经济日报出版社社长、中国建材工业出版社社长

《中国建材工业智能制造研究与实践丛书》总策划

丛书序言

随着新一轮科技革命和产业变革深入发展，智能制造正引领全球制造业发展变革的方向，成为全球制造业科技创新制高点和全球经济发展新引擎。党的二十大报告提出，"推动制造业高端化、智能化、绿色化发展"，并将其作为建设现代化产业体系的一个重要着力点。作为制造强国建设主攻方向，智能制造是制造业实现质的有效提升和量的合理增长的有效途径，能够推动制造业产业模式和企业形态根本性转变，对于加快建设现代化产业体系、巩固壮大实体经济、促进我国产业迈向全球价值链中高端具有重要意义。

建材行业是支撑国民经济发展的重要基础原材料产业，发展智能制造是实现建材行业"宜业尚品，造福人类"发展战略的重要举措。近年来，我国建材行业智能制造取得了积极进展和明显成效，通过开展试点示范、培育系统解决方案供应商、探索建立标准体系等方式在智能制造领域取得了快速发展及明显成效，智能制造装备和先进工艺在建材行业不断普及，关键工艺流程数控化率大大提高。一是智能制造数字化转型政策不断完善，工业和信息化部发布了《原材料工业数字化转型工作方案（2024—2026 年）》《建材工业智能制造数字转型三年行动计划（2020—2022 年）》《建材行业数字化转型实施指南》等文件，对推动建材行业智能制造的发展起到了积极作用。二是智能制造标准成为建材行业推动智能制造的主要抓手，工业和信息化部发布了《建材行业智能制造标准体系建设指南》，成立了建材行业智能制造标准工作组，制定了一批建材行业智能制造标准。三是探索出一些具有代表性和示范效应的智能工厂，有多家建材企业入选智能制造试点示范项目。四是智能制造关键共性技术上取得了一定的创新突破，先进控制系统、工艺仿真优化等技术的应用逐步普及，工业互联网、人工智能、5G、云计算、大数据等新一代信息技术与建材制造技术的融合逐渐显露。

同声相应，同气相求。中国建材工业出版社联合众多院士、专家、教授、专业技术人员和行业协会、科研院所、建材企业，编写了《中国建材工业智能制造研究与实践丛书》，涵盖水泥、玻璃、建筑卫生陶瓷、混凝土、防水、机制砂石、玻璃纤维、石材、绝热节能材料等分册，对建材行业各细分领域智能制造发展现状、智能制造关键核心技术、生产工艺智能化应用、典型案例等展开系统地分析和阐释，针对建材工业各细分领域智能制造的发展路径提出许多前沿观点和建设性参考,并提出需要学界和业界进一步探索的问题,为建材行业智能制造发展贡献智慧力量。

独木不林,单弦不音。本丛书付梓面世凝聚了各方心血,是众多作者多年研究成果与工作经验的总结,充分展示了各领域关于智能制造研究与应用的最新成果和前沿进展,具有很高的学术前瞻性与工程实践性。丛书入选国家"十四五"时期国家重点出版物出版专项规划项目,并获得2023年度国家出版基金资助,不仅体现了国家对建材行业科技创新的高度重视,也彰显了建材行业有识之士的责任和担当。中国建材工业出版社为编辑出版精心谋划、鼎力投入,各位作者凝心聚力进行高水平创作,在此谨致谢忱。

期待《中国建材工业智能制造研究与实践丛书》的编撰、发布和应用,能够为从事建材工业智能制造的理论研究者、政策制定者和实践探索者提供良好的借鉴,促进行业管理部门、科研院所、广大企业之间的交流,助力智能制造人才培养,引领广大科技工作者协力推动智能制造重大科技创新和推广应用,为发展新质生产力,推进新型工业化,实施网络强国、数字中国、人才强国战略作出贡献。

国家智能制造专家委员会委员

序　言

现阶段，智能制造正以前所未有的力量重塑全球制造业的格局，石材行业亦在这股浪潮中奋勇前行，探索转型升级的创新之路。《中国石材行业智能制造研究与实践》一书的付梓，无疑是行业发展进程中的一座重要里程碑。

作为中国石材行业的一员，我深感欣慰和自豪。多年来，中国石材行业历经风雨，从传统的手工操作到机械化生产，再到如今向智能制造的迈进，每一步都凝聚着无数石材人的智慧和汗水。

对中国石材行业而言，智能制造并非一个陌生的概念，而是关乎行业未来生存与发展的关键抉择。过去，我们凭借丰富的石材资源和吃苦耐劳的精神，在国际市场上占据了一席之地。然而，随着全球经济环境的变化、市场需求的升级以及资源环境约束的日益增强，传统的生产模式已难以适应新的发展要求。智能制造的出现，为行业打破困境、实现高质量发展提供了可能。

这本书全面而深入地研究了中国石材行业智能制造的现状与未来发展趋势。它不仅系统梳理了智能制造的相关基础理论和技术，而且通过丰富的案例和实践经验，为广大石材企业提供了极具参考价值的解决方案。书中内容涵盖从石材的开采、加工、运输到销售的全产业链，强调了信息化、自动化、智能化技术在各个环节的应用与融合。

同时，本书深入探讨了智能制造在推动石材行业绿色发展方面的重要作用。智能化的生产管理和节能减排技术的应用，能够有效降低行业的能耗和污染物排放，实现可持续发展。这对我们建设美丽中国、推动经济社会发展全面绿色转型具有重要意义。

然而，我们要清醒地认识到，中国石材行业的智能制造之路依然任重道远。目前，行业内仍存在着企业发展不平衡、技术创新能力不足、专业人才短缺等问题。但我们坚信，只要全行业齐心协力，不断加大研发投入，加强人才培养和引进，积极开展国际合作与交流，就一定能够攻克这些难关，实现中国石材行业由"制造"向"智造"的华丽转身。

在此，衷心希望《中国石材行业智能制造研究与实践》一书能够成为广大石材行业从业者的良师益友，为大家在探索智能制造的道路上提供有益的启示和指导。也希望更多有识之士关注和支持中国石材行业的发展，共同推动中国石材行业迈向更加辉煌的明天。

中国石材协会常务副会长

2024年6月

前　言

古往今来，石材文化如耀眼的明星在历史长河中闪烁。石头作为一种文化的载体，从远古以来，陪伴人类一直走到现在、走向未来。中华民族几千年的石文化源远流长。我们祖先利用石材的历史可以追溯到几十万年前的蓝田人，正是这些早期人类用石器打造工具，由此打开人类进化的闸门，使创造性思维融入历史长河中。在人类数千年的文化积累和自然界的万千变化之中，人类与石材结下不解之缘。人类用石材创造文明，石材给人类带来智慧和灵感。从埃及的金字塔到中国的三大石窟无不彰显石材的魅力和人类创造的智慧。

当时间进入21世纪，世界科技发展日新月异，智能制造、互联网、元宇宙、大数据、云计算等更是让人应接不暇、耳目一新，同时也使古老的石材焕发青春和朝气。从石材矿山开采到石材加工也都插上科技的翅膀，呈现出勃勃生机。石材矿山开采早已脱离了锤打钎凿时代，绿色矿山、数字化矿山、智慧矿山更是焕然一新。石材加工装备也从一勺一沙步入数字化、信息化、智能化、网络化快车道。

本书作者都是长期从事石材加工的专家、学者和一线技术人员。书中所阐述的石材加工理论和生产实例代表了石材行业新技术和新工艺。其目的就是向读者介绍石材行业新面貌。读者可以通过此书更加全面了解和掌握石材矿山开采、石材加工装备智能化和数字化知识。该书可以作为相关大专院校专业教材，同时也适用于石材行业技术人员参考阅读。

全书共分六章。第一章石材行业智能制造概述，主要阐述了石材行业现状、石材制品生产技术与装备发展，同时介绍了智能制造、人工智能、工业物联网、5G技术、数字孪生技术等。第二章石材数控加工装备，重点介绍了矿山开采数控装备、板材锯解数控装备等原理、结构和控制系统等。第三章石材制品自动化生产技术，主要包括石材制品自动化生产线、石材数控研磨生产线的工作原理、结构和控制系统。第四章石材数字化加工技术，主要包括石材板自动扫描系统、石材板自动裁切系统、板材加工孪生数据的工作原理和控制系统。第五章石材生产智能化信息管理系统，包括石材生产数字化车间布局、车间设备管控信息化、石材加工物联网技术、石材生产智能化信息管理系统整体实现。第六章石材制品智能化生产案例，主要介绍了石材制品智能化生产系统、石材板自动扫描系统、花岗石直采平台、石材制品智能生产线、高效智能化装备开采典型案例、智能绳锯机和智能圆盘锯物联网平台、石英石板材智能磨抛生产线、石材固废资源化处理生产系统、石材工程智能化养护技术。

参加本书编写的主要人员有张进生、赵民、邓惠青、王飞、王一彩、张恒、王炜富、孙孟等。

由于作者水平有限，书中难免有错误和不妥之处，恳请读者批评指正。

本书获得"十四五"时期国家重点出版物出版专项规划项目和2023年度国家出版基金资助项目支持，在此表示感谢！

编 者

2023 年 10 月

关于作者

张进生，山东大学机械工程学院教授、博士生导师，泰山产业领军人才、省智库专家。现任山东大学建材与建设机械研究中心主任、山东省石材工程技术研究中心主任、山东大学日照研究院院长，兼任山东省石材行业协会会长、中国石材协会机械与工具专委会专家组组长等。

致力于石材产业高效绿色智能化生产技术研发服务30余年，创建了具有山东大学特色的石材工程研发服务队伍；研制了"数控石材制品加工技术与系列设备""石材高效复合加工中心"等智能化装备和高端工具；获省部级科技奖励一等奖1项，二、三等奖10余项，获授权专利70余项；发明专利50余项，发表论文近200余篇，出版著作9部。

赵民，博士，教授，在东北大学机械制造专业获工学学士学位和博士学位，在武汉理工大学获工学硕士学位。现任大连工业大学艺术与信息工程学院机械工程系主任、德国斯图加特大学公派访问学者、中科院沈阳金属研究所高级访问学者，兼任中国矿山标准委员会委员、中国建材标准委员会委员。

主持完成省部级课题60多项，获辽宁省科技进步奖2项、住房城乡建设部科技进步奖1项；发明专利3项，发表学术论文200多篇，出版专著和教材8部。

目 录

1 石材行业智能制造概述 /1

1.1 石材行业现状 /1
1.2 石材行业生产制造现状 /2
1.3 石材行业智能制造现状与发展趋势 /5
1.4 智能制造相关标准与技术体系 /11

2 石材数控加工装备 /21

2.1 矿山开采数控装备 /21
2.2 板材锯解数控装备 /44
2.3 荒料整形金刚石绳锯机 /63
2.4 数控桥式切机 /80
2.5 石材加工中心 /99
2.6 石材异型制品数控加工设备 /110
2.7 石材制品加工机器人 /114

3 石材制品自动化生产技术 /123

3.1 石材制品自动化生产线 /123
3.2 石材数控研磨生产线 /129

4 石材数字化加工技术 /135

4.1 石材板自动扫描系统 /135
4.2 石材板自动裁切系统 /141
4.3 板材加工孪生数据 /147

5 石材生产智能化信息管理系统 / 151

- 5.1 石材生产数字化车间布局 / 151
- 5.2 车间设备管控信息化 / 172
- 5.3 石材加工物联网技术 / 177
- 5.4 石材生产智能化信息管理系统整体实现 / 179

6 石材制品智能化生产案例 / 187

- 6.1 石材制品智能化生产系统 / 187
- 6.2 石材板自动扫描系统 / 200
- 6.3 花岗石直采平台 / 206
- 6.4 石材制品智能生产线 / 212
- 6.5 高效智能化装备开采典型案例 / 214
- 6.6 智能绳锯机和智能圆盘锯物联网平台 / 231
- 6.7 石英石板材智能磨抛生产线 / 234
- 6.8 石材固废资源化处理生产系统 / 253
- 6.9 石材工程智能化养护技术 / 257

参考文献 / 272

1 石材行业智能制造概述

1.1 石材行业现状

石材行业属于资源型的产业，矿业+加工业构成了石材产业的主体。与此相关的还有石雕石刻业、石材机械装备与工具制造业、人造石产业、石材流通业、石材装饰装修和护理服务业等。石材业也是低碳环保型产业，万元产值综合能耗仅为 0.2t 标准煤，远低于建材行业 2.85t 标准煤的平均水平。

石材作为一种低碳环保、耐用、高档的建筑装饰装修材料，能引导装饰业消费时尚，特别能通过颜色、形态、线条为消费者营造和谐空间，深受人们喜爱，在人类社会发展的各个时期应用历史悠久，从古至今，被广泛应用在公共建筑、寺庙、市政工程、家庭装修以及精密机械制造等领域。

我国石材资源丰富，储量大、品种多，其中花岗石的储量位居世界第一位。目前我国具备一定规模的花岗石、大理石等品种多达上千种。丰富的石材资源为我国石材行业的发展奠定了基础。当前，我国石材行业的基本业态是：除少数年销售额达到 10 亿~30 亿元的大型龙头企业以外，行业构成是以中小型企业为主，全国各类石材企业有数万家之多，其中规模以上企业占 10% 左右，行业集中度较低。石材企业主要分布在东南沿海的经济发达地区、大中型城市圈周边和石材资源产地，呈现集群化发展态势。由于改革开放以来，国产石材出口量不断增加以及世界上不同地域的石材花色、纹理存在差异性，决定了我国石材业的国际贸易与合作交流较其他建材行业更为活跃。2023 年，我国进口石材 1067 万 t，出口石材（不含 25174900 项下碎石及石粉）783 万 t，石材产品的进出口贸易额多年位居建材行业前列。

随着人们对石材制品的需求越来越多，石材产业得到了迅猛发展。从传统走向现代是我国石材行业发展的显著特点。20 世纪 80 年代以前，石材行业基本上是手工或半机械化的传统开采和加工方式，工艺技术和装备水平十分落后，石材产品主要是以国产大理石为主，产量低，质量差。我国的改革开放政策打开了面向世界的大门，以意大利、德国和西班牙等欧洲发达国家为代表的先进石材机械、装备和工艺技术大量进入，通过引进、消化、吸收与创新，使我国石材行业装备的技术发展水平得以显著提高。随着国产金刚石工具的研发成功和普及应用，石材产品特别是硬质石材（花岗石等）的加工成本大幅降低，国产机械装备的加工能力和水平得到了质的飞跃，产品品种不断增加，质量得到显著提升，石材行业取得了突飞猛进的发展。

近十几年来，我国石材年产销量、产业规模始终位居世界首位。2023 年，石材行业规模以上企业数量 3526 家，规模以上企业主营业务收入 2749.4 亿元，石材行业规模以上企业板材产量为 8.2 亿 m^2；其中，规模以上石材企业 2016 年销售收入达到 4755 亿元；2021 年总产量为 11.2 亿 m^2，分别达到历史峰值。

伴随着我国石材行业的发展，我国石材机械与工具行业通过模仿创新和集成创新发展，很好地配合、适应了石材的发展需求，并走出具有自身特色的由小到大的发展道路，建成了门类齐全、独立完整的石材产业体系，尤其是在矿山开采技术装备、金刚石工具、石材异型制品加工技术装备等方面走在了前列，有力推动石材行业现代化进程，支撑起我国石材大国的地位，也形成了较强的国际竞争能力。然而，与石材装备发达国家相比，我国石材机械与工具行业仍然大而不强，在自主创新能力、设备可靠性、自动化程度、成套生产设备的匹配能力与标准化水平、质量效益等方面还存在不小差距，转型升级和跨越发展的任务紧迫而艰巨。

在制造强国战略的推动下，机械工程、控制技术、信息技术、人工智能与互联网技术的融合发展趋势，为石材技术装备的发展提供了借鉴和方向，结合社会生态文明建设为行业技术装备发展提出的"资源节约、节能减排"的要求，石材技术装备的总体发展趋势与重点按照"四个全面"战略布局要求，坚持创新驱动、智能转型、强化基础、绿色发展。

《石材行业"十四五"发展规划纲要》为石材行业提出了五年的发展目标。为实现规划发展目标，争取在生产工艺和装备制造的关键技术方面取得突破，石材行业就要以赶超世界发达国家的先进技术为主要任务，通过技术创新提升现有的技术和装备水平，补齐我国在智能制造和数字化转型方面的短板，实现自主创新与超越引领，从而使我国石材行业的技术和装备达到世界领先水平，这样才能实现我国石材行业由大变强，完成规划赋予石材行业的历史使命。

1.2 石材行业生产制造现状

石材加工装备及加工工艺是石材加工的基础和核心。从石材加工发展历史可以看到，随着加工装备的发展和工艺水平的进步，石材产品的质量和加工自动化水平也得到不断提高。石材加工从简单的平面加工向立体加工发展，从手工加工向机械化、自动化、数控化方向发展，从单件加工向流水线、柔性系统方向发展。石材加工历史悠久，从有人类文明历史以来，就有石材加工，但最初都是用手工完成的。直到石材机械发明以后，石材加工从繁重的体力劳动中解脱出来。石材毛板加工最初采用摆式砂锯，锯机框架采用绳索吊挂，进给系统靠重力配重完成，锯条张紧机构靠楔形块张紧；磨料主要采用河砂，由人工上砂和加水完成。锯割的板材尺寸小，厚度不均匀，表面粗糙度很大，尤其是加工浅色大理石板材时，表面容易出现残留锈迹的现象。磨机主要以手扶磨机为主，每台磨机配有多个磨头，磨块多采用沥青黏结。加工工艺比较简单、产品单一、劳动强度大、质量较差。

随着加工装备和加工工具的发展，框架锯机得到很大改进，出现金刚石框架锯机，用来对大理石荒料进行毛板加工。其进给机构和张紧结构采用液压式，同时锯框采用平移式。花岗石框架砂锯采用同步丝杠进给结构，加砂系统采用自动混料喷砂及喷水系统，磨料也改由钢砂替代，加工效率和加工质量得到大幅提高。同时锯条尺寸和数量也都增加，加工荒料尺寸得到增加，伴随着新的加工设备出现，毛板加工方式也从过去单一的框架锯机向多元化方向发展，相继出现圆盘锯机、带锯机、多股金刚石串珠绳锯机。圆盘锯机从单锯片向多锯片发展，出现20组锯片锯机，同时从单方向切割发展到向双向切割，由此产生双向切机。石材磨机发展速度快，从手扶磨机发展到桥式磨机以至到连续磨抛机。石材加工装备随着新技术的应用而得到不断发展，同时其加工工艺水平也得到不断提高。石材加工从板材向异型发展，随之出现圆弧板切机、圆弧板磨机、石线切机、数控雕刻机等一系列异型石材加工设备。石材加工装备也随科学技术的发展而不断完善和更新，并从简单电气控制向PLC（可编程逻辑控制器）控制和数控方向发展。加工方法也从机械加工向高压水加工、激光加工、火燃加工、喷砂加工等方向发展。随之而来的辅助设备也从单一机械装置向数控化和智能化发展。

石材加工本身具有多样性和复杂性。因此，对其加工的分类也没有统一的标准。从石材产品的本身发展来看，其传统加工主要是板材加工。但随着近年来装饰技术水平的不断提高，所用的石材品种、规格、形状越来越多，其加工的形状也越来越复杂，从平面加工发展到立体加工。从石材的形状来看，加工主要还是分成两大类，一是板材加工，二是立体加工。目前把除标准平面板材加工以外的加工都确定为异型加工，但从异型加工角度来看，其加工范围非常广泛，准确地对石材加工进行分类具有一定的局限性。此外，按石材品种分类可分成大理石、花岗石和合成石等。但按品种分类，有的设备又具有共性，既可以加工大理石又可以加工花岗石。从工艺上对石材进行分类比较接近于实际生产，同时对设备的使用又具有目的性，因此按加工工艺上分类比较合适，石材加工工艺主要有板材加工工艺和异型石材加工工艺，板材加工工艺又分成大理石板材加工工艺、花岗石板材加工工艺和合成石板材加工工艺。

此外，石材按去除切屑的方式又可分为机械加工和特殊加工。而机械加工又分为一般加工和数控加工；特殊加工又分为高压水加工、火焰加工、激光加工、化学加工和喷砂加工。其加工设备分类如图1-1所示。

近年来，石材加工设备发展很快，这主要得益于计算机软硬件的快速发展。

新设备不断涌现，如花岗石排锯，由原来的3m×3.5m发展到现在的4.5m×6.9m；花岗石连续磨机的性能也有进一步提高，桥式切机向数控、多功能、激光测距、自动化方向发展。另外，值得石材加工企业注意的是，由于投入及生产效率的不同，同类的设备在售价上有很大的差别,有的甚至相差30%左右。因此,选购石材加工设备必须从先进性、功能性和价格等多方面考虑。

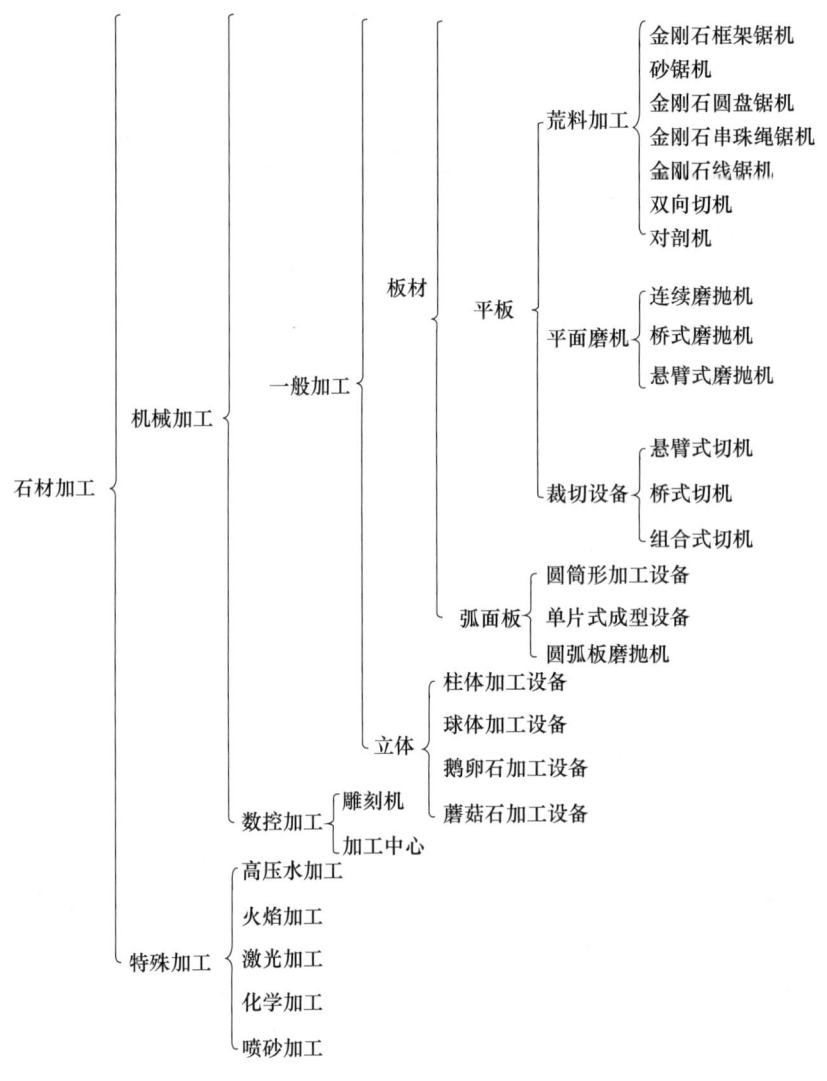

图1-1 加工设备分类

异型加工设备越来越多,预示着未来石材加工产品将出现繁花似锦的可能性。这些异型加工设备包括直边异型加工机、曲线异型加工机、曲面异型加工机、金刚石绳锯、数控雕刻设备、新型数控加工设备等。这些设备代表着当今石材加工的国际先进水平,也标志着产品形状向多元化方向发展,可以激发建筑装饰设计人员的设计灵感,并促进石材的广泛应用。同时,建筑装饰技术的发展也促进了石材设备更新换代。

石材加工装备目前已广泛采用先进的计算机技术,无论是传统的手扶磨机还是桥式切机,都采用了计算机控制系统,大部分都采用了PLC,使操作更加方便和灵活。同时采用数控技术(CNC)、激光扫描技术、红外线技术、液压仿形技术,使石材加工装备向自动化和数控化方向发展。随着石材数控加工中心的出现,已诞生了车削加工中心、铣削加工中心。石材加工设备从单一功能向多功能发展，圆柱加工设备集切、磨、抛光于一体，尤其是加工中心，集铣、车、磨、雕刻、凿、钻等于一体，并且具有刀库和机械手，使得加工更具智能化。设备的发展也从单件向生产线和柔性加工技术发展，如多头磨抛生产线是从荒料到成品板的加工及包装的柔性加工系统。在各生产工序之间实现装料、卸料机械化、自动化，使得从荒料加工到成品板材的输出成为可能，如各加工单元组成一个完整的CNC系统，使石材加工装备向FMS（柔性制造系统）方向和CIMS（计算机集成制造系统）方向发展。

石材加工辅助装置的发展非常快，目前已经有自动装卸板材机、自动翻板机、机械手等。这些辅助设备的自动化，使石材加工向FMS发展成为可能，同时可大大减轻劳动强度，提高劳动生产率。

石材加工设备向高精度方向发展。目前石材设备加工厂配置了各种数控加工装备，使得石材加工设备中的各零件的加工精度得以提高，总体装配精度也得到提高。

石材加工设备采用激光扫描系统，可以对被加工的板材或实体进行廓形扫描，并把相应的尺寸输入CAD（计算机辅助设计）中，采用CAD软件对石材板进行排板，并转换到CAM（计算机辅助制造）系统中，可以直接对板材进行优化下料切割，同时根据所要加工的廓形进行切割；根据需要，通过廓形可以形成三维立体图形，对石材进行雕刻。

当前我国石材产业的规模和总量已经位居世界首位，为了实现由大到强的转变，石材产品质量和技术装备水平必须向世界领先迈进。石材技术装备的研发与创新不仅能够提升技术、优化工艺，进而提高产品档次，实现产业自身的高质量发展，而且能带动与提升建筑装饰业的功能与水平。随着整个石材产业在资源节约、节能环保方面形成共识，石材生产技术装备的需求发生了深刻的变化，提升技术装备水平实现绿色发展，成为行业当务之急。

新时代，国民经济各领域均踏上高质量发展的征程，通过实施石材产业新一代技术装备创新发展，在实现石材技术装备行业的创新驱动、转型升级、高质量发展过程中，将助推石材行业资源节约、节能减排、提高质量效益水平的目标战略落到实处。同时，随着自动化、智能化技术装备的普及，会很好解决行业"用工难、用工贵"的问题。

1.3 石材行业智能制造现状与发展趋势

智能制造是基于先进制造技术与新一代信息技术深度融合，贯穿设计、生产、管理、服务等产品全生命周期，具有自感知、自决策、自执行、自适应、自学习等特征，旨在提高制造业质量、效率效益和柔性的先进生产方式。

1.3.1 石材行业智能制造发展现状

近年来，智能制造技术发展呈现出以下发展态势：美、德、日、韩等国家制定的顶层战略中积极布局人工智能、5G、工业物联网、机器人等智能制造关键技术，数字孪生技术研究应用不断深入，增强现实技术成为国内企业装备研制生产的重要手段，人工智能技术与制造业加速融合，5G 技术与制造业的融合成为新的研究热点，大型军工企业在推进智能工厂建设中加速新兴数字化技术部署，人工智能等智能制造技术与各个行业的深度融合已成为促进传统产业转型升级的重要方式之一。

1. 工业物联网在石材行业的应用现状

工业物联网技术是互联网应用的延伸和拓展。特别是近年来，工业网络建设和自动化领域的改革不断深入，它成为现代网络和工业生产自动化的重要组成部分，在实际工业生产中发挥着重要作用，对企业具有显著的社会效益和经济效益。网络应用技术作为工业生产自动化的一部分，不仅有助于提高工业生产效率，而且为工业生产提供可靠的保障，这对工业节能减排、实现清洁生产具有重要意义。

工业物联网就是对一些特殊的设备和系统，通过无线网络传感器进行控制。利用开放的互联网技术，企业可以更好地浏览原材料的质量，更清楚地确定产品检验的有效性，并能快速检测出不合格材料和产品，从而不断提高工业生产自动化水平，以实现有效控制生产成本的重要目标，工业自动化的主要驱动力是智能传感器。在石材数字化企业的基础上，利用物联网技术和相关设备，可以使石材行业走向"智能工厂"，更全面地控制生产和过程实现，提高生产过程的可管理性，减少生产过程中的人工操作，更准确地收集相关信息和数据，合理规划生产的组织和实施过程。借助物联网技术和无线传输、无线工业通信等传感器，开发"智能工厂"，正确测量和控制石材表面光泽度、加工精度、色差等级等质量指标，有效解决传统石材工业生产的问题。

物联网技术的核心技术分为认知层技术、传输层技术和网络层技术三个层次。在合成石生产线上，物联网技术三个层次的主要分工为：认知层，主要负责各种设备信息的采集和控制设备的执行，通过现场 PLC（可编程逻辑控制器）采集设备消耗电量、启停状态、电流大小、温度高低、压力大小、转速快慢、振动程度和产量多少等数据信息；传输层主要包括上位机 &OPC、交换机、中控 PLC 和中控备妥信号，对现场设备的控制指令是从上位机 &OPC 中发出并经过交换机进入中控 PLC 和现场 PLC 中，上位机 &OPC 通过对各种控制指令和采集数据的综合处理实现对整个合成石生产系统各种设备的有序控制和各种数据的实时更新、显示，并且能对中控发出的指令进行程序上的分析判断，对非法指令进行屏蔽，通过 OPC 服务器和交换机输出合法指令；网络层主要是将现场采集的各种信号和数据经过无线数据网关后以 Internet 网络传输的方式展现在云服务平台和移动终端上，管理人员可以进行实时在线查询，并能实现在移动终端上不受空间、时间的限制实时掌握生产线生产和维护状况。

2. 5G 技术在石材行业的应用现状

5G 通信具有大连接、高速率、高带宽、高可靠、低时延等特性。试验和应用案例表明，工程师可以应用 5G 通信，实现工艺、流程、场景、生产线、车间、工厂等智能网联，实现生产过程调整、模拟控制、动态监控、预测预警等智能化功能。5G 通信和智能技术融合，有利于实现工业制造现代化进程，有利于提升工业生产效益。5G 网络能够在时速500km的情况下实现高质量通信;相对有线通信,5G连接不需实体线缆,不会因线缆而影响设备转动或位置移动;相对Wi-Fi等无线通信,5G可以更大范围移动并保持自动认证、稳定连接和顺畅切换。机器人、传送带、产品以及高速转动的设备的连接需要,可以实现数据高速采集、传输和远程控制。5G还具有边缘计算友好性,可很好满足工业控制、无人驾驶等场景下的快速反应需求,保证终端迅速、精准地执行命令。时延可以低至10ms甚至2ms,大约仅为4G的20%。5G网络的上网体验速度可达到30~50Mbit/s,是4G网络速度的5倍,可以实现石材矿山开采、石材加工基于云端机器视觉的设备远程监视和操控。5G在每平方千米可以支持100万个连接,单位面积内通信连接数远远大于4G。5G网络流量密度高达每平方千米100Tbit/s,是目前可用的数据流量密度最高的无线网络。

传统石材生产线对带板材缺陷和颜色的检测方法存在很大不足:一是靠人眼识别板材表面缺陷,存在视力疲劳、走神等情况,识别效率不高,准确率较低,成本高且有人身安全风险。二是板材在生产线上移动速度很快,人眼识别缺陷存在困难,如果放慢生产线运行速度,又会造成生产效率下降。三是如果不做或少做过程检测,则不能及时剔出劣质产品,增加了劣质产品在后续工序的加工成本。四是如果中间停车抽检,将拉慢生产线运转速度,且仍存在事后才能全检的成本浪费问题。

利用5G技术实现智能网联,建设高速石材表面缺陷和色差实时精准检测系统,重构石材生产线模式。系统在磨机上生产线的出口端安装工业相机2台,利用工业相机对运行速度达1m/min的石材进行高清图像拍摄,每秒拍摄图片120张。系统把完整图片合成为高清图像,并通过5G网络上传到云平台,在云平台上采用图像处理软件和缺陷检出及识别分类算法,利用大数据分析、机器学习和共享缺陷识别库等技术,实现动态监控、快速缺陷识别和类别判定,并指令生产线对缺陷带进行特别处理。该系统还拟利用5G的低时延特性,解决图像同步自适应、光照强度自适应、板材跟踪自适应等多项技术难题。

利用5G网络大带宽的技术特征,通过石材大板3D数据的实时三维扫描,利用5G网络将数据快速传送到石材加工系统并建模,精准快速生成石材切割模型,利用数字孪生技术进行模拟切割,实现产品优化下料和排板,并建立质量数据库,通过模型和算法,进行质量追溯和大数据分析。

3. 人工智能在石材行业的应用现状

工业人工智能是智能制造的技术基础,它的核心是对产品和工艺设计、经营管理和决策、制造全流程的管理和控制。人工智能技术的发展从最初的神经网络、模糊逻辑,到现在的机器学习、专家系统、图像识别,经历了一系列的起伏。未来人工智能将朝着与人一样智慧全面的AI发展。而基于统计的、无模型的机器学习方法存在严重的理论局限,难以用于推理和回溯,难以作为强人工智能的基础。实现类人智能和强人工智能需要在机器学习系统中加入"实际模型的导引"。同时,机器智能系统在企业、政府和全球居民的日常生活中占据越来越重要的角色,很难估计计算机控制系统在不久的将来可以实现哪些功能。因此,人工智能领域正朝着智能系统的方向发展。

在人工智能发展日益重要、成为社会发展趋势的今天,石材行业的人工智能紧跟时代的步伐,努力促进石材行业向人工智能方向发展,提高石材产品加工的智能化水平,提高石材行业生产制造的竞争实力。

人工智能已经实现在桥式切机从上板、材料规划、切割,到下板中的自动化、智能化应用。在控制室里只用一台主机与多台桥式切机联网,生产人员只要将生产加工单输送到电脑中,在主电脑上操作各台联网的分电脑,各桥式切机按接收到的指令上板、规划料、切割、下板到指定区域。当天生产完毕后,桥式切机上的 CPU 自动统计当班生产,生成生产报表。未完成的订单在桥式切机上的 CPU 自己做好记录,第二天启动生产时自动从未完成部分生产加工,整份订单完成后将指令发送到主电脑上,由主电脑的操作者下新的生产订单加工。

4. 数字孪生技术在石材行业的应用现状

从 2003 年 Grieves 教授提出数字孪生的概念开始,数字孪生逐渐成为工业领域的重要课题。它是一种充分利用物理模型、传感器技术、大数据技术,集成多学科、多物理量、多尺度、多概率的仿真过程。数字孪生技术给石材智能生产系统提供了一个平行、快捷、具有高时效性的研究映射。随着无线通信技术、物联网技术的成熟与传感器成本的降低,人工智能与大数据的融合发展使工业领域基于模型的设计、仿真、感知、优化成为可能。车间生产线的数字孪生模型需要具备反映产品生产的详细流程、实时动态的跟踪产品加工、物料消耗与设备磨损情况等基本能力。

完整的数字孪生车间解决方案由物理车间、虚拟车间、车间服务系统、车间孪生数据四部分组成。针对物理空间的大范围、全方位数据监测是实现数字孪生的基础。只有打通物理车间与数字车间的实时数据通道,才能在虚拟诊断的同时,结合控制组件对现场执行的管理,形成一个具备虚实交互能力、覆盖产品生产全流程的数字孪生技术闭环。在真实生产数据的基础上,通过构建反映物理实体的机理模型与辅助控制的数据驱动模型,并结合人工智能与优化算法对设计、生产、车间布局等进行迭代,可实现生产管控与效率最优化配置。数字孪生技术应用在车间建设之初,即可建立覆盖生产线所有类型工艺和设备的基础数据,并辅以虚拟车间形式对人造石制造不同工艺流程进行设备模型的模拟运行。与此同时,面向不同品种的生产流程及车间产能需求,对人造石制造各装备、各工序的能力匹配、人力资源配置、物流类型及走向、生产节拍、信息追踪等进行全流程虚拟验证。在传统模式下,单个操作者常专注于某一工序,无法从全局视角关注各个工序和生产要素的协作状态。数字化人造石加工车间的建设,能够打通设计、生产的信息流,在生产组织过程中以数据驱动虚拟车间对整个计划与设备、人力资源等因素的匹配关系进行模拟演算,通过独立视角对不同产品、不同参数、不同外部条件下的产能瓶颈进行分析,为生产管理者提供最直接的数据参考。生产过程中采集生产线上各工位设备实时运行数据作为真实状态对照,可为后续的分析优化提供相应依据。同时,数字化人造石材加工车间对全生命周期的人造石材生产管理有巨大的提升潜力。采用物联网技术,可以实现对人造石加工数据、工艺配比以及全流程物流追踪系统的应用,极大降低工艺成本。图 1-2 为数字孪生车间模型。

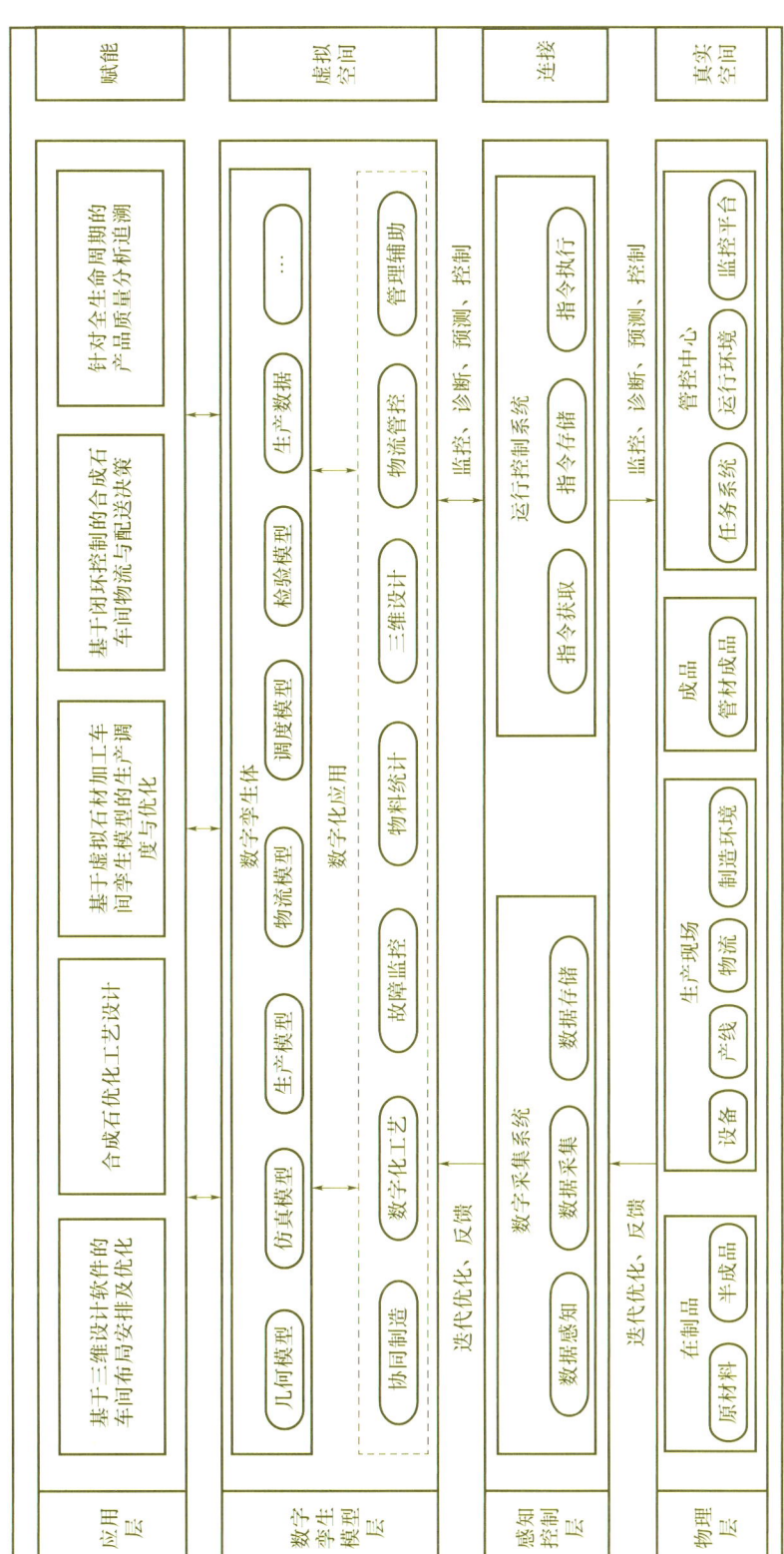

图1-2 数字孪生车间模型

1.3.2 石材行业智能制造发展趋势

随着自动化、智能化技术装备的普及，石材产业智能制造装备的创新发展，将为行业提供性价比高、安全可靠性好、智能化水平高、适应性广的成套技术与装备，智能化制造服务型装备制造企业会越来越多，石材技术装备服务石材生产数字化、网络化、智能化、绿色化、精益化高质量发展的能力将越来越强，借助"五化"的融合发展，彻底改变石材行业小、散和价值与实际经济效益相脱节的问题，使石材行业资源效益型、环境友好型等高质量发展模式成为可能。

大力发展石材产业智能制造装备，集机械工程技术、新一代电子信息技术、自动化技术、人工智能技术等石材生产过程相关的多种技术于一体，保障技术装备可靠性、高效能、智能化、系统配套发展，实现石材数字化、网络化、智能化、绿色化、精益化生产的技术装备。重点围绕发展高可靠性、智能化、系统化的矿山开采装备、高效板材锯解系统、智能化桥式切割系统、智能连续研磨系统、高效智能人造石方料生产系统、智能立体补胶系统、污水综合处理系统。

发展高效率、高资源利用率、高安全性与可靠性、节能环保、智能化及系统化配套的开采技术与装备，为矿山自动化、智能化开采奠定基础。围绕提高锯解效率、提高资源利用率、提高安全可靠性、减少振动、降低噪声、节能环保、智能化进行攻关，创新研发锯机工艺与自适应、智能化控制系统、智能化卸板系统及其匹配的高性能金刚石工具。新一代智能化桥式切割系统，提高与数字化图像系统互联的控制技术，提高板材利用率的优化排板技术，智能化上料、对刀和分类卸料技术，高效冷却、抑尘、降噪一体化技术等，为板材裁切生产数字化、智能化、绿色化提供技术装备。新一代智能连续研磨系统，围绕磨机定厚、研磨工具级配优化、高性能研磨工艺与自适应控制系统，磨机横梁运动组件结构优化，高性能磨头、磨机智能化管控系统等进行系统攻关。同步研发与研磨系统匹配的智能化上下料系统，以实现板材研磨加工的智能化。新一代高效智能人造石材坯料生产系统，围绕提升生产系统各工序过程的自动化、智能化管控技术，着重研发超大容量卧式搅拌机、大规格坯料高性能、高效率压制技术，为人造石行业提供高效化、绿色化、智能化生产提供技术装备。新一代智能立体补胶系统重点发展自动刮胶系统、新一代立体补胶线循环烘箱，主要用于天然石材表面缺陷修补。新一代污水综合处理系统，主要面向企业现有需要，实现塔-池组合式高效泥水分离，研发锯泥资源化分离技术与设备；研发与石材制品生产协同匹配的石材污水处理与智能化管控系统。基本解决花岗石生产锯泥资源化处理与应用的难题，综合技术水平实现国际领先，实现石材行业的绿色化发展。

矿山开采企业加快新型工业网络基础设施升级，科学布设环境和视频图像传感、设备状态监测、人员和设备精准定位等智能感知终端，实现设备接入网络化，建设数据信息全时域、全过程采集传输的矿山工业互联网。推进矿山企业开展业务云化部署，以需求为导向、安全为前提，加强算力基础设施建设。推进矿山企业开展工业互联网安全分类分级管理、健全动态监控、主动防御、协同响应的网络信息安全防护体系。

在智能化矿山数据融合共享的海量数据基础上，依托行业内外优势资源，建设矿山人工智能创新应用平台，持续优化开发环境，广泛构建应用生态，推动"人工智能＋矿山"融合发展。加快矿山智能化领域的人工智能大模型的算法优化和模型迭代，提升矿山人工智能大模型的通用性和实用性。重点开展人工智能在人员行为规范、工程质量评价、设备运行管控、安全保障、灾害预警分析、工艺参数优化等方面的创新应用。建立智能装备和控制系统的可靠性评价指标体系，开发可靠性测试和检验平台。加快推动矿山生产、安全、管理全流程智能化。在矿山各子系统智能化的基础上，通过数据互联互通、融合共享，强化生产作业、辅助运行和安全监测监控等系统间的联动控制，利用大数据和人工智能技术，通过智能感知、智能决策、自动执行、综合管控，实现生产条件先知先觉、过程可视可控、风险可测可防、要素可调可配的高水平矿山智能系统化。

1.4 智能制造相关标准与技术体系

在我国，人工智能的发展过程大体经历了诞生（1950—1980年）、发展（1981—1999年）和繁荣（2000年至今）三个阶段。我国非常重视人工智能的发展，2017年在天津举办了首届世界人工智能大会，同年印发了《新一代人工智能发展规划》。据有关机构统计，2017年国内有接近400家人工智能公司在运营，行业巨头腾讯、阿里巴巴、百度等公司在人工智能领域也不断发力。麦肯锡预计，到2025年全球人工智能应用市场规模总值将达到千亿美元级，人工智能将是众多智能产业发展的突破点。在人工智能标准制定方面，我国现行的国家标准主要集中在物联网、云计算、生物特征识别等人工智能技术应用领域，实施效果表明标准引领了人工智能技术在相关领域的应用，促进了该领域发展。

智能制造源于人工智能的研究。智能是知识和智力的总和，前者是智能的基础，后者是指获取和运用知识求解的能力。智能制造包含智能制造技术和智能制造系统。智能制造系统不仅能够在实践中不断地充实知识库，具有自学习功能，而且有搜集与理解环境信息和自身的信息，并进行分析判断和规划自身行为的能力。

智能制造技术利用计算机模拟制造业领域专家的分析、判断、推理、构思和决策等智能活动，并将这些智能活动和智能机器融合起来，贯穿应用于整个制造企业的子系统（经营决策、采购、产品设计、生产计划、制造装配、质量保证和市场销售等），以实现整个制造企业经营运作的高度柔性化和高度集成化，从而取代或延伸制造环境领域专家的部分脑力劳动，并对制造业领域专家的智能信息进行收集、存储、完善、共享、继承和发展，是一种极大提高生产效率的先进制造技术。

2021年11月17日，工业和信息化部、国家标准化管理委员会联合印发《国家智能制造标准体系建设指南（2021版）》，对国家智能制造的基础共性标准、关键技术标准和行业应用标准进行了说明，并提出：到 2023 年，制修订 100 项以上国家标准和行业标准，不断完善先进适用的智能制造标准体系；到 2025 年，在数字孪生、数据字典、人机协作、智慧供应链、系统可靠性、网络安全与功能安全等方面形成较为完善的标准簇，逐步构建起适应技术创新趋势、满足产业发展需求、对标国际先进水平的智能制造标准体系。

1.4.1 智能制造标准体系结构及框架

1. 智能制造标准体系结构

智能制造标准体系结构包括 A 基础共性、B 关键技术、C 行业应用 3 个部分，主要反映标准体系各部分的组成关系。智能制造标准体系结构如图 1-3 所示。

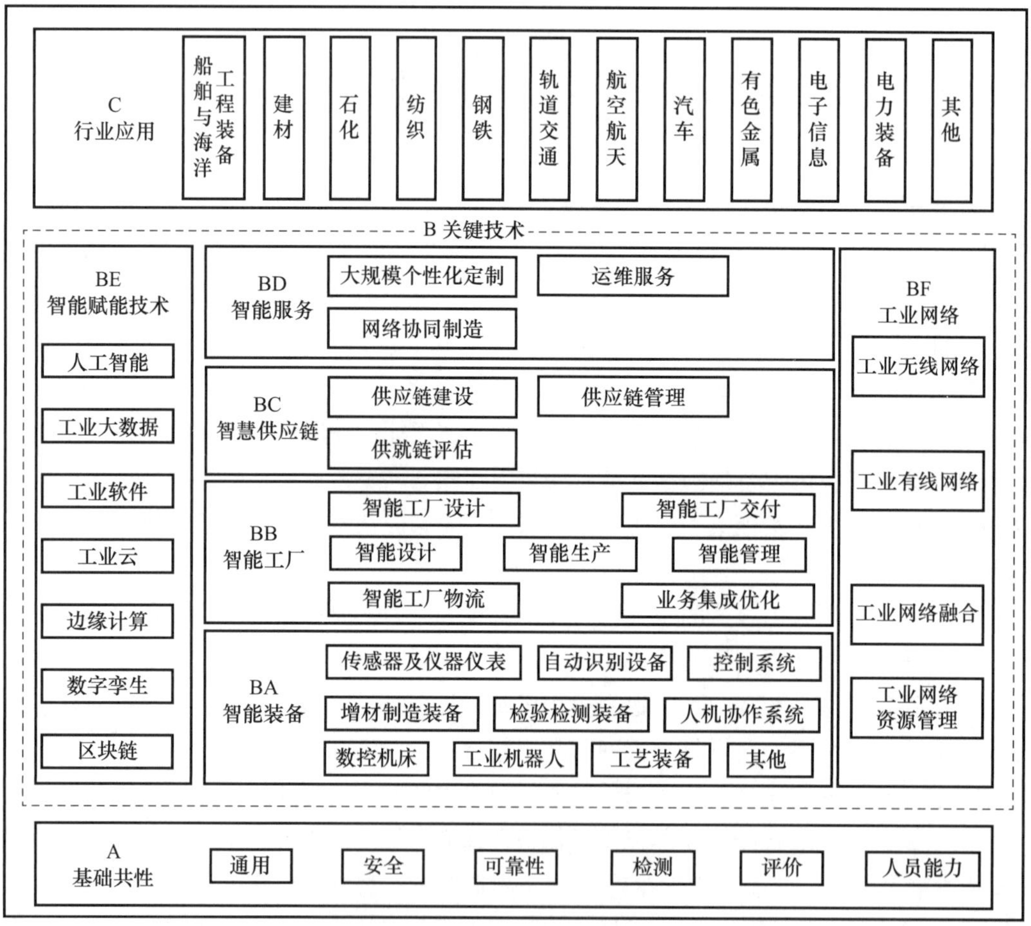

图 1-3 智能制造标准体系结构

具体而言，A 基础共性标准包括通用、安全、可靠性、检测、评价、人员能力 6 大类，位于智能制造标准体系结构的最底层，是 B 关键技术标准和 C 行业应用标准的支撑。B 关键技术标准是智能制造系统架构智能特征维度在生命周期维度和系统层级维度所组成的制造平面的投影，其中 BA 智能装备标准主要聚焦于智能特征维度的资源要素，BB 智能工厂标准主要聚焦于智能特征维度的资源要素和系统集成，BC 智慧供应链对应智能特征维度互联互通、融合共享和系统集成，BD 智能服务对应智能特征维度的新兴业态，BE 智能赋能技术对应智能特征维度的资源要素、互联互通、融合共享、系统集成和新兴业态，BF 工业网络对应智能特征维度的互联互通和系统集成。C 行业应用标准位于智能制造标准体系结构图的最顶层，面向行业具体需求，对 A 基础共性标准和 B 关键技术标准进行细化和落地，指导各行业推进智能制造。

2. 智能制造标准体系框架

智能制造标准体系框架图包含了智能制造标准体系的基本组成单元，具体包括 A 基础共性、B 关键技术、C 行业应用 3 个部分，如图 1-4 所示。

1.4.2　智能制造标准建设内容

1. 基础共性标准

基础共性标准包括通用、安全、可靠性、检测、评价、人员能力 6 个部分，主要用于统一智能制造相关概念，解决智能制造基础共性关键问题。

（1）通用标准主要包括术语定义、参考模型、元数据与数据字典、标识 4 个部分。术语定义标准用于统一智能制造相关概念，为其他各部分标准的制定提供支撑，包括术语、词汇、符号、代号等标准。参考模型标准用于帮助各方认识和理解智能制造标准化的对象、边界、各部分的层级关系和内在联系，包括参考模型、系统架构等标准。元数据与数据字典标准用于规定智能制造产品设计、生产、流通等环节涉及的工业产品、制造过程等工业数据的分类、命名规则、描述与表达、注册和管理维护要求以及数据字典建立方法，包括元数据、数据字典等标准。标识标准用于智能制造领域各类对象的标识与解析，包括标识编码、编码传输规则、对象元数据、解析系统等标准。

（2）安全标准主要包括功能安全、网络安全 2 个部分。功能安全标准用于保证在危险发生时控制系统正确可靠地执行其安全功能，从而避免因系统失效或安全设施的冲突而导致生产事故，包括面向智能制造的安全协同要求、功能安全系统设计和实施、功能安全测试和评估、功能安全管理和功能安全运维等标准。网络安全标准用于保证智能制造领域相关信息系统的可用性、机密性和完整性，从而确保系统能安全、可靠地运行，包括联网设备安全、控制系统安全、网络（含标识解析系统）安全、工业互联网平台安全、数据安全以及相关安全产品评测、系统安全建设、安全成熟度评估和密码应用等标准。

（3）可靠性标准主要包括工程管理、技术方法 2 个部分。工程管理标准主要对智能制造系统的可靠性活动进行规划、组织、协调与监督，包括智能制造系统及其各系统层级对象的可靠性要求、可靠性管理、综合保障管理、寿命周期成本管理等标准。技术方法标准主要用于指导智能制造系统及其各系统层级开展具体的可靠性保证与验证工作，包括可靠性设计、可靠性预计、可靠性试验、可靠性分析、可靠性增长、可靠性评价等标准。

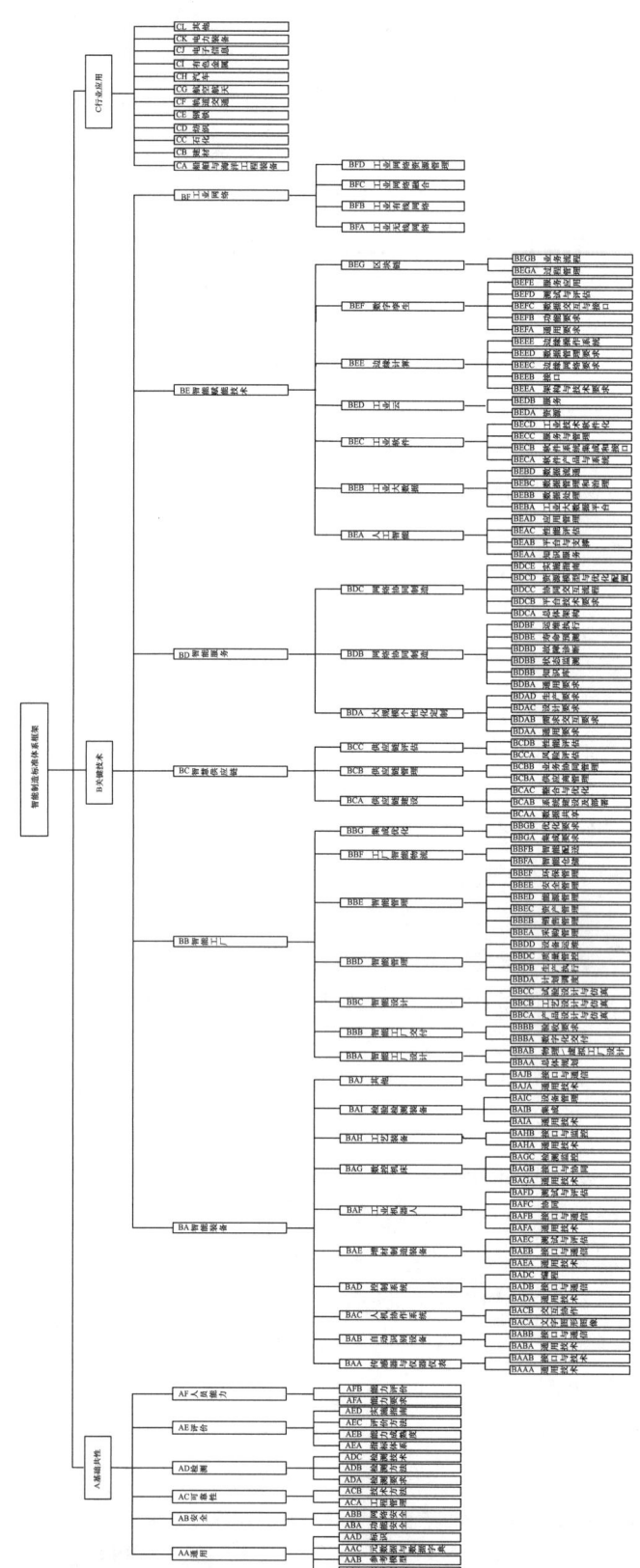

图1-4 智能制造标准体系框架

（资料来源：《国家智能制造标准体系建设指南（2021版）》）

（4）检测标准主要包括检测要求、检测方法、检测技术等3个部分。检测要求标准用于指导智能装备和系统在测试过程中的科学排序和有效管理，包括不同类型的智能装备和系统一致性和互操作、集成和互联互通、系统能效、电磁兼容等测试项目的指标或要求等标准。检测方法标准用于不同类型智能装备和系统的测试，包括试验内容、方式、步骤、过程、计算、分析等内容的标准，以及性能、环境适应性和参数校准等内容的标准。检测技术标准用于规范面向智能制造的检测技术，包括判断性检测、信息性检测、寻因性检测等标准，检测手段不限于软硬件测试、在线监控、仿真测试等。

（5）评价标准主要包括指标体系、能力成熟度、评价方法、实施指南4个部分。指标体系标准用于智能制造实施的绩效与结果的评估，促进企业不断提升智能制造水平。能力成熟度标准用于企业识别智能制造现状、规划智能制造框架，为企业识别差距、确立目标、实施改进提供依据。评价方法标准用于为相关方提供一致的方法和依据，规范评价过程，指导相关方开展智能制造评价。实施指南标准用于指导企业提升制造能力，为企业开展智能化建设、提高生产力提供参考。

（6）人员能力标准主要包括能力要求、能力评价2个部分。智能制造从业人员能力要求标准用于规范从业人员能力管理，明确职业分类、能力等级、知识储备、技术能力和实践经验等要求，包括能力要求和人员能力培养等标准。智能制造能力评价标准用于规范不同职业类别人员的能力等级，指导评价智能制造从业人员能力水平，包括从业人员评价、评估师评价等标准。

2. 关键技术标准

关键技术标准包括智能装备、智能工厂、智慧供应链、智能服务、智能赋能技术和工业网络6个部分。

（1）智能装备标准主要包括传感器与仪器仪表、自动识别设备、人机协作系统、控制系统、增材制造装备、工业机器人、数控机床、工艺装备、检验检测装备、其他等部分，主要规定智能装备的信息模型、数据字典、通信协议与接口、集成和互联互通、运维服务、性能评估、测试方法等要求。

（2）智能工厂标准主要包括智能工厂设计、智能工厂交付、智能设计、智能生产、智能管理、工厂智能物流、集成优化等部分，主要规定智能工厂设计和交付等过程，以及工厂内设计、生产、管理、物流及系统集成等内容。

（3）智慧供应链标准主要包括供应链建设、供应链管理、供应链评估等部分，主要规定供应链上下游企业合作过程中的数据、流程、评估等技术及管理要求，指导供应链管理系统及平台的设计与开发，确保供应链横向集成和高效协同。

（4）智能服务标准主要包括大规模个性化定制、运维服务、网络协同制造等部分，主要用于实现产品与服务的融合、分散化制造资源的有机整合和各自核心竞争力的高度协同，解决了综合利用企业内部和外部的各类资源，提供各类规范、可靠的新型服务的问题。

（5）智能赋能技术标准主要包括人工智能、工业大数据、工业软件、工业云、边缘计算、数字孪生和区块链等部分，主要用于指导新技术向制造业领域融合应用，提升制造业智能化水平。

（6）工业网络标准主要包括工业无线网络、工业有线网络、工业网络融合和工业网络资源管理等部分，主要用于满足工厂不同系统层级内部及之间的低时延、高可靠等需求，实现工业网络架构下不同层级和异构网络之间的组网，规范网络地址、服务质量、无线电频率等资源使用技术要求及网络运行管理。

3. 行业应用标准

主要包括船舶与海洋工程装备、建材、石化、纺织、钢铁、轨道交通、航空航天、汽车、有色金属、电子信息、电力装备及其他12个部分，发挥基础共性标准和关键技术标准在行业标准制定中的指导和支撑作用，注重行业标准与国家标准间的协调配套，结合行业特点，重点制定规范、规程和指南类应用标准，进一步推进或完善行业智能制造标准体系。

针对建材行业细分领域多、工艺差别明显等特点，围绕水泥、玻璃、陶瓷、玻璃纤维、混凝土、砖瓦、墙体材料、矿山等领域，制定工厂设计、工艺仿真、质量管控、仓储管理等智能工厂规范或规程标准；制定基于5G的设备巡检、基于人工智能的缺陷检测、基于工业云的供应链协同、设备远程运维等指南标准。

1.4.3　建材行业智能制造标准体系结构及框架

建材行业是我国国民经济和社会发展的基础性行业，是战略性新兴产业发展的重要保障，是改善人居条件、治理生态环境和发展循环经济的重要支撑。工业和信息化部依据《建材工业智能制造数字转型行动计划（2021—2023年）》和《国家智能制造标准体系建设指南（2021版）》，组织编制了《建材行业智能制造标准体系建设指南（2021版）》，目的是促进建材工业全产业链价值链与工业互联网深度融合，构建网络安全和密码应用支撑体系，促进行业智能化生产、网络化协同、规模化定制、服务化延伸，夯实建材工业信息化支撑基础，提升智能制造关键技术创新能力，实现生产方式和企业形态根本性变革，引领建材工业迈向高质量发展。

1. 建材行业智能制造标准体系结构

建材行业智能制造标准体系结构包括基础共性、关键技术，如图1-5所示。其中关键技术标准涵盖建材行业智能制造核心标准，适用于指导水泥、玻璃、陶瓷、无机纤维及制品、混凝土及水泥制品、墙体材料、非金属矿及制品、防水材料等细分领域开展智能制造标准研制工作。具体内容如下：

（1）基础共性标准包括能力评价、参考模型、安全、标识，属于通用性标准，适用于整个建材行业。

（2）关键技术标准包括智能装备、智能矿山、智能工厂、智能服务、智能赋能技术、集成互联，是建材行业智能制造标准体系结构的核心组成部分。

2. 建材行业智能制造标准体系框架

结合《国家智能制造标准体系建设指南（2021版）》建设内容，建材行业智能制造标准体系框架由基础共性、关键技术部分组成，如图1-6所示。

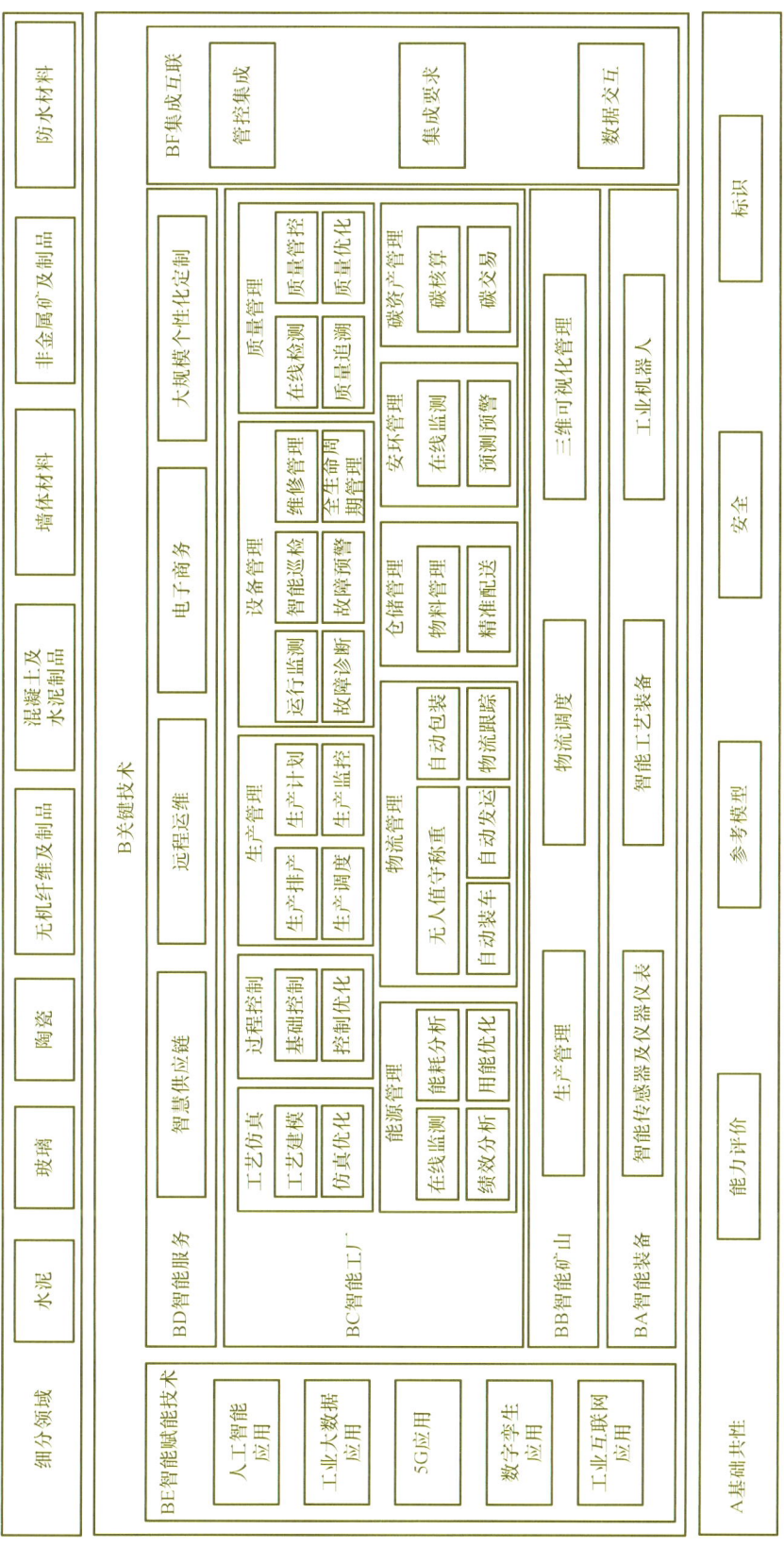

图1-5 建材行业智能制造标准体系结构

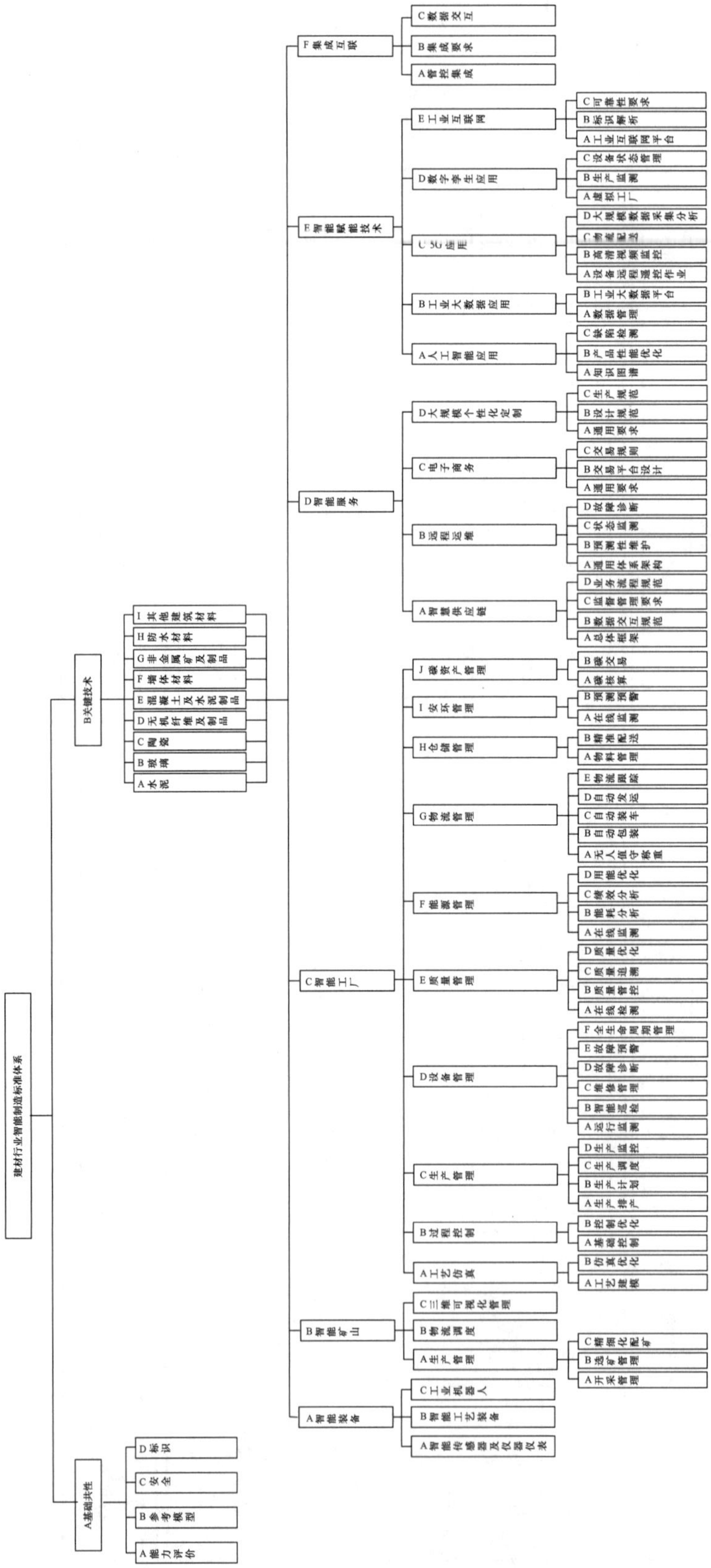

图1-6 建材行业智能制造标准体系框架

(资料来源:《建材行业智能制造标准体系建设指南(2021版)》)

1.4.4 建材行业智能制造标准建设内容

1. 基础共性标准

基础共性标准用于统一行业通用技术与要求,解决行业智能制造共性关键问题,参照国家智能制造标准体系,包括能力评价、参考模型、安全、标识四类标准。

(1) 能力评价标准用于规范行业依据智能制造能力成熟度模型开展评价过程的行为,指导相关方开展智能制造评价活动。

(2) 参考模型标准用于规范行业智能制造标准化的对象、边界、各部分的层级关系和内在联系,包括参考模型、系统架构等标准。

(3) 安全标准包括功能安全与网络安全。其中功能安全用于保障控制系统正常稳定运行,避免发生安全事故,包括面向功能安全系统设计和实施、功能安全测试和评估、功能安全管理等标准;网络安全用于保障智能制造领域中信息系统的可用性、机密性和完整性,包括联网设备安全、控制系统安全、信息系统安全、数据安全等标准。

(4) 标识标准用于规范标识编码规则、编码生成、编码管理、解析技术、标识数据管理等,包括标识编码、编码传输规则、对象元数据、解析系统等标准。

2. 关键技术标准

关键技术标准用于规范建材行业智能制造建设相关的核心技术,包括智能装备、智能矿山、智能工厂、智能服务、智能赋能技术、集成互联。

水泥、玻璃、陶瓷、无机纤维及制品、混凝土及水泥制品、墙体材料、非金属矿及制品、防水材料等建材行业主要细分领域,应结合智能制造发展现状及实际需求,逐步开展智能制造标准研制工作。根据未来发展规划要求和行业特性,重点细分领域未来三年需制定的关键技术标准,如表1-1所示。

其中,非金属矿及制品领域部分标准适用于石灰石矿、石墨矿、石英矿、高岭土、砂石骨料、石材、耐火黏土矿、菱镁矿、耐火材料制品等智能化升级改造,制定的智能制造标准可包括:

(1) 智能装备,规范凿岩机器人、智能巡检机器人、智能潜孔钻机、智能牙轮钻机、智能装药车、智能挖掘机、智能卡车、输送机、巡检机器人等智能设备的通信接口、统一标识、数据接口和数据字典等技术标准。

规范砂石骨料领域破碎筛分设备、智能铲运机、智能卡车等智能工艺装备的功能、数据传输、状态监控、运维参数、与其他软件系统集成等技术标准。

规范石材领域自动开采、智能锯解、研磨抛光、自动裁切、异型加工等环节智能工艺装备的功能、数据传输、运维参数、与其他软件系统集成等技术标准;规范智能桥式切机、智能抛光定厚机器人等工业机器人的数据格式、数据字典、通信接口等技术标准。

规范耐火材料领域全自动液压制砖机、自动化配料设备、自动化混料设备、无人驾驶车、搬运码垛机器人、智能工业窑炉、耐火固废处理设备等智能装备的功能、数据传输、运维参数、与其他软件系统集成等技术标准。

表 1-1 细分领域重点关键技术标准

领域	智能装备			智能矿山			智能工厂										智能服务				智能赋能技术				集成互联			
	智能传感器及仪器仪表	智能工艺装备	工业机器人	生产管理	物流调度	三维可视化管理	工艺仿真	过程控制	生产管理	设备管理	质量管理	能源管理	物流管理	仓储管理	安环管理	碳资产管理	智慧供应链	远程运维	电子商务	大规模个性化定制	人工智能应用	工业大数据应用	5G应用	数字孪生应用	工业互联网应用	管控集成	集成要求	数据交互
水泥	●	●						●	●	●	●	●	●		●		●	●			●	●		●		●		●
玻璃		●						●		●	●		●					●				●				●		
陶瓷	●								●	●		●			●			●			●	●		●		●		
无机纤维及制品			●															●				●		●		●		
混凝土及水泥制品		●																										
墙体材料			●					●	●	●			●								●					●		
非金属矿及制品		●	●	●	●			●	●		●				●			●			●			●		●		
防水材料			●						●	●																●		

（2）智能矿山，规范数字化地质资源管理系统的功能要求、通信规范、数据交互等技术标准；规范实时监控、动态调度、资源优化等采矿管理技术标准；规范采矿装备高精度定位系统、采矿装备远程操控系统、采矿装备精细化管理系统、固定式作业装备远程控制系统等采矿装备控制系统的数据采集、通信网络、输入输出模件等技术标准；规范精细化配矿系统、矿石质量检测系统、矿区卡车智能调度系统的功能要求、数据采集、系统集成等技术标准；规范矿区设备实时监测、智能检维修、故障预警等设备管理技术标准；规范矿山生产实时监控等安全管理技术标准；规范矿山环境在线监测等环保管理技术标准。

（3）智能工厂，规范 DCS 及上位机监控系统、FCS 控制系统、智能电气控制系统等控制系统的数据采集、通信网络、输入输出模件等技术标准；规范砂石骨料分析与监测、生产调度、能源管理、环保监控、安全防控等环节的数据采集、功能要求、数据交互、接口规范等技术标准。规范石材领域生产调度、质量管控、自动包装、环保管理等业务的数据采集、功能要求、数据交互、接口规范等技术标准。

规范耐火材料领域涵盖窑温、窑压、送气量及窑车速度等关键技术参数窑炉控制系统，生产资源优化调度、质量管控、能源管理、物流管理、安环管理等环节的数据采集、功能要求、数据交互、接口规范等技术标准。

（4）智能赋能技术，规范数字孪生技术应用于矿山仿真建模场景、5G 技术应用于采矿车辆调度场景等智能赋能技术应用标准。

2 石材数控加工装备

2.1 矿山开采数控装备

2.1.1 矿山开采金刚石圆盘锯

矿山开采用的金刚石圆盘锯是石材矿山高效、绿色开采的主要设备,金刚石圆盘锯沿轨道往复运动、圆锯片回转锯切、竖向进给,实现石材荒料的开采加工。常用结构及其应用如图2-1、图2-2所示。

图2-1 矿山开采用的金刚石圆盘锯

图2-2 金刚石圆盘锯在矿山开采中的应用

2.1.1.1 设备功能及结构构成

1）设备功能

金刚石圆盘锯作为锯切工具,在矿山开采中,用于荒料立面的开采锯切。其配合荒料水平面的金刚石串珠锯锯切或劈裂、爆破等开采方法,把石材矿山分割成具有一定尺寸的石材荒料。

2）结构构成

金刚石圆盘锯由机架结构、主运动功能部件、水平行走进给部件、升降进给部件、圆锯片吊装部件、控制系统等构成,支撑导向轨道沿采切方向敷设,开采时,选择合适直径的金刚石圆锯片,安装到主运动功能部件的主轴上即可,如图 2-3 所示。规格参数可参照表 2-1。

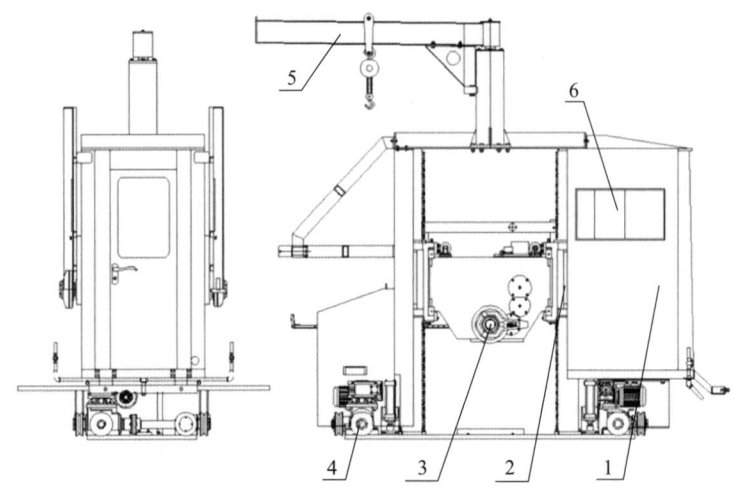

图 2-3 泉州市海恩德机电科技发展有限公司生产的矿山开采用的金刚石圆盘锯结构图

1—机架结构；2—升降进给部件；3—主运动功能部件；
4—水平行走进给部件；5—圆锯片吊装部件；6—控制部件

表 2-1 HKZS 系列工程石材矿山金刚石圆盘锯主要技术参数

参数	单位	型号						
		HKZS-1600	HKZS-1800	HKZS-2000	HKZS-2200	HKZS-2500	HKZS-2800	HKZS-3000
锯片直径	mm	1600	1800	2000	2200	2500	2800	3000
锯片数量	片	2	2	2	1	1	1	1
最大加工深度	mm	620	720	800	900	1000	1150	1250
单次锯切进给量	mm	1~10						
主机功率	kW	(22~55)×2	(22~55)×2	(30~37)×2	(30~37)×2	(38~45)×2	(38~45)×2	(38~45)×2
行走进给电机功率	kW	3.0						

续表

参数	单位	型号						
		HKZS-1600	HKZS-1800	HKZS-2000	HKZS-2200	HKZS-2500	HKZS-2800	HKZS-3000
换轨电机功率	kW	2.2						
外形尺寸	mm	9500×3700×4100						

2.1.1.2 工作原理及结构特点

1) 设备工作原理

金刚石圆盘锯启动后，金刚石圆锯片旋转做锯切主运动，锯机沿事先整平的开采台面上敷设好的轨道上往返移动做水平面的进给运动，支撑金刚石圆锯片的升降部件带动圆锯片实现竖直立面锯切的进给运动，上述运动组合实现荒料立面的锯切开采。支撑水平进给运动的轨道，可以垂直交叉敷设，以实现纵横锯切开采。根据开采荒料规格和开采要求，选择合适的金刚石圆锯片直径尺寸。金刚石圆锯片驱动电机一般采用变频调速，以满足不同种类石材、不同矿体结构的要求。

2) 结构系统特点

（1）整机结构紧凑，集机械结构、液压系统、自动控制系统于一体，科学合理，操控简单，使用方便。

（2）主电机采用永磁电机，可根据石材材质、圆锯片大小，通过变频调速来调整转速，切割效率高、发热量少、能效高、故障率低，控制性能与动态响应性能好。

（3）行走电机采用变频调速电机或伺服电机，可根据机台的切割量实时调整进刀速度，实现无级调速，达到最佳的切割效果，生产效率高。

（4）控制系统按照智能化生产要求，设备运行采用数字化控制，机台运行物联系统可实现远程实时监控、故障诊断、远程维护、信息储存、查询、管理等，有效降低运营、维护、生产成本。

（5）设备工作范围广，可加工不同规格的石材荒料，开采的坯料平整，既能减少加工废料，又能降低劳动强度，保障安全生产，大幅度降低噪声及粉尘的污染。

其开采方式与其他开采方式相比，具有高效、低耗、安全、环保、节能等优点，从根本上解决了传统石料开采不安全、破坏资源、污染环境等问题。

2.1.1.3 开采工艺及设备操作规程

1) 开采工艺

金刚石圆盘锯开采石材分成全锯切和锯切与劈裂组合开采两种方法，根据不同的作业方式一般分为以下几种：

（1）金刚石圆盘锯单向垂直锯切结合水平整体劈裂。金刚石圆盘锯只沿矿体一个方向平行地垂直向下锯切，人工劈裂分离条状长条块石水平底面，以及垂直端面劈裂生产荒料。开采工艺流程为单向垂直锯切→人工水平劈裂分离→人工垂直端面劈裂分离→荒料离台→荒料验收→运输→清渣。

（2）金刚石圆盘锯双向锯切结合水平劈裂。金刚石圆盘锯将矿体双向垂直向下锯切分割，垂直工作线方向的锯缝间距为数块或单块荒料长度，人工劈裂条状长条块石水平面或垂直面生产荒料。

开采工艺流程如下：

① 双向正交垂直锯切（将矿体切成荒料规格）→人工水平劈裂分离→荒料离台→荒料验收→运输→清渣。

② 双向垂直锯切→人工水平劈裂分离→人工垂直端面劈裂分离→荒料离台→荒料验收→运输→清渣。

（3）金刚石圆盘锯单向垂直锯切结合串珠锯水平锯切。金刚石圆盘锯只沿矿体开采面长度方向平行向下垂直锯切，串珠锯切割分离条状长条块石水平底面，人工劈裂长条块石端面生产荒料。开采工艺流程为单向垂直锯切→串珠锯水平面锯切分离→人工垂直端面劈裂分离→荒料离台→荒料验收→运输→清渣。

（4）金刚石圆盘锯双向垂直锯切结合串珠锯水平锯切。金刚石圆盘锯将矿体双向垂直向下锯切分割，垂直工作线方向的锯缝间距为数块或单块荒料长度，用串珠锯切割分离数块荒料的水平底面生产荒料。开采工艺流程如下：

① 双向正交垂直锯切（将矿体切成荒料规格）→串珠锯水平面锯切分离→荒料离台→荒料验收→运输→清渣。

② 双向垂直锯切→串珠锯水平面锯切分离→人工垂直端面劈裂分离→荒料离台→荒料验收→运输→清渣。

2）设备操作规程

（1）轨道应根据金刚石圆盘锯的轮距来敷设，保证整段轨道平直、安全牢靠。

（2）将圆盘锯安放在轨道上，开机前仔细检查安放情况，严防出现开机后机台晃动甚至倾倒伤人事故。

（3）进行锯割作业时，两侧10m范围内不准有人员进入，严防发生锯片伤人或飞石伤人事故。

（4）锯片空转稳定后方可进行锯割作业，严禁锯片刀口与石料接触时启动锯片，严防电机烧毁甚至锯片破裂伤人事故。

（5）锯割作业时，若荒料晃动，必须立即停止作业，严防发生锯片损伤甚至伤人事故。

（6）锯割作业时，无论发生任何异常情况，都必须立即按"停止"按钮，停机检查。

（7）锯割作业时，必须保证锯刃与石材接触处有充足的冷却水，严防锯片温度过高导致破裂。

（8）前后锯割到端头时应先停止走刀，锯片应提出地平面后方可停止电机运转。

（9）荒料锯割完毕必须将主切机退离端头，然后方可提刀退出。

（10）更换锯片时应将 4 个顶起油缸顶住轨道，确保机台稳定，在过轨过程中严禁更换锯片。

（11）严禁用机台顶部的锯片起吊其他任何物品；严禁用锯片吊横向物品。

（12）应经常检查机台电机部分及电气部分接地线是否完好，严防电机事故和人员触电事故。

（13）锯割完成一个工作位后，锯片需要先取下来，再进行移位；移位后，若是单刀锯机，在重新装上刀具时，需重新校正刀具与轨道之间的距离，把刀具和轨道调整到合适的距离后，才能进行切割。若是双刀锯机，则需要重新校正两刀具间的距离，使两刀具处于合适的距离后，才能进行切割。

2.1.1.4 控制系统

金刚石圆盘锯控制系统为数字化控制系统，在驱动器控制的芯片内集成了 PID 控制算法，根据主机电流预判行走电机相应的调整量，开创性地利用锯片驱动器反馈的锯片电机电流大小来控制行走电机的速度，避开了传统段速控制的弊端，使得系统简洁、反应速度快、运行稳定。控制系统如图 2-4 所示。

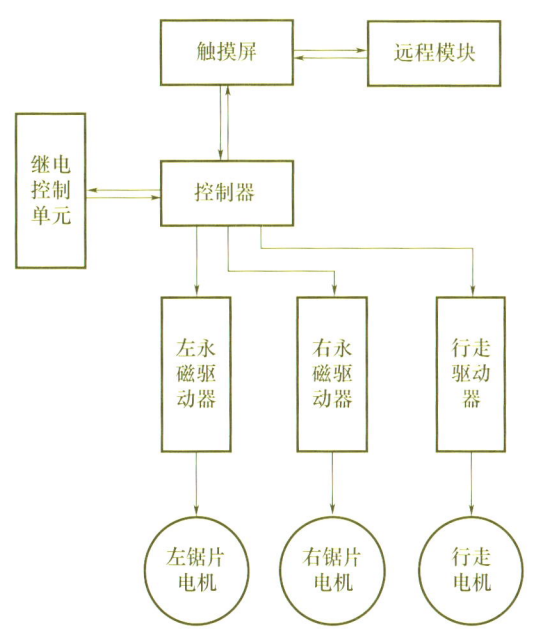

图 2-4　矿山开采金刚石圆盘锯控制系统图

本控制系统不再以段速为控制手段，而是连续地调整行走电机的速度，保证锯片电机工作的高效，大大提高了生产效率，同时也减轻了操作工的操作难度。针对电机的能耗及保护需求，主电机采用永磁电机，并定制了专用的矿山锯机永磁电机控制器，达到了节能降耗目的，有效弥补了传统电控电机保护的弱点，实现了高效保护；驱动器控制电机启动电流，在左右锯片电机同时启动下也可以实现对电网的最小冲击。系统引入了先进的物联网技术，实现了人与设备的远程互动，打通了信息技术与机械设备的最后一道屏障。通过设备上的远程模块可实现设备相关参数的收集与实时监控，实现设备重要参数的保存，设备的生产工艺可以像升级软件一样方便、高效。具体设计如下：

1）圆盘锯远程自动化控制系统设计

（1）系统组成

① 中控系统。该系统主要包括远程控制系统、远程操作台、远程监控台、锯机自动化管理系统等。

② 通信系统。远程通信方式主要分两种：有线通信（例如光纤、双腔裂缝波导管等）和无线通信（例如漏波电缆等）。通信系统的传输能力应满足设计要求，包括带宽、单机传输速率、多机传输速率等。通信系统的传输能力应满足全自动模式下设备正常工作及视频监视的要求。

③ 定位系统。该系统主要包括切机定位系统（GPS差分定位技术、磁尺磁钉定位技术、格雷母线定位技术等）、锯片定位系统（编码器、激光测距等）、升降定位系统（编码器、激光测距等）。

④ 视频系统。该系统主要包括摄像机、视频光端机、视频软件、硬盘存储、PC客户端、控制键盘等。

⑤ 安全保护系统。该系统主要包括锯片冲击、冷却水控制、行走障碍、载荷确认保护、异常保护、急停开关等。

（2）控制流程

① 发送作业指令至中控系统。

② 中控系统通过作业系统获取锯机矿山位置、锯片位置、切割信息（位置、切割力、切割深度、行走速度、冷却水流量等）。

③ 中控系统按照设定的路线，控制锯机、锯片起升的自动运行、定位，完成荒料起吊、叠放作业。

④ 作业完成后，锯片起升到设定高度，锯机回到设定的初始位置待命。

2）圆盘锯控制系统软件设计

控制系统软件一方面为用户提供了人机交互界面，另一方面完成了数据采集、处理和展示的过程。控制系统软件采用 Web 数据库架构，即 Browser-Web Server-PHP Engine-My SQL Server 双向交互结构。控制系统软件主要包括登录界面、控制中心、数据中心、系统设置4个页面，可运行在多种类型的终端上。其中，控制中心包括：视频显示区域，为操作者提供现场视频；信息显示区域，显示当前加工参数、操作区域等。

3）圆盘锯控制系统硬件设计

控制系统的硬件包括上位机、PLC控制、驱动装置、通信装置。在整个硬件控制系统中，PLC控制系统起着"承上启下"的作用，能执行上位机编写好的程序和通过CAN总线下达指令，最终实现规划好的轨迹跟踪，达到锯片最佳切割效果。PLC控制系统模块如图2-5所示。

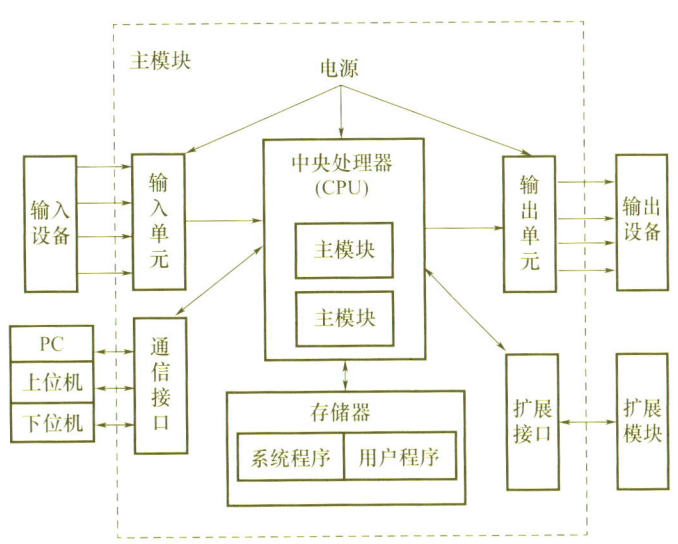

图 2-5　PLC 控制系统模块

上位机与下位机两个设备均有一个 PROFINET 以太网口，所以上位机与下位机之间采用以太网通信。由于上位机与下位机 PLC 之间通信方式采用的是以太网通信，所以设置时中间只需要一根普通网线连接即可，通信协议为 TCP/IP。设备之间的连接方式均采用 PROFINET 网口进行通信，能够同步实时通信和保证通信网络安全。

2.1.2　矿山开采金刚石绳锯机

金刚石绳锯机又称金刚石串珠锯机，具有锯切效率高、锯切质量好、使用灵活、适用性强、综合开采成本低、开采荒料率高等特点，是目前世界上最先进的石材开采设备之一。其由构成封闭回路的金刚石串珠绳在驱动机构的带动下旋转，并在行走机构的拉动下压紧锯缝实现锯切。外观结构如图 2-6 所示，结构组成如图 2-7 所示。

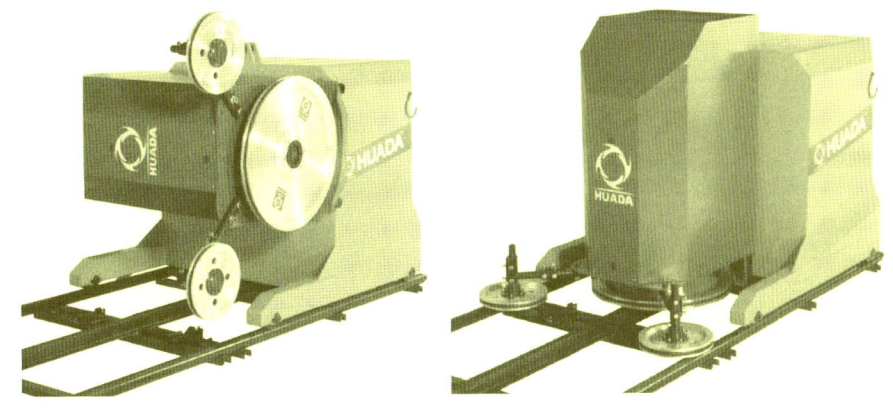

图 2-6　泉州华大超硬工具科技有限公司生产的金刚石绳锯机外观结构

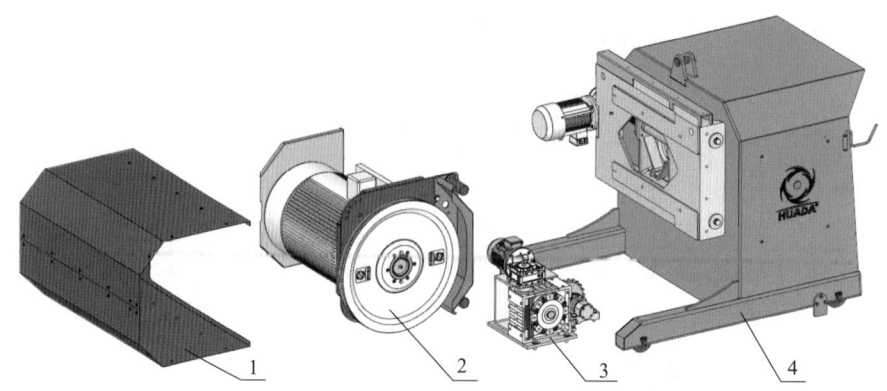

图 2-7　泉州华大超硬工具科技有限公司生产的金刚石绳锯机结构组成
1—电机罩总成；2—主传动总成；3—行走组件；4—整机部装总成

2.1.2.1　设备功能及分类

1）设备功能

金刚石绳锯机作为新一代石材开采设备，经过多年研究、开发与完善，已经被广泛应用于石材的开采和加工、钢筋混凝土建筑物的拆除和修整、玻璃等脆硬材料的加工。随着国外对金刚石绳锯锯切钢材研究的进展，它还被应用于海底构件的维修、核电厂的拆除等特殊领域。

2）设备分类

按使用功能可分为石材矿山开采绳锯机、荒料整形绳锯机、钢筋混凝土切割绳锯机等。

按动力可分为电动式绳锯机、液压式绳锯机、内燃机式绳锯机等。目前广泛应用的是电动式绳锯机。电动式绳锯机又分为普通电动绳锯机和高效永磁绳锯机等。普通电动绳锯机的驱动电机是普通三相异步电动机，高效永磁绳锯机的驱动电机是永磁同步电机，其与普通电动绳锯机相比具有大扭力、切割效率高等特点。

2.1.2.2　工作原理及结构特点

1）工作原理

金刚石串珠装在无缝钢丝绳上，在主动轮驱动下高速运动，并对矿体施加一定的压力进行锯切。金刚石串珠上的每个包含着的金刚石颗粒相当于一个小刃齿，每颗金刚石串珠即为一个具有无数刃齿的刀具。锯切时，高速运动的金刚石串珠与矿体接触并紧压其上，此时棱角锋利的金刚石颗粒前面的岩石层受挤压并发生变形，当挤压力超过岩石颗粒间的结合力时，部分岩石就与矿体分离而成岩屑，实现矿体切割。

2）结构特点

金刚石绳锯机适用于所有类型的石材矿山。机体可以 360°旋转，能进行垂直、水平、斜面等方向的切割，主要由电控系统、动力机构、回转机构、行走机构、箱体部件组成，如图 2-8 所示。金刚石串珠绳切削时通常为闭合环状，依靠安装在轨道上的设备以合理的速度驱动。控制系统的作用是监视、控制主动绳轮的转速、金刚石绳的张紧力及行走机构的运动速度等。动力机构是驱动主动绳轮旋转的机构。回转机构作用于动力机构可以360°旋转，能进行垂直、水平、斜面等方向的切割。行走机构的作用是驱动主动绳轮在工作导轨上往复运动，保持金刚石绳锯在锯切过程中的张紧力。箱体对动力机构、回转机构、行走机构及电气元件提供支撑和保护。

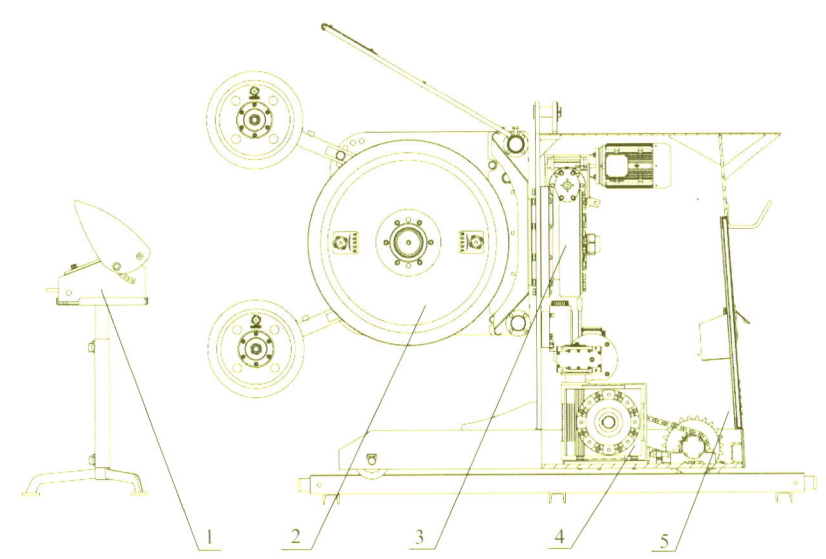

图2-8　金刚石绳锯机结构示意图

1—电控系统；2—回转机构；3—动力机构；4—行走机构；5—箱体部件

金刚石串珠绳由一条按一定间隙固定好的金刚石串珠的绳索构成，包括以下6部分：（1）钢丝绳；（2）金刚石串珠；（3）钢圈，主要用作定距和隔离串珠；（4）隔套，用以隔开串珠并使串珠在小范围内沿绳子串动，常用的隔套有弹簧套、塑料套、橡胶套；（5）固定圈；（6）接头，确保串珠绳在工作时是封闭的。在工作前要将串珠绳的一端以垂直或水平方向钻进大理石的两个孔内相交于一点的两个孔，然后将串珠绳的两端用接头连接成封闭状。

金刚石串珠常见的制造方法分为烧结法、电镀法和钎焊法。

（1）烧结法。用冶金粉末方法将金刚石颗粒烧结成型。通常在外径处排列一层厚1～1.5mm的金刚石颗粒层。此法使金刚石环块有均匀切削性能，使用寿命长，因具有自锐性能，可使环块始终保持锋利的切削性能。金刚石环块的选择可根据被加工材料选择不同的粒度、结合剂与硬度，以达到高效切削的目的。

（2）电镀法。本法是在钢的基体上电沉积一层金刚石单晶而制成的，因此其工艺过程与一般的金刚石电镀产品相同。它用45Cr或40Cr钢制造，以便于电镀层与基体结合牢固，同时使其内孔能耐钢绳的摩擦。

（3）钎焊法。高温钎焊串珠金刚石排列规则，分布合理，化学键结合与冶金结合并存，金刚石的把持力强，锯切速度高，锯切成本相对较低。

2.1.2.3　开采工艺及设备操作规程

1）开采工艺

金刚石绳锯机锯割矿山石材分为垂直切割法和水平切割法。

（1）垂直切割法：首先使用气动潜孔钻机或电动钻机，钻凿水平孔、垂直孔。钻好孔后，将金刚石串珠绳从两个交会孔中一个孔进，再用强力磁铁将金刚石串珠绳从另一个孔掏出，并将金刚石串珠绳两端用接头压接，形成环状。将其套在绳锯机主飞轮上，然后开动绳锯机主飞轮，主飞轮带动金刚石串珠绳对石材立面进行锯切，同时金刚石绳锯机小车沿轨道行走，对石材矿体进行切割深度运动。垂直切割法如图2-9所示。

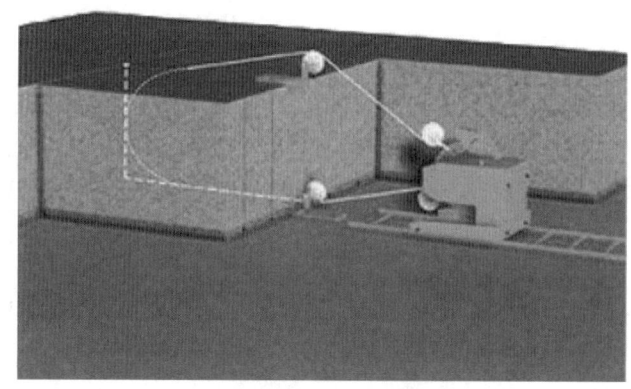

图 2-9　垂直切割法

（2）水平切割法：采用气动潜孔钻机或电动钻机，沿矿体水平面钻凿两个水平方向的开孔，这个孔在水平面进行交会，然后将金刚石串珠绳沿两孔穿出后进行对接。将其套在绳锯机主飞轮上，然后开动绳锯机主飞轮，主飞轮带动金刚石串珠绳对石材水平面进行锯切，同时金刚石绳锯机小车沿轨道行走，对石材矿体进行切割深度运动。水平切割法如图2-10所示。

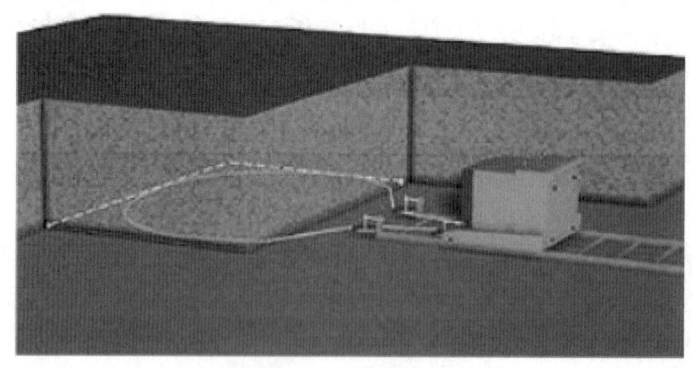

图 2-10　水平切割法

切割过程中的实际切割线速度应以具体石材的品种、软硬、大小而定。根据不同设备功率、不同切割阶段，可参照表2-2中参数进行作业。

表 2-2　泉州华大超硬工具科技有限公司 DWS 系列金刚石绳锯机切割参数

功率（kW）	阶段					
	新绳开刃阶段		正常工作阶段		切割收尾阶段	
	切割线速度（m/s）	主机电流（A）	切割线速度（m/s）	主机电流（A）	切割线速度（m/s）	主机电流（A）
37	18~23	65~75	25~40	60~70	≤10	≤45
55	18~23	90~110	25~40	90~100	≤10	≤60
75	18~23	100~130	30~40	100~130	≤10	≤70

2）设备操作规程

（1）金刚石绳锯机导轨安放平正，连接牢固，用水平仪检查导轨，前后倾斜≤10°，左右倾斜≤5°。

（2）绳锯机安装好后，调整主飞轮位置与被锯切面处于同一平面内。

（3）绳锯机操作台应放置于绳锯机侧面 5m 以上，操作人员不得直接面对绳锯机切割方向进行操作。

（4）调节两个导向轮张开角度，调节串珠绳在主飞轮的接触长度。

（5）水平锯切时，应在导轨前放置两个水平导向轮，以保证切割面平直。

（6）启动行走电机，调整串珠绳松紧度，以两人轻松拉动为宜。

（7）顺串珠绳锯切方向加入冷却水，必要时可安放多个加水点。

（8）切割过程中，遇到机台报警，应先查明报警原因，排除故障后进行启动，禁止未排除故障频繁复位启动。

（9）机台停机前，停止后退，让串珠绳空转一会，扩大锯缝，便于重新启动。

（10）机台停机后，将机台前移，串珠绳处于放松状态，以延长串珠绳寿命。

（11）连续切割 10h 左右应停机检查串珠绳接头，防止断绳。

（12）多根串珠绳连接，要注意刃口方向一致，不得接反。

（13）锯切大面时，不得采用磨损过大的串珠绳；磨损程度不同的串珠绳不可同时使用。

2.1.2.4　控制系统

金刚石绳锯机控制系统具有以下特点：

（1）采用变频器 + PLC 控制，对电机可进行无级调速。

（2）控制系统采用数字通信，电路简洁，故障率低。

（3）控制台采用人机界面 HMI，防水防尘，画面动态直观，信息丰富（可直观电网电压、切割参数、工作时间等）。

（4）机器系统故障智能检测，报警保护并提示解决方法，及时处理，方便用户使用。

（5）锯切自动控制，实施追踪负载变化来调整行走速度，使串珠绳处于恒张力工作状态。

泉州华大超硬工具科技有限公司金刚石绳锯控制系统界面如图2-11所示。

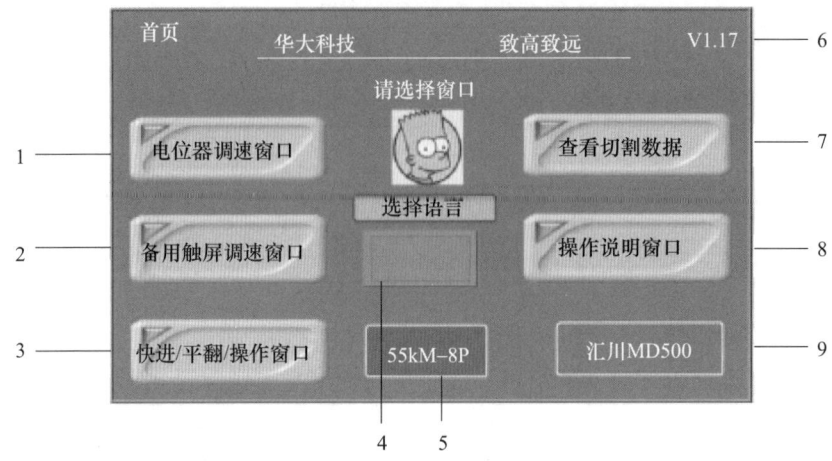

图2-11 泉州华大超硬工具科技有限公司金刚石绳锯控制系统界面
1—电位器调速窗口；2—备用触屏调速窗口；3—快进/平翻/操作窗口；4—选择语言；
5—机器型号；6—程序版本；7—查看切割数据；8—操作说明窗口；9—变频器配置

该控制界面主要由电位器调速窗口、备用触屏调速窗口、快进/平翻/操作窗口、选择语言、机器型号、查看切割数据、操作说明窗口、变频器配置等模块组成。

电位器调速窗口主要控制飞轮转速与行走速度。备用触屏调速窗口的功能是当电位器出现故障或调速有关的线路断线出现故障时，可采用此操作窗口，调速操作将由触摸屏上的【+】【-】键来实现。快进/平翻/操作窗口用来调整机头平移（或升降）、翻转、快速前进、快速后退。选择语言功能是语言切换开关，系统预置中文、英文、西班牙文、葡萄牙文、俄文，连续点击按键可循环改变语言状态。机器型号模块显示本设备的电气配置标签。查看切割数据模块设置切割面的高度后，设备自动计算切割效率、切割时间，可查看当前切割面积和历史累计切割面积，单次切割时间和累计切割时间，具备日历和时钟功能。操作说明窗口存储了简单的操作说明、维修保养介绍及注意事项等帮助信息。变频器配置模块显示当前机台的变频器的配置情况。

电位器调速界面如图2-12所示。该界面包括主机电流显示窗口、线速表、时钟、行走速度、返回首页、主机频率、亮度切换开关、自动/手动模式开关、自动开关、行走频率、进线电压、单次切割时间记录等模块。

主机电流显示窗口主要显示当前主机（大飞轮电机）的工作电流。打开自动模式后，同时显示实际电流与目标设定电流。如需修改目标电流，可点击"目标电流"区域，在弹出的键盘上修改目标值。线速表显示串珠绳运行的速度，单位m/s，指针与数字同步显示。时钟显示当前时间。行走速度显示前进或后退的速度，单位cm/min。主机频率显示主变频器输出频率。阳光较强时，通过亮度切换开关可调整界面背景亮度。自动/手动模式开关对自动/手动模式进行切换，默认为手动状态。自动模式只对正常切割状态有效（主机与行走同时运行）。自动模式下，为保障安全，只要主机或行走其中任何一个停止，程序自动全部停止，同时回到手动模式状态，确保下次开机一定先在手

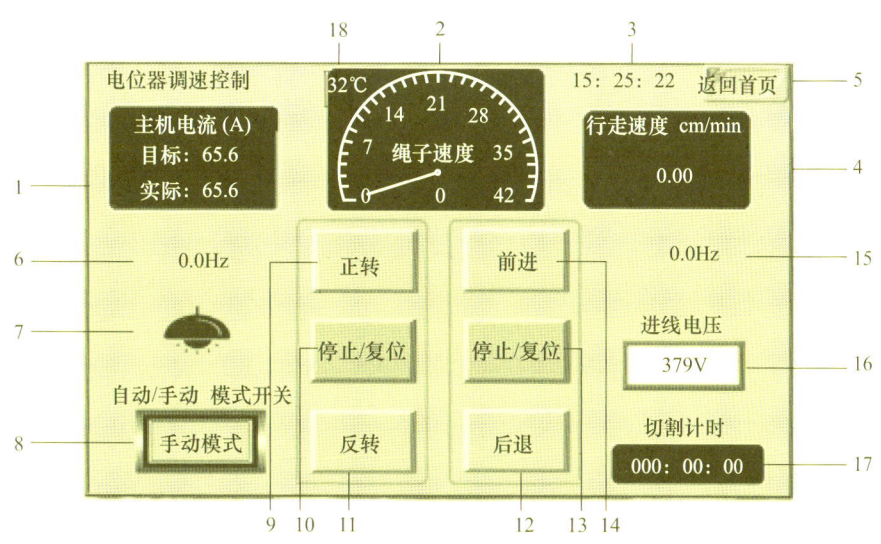

图 2-12 电位器调速界面

1—主机电流显示窗口；2—线速表；3—时钟；4—行走速度；5—返回首页；
6—主机频率；7—亮度切换开关；8—自动/手动模式；9~14—自动开关；
15—行走频率；16—进线电压；17—单次切割时间记录；18—温度

动模式下进行。自动开关的开启必须在主机运行且线速度大于2.0m/s，行走在运行状态，才可有效打开。一般情况下先使用"手动状态"，在操作者认为设备运行到所需切割状态时，开启"自动状态"。在"自动状态"下，主机线速度调整有效，行走调整无效。一旦主机线速度调整到0，系统延时2.0s后，自动回到"手动状态"，并停止行走。行走频率显示行走电机的运行频率，频率越高行走速度越快，当有频率显示时，说明设备在行走状态。进线电压显示现场电压，让操作人员了解现场电压情况，当电压低于340V或高于440V，数字会显示红色并闪烁提示。电压低于350V，设备必须降额使用。正常使用电压范围为350~420V。单次切割时间记录，为确保切割计时精准，程序默认主机运行速度大于2m/s，且为后退状态，计时器开始计时，最小单位为秒，点击计时器窗口处，弹出清除按钮，可以把时间清零，如图2-13所示。

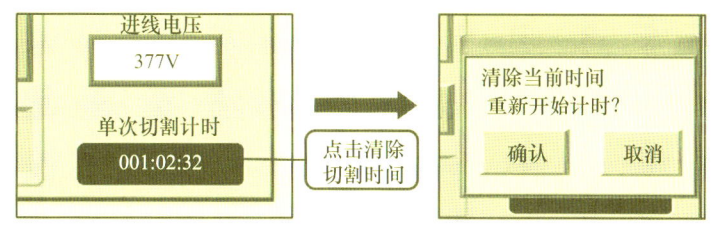

图 2-13 单次切割时间记录

点击自动开关可实现主机正转、主机停止、主机反转、绳锯前进、绳锯停止、绳锯后退等功能。

温度显示永磁电机内部绕组温度。当温度达到95℃时，字体变为红色且闪烁警示。此时应适当降低设备的工作电流。当温度继续升高至110℃时，设备会出现电机过温故障，并报警停机。主电机排风散热不当亦造成不正常温升，应定期清理设备的积尘。

备用触屏调速界面作为电位器出现故障或调速线路故障时应急使用，如图 2-14 所示。

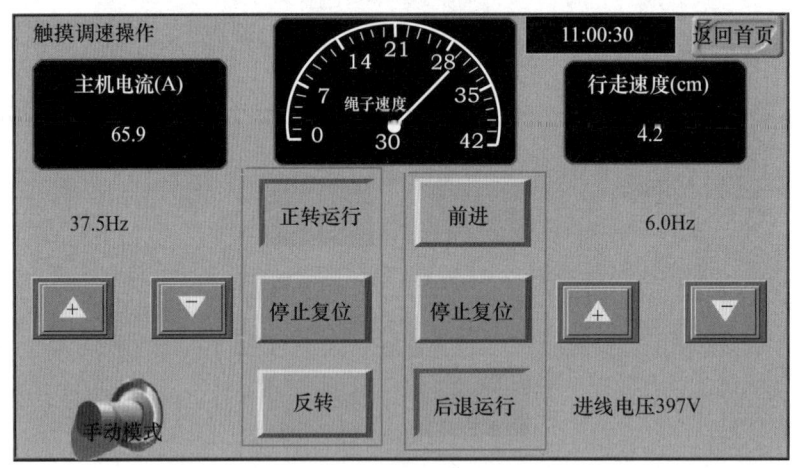

图 2-14　备用触屏调速界面

备用触屏调速界面与电位器调速界面区别在于：后者使用电位器来调整飞轮与行走速度，前者只能使用界面上的【+】【-】符号按钮来调整飞轮与行走速度。此界面打开时外部电位器无效，其他功能一致。此窗口可以独立进行切割操作，如图 2-15 所示。此界面任何时候按下停止键，相对应频率自动降至零，以确保下次启动时从零开始。

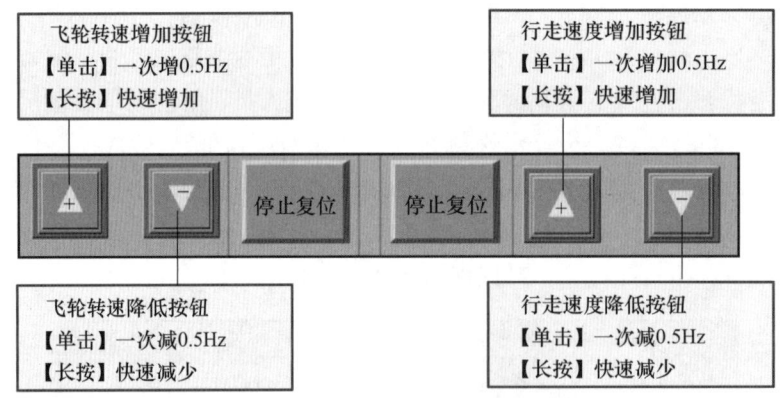

图 2-15　调速控制的备用界面

平移翻转操作窗口（图 2-16）实现设备"快速行走"和"机头位置"的调整控制。移动与翻转过程中受限位开关保护，触碰限位开关后会自动反方向离开限位一段距离。如翻转仍未达到操作者需要位置，应从另一侧进行翻转来实现。如果飞轮或行走还在运行状态，则"平移"和"翻转"操作无效。操作中有模拟动画。

查看切割数据窗口是让操作者查看作业数据和日期的，如图 2-17 所示。该界面显示切割面高度、单次切割的平方数、记录单次切割的时间、历史累计切割面积、历史累计切割时间等数据。

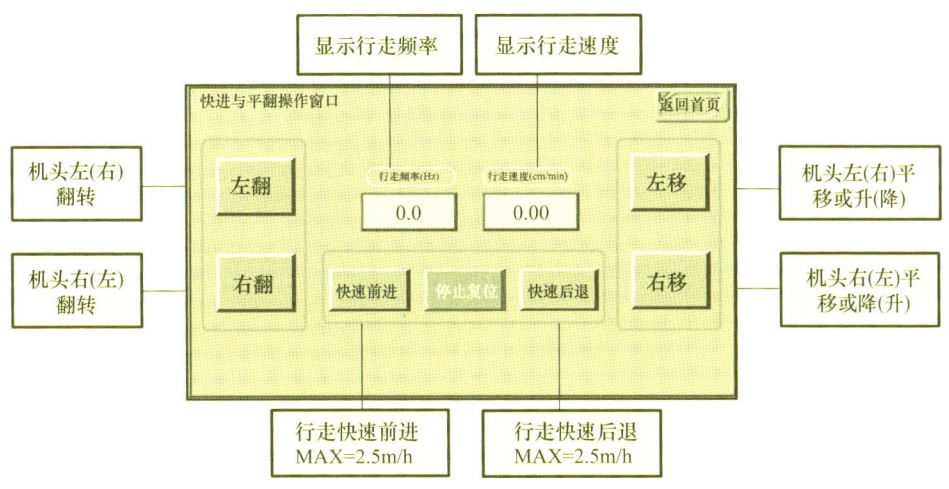

图 2-16 平移翻转操作窗口

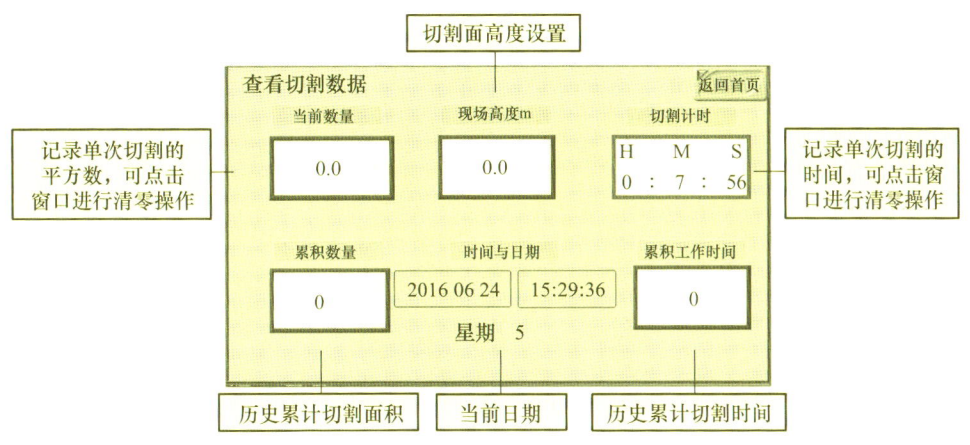

图 2-17 查看切割数据窗口

2.1.3 矿山用智能叉装机

叉装机是伴随着石材行业的发展而诞生的。当初，石材矿山开采荒料时，搬运堆垛等作业大多采用汽车式起重机、电葫芦等传统非专用吊装设备，效率极其低下，作业安全也无法得到保证。福建晋工机械有限公司（以下简称"晋工"）发明并生产了石材荒料开采中用于撬起、搬运、堆垛的专用设备——轮式叉装机（图2-18）。它是在轮式装载机和工业叉车基础上发明的一种用于块状物料搬运的专用设备，极大地提高了石材开采的效率和安全。

2.1.3.1 设备功能及分类

1）设备功能

轮式叉装机在矿山工程中主要用于石材荒料的转运、装卸，工作既安全又高效，而

图 2-18　福建晋工机械有限公司轮式叉装机

且能最大限度地保护石材荒料的完整。在石材加工厂，轮式叉装机主要用于荒料的装卸、堆垛和上料等。

2）设备构成与分类

石材叉装机的结构组成如图 2-19 所示。轮式叉装机主要由工作装置、工作液压系统、车架系统、转向液压系统、电气系统、驱动桥系统、制动系统、变速操控系统、变速箱变矩器、发动机系统、覆盖件系统构成。它能实现大吨位石材的撬料、铲运、装车、堆料，以及开采设备的移动和安装就位等作业机械化，具备很大的举升力和牵引力，以及良好的越野性能。

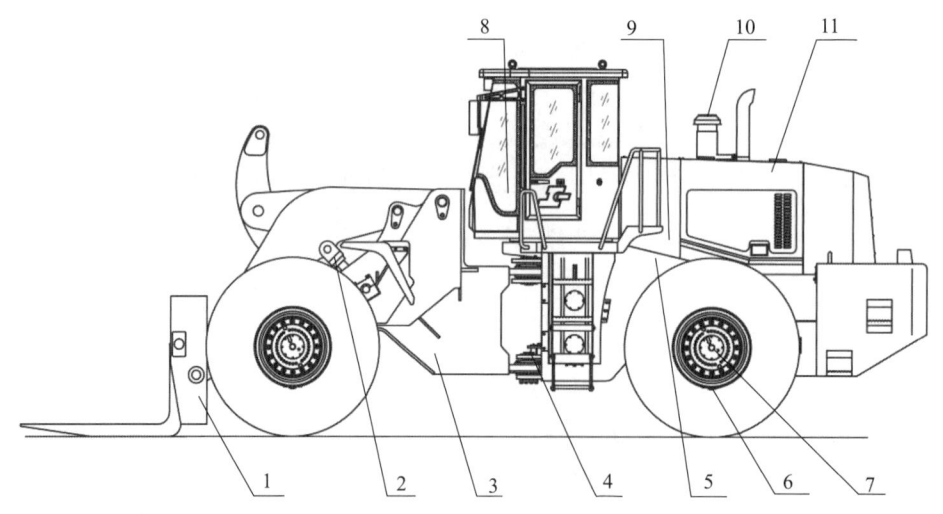

图 2-19　石材叉装机

1—工作装置；2—工作液压系统；3—车架系统；4—转向液压系统；5—电气系统；
6—驱动桥系统；7—制动系统；8—变速操控系统；9—变速箱变矩器；10—发动机系统；11—覆盖件系统

叉装机的主要技术参数包括发动机功率、额定叉装质量、牵引力、车速、最大爬坡能力、最小转弯半径、最大堆垛高度等。表 2-3 为福建晋工机械有限公司不同型号叉装机技术参数。

表 2-3　福建晋工机械有限公司不同型号叉装机技术参数

名称		JGM751FT18	JGM761FT26	JGM771FT32	JGM781FT40	JGM791FT50
整机质量（kg）		21960	28000	32400	40000	52000
额定载重质量（kg）		18000	26000	32000	40000	50000
载荷中心距（mm）		700	800	900	900	1000
最大举升高度（mm）		3500	3690	3500	3400	3500
货叉尺寸（长×宽×高）（mm）		1500×200×120	1500×240×120	1500×220×130	1700×260×130	1800×280×155
整机外形尺寸（长×宽×高）（mm）		8250×2880×3450	8850×3050×3525	9290×3050×3590	10330×3450×3820	10730×3705×4050
最小转弯半径（mm）		7265	8000	8500	9010	10030
最小离地间隙（mm）		550	400	480	500	465
轴距 mm		3550	3950	4200	4500	4655
离去角（°）		24	20	20	20	22
最大牵引力（kN）		170	221	230	277	340
行驶速度（km/h）	前进Ⅰ挡	0～12	0～10	0～10.8	0～6.3	0～6
	前进Ⅱ挡	0～36	0～35	0～30.4	0～11	0～10
	前进Ⅲ挡	无	无	无	0～20	0～22
	前进Ⅳ挡	无	无	无	0～32	0～32
	后退Ⅰ挡	0～16	0～13	0～12	0～6.3	0～6
	后退Ⅱ挡	无	无	无	0～11	0～10
	后退Ⅲ挡	无	无	无	0～20	0～22
发动机功率（kW）		162	178	178	199	340

2.1.3.2　工作原理及结构特点

1）设备工作原理

轮式叉装机是集撬起、搬运、堆垛为一体的物料搬运专用设备，工作装置在控制系统的操控下进行石材的撬起叉装，并搬运到指定位置卸载堆垛，实现石材物料的转移。

2）结构系统特点

（1）该设备发动机采用涡轮增压发动机，额定功率 162kW，额定转速 2200r/min，具有结构紧凑、可靠性高、寿命长、低噪声、低油耗、转矩储备系数高、加速响应快、系统集成、体积小、零部件少以及爆发力强等优点，非常适用石材开采对动力系统苛刻的要求。

（2）涡轮增压发动机的中冷器具有低噪声、低油耗、高可靠性、超强转矩、长使用寿命，以及转矩储备系数高达 50.5% 等优点，使机器可适应更多重负荷的工况。

（3）进排气系统配置两级空滤加预滤，以有效防止发动机早期磨损；配置带隔热罩的消声器，以防止热辐射损坏发动机附件及散热管路。

（4）散热系统配置可打开式散热器，发动机直接驱动吹风式风扇。

（5）传动系统由变矩器、变速器、驱动桥构成。

（6）装载机的动力由发动机到液力变矩器，通过行星齿轮式换挡变速箱传递到前桥和后桥主传动器，通过半轴到轮边减速器驱动车轮运动。

（7）工作液压系统压力为21MPa，转向系统压力为20MPa。

（8）动臂液压缸和转斗液压缸均采用大缸径液压缸。配置先导阀控制分配阀进行作业操作，通过动臂液压缸伸出或缩回实现动臂的提升、下降，转斗液压缸的伸出或缩回，石材铲斗的后翻、前翻。图2-20所示为液压系统原理图。

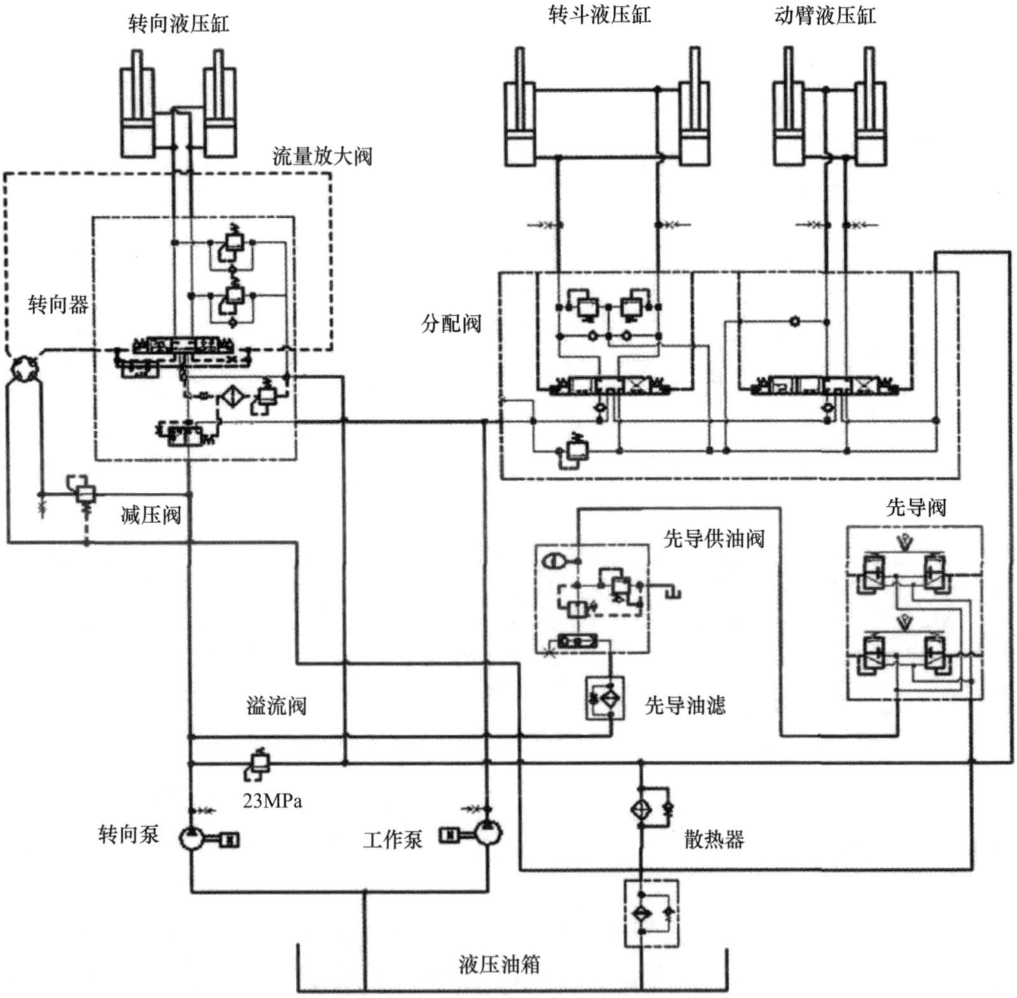

图 2-20　液压系统原理图

2.1.3.3　叉装流程及操作规程

1）叉装流程

轮式叉装机的叉装流程：撬料→插入物料→物料掘起→后退转运→装车或装卸到指定位置。

2）轮式叉装机操作规程

(1) 启动时，空负荷运行3~5min，待仪表盘各读数正常，水温60℃以上，机油压力正常，松开手制动，将挡杆推到前进或后退挡，左脚置于离合器上，右脚轻踏油门，缓行起步，保持平稳。

(2) 行驶中要遵守企业内交通规则和国家交通法规。

(3) 作业时，禁止超载使用，禁止单叉作业，禁止用货叉高速冲撞货物，两货叉承载应相同，叉载质量应符合规定。搬运货物时叉子须全部插入货物下面，并使货物均匀地放在叉子上。

(4) 在潮湿或光滑的地面上作业转向时须减速。

(5) 装货行驶时，应把货物尽量放低，门架后倾。装卸作业时应在最小范围内做前、后倾。

(6) 坡道行驶应小心，在大于10%的坡道上行驶时，上坡应向前行驶，下坡应倒退行驶，上、下坡切忌转向。叉车下坡行驶时不得进行装卸作业。

(7) 行驶时应注意行人、障碍物及坑洼路面，并注意叉车上方的间隙。

(8) 卸货后应先降落货叉至正常的位置再行驶。

(9) 在下坡时严禁熄火滑行。

(10) 行驶时，若物件挡住司机视线，应倒开叉车。

(11) 发动机熄火后方可加燃油，在检查电瓶或油箱液位时不得点火。

(12) 离车时，将货叉下降着地并将挡位手柄放到空挡，发动机熄火或断开电源，在坡道停车时，将停车制动拉好，停车较长时间，须用楔块垫好车轮。

(13) 按"轮胎气压"标牌规定的气压值进行充气。

2.1.3.4 控制系统

1) 控制系统基本方案

根据叉装机的功能要求，按照模块化的设计原则，控制系统采用基于CAN总线的分布式体系结构，其控制方案如图2-21所示。采用CAN总线分布式系统，简化了线路的连接，具有实时性、高可靠性，实现了控制系统的数字化、模块化，并保持了系统的

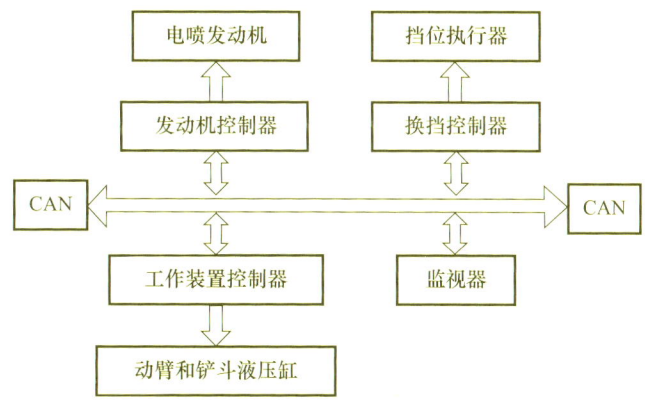

图2-21 控制系统总体方案

扩展性，为叉装机远程化和机群化控制功能的实现铺平了道路。控制系统从功能上主要分为4个模块：发动机控制模块、换挡控制模块、工作装置控制模块以及状态参数的自动监测和故障诊断模块，分别由发动机控制器、换挡控制器、工作装置控制器和监视器完成。其中发动机控制器由发动机厂家设计，主要控制发动机的工作模式和输出转速。自动换挡控制器、工作装置控制器均采用芬兰EPEC公司产的控制器（2023型）；监视器采用某院自主研发的基于AT91RM9200微处理器和Linux操作系统的智能监视器。

2）自动换挡控制模块

如图2-22所示，电喷发动机（8DK）输出的动力通过液力变矩器（YJ355E）传到变速器（YB1502），经传动轴传到驱动桥驱动前、后驱动轮。传动系统的换挡控制模式分为手动换挡控制模式和自动换挡控制模式，由换挡模式选择开关控制。自动换挡控制模式下，换挡控制器根据传动系统的实际工况，按选定的自动换挡规律控制变速器的5个电磁阀实现叉装机4个前进挡位和3个后退挡位之间的自动切换。为了提高液力变矩器的传动效率，降低油耗，自动换挡采用以油门开度、泵轮转速（发动机转速）和涡轮转速为控制参数的三参数节能换挡控制规律。为提高工作装置操控的智能化水平，简化叉装机的装配调整问题，改装后的叉装机在不改动现有的液压控制工作装置的前提下，把手动液压先导操纵控制部分改为电液比例先导控制。

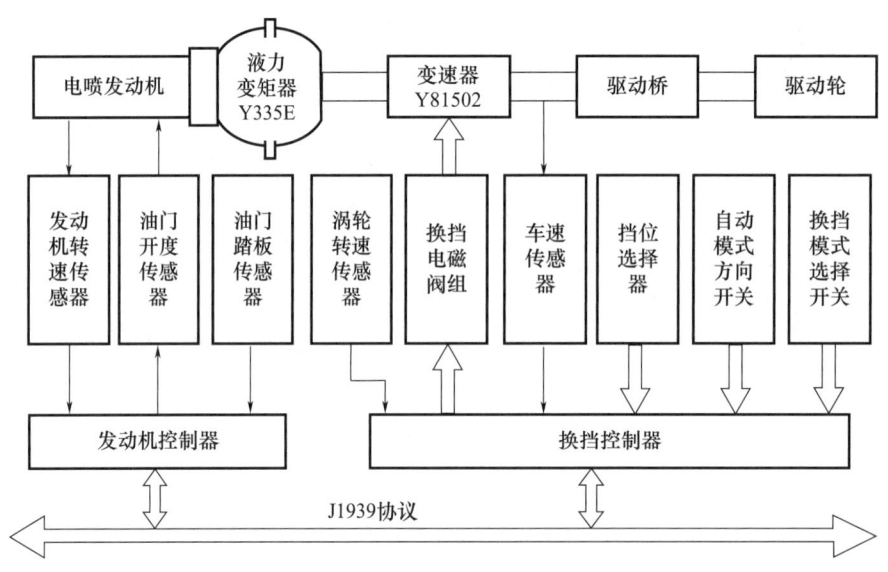

图2-22 自动换挡控制模块

3）叉装机自动换挡系统设计

将其主传动系统更换为YJ355E变矩器和YB1502变速箱，进行叉装机自动换挡的整机试验。YB1502电液换挡变速箱具有4个前进挡和3个后退挡，4个前进挡的传动比分别为4.235、2.297、1.146和0.686。换挡采用电液操纵方式，通过控制5个电磁阀，实现换挡离合器切换。换挡控制系统采用芬兰EPEC公司的2023型控制器作为控制核心，变速箱上安装泵轮转速传感器和变速箱输出转速传感器，原有的机械式油门拉杆被电控油门踏板和电控油门执行器所取代,自动换挡控制系统配置如图 2-23 所示。系统保留了手动换挡功能,启动前首先进行模式选择,手动模式下的方向和挡位由手动换挡手柄决定,自动模式下的方向由方向开关决定,挡位则由程序控制。自动换挡程序首先根据控制器采集的转速、油门开度和制动信号进行驾驶意图的识别,具有加速意图时应用以油门开度、发动机转速和涡轮转速为控制参数的三参数节能换挡规律(图 2-24);同时为了避免循环换挡、速度剧变等的影响,增加了时间延迟参数进行换挡判断的确认。非加速意图时,根据图 2-25 所示的两参数换挡曲线进行降挡控制。图 2-25 中的 3 条换挡曲线将整个坐标平面分割成前进 Ⅰ、Ⅱ、Ⅲ、Ⅳ 挡 4 个区域,当以油门开度和车速表示的工况处于某一区域时,变速箱处于该挡位工作。

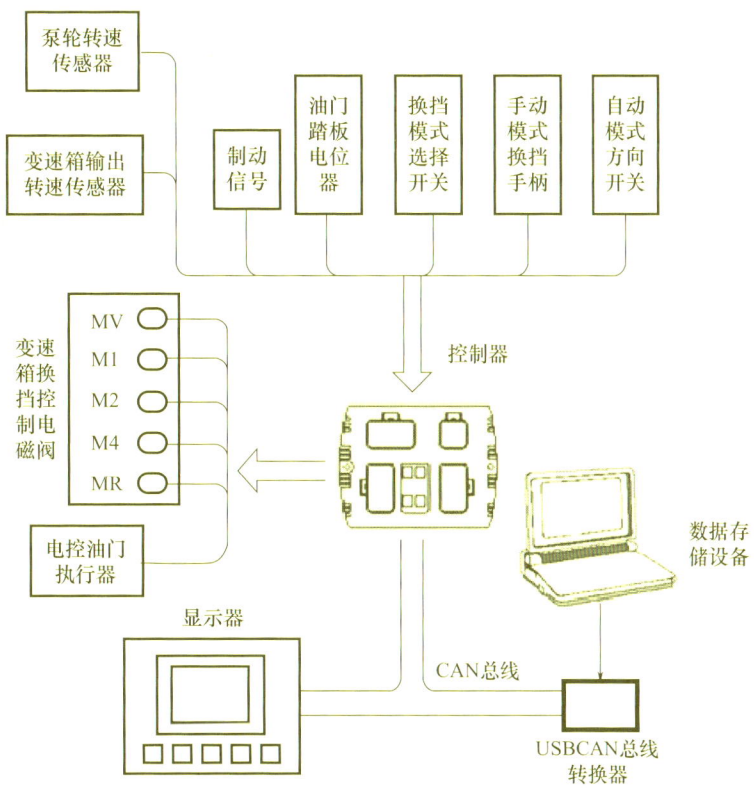

图 2-23 自动换挡控制系统配置

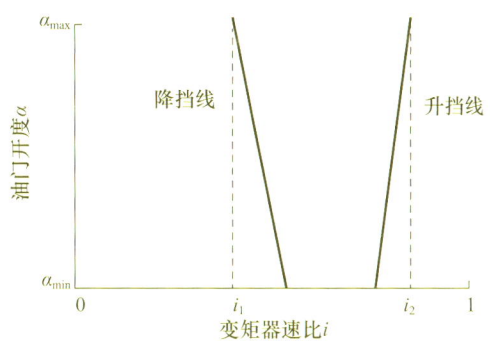

图 2-24 三参数节能换挡规律

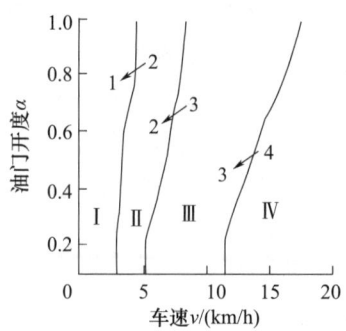

图 2-25　两参数节能换挡规律

4）控制硬件构成

（1）角度传感器具体型号为库伯勒倾角计 IS40 系列 8. IS40.22321（双轴量程 ±45°），供电电压为直流 5~30V，无负载电流 <20mA，测量范围 -45°~45°，分辨率 <0.01°，输出信号为模拟量输出，防护等级 IP67。其安装位置为动臂与铲斗相应铰点位置，用于监测铲斗与动臂实时角度。

（2）压力传感器具体型号为 3403-18-D1.39 型压力传感器，量程 0~6MPa，供电电压为直流 10~30V，精确度等级 0.5，输出为 4~20mA，其用于监测动臂与铲斗油缸实时压力。

（3）数据采集仪。

5）人机交互接口模块

人机交互接口系统是叉装机控制系统的一个重要组成部分，其作用是为驾驶员提供一个良好的操作界面和环境，同时协调控制系统中各部分之间的工作。为了提高叉装机操作过程中的人机交互性能，人机交互界面采用了图表化、图标化和数字化的显示方式，取代了传统控制系统中的诸多仪表，使得参数显示直观、准确、实时、明了。

6）晋工"车管家"系统

福建晋工机械有限公司通过创新驱动，研发了"车管家"系统。借助"车管家"互联网技术，逐步实现精准服务、精准营销、精准研发、精益制造，实现数量、质量、效益协同增长。"车管家"是晋工精心打造的智能服务平台，让设备插上了互联网的翅膀。同时可以让用户足不出户，随时随地掌握机器状态。该系统是厂家的千里眼，可以远程洞悉设备数据，快速呈现所需报表。该系统一端连接 PC 端，另一端连接手机端，如图 2-26 所示。

PC 端包括叉装机实时工况、历史工况、在外运行明细、样机管理、实时报修、注册管理、数据统计模块。手机端包括客户设备、设备保养、客户信息、意见反馈、服务热线等信息。

PC 端可以随时查看设备位置和设备运行状态，如图 2-27、图 2-28 所示。设备运行状态包括油位、水温、气压、机油等。

图 2-26 晋工"车管家"系统手机端

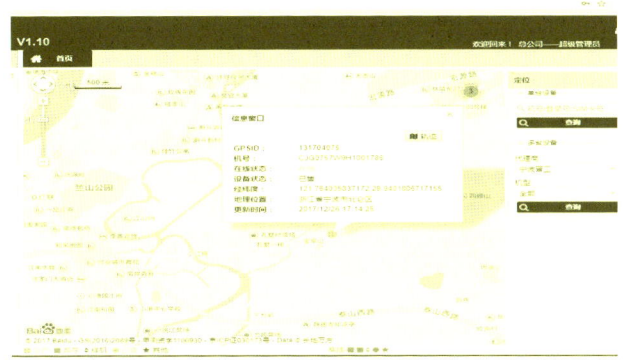

图 2-27 PC 端查看设备位置

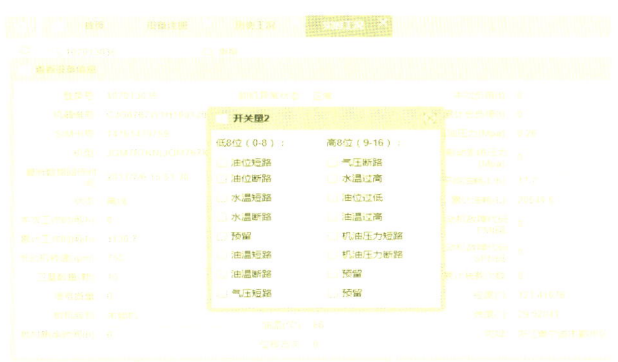

图 2-28 PC 端查看设备运行状态

手机端可以查看装载机位置、设备详情、历史数据等，如图 2-29 所示。通过"车管家"系统可以查看装载机是否有问题，是否需要保养等。工程师通过系统获取装载机实时作业数据，与历史数据进行对比，查看机器参数，诊断故障原因，找出差异，并远程指导现场服务人员，大大节约了排除故障的时间，减少了维护费用，提高了作业效率。以往装载机都是定期进行保养，通过该系统查看保养时间，合理规划保养时间和人员，合理规划配件分配，主动联系客户是否需要保养，约定时间上门保养，客户保养完成后进行评价。

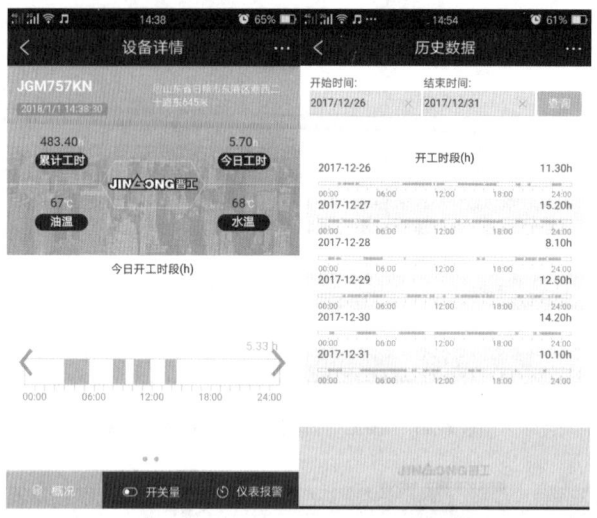

图 2-29　手机端"车管家"查看信息

该系统通过装载机在线实时数据分析，得到哪种机型销售比较好，哪里任务多等统计数据，如图 2-30 所示。

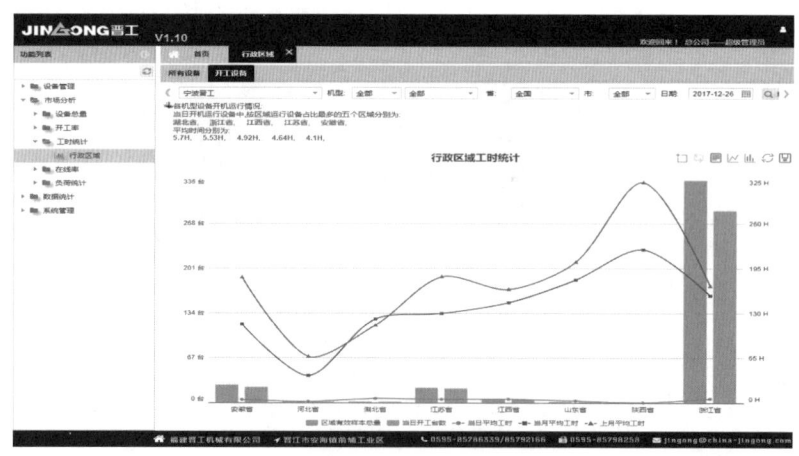

图 2-30　装载机任务统计

2.2　板材锯解数控装备

锯解石材设备主要是把大块荒料分解成具有一定厚度的板材。锯解设备主要有组合式金刚石圆盘锯机、多绳金刚石串珠锯机等。

2.2.1 组合式金刚石圆盘锯机

2.2.1.1 设备功能及分类

1)设备功能

组合式金刚石圆盘锯机是把石材荒料加工成板材半成品的必备设备,其主要功能是将大中型荒料,根据要求快速准确、连续地切割成所需的规格板,具有结构紧凑、产量高、加工精度高、成本低等优点,如图2-31所示。

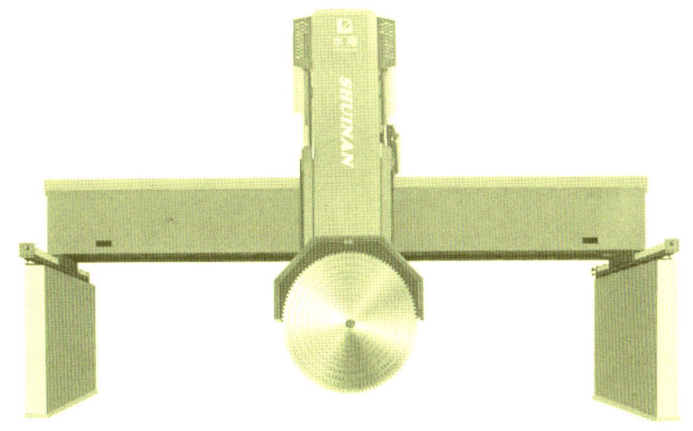

图2-31 泉州市海恩德机电科技有限公司组合式金刚石圆盘锯机

2)设备构成与分类

该设备主要由右边梁、横梁、纵向传动机构、升降传动机构、横向传动机构、液压控制系统、左边梁、主轴箱、机身等组成,如图2-32所示。横梁横跨于左、右两边梁之上,

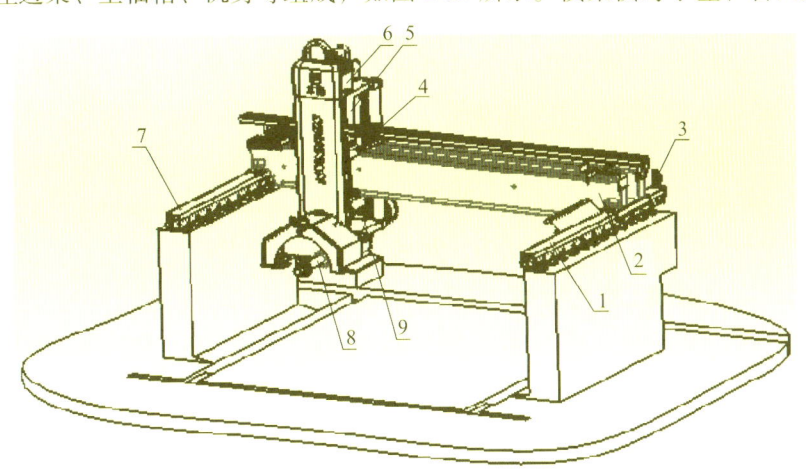

图2-32 泉州市海恩德机电科技有限公司组合式金刚石圆盘锯机结构图

1—右边梁;2—横梁;3—纵向传动机构;4—升降传动机构;
5—横向传动机构;6—液压控制系统;7—左边梁;8—主轴箱;9—机身

用于承载机身，通过横向传动机构使机身在横梁左、右往复平滑运动，实现对荒料的往复切割。左、右边梁安装在横梁的两端，由水泥支座来支撑；横梁通过纵向传动机构可平稳地在边梁上做纵向运动，实现对切割设定尺寸的纵向位移。机身通过升降机构及液压系统实现上、下升降进给。整套电气控制系统安装于控制柜内，并通过控制面板对机台进行操作管理。锯片安装在主轴上。主电机通过皮带把动力传到主轴上，由主轴带动锯片进行旋转切割。SQC-1600-26P 锯机主要技术参数见表 2-4。

表 2-4　SQC-1600-26P 锯机主要技术参数

名称	单位	SQC-1600-26P
横梁长度	mm	8000
导柱直径	mm	180
最大锯片直径	mm	1650
最多锯片数量	片	26
左右行程	mm	4850
前后行程	mm	3000
最大升降行程	mm	1400
耗水量	L/h	1500
主电机功率	kW	90
总功率	kW	104
外形尺寸	mm	8000×5200×3850
总质量	kg	17000

组合式金刚石圆盘锯机主要有以下几种分类：

（1）按其加工对象不同，分为大理石专用、花岗石专用。

（2）按其结构形式不同，分为龙门式、桥式、悬臂式、四柱框架式圆盘锯机。

（3）根据安装锯片数量不同，分为单片金刚石圆盘锯机和组合金刚石圆盘锯机。

（4）根据金刚石圆盘锯片直径大小不同，分为中型圆盘锯机、大型圆盘锯机和巨型圆盘锯机。

（5）根据横梁长宽高尺寸不同，分为轻型、重型、超重型圆盘锯机。

（6）根据横梁的组合数量不同，分为单梁、双梁圆盘锯机。

2.2.1.2　工作原理及结构特点

1）工作原理

将多片金刚石圆锯片按直径大小并排安装在锯机上，中间通过间隔法兰限定轴向位移，使多片金刚石圆锯片同时对石材进行锯切，由小锯片到大锯片依次进给，完成石材锯解。

2）结构特点

（1）机台采用模块化设计，结构紧凑、美观大方。

（2）锯片采用组式挂法或塔式挂法，可挂锯片数量多，产量高。

(3) 主电机采用永磁电机,可根据石材材质、锯片大小,通过变频调速来调整转速,切割效率高、发热小、能效高、故障率低,控制性能与动态响应性能好。

(4) 左、右走刀采用变频调速控制,可根据石材材质进行调速,操作简便;上、下进刀采用精密数字控制,进刀量精准。

(5) 分片系统采用伺服电机驱动分片,分片精确;无传动轴设计,操作更方便,机台前后皆可装卸料,提高生产效率。

(6) 控制系统采用数字化控制,人机智能操作界面自动化程度高,操作简单方便,人工成本低。

(7) 采用物联网远程控制,对机台实时管理、升级、实时监控查看数据,及时解决故障,方便客户远程生产管理,实现智能生产、智能服务,有效降低运营、维护、生产成本。

2.2.1.3 薄板锯解工艺及设备操作规程

1) 锯解工艺

组合式金刚石圆盘锯机加工石材采用提刀分片和侧面分片两种方法。工艺流程为:上、下对刀→左、右对刀→分片方式选择(提刀分片或侧面分片)→设置定长长度与分片数量→设置单次降刀量→设置切割深度→切割→板材分离→验收→转入下道工序。

2) 操作规程

(1) 设备操作、维护人员必须经过专业的生产、安全技术培训后方可上岗。

(2) 可与其他石材机械设备组合成生产流水线,也可单独使用。

(3) 整机或机体吊装、搬运必须制订安全可靠的方案,由具备吊装、搬运资格的人员按要求进行,所选用的设备、吊具、工具等必须保证吊装、搬运工作过程的安全。

(4) 设备安装基础要保证地基部分不沉降、不变形,基础的尺寸需根据所挂锯片大小及所加工荒料大小做调整,多台排列安装时,前后左右要留有一定空间。

(5) 机台运行前,需对整个外部连接、紧固件,特别是在运输当中拆分过的零部件进行全面检查,确认已连接紧固好;通电后手动检查测试整机电气、油路、机械传动各部件的动作正确无误后,空载运行2~4h,检测整机是否运转自如,有无卡滞现象。

(6) 生产、调试过程中,严禁将其他物品置于工作台上,边梁防护罩上面不得放置任何物品。

(7) 生产、调试过程中,严禁非工作人员在设备旁逗留。

(8) 严禁用手触摸齿轮传动部件、液压传动部件,在设备运动范围内,严禁有人进入。

(9) 严禁用水或其他液体冲洗本机的电气部分和机械传动部分。

(10) 设备须按使用说明书要求定期维护保养。

2.2.1.4 控制系统

1) 智能化锯机物联网控制平台

传统的组合式金刚石圆盘锯控制系统是以PLC加接触器或变频器的硬件组合方式,

软件以 PLC 控制为主，采用分段加、减速来控制行走电机的分片工艺，因此 PLC 需要采集行走的实时位置数据，再做判断及控制输出，存在着控制反应速度偏慢、结构复杂、操作不便、故障率偏高的问题；主电机上无有效的节能措施，作为组合式金刚石圆盘锯的核心能耗器件，长期以来都无法真正达到节能减排的目的，而且控制转速方式单一，在现场不方便调整。

鉴于现有控制方式存在的问题，选用先进的伺服系统作为控制分片工艺的手段，将圆盘锯的分片选用伺服系统来完成，实现超高精度分片，系统反应速度快，控制简洁，运行稳定。在节能方面，采用永磁电机系统代替能耗大户主电机，降低能耗，丰富石材锯割的控制方式，既节能降耗，又有效弥补了传统电控电机保护的弱点，实现电机高效保护，并且驱动器可控制电机启动加速度，减小启动电流，实现对电网的最小冲击。

PLC 远程控制系统依靠云服务器将 PLC、工控触摸屏及远程控制模块进行有效融合，设备通过交换机处于同一个局域网网段中。远程控制模块接入互联网，数据最终进入云平台。在使用过程中，用户需要与互联网连接，通过专用地址访问设备网络，就能够在远程进行操作。技术人员能够随时随地对 PLC 做程序重新修改，保证了远程的编程、程序监控及屏组界面修改等。PLC 远程监控系统主要是利用了云平台对各种数据进行整合，为了保证数据的安全性，对切机程序进行了加密处理，有效避免了网络被黑客破解，避免了外界接入网络链接，提升了数据的安全性，如图 2-33 所示。

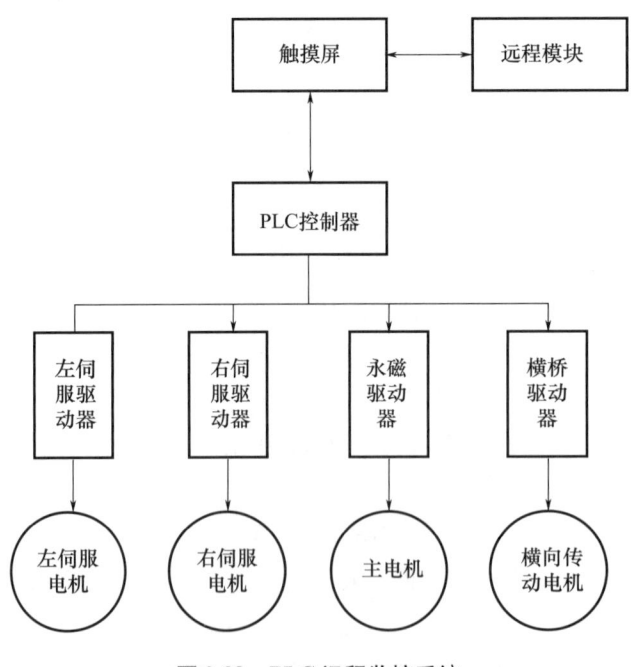

图 2-33　PLC 远程监控系统

该系统设计基于 5G 网络，利用部置于 MEC 的数据中转平台建立远端操作室与切机远程控制终端之间的通信，切机远程控制终端通过 CAN、数字量和模拟量采集接口等物理接口同切机联通，操作室的指令通过 5G 网络下发到终端，并且通过 5G 网络回传视频信号监视现场环境，如图 2-34 所示。

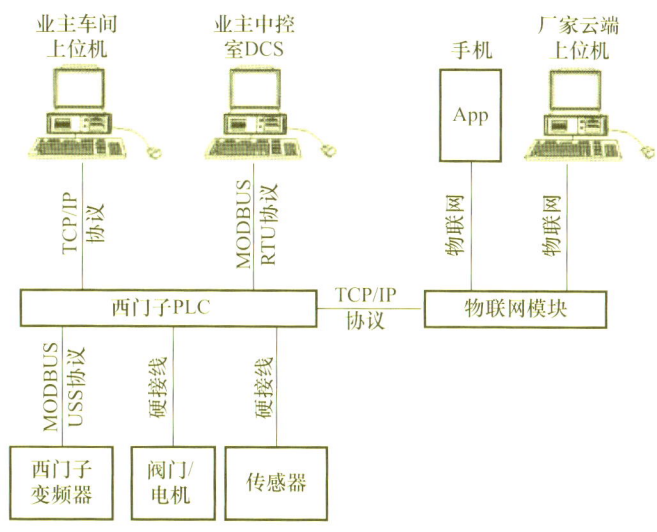

图 2-34 远程控制系统网络拓扑图

2）远程控制系统硬件设计和软件设计

远程控制系统方案如图 2-35 所示。远程控制系统电气控制箱如图 2-36 所示。远程控制系统包括如下设计内容。

（1）下位机设计

下位机选用西门子 200SMART 系列 CPUST60PL、SBCM01MODBUS 通信信号板、广州巨控 GRM533Y-C 智能远程控制终端、EMDT32 开关量输入输出模块、EMAE08 模拟量输入模块、西门子 V20 变频器、光栅尺、压力计等。

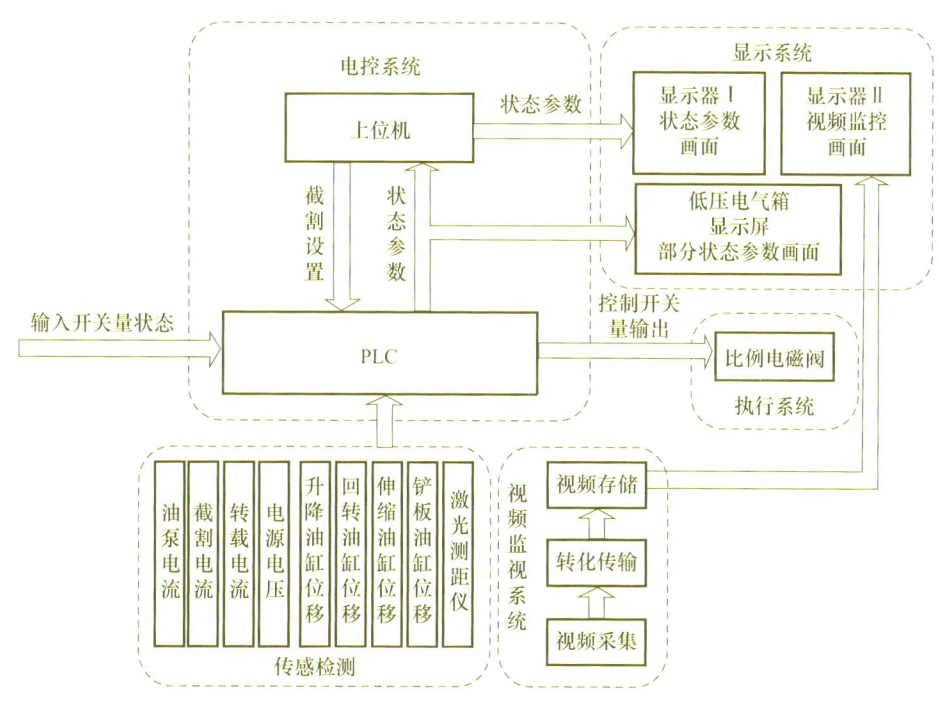

图 2-35 远程控制系统方案

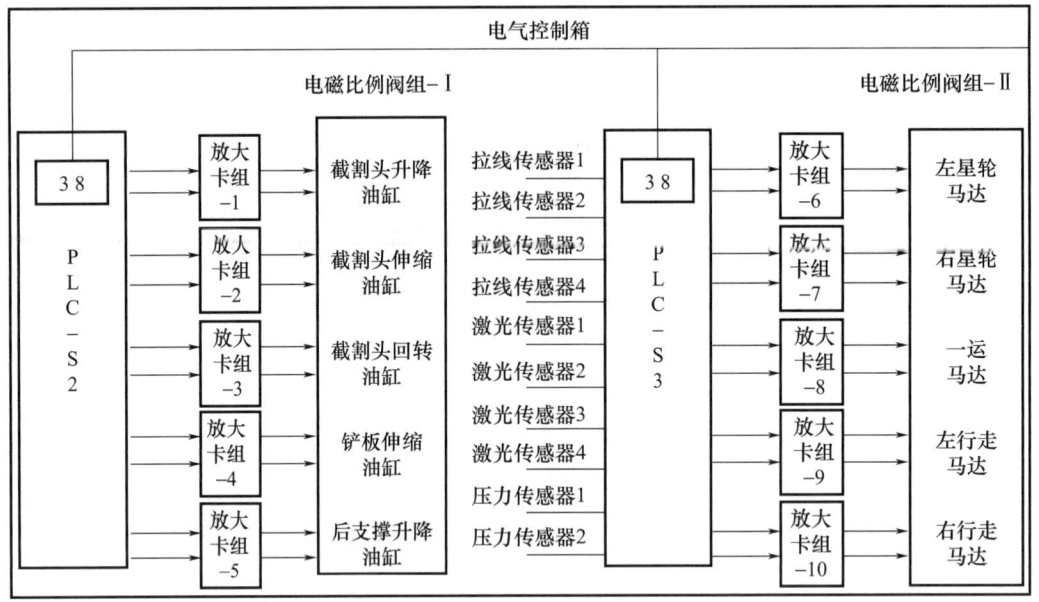

图 2-36 远程控制系统电气控制箱

(2) 上位机设计

车间上位机选用亚控科技 KingView 软件,中央控制室选用浙大中控 ECS-700DCS 系统,手机 App 用户采用巨控科技的云端 App 软件,设备厂家云端上位机同样选用亚控科技 KingView 软件。

(3) PLC 与 DCSMODBUSRTU 通信

西门子 200SMART PLC 通过 SBCM01 信号板(Prot1 口)与浙大中控 ECS-700DCS 系统通信,成为 DCS 的 MODBUSRTU 从站。

要实现 MODBUSRTU 通信,需要使用 STEP7-Micro/WinsMARTInstructionLibrary(指令库)。MODBUSRTU 从站通信指定变量地址为 40000~49999,变量为读写属性,掉电保持。

(4) PLC 与变频器 USS 通信

SINAMICSV20 可通过 RS485 接口的 USS 协议与西门子 PLC 通信。变频器通过参数设置为 RS485 接口选择 USS 或者 MODBUSRTU 协议,USS 为默认总线设置。PLC 通过 CPU 本体集成的通信端口(Port0)与变频器连接,通过通信既可以设定频率、启停电机,也可以读取电机转速、频率、散热器温度等参数。

(5) PLC 与组态王 TCP/IP 通信

组态王基于网络的概念,是一种真正的客户-服务器模式,支持分布式历史数据库和分布式报警系统,可运行在基于 TCP/IP 网络协议的网上,使用户能够实现上、下位机以及更高层次的厂级联网。200SMART PLC 与车间上位机 KingView 软件采用 TCP/IP 协议通信,PLC 的地址与 KingView 的软件地址设定在同一网段即可与 PLC 成功通信。在 KingView 文件中安装新的 200PLC 动文件,驱动安装完成后,用网线连接上位机和 PLC 的网口,上位机即与 200SMARTPLC 通信成功。

（6）PLC 与远程通信智能终端 TCP/IP 通信

西门子 PLC 与巨控远程通信智能终端 TCP/IP 连接，巨控远程通信智能终端和 PLC 使用厂家 TCP/IP 协议通信，然后通过内部加密压缩的形式和客户端进行数据交互，因此在网络上始终传输的是加密压缩的数据流，相对透传模块，不仅可以节省流量，还可以从根本上避免网络层监听直接获取 PLC 通信数据的可能。首先安装远程通信终端配置软件，安装完成后，用账号密码登录服务器，并配置虚拟网卡参数。

（7）PLC 与 App 通过云端服务器连接

PLC 与巨控 App 应用程序基于物联网模块通过云端服务器连接，利用 App 开发软件建立变量地址，设置 App 页面布局，显示数据、加工状态、设备状态、参数设定、远程控制、故障显示、报警短信、历史数据等，登录系统账户下载至远程通信智能终端服务器中，手机 App 即可监控设备运行状况。

（8）PLC 与远程上位机通过云端 OPC 通信

设备厂家云端上位机软件通过远程通信终端 OPC 管理器读取 OPC 服务器数据地址，写入设备厂家云端上位机数据库，这样设备厂家云终端上位机就可以实时监控现场各设备运行情况。

2.2.2 多绳金刚石串珠锯机

多绳金刚石串珠锯机作为新一代的大板切割设备，目前已经在石材企业得到广泛应用。多绳串珠锯与砂锯相比，出材率高，环境友好，切削系统机构简单，落锯进给速度是砂锯的 10 倍。每台多绳串珠锯的加工生产效率是标准型号砂锯的 6 倍。考虑荒料转换、刀具更换、设备保养和清洁等辅助工作时间，对于部分相对较软的花岗石来说，多绳金刚石串珠锯机每月可锯切 50~60 车荒料，日均有效锯切时间和日平均辅助时间是砂锯的 1.3 倍。多绳金刚石串珠锯机如图 2-37 所示。

图 2-37　多绳金刚石串珠锯机

2.2.2.1 设备结构组成及分类

1）设备结构特点

多绳金刚石串珠锯机采用的 φ6.3mm 的金刚石绳，主要用于加工厚度 2cm 和加工厚度 3cm 的大板。当加工厚度 2cm 大板时，其理论板厚为 20.9mm，一次最多加工 70 块；当加工厚度 3cm 大板时，其理论板厚为 30.2mm，一次最多加工 49 块。

该设备主要由从动轮、导向轮、台车、连接横梁、垂直进给装置、张紧装置、机架、绳锯、绳锯防护罩、驱动轮、控制系统、液压系统组成。多绳金刚石锯机设备结构如图 2-38 所示。

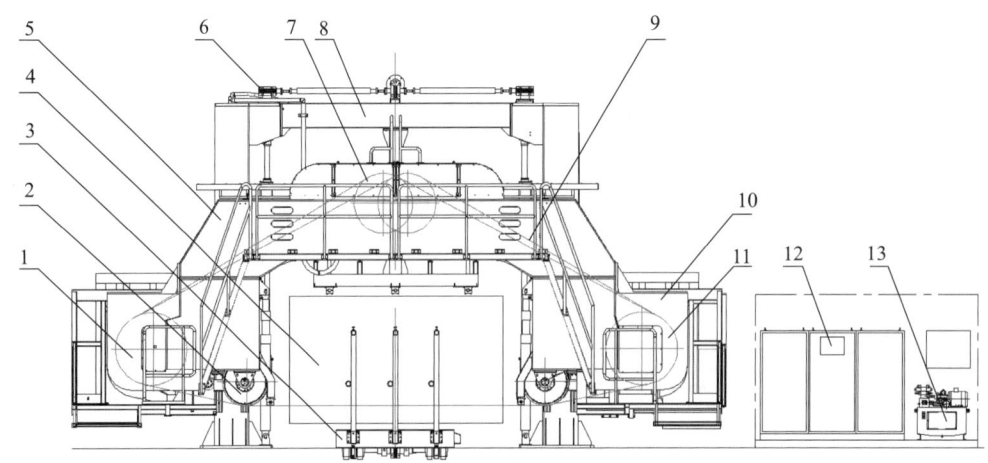

图 2-38 MWS70B 多绳金刚石锯机结构示意图

1—从动轮；2—导向轮；3—台车；4—石材荒料；5—连接横梁；6—垂直进给装置；
7—张紧装置；8—机架；9—绳锯；10—绳锯防护罩；11—驱动轮；12—控制系统；13—液压系统

机架主要由左、右立柱、拉杆、中间喷水架等组成，是绳锯机的结构件部分，其他装置都安装在机架上。机架采用龙门式结构，立柱和横梁采用结构钢焊接，巨大的网格结构使其具有足够的强度和刚度，为机器的平稳运行提供了保障，其结构如图 2-39 所示。左、右立柱的导轨面垂直于水平面，垂直度误差小于 0.5mm/m，且左、右立柱的导轨面要在同一个平面内，误差不超过 ±1mm，左、右立柱的中心距误差不超过 ±1mm。横梁与左、右立柱用螺钉固定。

垂直进给装置由一个 7.5kW 变频电机、减速机、丝杠、丝杠螺母、传动轴等部分组成，用来驱动飞轮及绳锯在垂直方向上运动，实现空载运行及工作进给。

驱动装置主要由驱动电机、驱动轮等组成，驱动电机为 315kW 六极电机，驱动驱动轮旋转，带动绳锯高速运动而切割石材。

从动装置主要由从动轮、安装座组成。

张紧装置安装在横梁上方，主要由张紧轮、张紧支座、张紧摇臂、张紧油缸、张紧液压系统等组成，主要用来张紧绳锯，保证绳锯在切割石材过程中保持适当的张紧力。小油缸的张紧最大行程为 100mm，为了保证张紧效果，建议每条绳锯长度误差控制在 ±20mm 以内。每条绳独立张紧，保证所有绳锯张紧力大小一致。如图 2-40 所示，液压

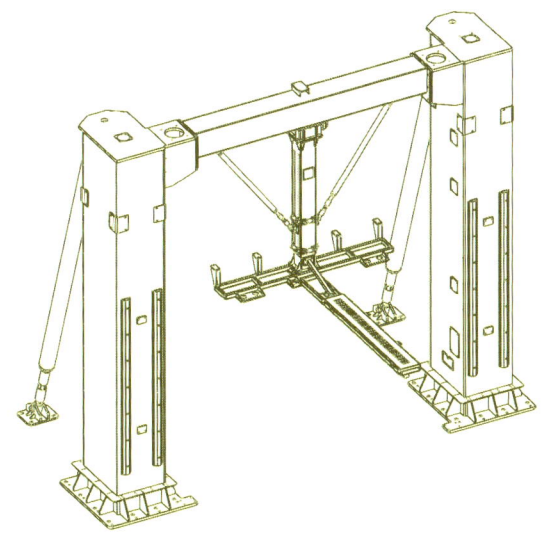

图 2-39　机架结构示意图

系统由动力部分（电机、变量泵）、控制部分（各类阀件）、执行部分（油缸）、辅助元件（压力表、液位计、压力传感器）等构成，张紧油缸共 76 个。启动油泵，相应电磁阀线圈通电，油缸伸出张紧绳锯。变量泵长时间工作维持稳定的张紧压力。系统压力设定值为 7.1MPa。张紧压力与绳锯拉力对照见表 2-5。

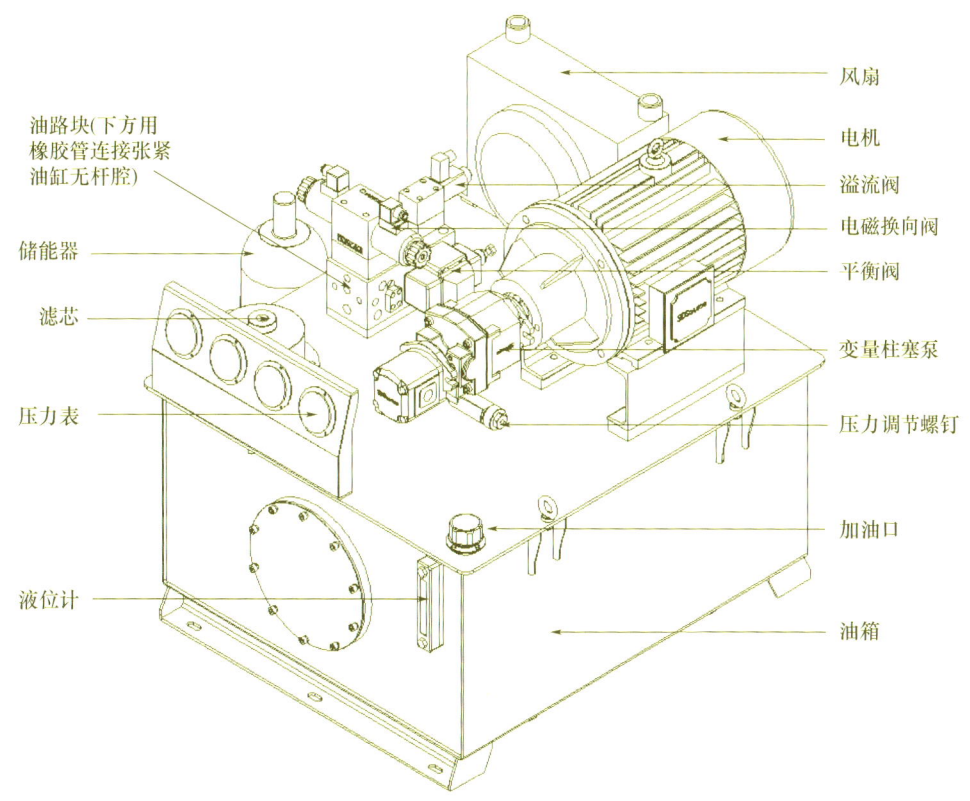

图 2-40　液压系统示意图

表 2-5 张紧压力与绳锯拉力对照表

张紧压力（MPa）	5.0	6.0	6.4	6.8	7.2
绳锯拉力（N）	1883.9	2328.1	2505.6	2684.1	2861.6

防护罩包括驱动防护罩和从动防护罩，以防止多绳金刚石绳锯断裂时对机器及周围的人员造成伤害。

台车主要由滚轮、工作平台等部分组成，用来驱动石材荒料在导轨上前后移动，以便根据需要调整切割面的位置，电机置于台车底部，避免了石材荒料吊装时对电机造成意外伤害。台车驱动装置距地面（导轨安装面）最小距离为100mm，注意及时清理地面碎石块或其他杂物，以免对台车电机或减速机造成伤害。

控制系统控制整个机器按照设定的程序运行，具有手动、自动、快速进给、工作进给、手动调速等功能，主要由电控柜、触摸屏、变频器、控制电路、电缆线等部分组成。

润滑系统包括自动润滑系统和手动润滑系统。手动润滑系统通过使用黄油枪定期加注润滑脂实现润滑，自动润滑油泵可自行设定润滑系统单次动作时间及多次动作时间间隔，实现自动润滑。

液压系统包括张紧液压部分和平衡液压部分，主要用来张紧绳锯及抵消升降部分的重力。

2）设备分类

根据参与切割的绳数量的多少，组锯机可以分为小型组锯机、中型组锯机和大型组锯机。绳数为 2~10 股绳的组锯机为小型组锯机，主要用于切割50mm厚的大板。绳数为 11~42 绳的组锯机为中型组锯机，绳数为 43~88 绳的组锯机为大型组锯机，主要用于切割 20~30mm 厚的大板。

根据绳锯的直径，组锯机可分为：(1) $\phi 7.3$mm 组锯机，其锯缝为8mm，理论板厚为20.5mm，如果标准石材荒料为 $1m \times 1m \times 1m$，可加工厚度为20mm、面积为 $1m^2$ 标准大板35块。(2) $\phi 6.3$mm 组锯机，其锯缝为7mm，理论板厚为20.9mm，石材荒料为 $1m \times 1m \times 1m$ 标准，可加工厚度为20mm、面积为 $1m^2$ 标准大板37块。(3) $\phi 5.3$mm 组锯机，其锯缝为6mm，理论板厚为21mm，标准石材荒料为 $1m \times 1m \times 1m$，可加工厚度为20mm、面积为 $1m^2$ 标准大板38块。(4) $\phi 4.3$mm 组锯机，其锯缝为5mm，理论板厚为21.1mm，标准石材荒料 $1m \times 1m \times 1m$，可加工厚度为20mm、面积为 $1m^2$ 标准大板40块。

如图 2-41 所示为不同直径绳锯切割20mm、30mm板厚示意图。

2.2.2.2 设备工作原理

设备工作时，驱动装置中的电机驱动飞轮高速旋转，带动绳锯做高速线性运动来切割石材荒料。横梁上的变频电机带动横梁光杠进行回转运动，光杠与立柱两端的蜗轮蜗杆减速器连接，并通过蜗轮蜗杆减速器带动立柱上的丝杠进行回转运动。驱动轮和从动轮通过螺母与丝杠连接，并沿立柱上的导轨移动，实现绳锯的 Z 方向进给运动。同时驱动轮和从动轮与升降油缸进行连接，升降油缸可辅助给力，保证升降平稳。驱动轮、从动轮及导向轮，应保证各轮绳槽中心在同一平面内，从动轮绳槽中心之间的偏差不超过 ± 2mm，驱动轮与导向轮绳槽中心之间的偏差不超过 ± 0.5mm。

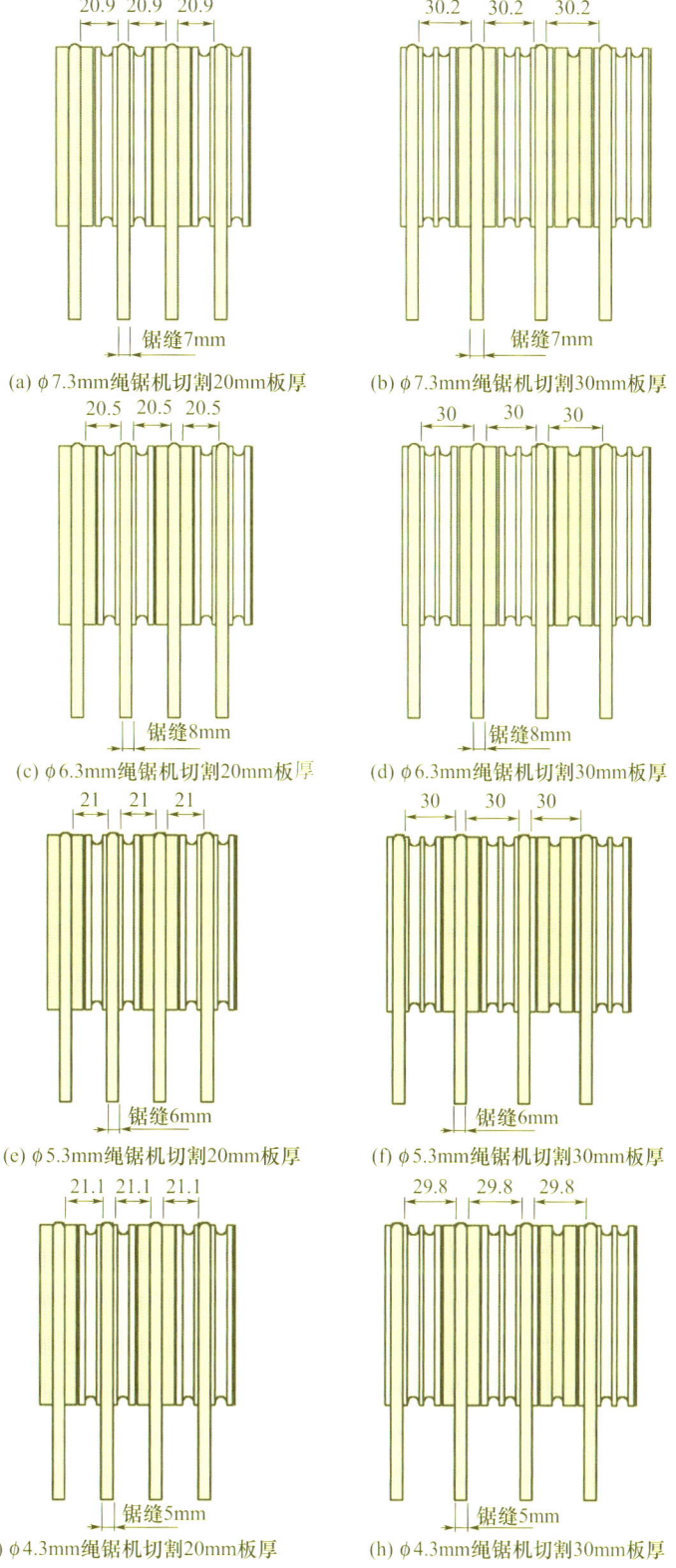

图 2-41　不同直径绳锯切割 20mm、30mm 板厚示意图

料车由电机驱动并沿轨道完成 Y 方向运动。

具体工艺参数配置见表 2-6。

表 2-6　MWS70B 参数表

机型	MWS70B
最大加工尺寸（mm）	3600×2100
板材厚度（mm）	20.9/30.2
驱动轮电机功率（kW）	315
总装机容量（kW）	330.5
绳锯长度（m）	21.52±0.02
绳锯数量（条）	70
张紧行程（mm）	100
绳锯线速度（m/s）	0~35（50Hz）
垂直进给速度（m/h）	0~11
水消耗量（L/min）	2000
张紧方式	独立液压张紧
外形尺寸（mm）（宽×高×长）	10980×6100×12000
台车载重量（t）	80
整机质量（t）	54

2.2.2.3　锯机加工工艺

1）安装绳锯

挂绳示意如图 2-42 所示，将绳锯依次挂入各个轮子上。在安装绳锯前要确认绳锯的方向，保证绳锯上的箭头方向与锯切方向一致。

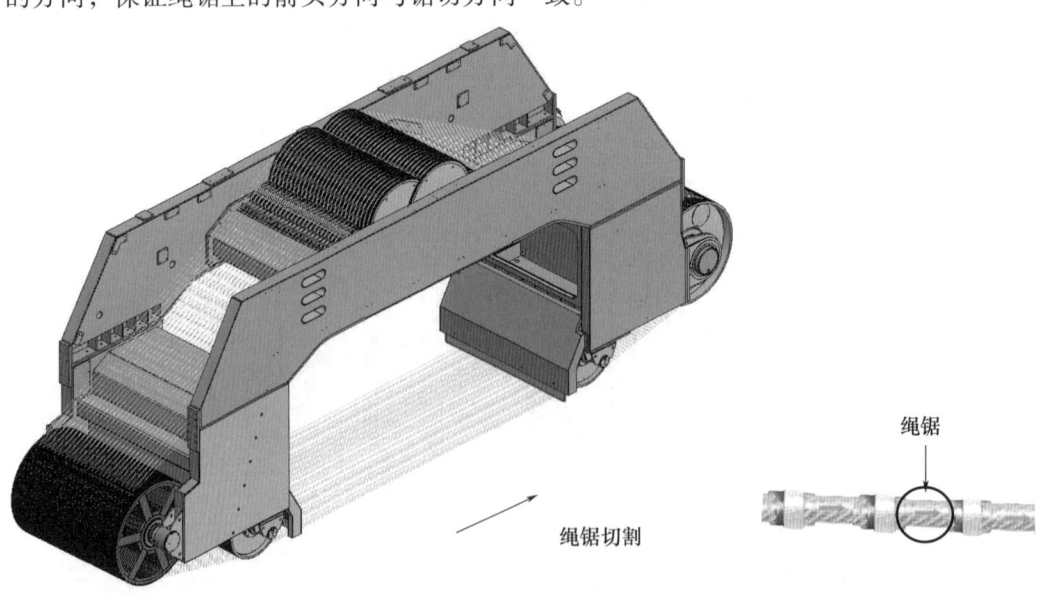

图 2-42　挂绳示意图

(1) 安装多条绳锯时,每相邻两个飞轮的间距为 27.9mm,组合绳锯机所使用的绳锯为 φ6.3mm 专用绳锯,锯缝宽度约为 7mm,故切割的最小板厚为 20.9mm,如图 2-43 所示,可通过将绳锯更换位置,来加工 30mm 厚的大板,其理论板厚为 30.2mm,如图 2-44 所示。

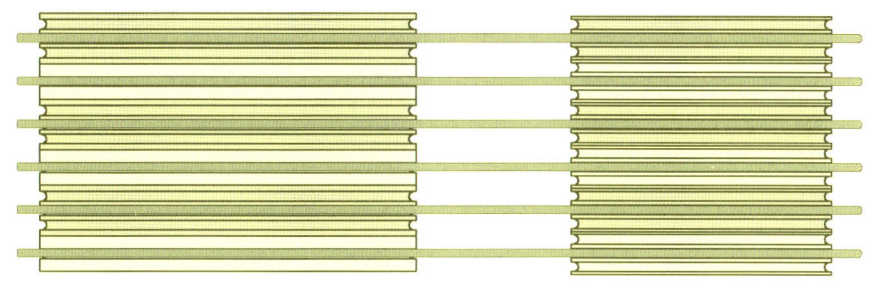

图 2-43　20mm 板厚挂绳方式

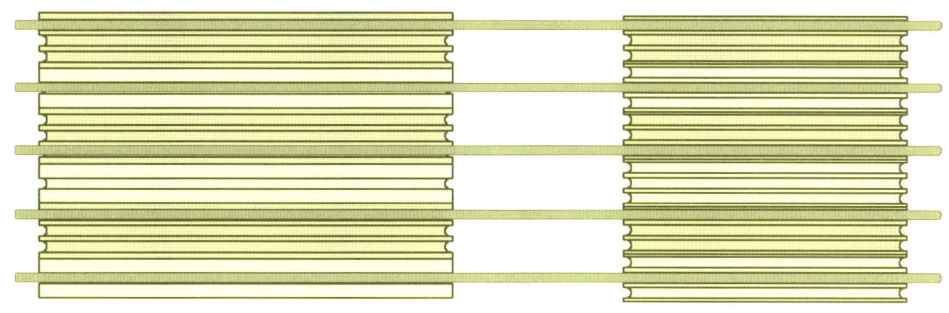

图 2-44　30mm 板厚挂绳方式

(2) 该款组合绳锯机,驱动轮及导向轮三槽胶条和单槽胶条相间安装,从动轮安装三槽胶条,张紧轮安装单槽胶条,各飞轮的胶条小导槽应一一对齐。

(3) 若想获得不同的板厚,只须调整绳锯位置,组合绳锯机加工板厚尺寸为 20.5mm + 9.5mm × (n - 2),其中 n 为每两根绳锯之间的小导槽数量。

2) 台车上料

(1) 将枕木或水泥墩置于台车工作台面,枕木或水泥墩应尽量远离台车边沿,枕木和水泥墩不得低于 150mm,如图 2-45 所示。

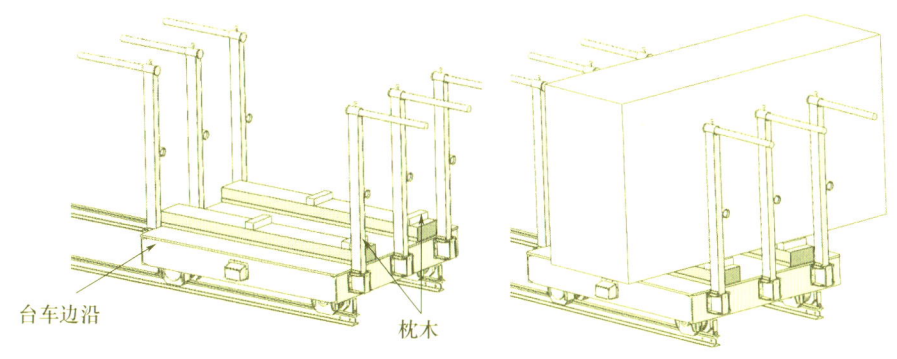

图 2-45　台车上料

（2）水泥墩的制作：先用 5mm 厚钢板制作如图 2-46 所示底框，底框宽度 300mm，高度 35mm，长度以超出台车工作台面 50mm 为宜，制作好底框后再将细砂混凝土浇筑成图 2-47 所示的形状，水泥墩高度不得小于 150mm，待干透后置于台车上方。

图 2-46　底框

图 2-47　水泥墩

（3）将石材荒料吊至台车上方，石材荒料底部接触面必须平整，最大间隙不超过 5mm，如果是单块石材荒料，直接用挡料杆顶住两边并打入木头楔子固定即可。若石材荒料由多块石头拼料，两块荒料接触面应尽量平整，在两块荒料接触缝隙处四周打入楔子固定后，再将挡料杆顶住两端打入木头楔子固定石料，如图 2-48 所示。

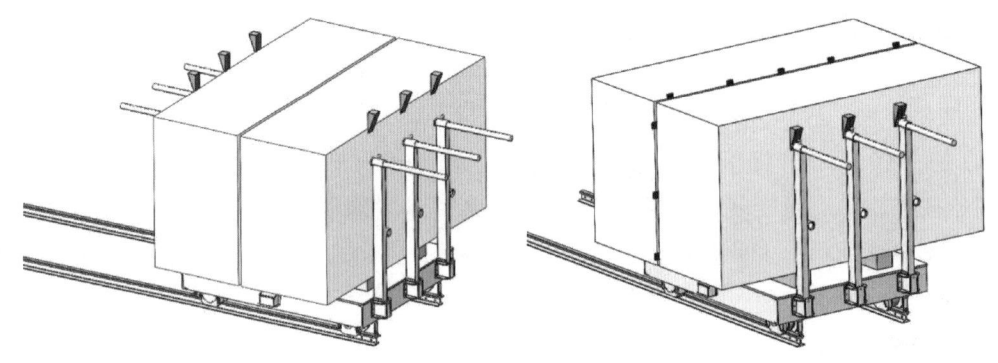

图 2-48　拼料示意图

3）石材荒料切割

将台车向前或向后移动至串珠绳下方对齐。如图 2-49 所示，石材荒料外侧与第一根和最后一根串珠绳距离不应小于 15mm，以保证切割完成后大板最薄处不小于 10mm。对齐串珠绳后将升降台降至串珠绳与石料表面距离 2mm 左右，将台车用木楔子固定。

4）切割注意事项

建议起始切割线速度 15m/s；起始进给速度为 18cm/h，当串珠绳切入石头两端后设定驱动轮切割线速度达到正常值，再设定切割进给速度达到正常值。

（1）新串珠绳出厂时一般都只是浅开刃，因此使用初期需注意锯切参数，使绳锯串珠的金刚石出刃，充分发挥其锯切效率，新绳开始锯切时，最好选用研磨性较强的中等硬度的石材，这样更有利于串珠金刚石的出刃。

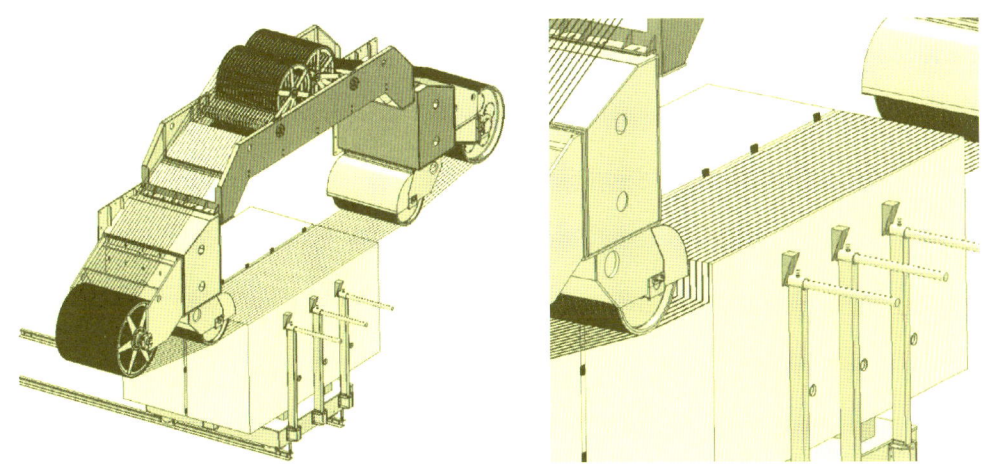

图 2-49 石材荒料切割示意图

（2）锯切第一刀，一般使用 24～26m/s 的线速度，下刀量根据石材宽度和硬度确定。以 3m 宽为例，软石材（石材硬度等级 1～2 级）进给速度 20～30cm/h、中等硬度石材（石材硬度等级 3～4 级）进给速度 15～20cm/h、硬石材（石材硬度等级 5～6 级）进给速度 5～15cm/h，如果石材宽度较小，可以适当增加下刀量。切入侧的水量应适当减少，一般是正常锯切的 70%～80%。

（3）然后每切一刀，线速度增加 1m/s，2～3 刀后正常锯切。正常锯切参数如下：

软石材（石材硬度等级 1～2 级）线速度 30～33m/s、下刀量 25～40cm/h；

中等硬度石材（石材硬度等级 3～4 级）线速度 28～31m/s、下刀量 15～25cm/h；

硬石材（石材硬度等级 5～6 级）线速度 27～29m/s、下刀量 7～15cm/h。

5）将木楔揳入切缝

当串珠绳切入石料切缝高度达到插销位置，操作人员在石料顶部用楔子揳入切缝固定，如图 2-50 所示。

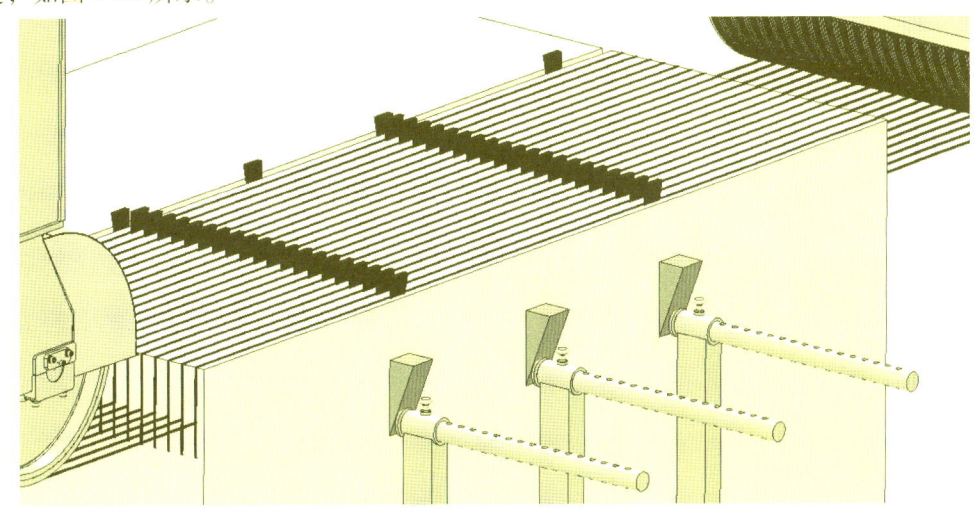

图 2-50 将木楔揳入切缝

6）重新切割

打楔完成后，重新开始切割，建议设置切割线速度 15m/s，进给速度为 35～40cm/h，当串珠绳与原切缝底部距离约 20mm 时，将切割参数设置成正常切割参数继续进行切割，如图 2-51 所示。

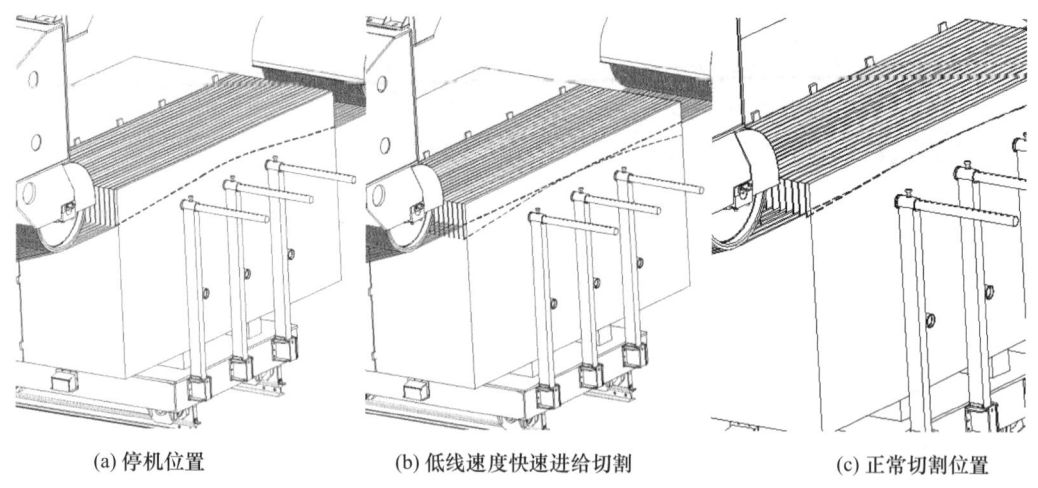

(a) 停机位置　　　　　　　　(b) 低线速度快速进给切割　　　　　　　(c) 正常切割位置

图 2-51　各位置切割示意图

7）底部切割

正常切割到石材荒料底部，当串珠绳将石材荒料底部两端切穿而中部位置未切穿时，停止自动切割。在离底面距离约 400mm 处用楔子揳入切缝固定板材，重新开机用手动操作，以正常切割参数切割，直至所有串珠绳全部切穿石料底部。石料高度低于 1.5m 则不需要此步骤，可直接将石料切穿，如图 2-52 所示。

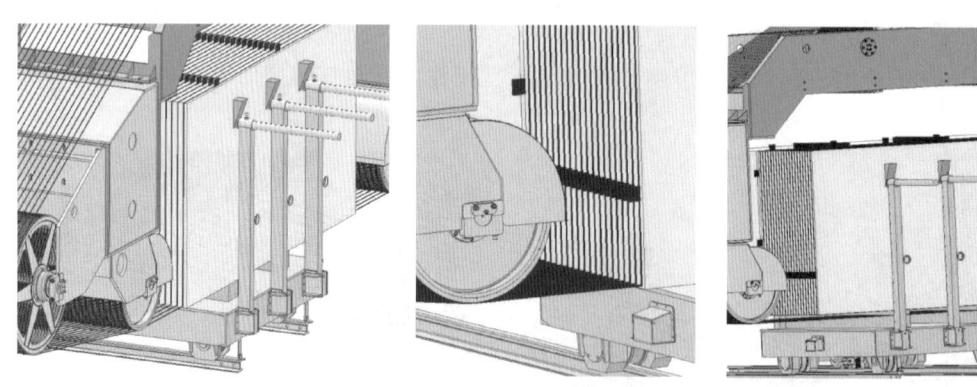

图 2-52　底部切割

8）卸料

将石料底部切缝楔子全部取出，再用撬棍在板材中间位置稍微向两边用力使板材向台车两边支撑杆方向倾斜，中间加入木楔，根据板材大小确定一次起吊板材数量后依次取掉两端相应的切缝木楔，在最后一块板材切缝顶面放入木楔，留出吊带放入位置。将吊具吊入板材上方，在分割好的板材两端套入布吊带，从中间对应位置往台车两端分别吊出板材。在分割和起吊过程中不要用蛮力,吊装时应轻起轻落,注意起吊安全,如图 2-53 所示。

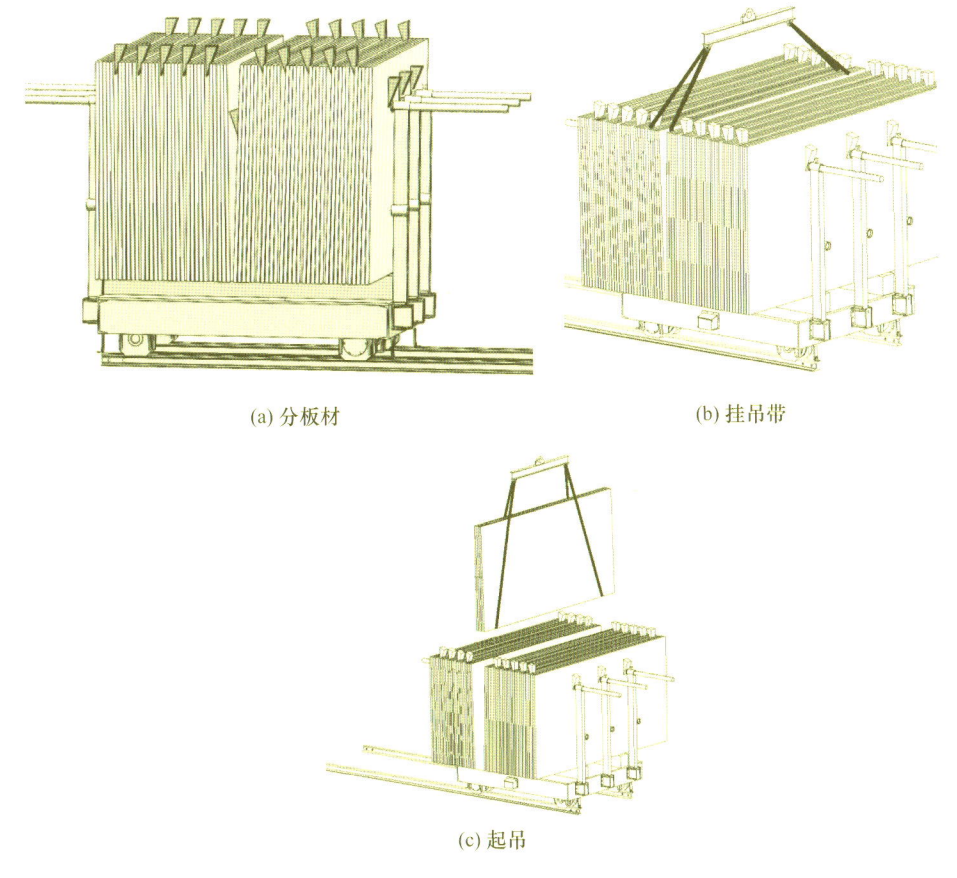

(a) 分板材　　(b) 挂吊带

(c) 起吊

图 2-53　卸料

2.2.2.4　智能控制系统

随着组锯机控制技术的发展,组锯机控制系统已具备远程控制功能,工人只需在办公室就可以轻松操控设备,实时修改加工参数,以适应不同石材的切割要求。整个控制系统还可以通过集成到手机端,利用手机 App 适时控制设备的运行,设备制造商也可以通过远程控制设备或手机远程控制功能,实时进行故障诊断、参数修改等。设备远程操作界面如图 2-54 所示。锯机远程监控系统的主要功能见表 2-7。

根据对金刚石绳锯加工设备监测数据的需求(表 2-8),设备采用了物联网的四层架构模型,将该系统整体划分为感知识别层、网络构建层、管理服务层和综合应用层,在网络构建层的无线通信模块和管理服务层的远程云服务器通信过程中采用 C/S 架构,在综合应用层的系统平台远程操控功能中采用 B/S 架构。

(1) 在感知识别层,选择机械设备中的台达 DVP16ES2 系列 PLC 和 HS24 Ⅱ 型 4G 无线通信模块来作为采集感知硬件,通过对设备中的 PLC 梯形图语言进行编程,使其在钢丝绳锯机每改变一次参数时,实时采集设备参数,然后锯机 PLC 通过 RS485 接口与无线通信模块互联,将数据传递给无线通信模块,从而感知采集锯机的数据。

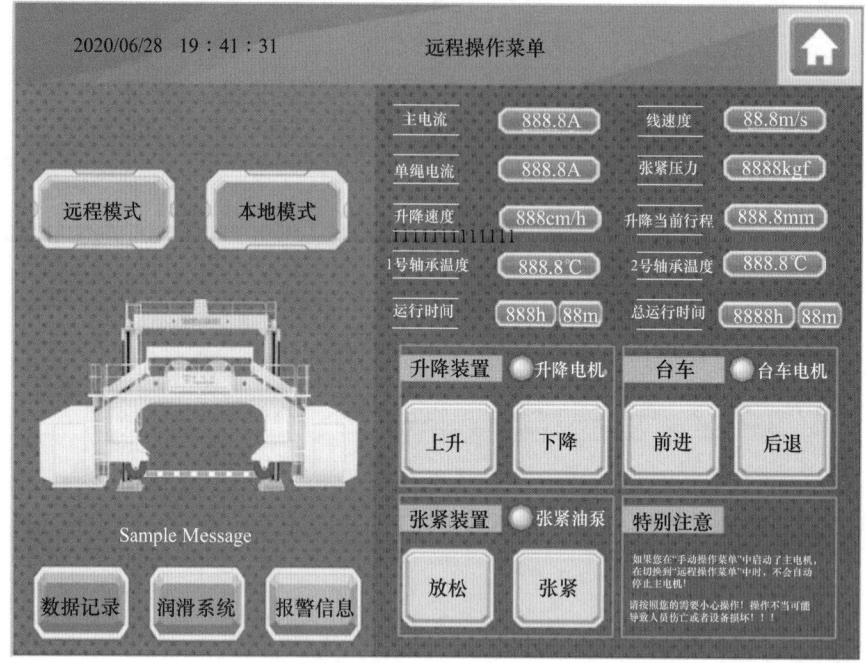

图 2-54 设备远程操作界面

表 2-7 锯机远程监控系统的主要功能

功能	内容
信息查询	设备自身信息、运行参数、报警信息、运行状态等实时数据查询以及历史数据查询
数据分析	设备数据统计分析，报警情况分析，故障解决方法分析，求最佳解
远程控制	远程操控锯机
实时报警	实时记录设备故障信息并报警

表 2-8 锯机检测数据需求

数据名称	单位	意义
切割速度	m/min	运行开始、正常、结束
进给速度	m/min	运行开始、正常、结束
X 轴进给位置	mm	复位
Y 轴进给位置	mm	复位
张紧力	N	故障报警信息

（2）在网络构建层，利用无线通信模块通过 TCP/IP 协议将设备参数信息传输到远程云服务器中。

（3）在管理服务层，通过开发远程云服务器的后台应用程序，以 socket 通信方式将锯机参数数据接收并进行数据解析；设计数据库列表，通过 ODBC 技术（开放数据库互联）将后台程序传输过来的数据存储到 MySQL 数据库中。

（4）在综合应用层，设计开发系统网页平台，将经过解析后的数据在系统平台中分析并通过图表等形式显示在平台中；利用所存数据通过算法实现对参数数据的求解；将系统网页平台作为客户端，对设备发送操控数据，实现远程操控的功能。

2.3 荒料整形金刚石绳锯机

2.3.1 设备功能及结构特点

2.3.1.1 设备功能

单绳金刚石串珠锯机主要应用于荒料整形。一般情况下，一条花岗石大板生产线配套使用两台整形锯机，一台组合绳锯机和一台磨机。首先利用整形锯机将荒料加工成标准的方形，然后再使用组合绳锯机将荒料切割成一定规格的大板，再利用磨机将大板加工成成品。整形锯机采用一条金刚石绳，在切割石材时，使用专用接头将金刚石绳连接成环形，挂至整形锯机飞轮上方，利用张紧装置将绳锯张紧，对石材荒料进行整形，也可以用于花岗石大板加工。

2.3.1.2 设备结构系统特点

金刚石绳锯机如图 2-55 所示。该设备可向两个方向运动，一个是料车方向运动为 Y 轴，另一个是金刚石绳升降运动为 Z 轴。而钢丝绳的 Z 轴运动为切割主运动，钢丝绳的回转运动由主动轮和从动轮完成，每个运动都是独立完成的。

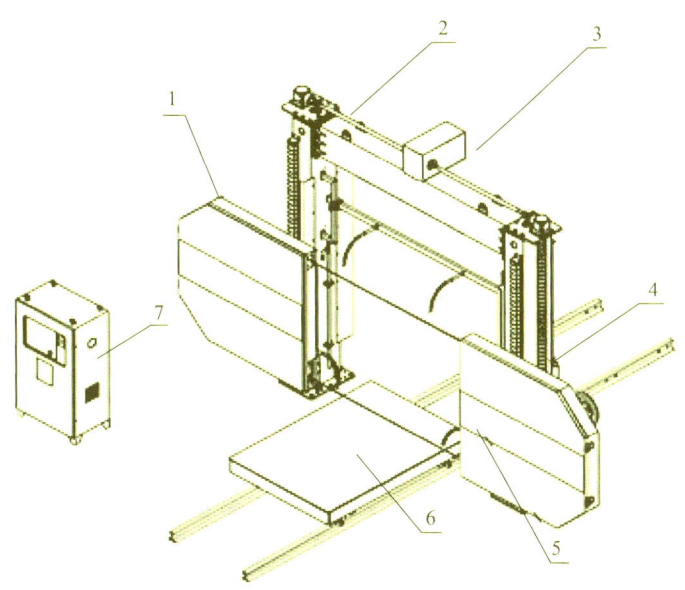

图 2-55 SWS 系列金刚石绳锯机结构示意图

1—张紧装置；2—机架；3—垂直进给装置；4—驱动装置；5—冷却系统；6—台车；7—控制系统

该设备主要由张紧装置、机架、垂直进给装置、驱动装置、冷却系统、台车、控制系统、防护装置、润滑系统等构成。机架是整形锯机的结构构件，采用龙门式结构，其他装置都安装在机架上，机架具有足够的强度和刚度，保证机器运行平稳。驱动装置由电动机、主动飞轮、从动飞轮、连接套等组成，由电机驱动飞轮旋转，带动金刚石串珠绳高速运动而切割石材。张紧装置用来张紧金刚石绳锯，由张紧油缸、液压系统、安装支座等组成。垂直进给装置用来驱动飞轮及金刚石串珠绳在垂直方向上运动，实现空载运行及工作进给，由伺服电机、减速机、丝杠、丝杠螺母、传动轴等组成。台车由伺服电机、减速机、滚轮、轨道、工作平台等组成，用来驱动石材荒料在导轨上前后移动，以便根据需要调整切割面的位置。防护装置包括绳锯防护罩、飞轮防护罩、左右调整装置防护罩等，用以防止金刚石串珠绳工作或断裂时对周围人员造成伤害。控制系统控制整个机器，其按照设定的程序运行，具有手动、自动、快速进给、工作进给、手动调速、自动调速等功能，由变频器、控制电路、操作柜、电缆线等组成。润滑系统负责给各润滑点（丝杠、轨道等部位）提供润滑油，由操作人员定期通过手动油泵向各润滑点泵送润滑油，由手动润滑泵、分配器、管路、接头等组成。

安装步骤如下：

（1）安装主电机。把飞轮的主电机安装在立柱的滑板上，主电机通过皮带驱动飞轮的主轴进行回转运动，滑板通过螺母与立柱丝杠连接；主电机采用三相异步电机，电机功率为11kW；主轴一端装有编码器，控制电机的转速。

（2）安装横梁。横梁用螺栓连接到左、右立柱上，横梁装有进给电机，进给电机与两根光杠连接，两根光杠分别与立柱两端的蜗轮蜗杆减速器连接，而蜗轮蜗杆减速器的输出端分别与丝杠连接，立柱采用地脚螺栓固定在混凝土地基基础之上。

（3）安装驱动飞轮与从动飞轮。安装飞轮时要保证每个飞轮的端面跳动以及两个飞轮之间的平行度，每个飞轮的端面跳动不大于0.25mm，两个飞轮之间的平行度误差不超过1mm。

（4）安装张紧装置液压系统，将液压油管安装到油缸与主油路块上，如图2-56所示。

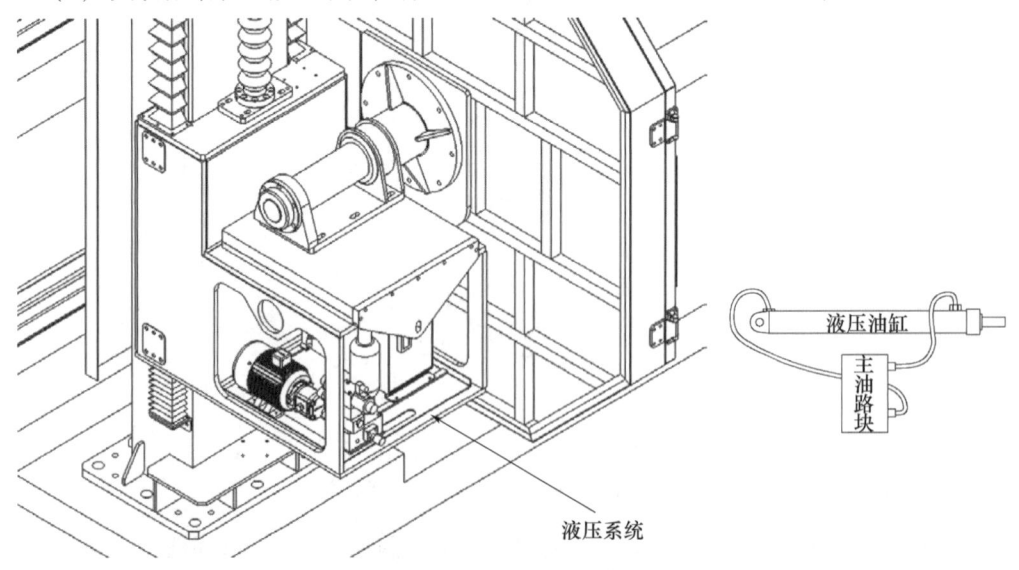

图2-56　张紧装置液压系统

（5）安装润滑系统，在需要润滑的各运动部位接入润滑油管，如图 2-57 所示。

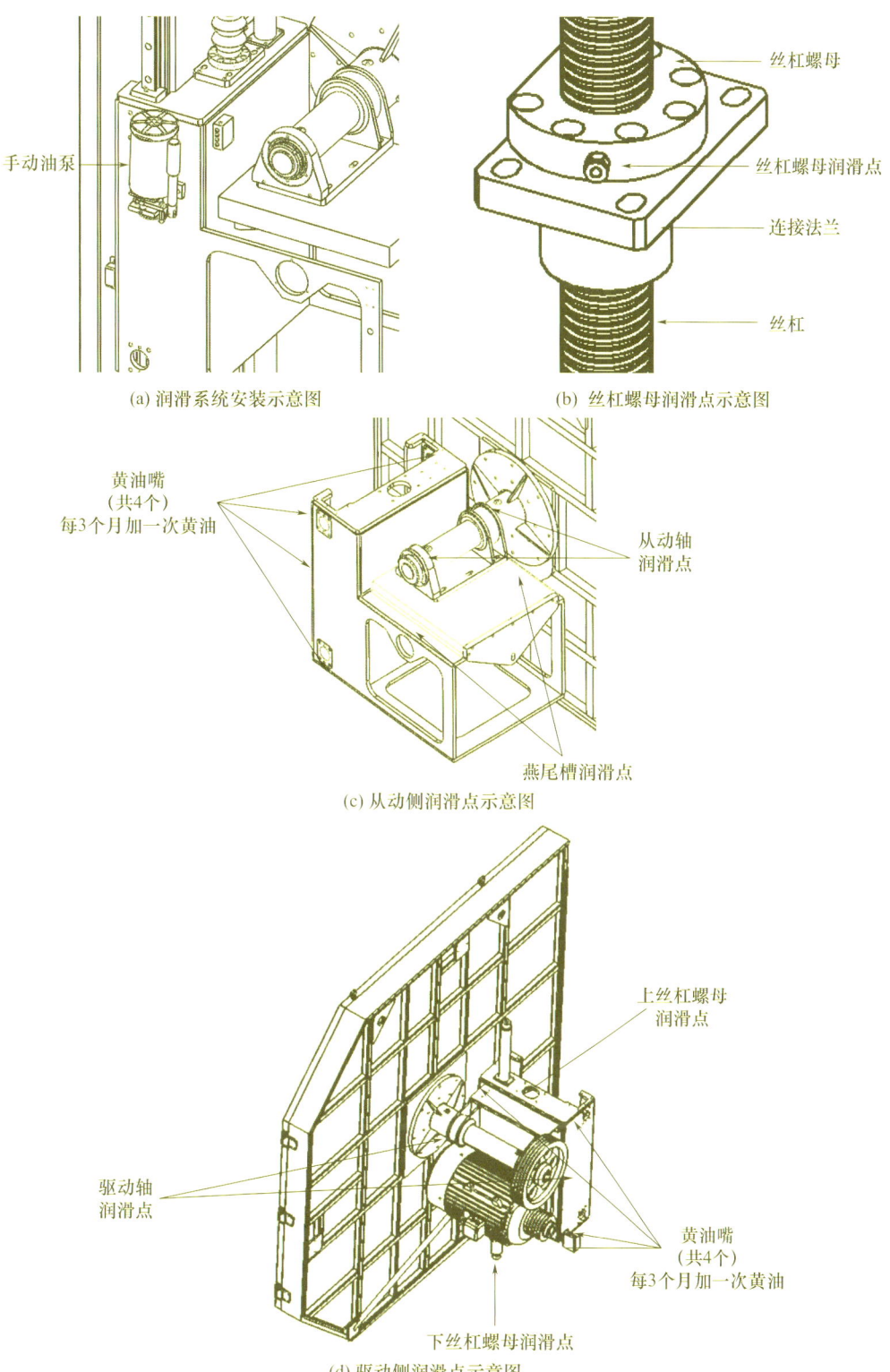

图 2-57　各润滑系统接入润滑油管示意图

2.3.2 工作原理、加工流程及加工参数选择

2.3.2.1 工作原理

设备工作时，先将花岗石荒料固定在台车上，台车由电机驱动，可以沿轨道水平运动，并将荒料输送到切割位置。驱动装置中的驱动轮电机通过皮带带动驱动飞轮主轴高速旋转，飞轮带动金刚石串珠绳做高速线性运动而切割石材荒料。驱动飞轮和张紧轮都通过丝杠与两个立柱连接，横梁上的电机通过光杠和蜗轮蜗杆减速器把动力传递给两个丝杠，同时带动飞轮和张紧轮完成 Z 轴方向垂直进给运动。变频器控制主电机和进给电机的转速，可根据切割石材种类的不同选择合适的线速度和进给速度，以达到最佳的切割效率。液压张紧系统负责张紧金刚石绳，使金刚石串珠绳预紧并保持一定的张紧力，由液压力来推动。飞轮固定于滑台上，即飞轮与滑台一起向左端移动，达到了张紧的目的，当串珠绳锯达到了适当的预紧力后，将液压阀打到中位，这样就起到了保压的目的，使飞轮固定于某一位置。各机型参数及配置见表2-9。

表2-9 各机型参数及配置

机型	SWS20×15（A）	SWS35×18（A）	SWS35×21（A）	SWS40×21（A）
最大加工尺寸（m）	2.0×1.5	3.5×1.8	3.5×2.1	4.0×2.1
主电机功率（kW）	11	18.5		
绳锯长度（m）	12.7	18.3	19.4	20.4
垂直进给行程（mm）	1600	2000	2300	
垂直进给速度（cm/h）	2400			
绳锯线速度（m/s）	0~40			
Y方向进给电机功率（kW）	2.3			
X方向进给电机功率（kW）	1.5			
油泵电机功率（kW）	0.37			
供水量（t/h）	3.6			
张紧模式	液压张紧			
台车尺寸（长×宽，mm）	2000×1400	2000×1800	2500×2000	
整机尺寸（长×宽×高，mm）	8000×8550×5040		8000×7550×5040	
整机质量（t）	4.8	6	7.5	8

2.3.2.2 加工流程

1）荒料安装

准备好枕木垫放石材荒料；准备好楔子对石材进行固定。如图2-58所示放置石材荒料。

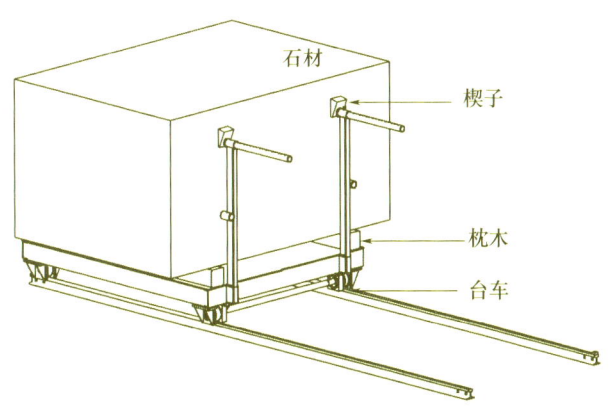

图 2-58　石材荒料摆放示意图

2）金刚石串珠绳的安装

在安装串珠绳前要确认串珠绳的方向，必须保证串珠绳上的箭头方向与锯切方向一致。接通绳锯机的电源，手动操作将飞轮向下移动到最低位置，并将张紧装置调到松绳位置，将串珠绳按正确方向绕挂在飞轮上，用液力扣压钳将已旋转一定圈数的串珠绳用接头连接。注意：串珠绳连接前必须预先扭转一定圈数，扭转方向与串珠绳的扭向相同，扭转总圈数 = 串珠绳长度（m）× 1.5 ~ 2（圈/m）。将张紧装置调到张紧位置，待串珠绳张紧到位后，手动操作将飞轮向上移动到最高位置。如图 2-59 所示为串珠绳安装示意图。

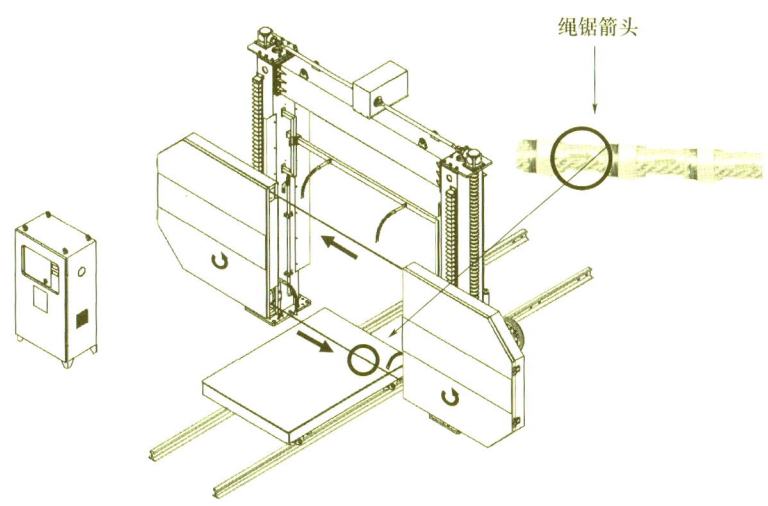

图 2-59　串珠绳安装示意图

3）加工参数选择

（1）主电机功率选择

串珠绳锯机主电机的功率即为串珠绳锯机的功率，代表了电机所承受的负载及切割能力，功率越大，串珠绳锯切割效率越快；相反，则切割效率越慢。不同的串珠绳锯切割同样的石材，下刀量一致时，电流越大，则反映串珠绳锯切割时阻力越大，即串珠绳锯越不锋利，切割速度越慢；相反，则串珠绳锯越锋利，切割速度越快。综上所述，串珠绳锯机的功率及电流是两个非常重要的参数,通过电流对比可以反映不同串珠绳锯的切割速度,当机器的功率不同,则可影响同一串珠绳锯的切割速度。

(2) 切割线速度的选择

① 一般而言,切割软质对象,线速度宜提高;切割硬质对象,切割线速度宜降低。

② 根据经验,不同切割对象对应的切割速度如下:切割大理石为 30~33m/s;切割花岗石为 22~25m/s;切割钢筋混凝土为 20~22m/s。

③ 如果切割线速度过低,将降低串珠绳锯的切割效率,并加大串珠绳锯的磨损;如果线速度过高,将会出现串珠绳锯抛光,逐渐失去切割能力。

(3) 切割效率(下刀量)的选择

① 串珠绳锯切割效率与切割寿命是一对矛盾统一体,同样的串珠绳锯切割同样的切割对象,切割效率越高,则切割寿命越短。

② 同样的串珠绳锯切割不同石材,材质越硬,切割效率越低;材质越软,切割效率越高。不可强行下刀即超效率切割,否则会加剧串珠绳锯磨损,并使串珠绳锯张紧力过大,带来断绳及加工精度降低等一系列问题。

③ 串珠绳锯刚开始切入石材,在完全没入石材前,宜将切割效率降低,以减少串珠绳锯磨损;而完全没入石材之后,宜将串珠绳锯切割效率调至正常切割效率,以防止串珠绳锯抛光。

④ 在整形及异型切割时,可通过两个导向轮之间的串珠绳锯与石材形成的弧度进行判别,如图 2-60 所示。如弧度过大,则下刀量过大。一般而言,串珠绳锯弧度应在 10°~15°之间。

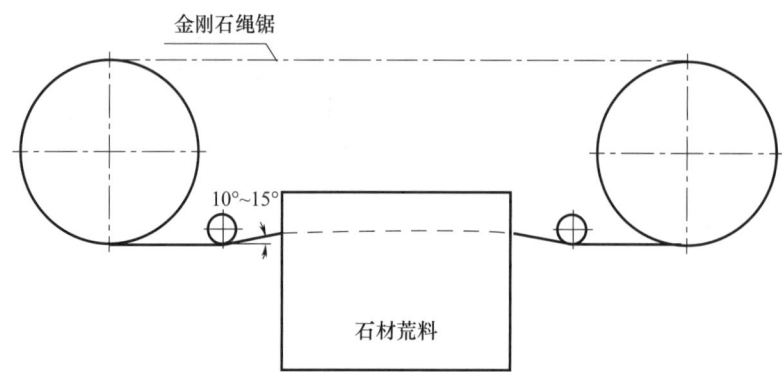

图 2-60 切割效率选择示意图

金刚石串珠绳的切割线速度和进给速度根据花岗石的硬度不同而不同,加工参数见表 2-10。

表 2-10 加工参数

种类	锯割效率（m²/h）	锯割速度（m/s）
硬花岗石	0.5~0.9	22~28
软花岗石	0.4~0.6	22~24

(4) 冷却水量的选择

① 绳锯在切割时，由于高速旋转与切割对象摩擦产生热量，从而使固定材料及金刚石串珠发热，严重时将烧坏固定材料及金刚石串珠，从而损坏串珠绳锯。因此，串珠绳锯在切割过程中必须通冷却水对串珠绳锯进行冷却；同时，串珠绳锯切割时将产生大量的切屑，必须靠冷却水冲刷带走，否则将产生重复破碎，从而影响串珠绳锯的切割寿命及效率。冷却水量要适当，过少的水量会烧毁串珠绳的注塑层，过多的水量会造成串珠绳打滑，以串珠绳出口处水柱不超过串珠绳直径1.5~2倍，无粉尘喷雾和水蒸气为合适。

② 石材切割时，冷却水量以不低于3.6t/h为宜。

2.3.3 液压系统

串珠绳的张紧力对切削效率和串珠使用寿命有重要的影响。张紧力过大会加速串珠绳的疲劳磨损，容易导致断绳；张紧力过小则会导致串珠绳与从动轮打滑磨损，降低切削效率。液压系统主要由油箱、专用电机泵组合、液压阀组、储能器、液压管道及相关液压附件等组成，在机器工作过程中对串珠绳锯进行张紧，具有高、低压保护功能，能更有效地保护金刚石串珠绳锯。

液压张紧装置的结构如图2-61所示。它主要由皮带、张紧小车、钢丝绳、滑轮、主张紧液压缸、辅助张紧液压缸、低速绞车、防爆控制箱、液压泵站、蓄能站等组成。用张紧油缸提供的拉力，通过动滑轮、定滑轮、钢丝绳拉动张紧小车和张紧滚筒，实现张紧。辅助张紧油缸可加大张紧行程和张紧力的调节范围。用较大容量的蓄能器保压和保持张力的恒定，以避免泵站的频繁启动，达到节能目的。

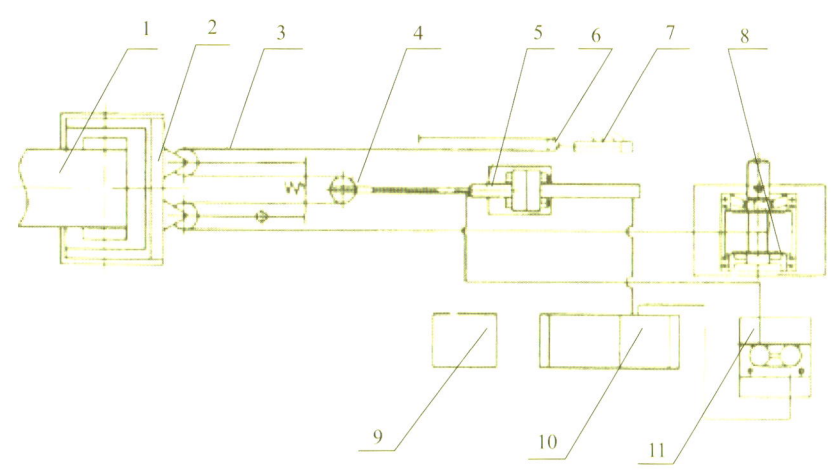

图2-61 液压张紧装置结构

1—皮带；2—张紧小车；3—钢丝绳；4、6—滑轮；5—主张紧液压缸；
7—辅助张紧液压缸；8—低速绞车；9—防爆控制箱；10—液压泵站；11—蓄能站

如图2-62所示，该系统用油缸提供的拉力实现张紧，采用2个二位三通电磁阀，通过油路的切换，来满足启动工况和正常工作时对压力（张力）的不同需要。采用电液比例溢流阀设定和调节压力；卸荷溢流阀实现泵卸载；二位二通液动阀实现断带保护。利用压力继电器在不同压力作用下发出的电信号实现油路的控制和切换。同时将电接点压力表低报警值调节到 5MPa。此时已完成液压系统压力设置，压力高于 5.5MPa 时油泵电机会停止工作，依靠液压系统自身保持压力，当压力低于 5MPa 时会启动电机泵，直到压力上升到 5.5MPa 停止。张紧油缸到达伸缩极限位置，张紧装置行程开关立即停机。自动切割时，系统压力低于设定值时电机自动启动补压。串珠绳锯机工作时，张紧力传递给压力传感器。压力传感器实时把传输监测数据传到 CPU，传感器均传输电压信号。液压系统示意图如图 2-63 所示，线路图如图 2-64 所示。

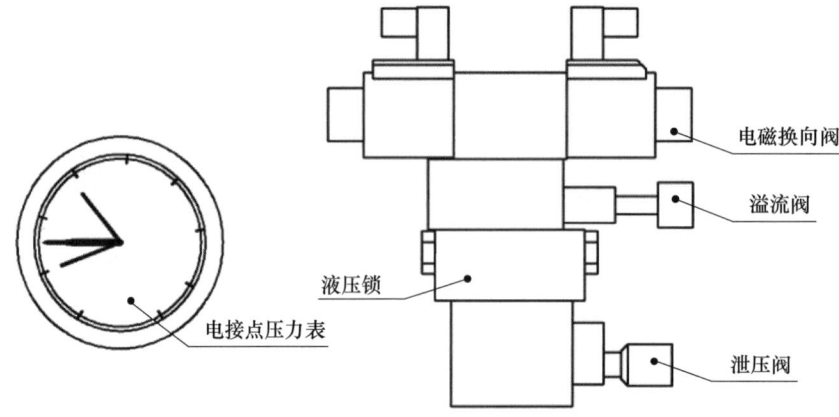

图 2-62　液压系统结构

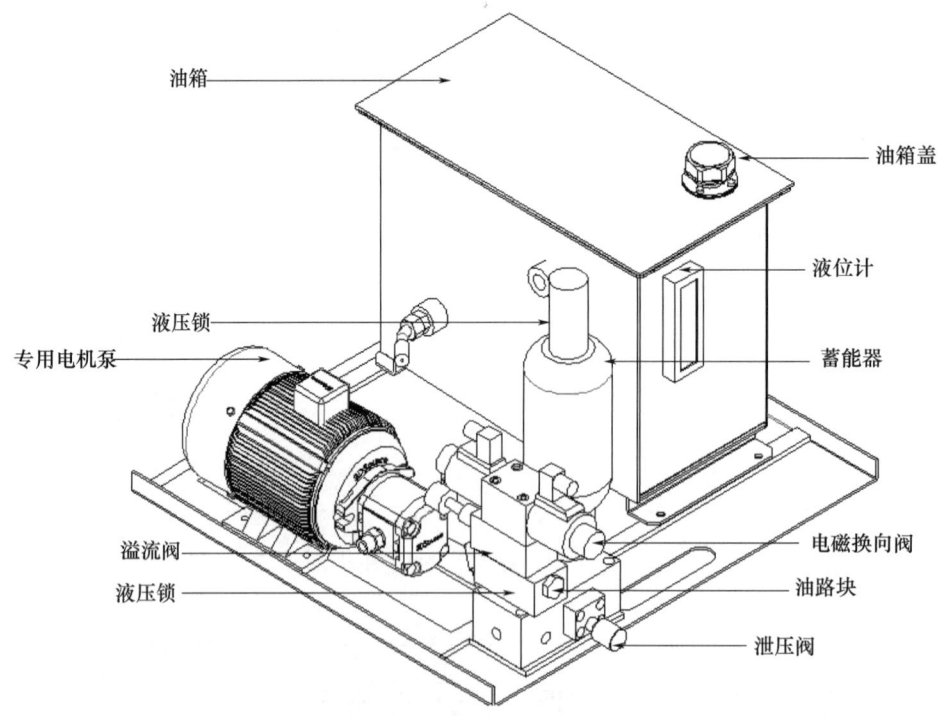

图 2-63　液压系统示意图

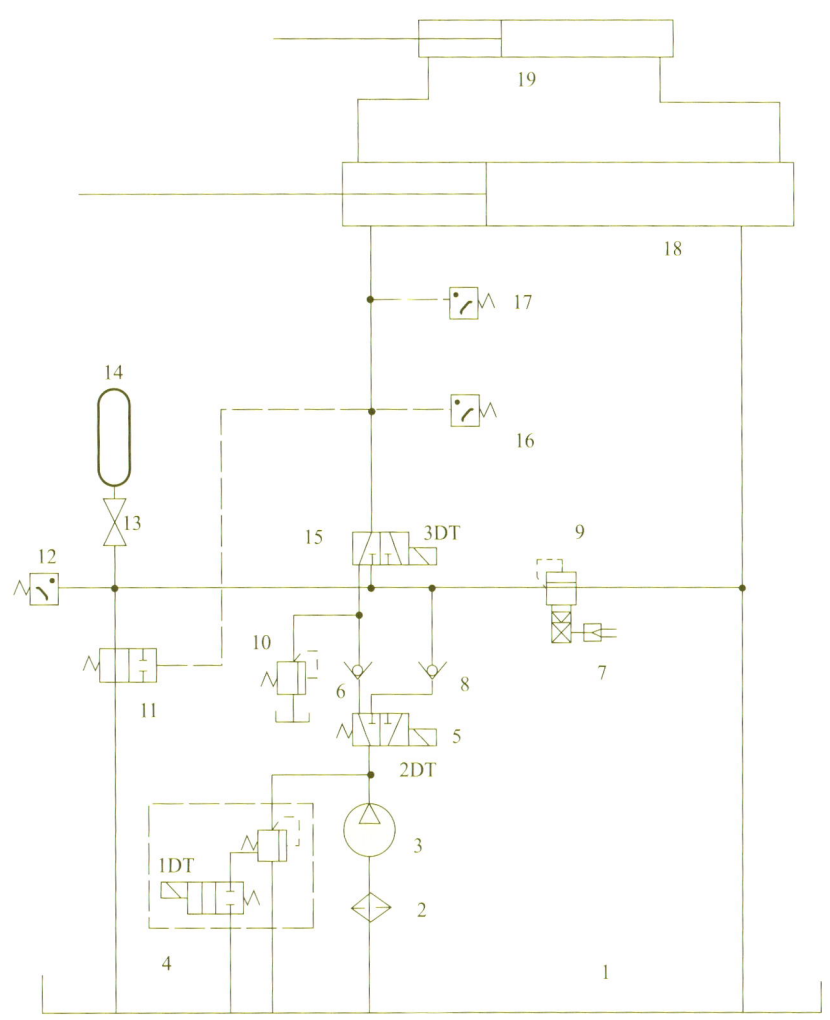

图 2-64　液压系统线路图

1—油箱；2—过滤器；3—油泵；4—液压换向溢流组合阀；5—二位三通电磁换向阀；
6—单向阀；7—减压阀；8—单向阀；9—先导溢流阀；10—溢流阀；11—二位二通换向阀；
12—压力继电器；13—截止阀；14—储能器；15—二位三通电磁换向阀；16—压力继电器；
17—压力继电器；18—主张紧液压油缸；19—辅助张紧液压油缸

2.3.4　数控系统

2.3.4.1　数控系统总成

数控系统可以分为两部分：控制伺服电机、主轴电机动作的系统 NC 和控制辅助电气的 PLC。数控机床 PLC 主要完成数控机床的顺序控制，包括对 NC、机床及操作面板传来的信号进行处理，实施急停及金刚石绳状态实时监控，并且完成对主轴、进给电机、冷却、润滑等功能的控制。控制框图如图 2-65 所示，分解图如图 2-66 所示。

1）操作信号处理：接收操作面板上的信号和 NC 传来的数控信号来控制数控系统

的运行。

2）主轴控制：控制主轴的启动、停止。

3）坐标轴控制：控制坐标轴的伺服驱动及限位开关等。

4）冷却控制：实现程序控制冷却的启动、停止。

5）润滑控制：实现定时润滑的控制。

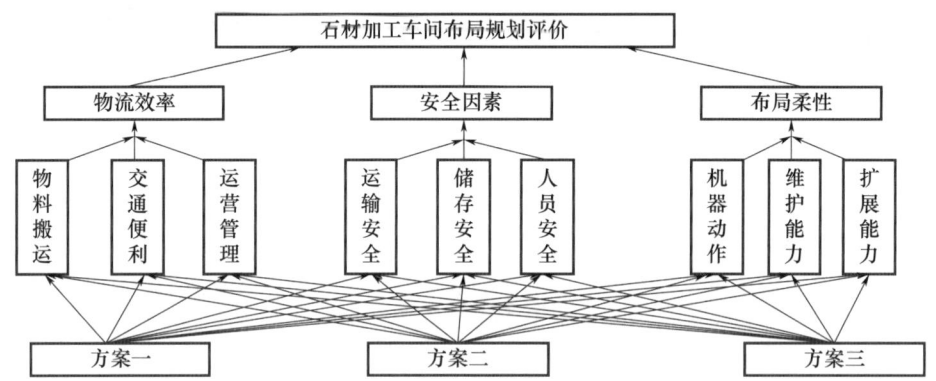

图 2-65　金刚石串珠绳锯数控系统控制框图

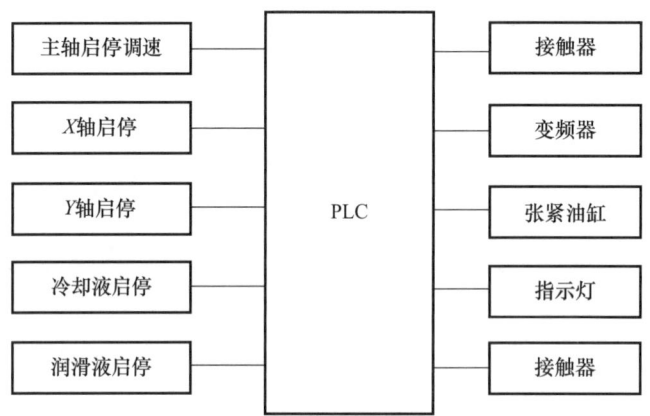

图 2-66　PLC 金刚石串珠绳锯机控制系统分解图

通过上位机向伺服驱动器发送指令信号，再由伺服驱动器向主轴驱动电机、X 轴、Y 轴驱动电机发送脉冲信号，通过编码器完成信号采集并将数据向伺服驱动器反馈，由此完成半闭环伺服系统。同时可以通过液压传感器将金刚石串珠绳张紧力和切割力传递给上位机，完成一个闭环系统，流程图如图 2-67 所示。

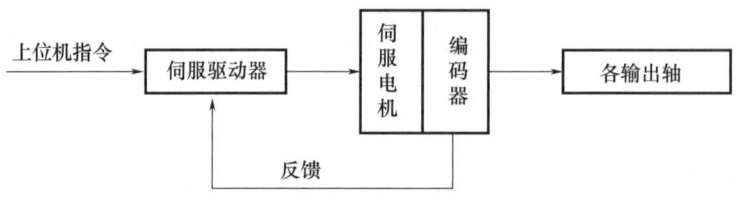

图 2-67　金刚石串珠绳锯控制系统流程图

2.3.4.2 控制系统硬件设计

1) 整体硬件

（1）触摸屏：人机对话、状态显示、控制采用欧姆龙 NS15 触摸屏，功能是运行数据输入，用通用的软件，按照规定的格式，以 CF 卡的形式传给触摸屏 NS15；机床特定参数设定，显示工作状态，具有绘图能力。

（2）主机：欧姆龙 PLC 功能是与触摸屏 NS15 进行数据通信；内置 4 路高速脉冲输入口和 4 路高速脉冲输出口，不需要进行扩展；接收控制信号或信息；内部运算处理；装备报警处理；控制执行元件，如轴驱动器、变频器、水泵、照明、润滑系统。

（3）轴伺服驱动器（R88D-KT08H）：把 PLC 给定的数据变成执行指令，通过内部的一些参数设定来达到预期的目标；按需要的能量提供给伺服电机；通过编码器采样，对伺服电机进行局部半闭环控制。

（4）伺服电机 R88M-K75030T：按轴伺服驱动器信号接收能量进行运行。

（5）编码器（电机自带）：测量伺服电机的具体位置并反馈给伺服驱动器，采用 17 位独立编码器。

（6）变频器（3G3MX2-A2022-ZV1）。

（7）飞轮主轴电机：采用普通的 11kW 变频电机。

（8）润滑系统：采用通用的润滑单元，由 PLC 进行自主润滑控制。

（9）冷却系统：采用通用的冷却单元，由 PLC 进行控制。

（10）液压张紧系统：由 PLC 进行控制。

（11）照明系统：由 PLC 进行控制。

2) 控制系统电路设计

PLC 采用独立供电，与触摸屏、伺服模块、变频器之间只进行数据通信；伺服模块接收 PLC 发出的脉冲信号驱动电机，并接收编码器反馈的位置信号；变频器接收 PLC 的控制信号驱动或停止电机；PLC 通过隔离驱动板直接控制水泵、照明、润滑系统的运转；各限位开关、伺服模块等部件的报警信号传递到 PLC。所有控制都有触摸屏显示。控制原理图如图 2-68 所示。

硬件驱动电路包括 PLC I/O 接口电路、伺服驱动电路的设计、变频器电路的设计、液压驱动电传感器驱动电路等。

2.3.4.3 控制系统软件设计

软件设计过程包括输入采用触摸屏，操作界面与主界面构成人机交互界面；主机为 PLC。采用 PT 触摸屏宏编程→PLC 主程序→调用子程序模块来实现。按照各个功能的不同，完成各个程序的梯形图。

1) 主页面设计

上位机采用高性能工控微处理器主机。其特点是：高速频率输出，可控制各类步进/伺服驱动装置。控制轴数：多轴联动（X 轴、Y 轴）。控制及编程软件完善，操作简便、直观，系统采用 S 型、指数型加减速控制，适合各种速度加工。使用国际 ISO 标准通用

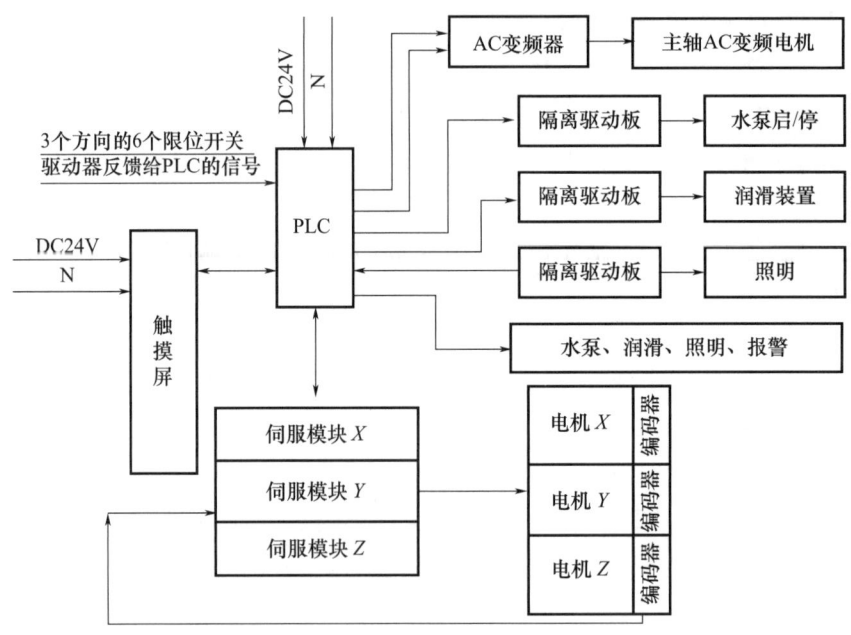

图 2-68　系统控制原理图

指令格式，并增加大量扩展指令，使编程极为简化。强大的 PLC 功能可支持 24 路光电隔离输入、24 路光电隔离输出。支持 AutoCAD 图形导入功能（DXF 格式文件）。采用工业级 10.4 英寸（26.416cm）TFT 彩色液晶显示器。工业级三防触摸式操作键盘，能更好地适应恶劣的工作环境。

上位机与 PLC 的通信有两种方式：上位机命令与 PLC 通信命令。上位机命令方式处于主动，命令由上位机发往 PLC。采用上位机命令方式能方便地实现上位机对 PLC 的监控。上位机与 CPM2A 采用 RS-232 端口进行通信。在上位机链接系统中，通信一般都是由上位机发起的，按 PLC 标准通信进行连接。上位机给 PLC 发送操作指令，PLC 按照指令执行相应的操作，同时给上位机返回数据。

PLC 的数据是以帧的格式发送的，当通信命令小于 1 帧时，正文最多 122 个字符。当命令块内容大于 1 帧时，由起始帧、中间帧及结果帧组成。起始帧最多 131 个字符，中间帧及结束帧最多 128 个字符。起始帧由设备号、命令码、正文、FCS 和分界符构成。中间帧由正文、FCS、分界符组成。结束帧由正文、FCS、结束符组成。上位机每发送完 1 帧，在收到 PLC 发回的分界符后再发送下一帧。

2）金刚石串珠绳锯 PLC 模块

PLC 共分 6 个模块，即公用程序模块、主轴模块、坐标轴控制模块、润滑控制模块、报警模块和冷却控制模块。I/O 分配表是设计梯形图程序的基础资料之一，也是设计 PLC 控制系统时必须首先完成的工作，会给 PLC 系统软件设计和系统调试带来很多方便。

在编制 I/O 分配表时，同类型的输入点或输出点尽量集中在一起，连续分配。本次系统所用 I/O 分配见表 2-11。

表 2-11　I/O 分配

输入端		输出端	
输入设备	输入端子	输出设备	输出端子
旋钮开关	I1.0～I1.3	循环启动	Q0.0
循环启动按钮	I1.4	进给保持	Q0.1
进给保持按钮	I1.5	单段	Q0.2
单段按钮	I1.6	机床锁住	Q0.3
机床锁住按钮	I1.7	快进	Q0.4
主轴正转按钮	I2.0	主轴正转	Q0.5
主轴反转按钮	I2.1	主轴反转	Q0.6
主轴停按钮	I2.2	主轴停	Q0.7
X 向退按钮	I2.3	X 向退	Q1.0
X 向进按钮	I2.4	X 向进	Q1.1
Z 向退按钮	I2.5	Z 向退	Q1.2
Z 向进按钮	I2.6	Z 向进	Q1.3
快进按钮	I2.7	NC 报警	Q1.4
急停按钮	I3.0	超程报警	Q1.5
超程解除按钮	I3.3	X 回参考点	Q1.6
Z 正向行程开关	I3.4	Z 回参考点	Q1.7
Z 反向行程开关	I3.5	进行润滑	Q2.0
X 正向行程开关	I3.6	润滑故障报警	Q2.1
X 反向行程开关	I3.7	换刀完成	Q2.2
冷却开按钮	I4.0	刀架正转	Q2.3
冷却关按钮	I4.1	驱动指示	Q2.4
润滑电机启动按钮	I4.2	冷却开	Q2.5
润滑油路压力继电器	I4.3	X 轴驱动使能	Q2.6
1～4 号刀到位	I4.4～I4.7	Z 轴驱动使能	Q2.7
换刀按钮	I5.0		

金刚石串珠绳锯 PLC 控制系统采用的是 FXGP_ WIN-C 编程软件。FXGP_ WIN-C 是在 Windows 操作系统下运行的 FX 系列 PLC 的专用编程软件，操作界面简单方便，在该软件中可通过梯形图、指令表及 SFC 符号来编写 PLC 程序。创建的程序可在串行系统中与 PLC 进行通信、文件传送、操作监控以及完成各种测试功能。

2.3.4.4　金刚石串珠绳锯数控加工系统

数控加工的每一步动作，都是按规定程序进行，每一个加工程序由若干条指令段组成，每一个指令段又由若干个功能字组成，每个功能字必须由字母开头，后面为参数值。

1）功能字定义

N 为指令段序号（本数控自动产生）；

G 为准备功能；

M 为辅助功能；

L 为循环次数或延时时间；

X 为 X 轴绝对坐标；

Y 为 Y 轴绝对坐标；

U 为 X 轴相对于当前位置的增量值；

V 为 Y 轴相对于当前位置的增量值。

2）常用 G 指令说明

（1）点位控制语句（G00 或 GF）

格式：G00 X(U)n Y(V)n

意义：以 X、Y 为终点坐标值，使工作台面快速定位。

（2）直线切割语句（G01 或 GL）

格式：G01 X(U)n Y(V)n

意义：以 X、Y 为终点坐标值进行直线加工；

举例（XY 平面）：由点（-5, 2）到点（10, 12）直线切削；

格式：G01 X10 Y12 或 GL X10 Y12 或 G01 U15 V10 或 GL U15 V10。

（3）延时语句（G04 或 DELAY）

格式：G04 Ln

意义：按 n 所给定的数值延时；

数值范围：00~99s；

举例：延时 2s；

格式：G04 L2 或 DELAY L2

（4）参考点设置语句（G92）：

格式 1：G92 Xn Yn

格式 2：G92

意义：G92 设置当前坐标，如果后面不跟参数，则参考点取当前坐标值。

（5）回原点语句（G26、G27、G28）：

格式：G26，G27，G28

意义：以 G00 的高速退到参考点。

（6）循环语句/转移语句（G22、G80 或 FOR、NEXT）：

格式：G22 Ln 或 FOR Ln

……

循环体   循环体

……

G80   NEXT

意义：将 G22Ln 与 G80 或 FORLn 与 NEXT 之间的语句循环执行 n 次；

n 的数值范围：0~99 次；

举例：将下列语句（组成循环体）循环执行 10 次；

G01 X5.8 Y6

G01 X10.2 Y0

G01 X0 Y0

格式：

G92 X0 Y0

FOR L10

G01 X5.8 Y6

G01 X10.2 Y0

G01 X0 Y0

NEXT

M02

3）M 功能语句

M 指令集如下：

M00 程序暂停（按回车键退出暂停状态）；

M02 程序结束；

M03 绳锯主电机正转；

M04 绳锯主电机反转；

M05 绳锯主电机停；

M08 水泵开；

M09 水泵关；

M60 液压张紧，并压力保持；

M61 液压放松，解除 M60 指令；

M92 压轮角度跟随取消；

M93 压轮角度跟随使能；

M20、M22、M24、M26、M70、M72、M74、M76、M78、M80 分别打开第 5、6、7、8、11、12、13、14、15、16 位输出口，这些为备用指令；

M21、M23、M25、M27、M71、M73、M75、M77、M79、M81 分别关闭第 5、6、7、8、11、12、13、14、15、16 位输出口，这些为备用指令。

4）数控加工流程

自动加工之前，首先应检查以下工作是否准备好：

(1) 测量方料的长度和高度，在大板加工时正确填写大板参数，并检查方料与加工要求是否合理；在编程加工时，应预先空运行检验其程序的正确性。确保两个导向轮对称，且垂直于水平面（90°），如图 2-69 所示。

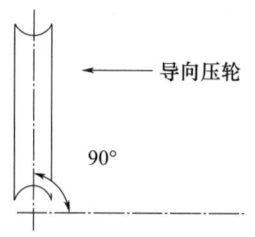

图 2-69　导向压轮垂直 90°示意

（2）大板加工时，确定加工起点，其步骤如下：

保持液压张紧状态；移动 X 轴、Y 轴，使串珠绳锯到如图 2-70 所示位置。

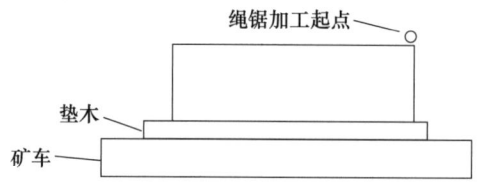

图 2-70　串珠绳锯位置

确定圆弧板加工时的加工起点。从串珠绳锯的中心线到方料表面应为 20mm（图 2-71），其原因如下：

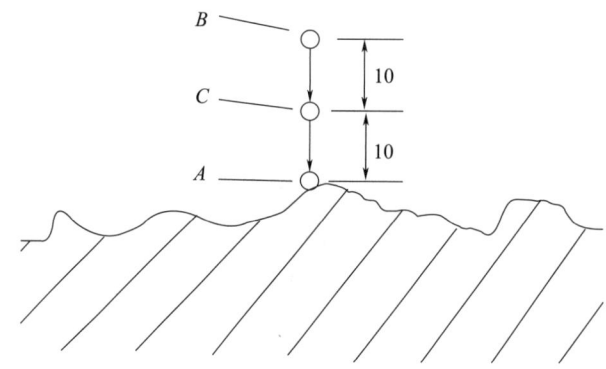

图 2-71　锯绳起点工艺示意图

由于石材荒料表面不平，绳锯从加工起点 B 处，先向下快速运动 10mm，下降到 C 点，再以加工速度向下落锯 10mm 至石材表面 A 点处。故金刚石串珠绳初始点到石材荒料表面应有 20mm 的间隔。

坐标设置，将 X 轴改为 0，Y 轴改为 0 值（一般编程加工起点），这时其加工代码为 "G00 U0 V-10，G01 U0 V-10"。

检查进给速度和主轴速度是否合适。

检查加工工艺是否正确，如果是加工大板，应在自动窗口按【F4】选中大板加工。如果是编程加工，则应按【F4】取消大板加工。当自动加工之前的准备工作就绪后，就可以开始加工。系统进入加工状态后，出现自动加工过程画面如图 2-72 所示。

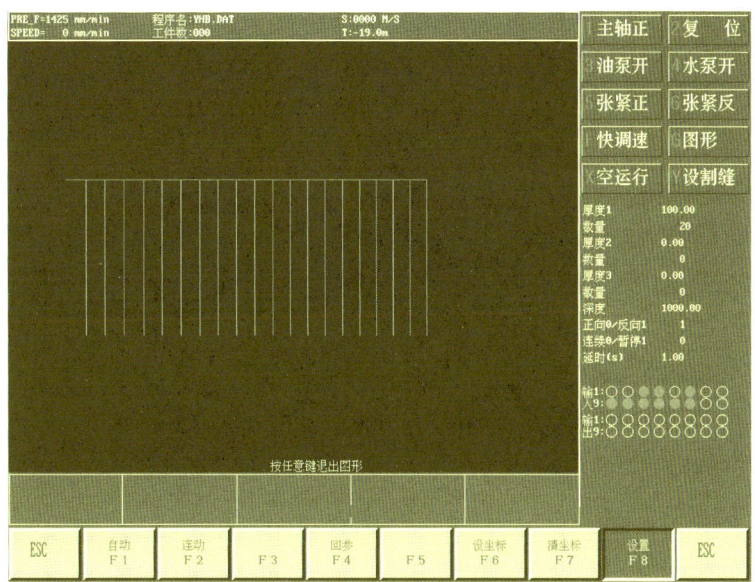

图 2-72 自动加工过程画面

5) 加工参数设置

加工参数主要包括速度参数、机床参数、辅助参数等。

速度参数用于调整电机升降速曲线（图2-73）。电机启动的速度为 10~100mm/min，电机从启动速度到最高限速的升速时间为 0.5~1.5s，需根据机床的负载调整，此值过小会造成电机升速过程中堵转，过大造成运动停止迟滞，降低运行效率。

G00 或手动时的最高限速范围为：X 轴设定范围 0~1900mm/min，Y 轴设定范围 0~400mm/min。需根据机床负载调整，设置过大，伺服电机会报警。

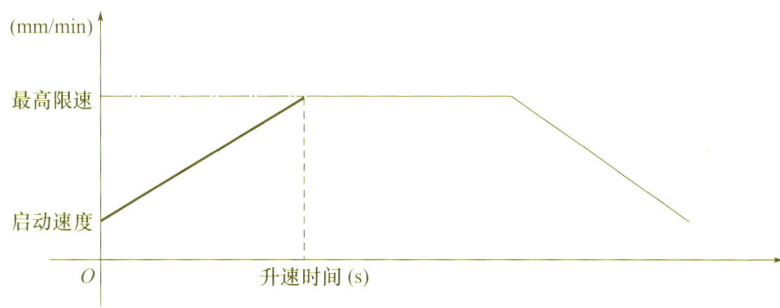

图 2-73 电机升降速曲线

在机床参数中，X 轴、Y 轴的脉冲当量单位为微米/脉冲，脉冲当量为伺服电机每走一步所产生的机械位移（μ，度/脉冲），其计算公式如下：

$$\mu = \frac{\theta}{360}\rho\varphi \tag{2-1}$$

式中，μ 为脉冲当量；θ 为步进角；ρ 为导程；φ 为效率。

当机床轴换向时，系统会自动补偿间隙。间隙测量：在起始点做个标志，向 X 轴正方向运行 100mm，再往 X 轴负方向运行 100mm，此时起始点与返回点的距离即为间隙值。

辅助参数设置包括段间延时时间、油泵运行时间和进给速度调整次数。

段间延时时间：程序运行之间的延时是保证程序段之间转换时，串珠锯绳能拉直，所以段间应有适当延时。

油泵运行时间：油泵启动后，当系统检测不到超压信号时，关闭油泵。

进给速度调整次数：运行速度从零到设置速度步进的次数，此值越大速度提升越慢。

G00 倍率有效 1、无效 0：G00 倍率有效为 1；G00 倍率无效为 0，速度倍率保持 100%。

手动张紧正自锁 1/0：1 为手动状态下按下张紧正，打开张紧正并保持，直至有超压信号；0 为按下张紧正即打开，松手关闭。

手控有效 1、无效 0：1 为手控盒有效；0 为手控盒无效。

油泵超压有效 1、欠压有效 0：1 为油泵信号接到超压信号；0 为油泵信号接到欠压信号。

驱动器报警有效 1、无效 0：1 为驱动器报警信号接入控制系统；0 为驱动报警信号不接入。

割缝补偿量：每切一刀串珠绳锯的磨损量补偿，避免串珠绳锯磨损影响料厚。

诊断功能用于检查系统的输入、输出信号是否正常，同时还可以检测数控系统内部接线和功能是否正常。

2.4 数控桥式切机

福建盛达机器股份有限公司数控桥式切机通过数字信息对机械运动和工作过程进行控制，带动刀具对石材进行直线切割、异型切割、钻孔和铣削等加工。

2.4.1 设备分类及功能

2.4.1.1 设备分类

数控桥式切机的分类方式有多种，如按坐标轴分类和按产品加工类型分类。

1）按坐标轴分类

（1）三轴数控桥式切机：具备数控桥切的基本功能，只有 X、Y、Z 3 个直线运动轴使用锯片切割，能使用旋转工作台或者辅助旋转刀架，主要以加工平板为主，只能切割矩形板。由金刚石圆锯片做回转切割运动，同时完成 X 轴、Y 轴、Z 轴进给运动。

（2）四轴数控桥式切机：在三轴数控桥式切机基础上添加了一个 C 轴（绕 Z 轴旋

转）作为刀片在 X、Y 平面的旋转轴，四轴数控桥式切机可以切割不同角度的板材，如三角形、菱形、不规则的多边形或圆弧形等。

（3）五轴数控桥式切机：具备 X、Y、Z、C 和 A 轴共 5 个运动轴，切割电机可安装锯片、铣刀、钻头，能进行正交切割、斜线切割、圆弧切割、仿形加工、铣削加工、钻削加工、倒角加工。

（4）六轴数控桥式切机：具备 X、Y、Z、C、A 和车床轴共 6 个运动轴，切割电机可安装锯片、铣刀、钻头，能进行正交切割、斜线切割、圆弧切割、仿形加工、铣削加工、钻削加工、倒角加工和柱状体车削加工。

2）按产品加工类型分类

（1）普通平板切割

该类设备基本以三轴、四轴为主，以二维平板加工为主要加工方式，其特点是结构简单，基本不需要具备复杂的编程模块或依赖第三方编程软件。

（2）智能平板加工

该类设备包括三轴、四轴和五轴数控桥式切机，主要是借助附加件，如相机、打标机和真空吸盘等硬件配合其他专业的软件加工。主要用于智能平板切割，包含视觉定位、辅助标签和辅助移板功能，通过后台管理加工材料，后台做好加工方案等，大大提高了设备的有效利用率，提高了板材的出材率，具有追纹加工和智能仓储管理以及石材板管理能力等。

3）异型加工

异型加工的品种繁多，三轴数控桥式切机可以加工三维线条，四轴数控桥式切机可以加工一些三维造型、圆弧线条等，而五轴数控桥式切机可以加工各种不规则曲面、各种直线线条或圆弧线条、内弧造型及各种拼花，可以配合机床自带的钻铣刀具加上刀库等硬件设施，完成各种异型产品的加工。

2.4.1.2 设备功能

数控桥式切机的功能是由普通桥式切机的功能演变升级过来的，其基本功能是锯片切割加工，不同轴数的数控桥式切机，功能有较大的区别。这里以五轴数控桥式切机做详细介绍。

五轴数控桥式切机是一种科技含量高、加工精度高的石材加工设备，主要用于批量化高精度尺寸要求的板材切割加工、各类曲面及不规则形状铣削切割加工、各类立体形状雕铣加工。五轴数控的使用，让石材铣削切割加工更加便捷，能在一次装夹定位石材的情况下，对石材的各个方位进行铣削切割加工，避免石材的多次装夹定位，提高加工精度。五轴数控加工的优势在于能通过操作系统优化计算，并对加工路径进行合理规划，使切割时刀具进给方向与工件表面连续保持合适的角度，以得到更好的表面质量，还能更好地接近倒角，同时也延长了刀具寿命。刀具利用更经济、循环时间降低、一次性装夹，节约了加工时间、减小了机床加工的出错率，从而达到降低加工成本的目的。

五轴联动桥式切机的主要特点：以 Windows 操作系统为软件平台，以一体化工控机为硬件平台，实现了各个精密部件协调运动的理想效果。机器切割石材过程由切割加工编码程序的提前设置（根据用户参数输入或图形文件，针对石材数控五轴加工中心结构及工艺加工特点，自动生成五轴数控加工代码）来控制，通过切割过程的自动运行来实现对石材的自动、智能化切割加工，以达到石板的批量化、标准化的切削加工。

五轴联动桥式切机以五轴联动（机械机构上的 X 轴、Y 轴、Z 轴直线运动和 A 轴、C 轴旋转运动）为基础，通过 Windows 操作系统平台的运动控制系统，对五轴伺服电机进行运动控制以及其他辅助功能控制。五轴系统不仅是一个专业的控制软件，同时也嵌入大量的编程模块，对一些复杂的平板和异型加工，只要通过参数和辅助 CAD 图形，就可以生成加工代码，同时也支持第三方 CAD/CAM 软件生成的 NC 代码。机器具有如下功能：

(1) 复杂曲面石材制品锯切加工功能；
(2) 复杂五面体石材制品雕铣加工功能；
(3) 数字化产品加工程序自动生成及自动编程功能；
(4) 互联网远程接入控制功能；
(5) 在线故障警报功能。

2.4.2 结构组成和工作原理

2.4.2.1 设备结构组成

五轴数控桥式切机主要由机座、横梁、机头升降总成、切割机头、电控系统等组成。

1）机座

机座如图 2-74 所示。机座是机器安装的基础，保证机器整体的稳定性。机座包含底座、左机架、右机架、工作台、液压部分。底座、左机架、右机架、工作台均采用优

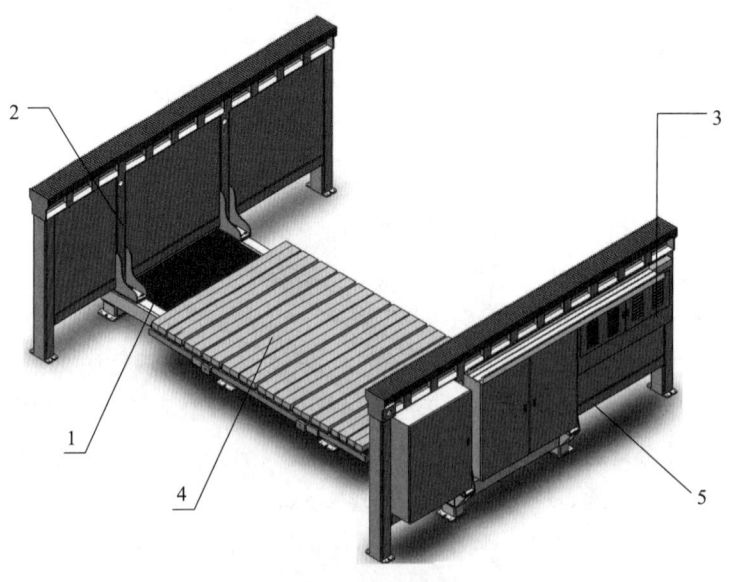

图 2-74 机座

1—底座；2—左机架；3—右机架；4—工作台；5—液压部分

质钢材焊接而成，焊接后在数控加工中心进行精准加工，最后进行组装。这样能够保证机座的刚性和精度，确保机器安装的稳定性。工作台为翻板结构，便于板材的装卸和后续废料残渣的清理、清洗。左机架、右机架上安装的直线导轨为 Y 轴的移动轨道。

2）横梁系统

横梁系统如图 2-75 所示，包括横梁、左右纵走箱、纵移行走驱动装置及横移行走轨道。横梁由灰铸铁 HT250 铸造而成，为龙门式结构，左右跨度较大，所以要求横梁有足够的刚性来支撑，从而保证机台 X 轴的运行稳定。横梁部分左右各装配一套纵移驱动装置，可在伺服电机的控制下，对横梁部分在 Y 轴前后移动，因加工和安装的累计误差进行相应的误差补偿，达到 Y 轴行走的稳定和精度要求。

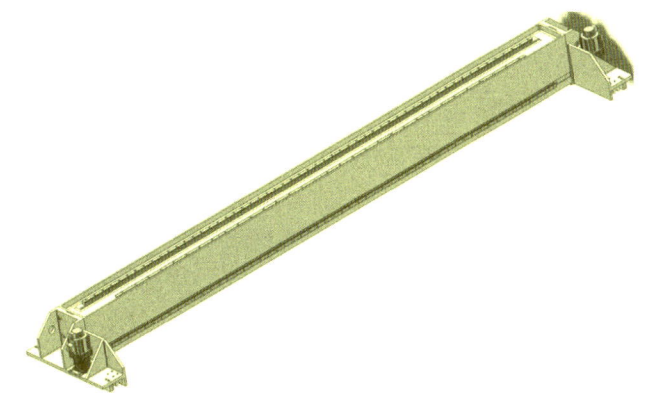

图 2-75　横梁

3）机头升降总成

机头升降总成如图 2-76 所示，其包含机头横移滑板、机头升降滑板、机头旋转装置、机头升降装置及横移行走驱动装置。横移滑板、机头升降滑板为球磨铸铁 QT500-7

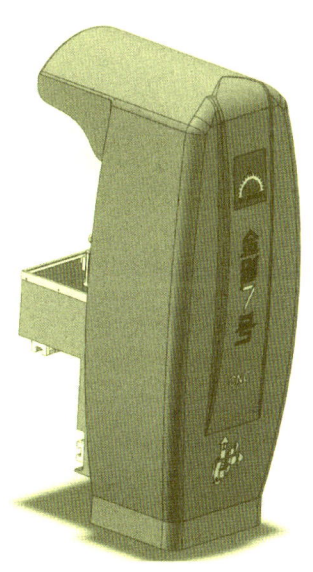

图 2-76　机头升降总成

铸造而成，能够保证横移滑板、机头升降滑板结构的刚性及韧性。机头升降总成安装于横梁的直线导轨上，与横梁的两条直线导轨成 90°分布，可以保证机头横移滑板在横梁上运行的稳定性。横移 X 方向行走驱动采用伺服电机，电机带动齿轮沿横梁齿条运动。机头升降滑板上安装有直线导轨，通过机头升降装置驱动机头丝杠完成机头 Z 方向运动。机头丝杠与固定螺母配合，同时由双侧三角形导轨支撑，可使机头进行精准的升降运动。

4）切割机头

机头旋转装置安装于机头升降滑板的下部，机头旋转装置采用高精度摆线针轮减速器，伺服电机输出轴带动摆线减速器完成切割头绕 Z 轴回转。能使机头精确地旋转定位到所需的角度，实现各个不同方位的精确加工。

切割机头如图 2-77 所示，包括固定架、翻转架、翻转驱动装置及切割主电机。固定架、翻转架材料采用球磨铸铁 QT500-7，整体结构采用中空整体铸造，由此保证了固定架、翻转架结构的刚性及韧性。固定架安装于机头升降部分的机头旋转装置上，翻转架通过侧转轴和翻转驱动装置安装于固定架上，保证翻转架能够在固定架灵活、稳定地翻转运动。切割主电机安装于翻转架上。翻转驱动装置采用高精度摆线减速器与旋转轴并配合伺服电机为驱动动力。摆线减速器传动比大、结构紧凑、体积小、质量轻，保证机头转动精度高，实现各个不同方位的精确加工。

图 2-77 切割机头

5）电控系统

电控系统包括电控部分、操作系统、各个运动轴的伺服电机及视觉成像系统。

2.4.2.2 设备工作原理

数控桥式切机是利用电机旋转金刚石圆盘锯片，通过 X 轴、Y 轴、Z 轴、C 轴和 A 轴的运动带动金刚石锯片作用在石材上进行切削加工，获得各种形状的石材成品。为了获得高质量的成品，保证加工效率，各个轴的运动均为精密传动。

其中 X 轴和 Y 轴为水平面运动，采用直线滚珠导轨副移动，精密齿轮齿条或者滚珠丝杠副传动，伺服电机驱动齿轮沿 Y 轴上的齿条带动横梁运动。伺服电机驱动齿轮沿 X 轴横梁齿条带动锯片升降结构运动。Z 轴垂直于水平面上下运动，采用直线滚珠导轨副移动，伺服电机驱动丝杠回转，带动锯片沿 Z 轴方向运动。C 轴绕 Z 轴旋转，A 轴绕 X 轴旋转，都是由伺服电机驱动大速比、大扭矩精密行星减速机完成回转运动。五轴数控桥式切机 5 个运动如图 2-78 所示。

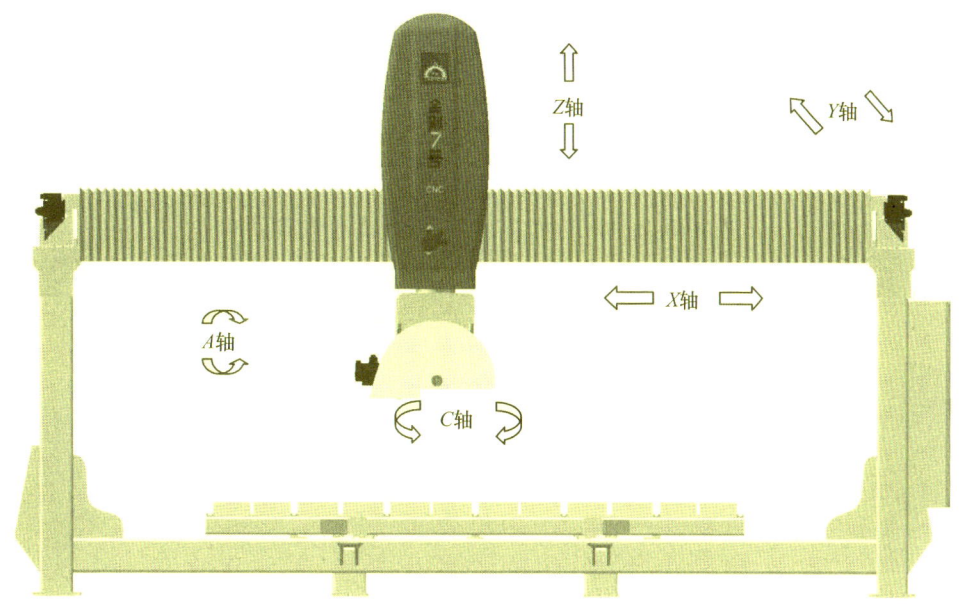

图 2-78 五轴数控桥式切机数控轴分布图

1）3 个直线轴

X 轴：横向直线移动轴，指的是机头在横梁上左右直线移动，采用直线导轨为行走轨道，机头横移滑板上安装行星减速机配合伺服电机为驱动动力，使机头可在横梁上平稳地直线移动，并保证运行时的精度要求。

Y 轴：纵向直线移动轴，指的是横梁在机座上前后直线移动，机座左右两侧采用直线导轨为行走轨道，龙门式横梁的两端各安装一个行星减速机配合伺服电机为驱动动力，使横梁可在机座上平稳地直线移动，并保证了运行时的精度要求。

Z 轴：升降直线移动轴，指的是机头在机头横移滑板上升降直线移动，采用直线导轨为行走轨道，以滚珠丝杠及同步带轮组为传动元件，并配合伺服电机为驱动动力，使机头可以平稳地做升降直线移动，并保证了运行时的精度要求。

2）2 个旋转轴

C 轴：机头 ±360° 旋转轴，采用高精度摆线针轮减速机为旋转轴并配合伺服电机为驱动动力，确保机头精确地旋转定位到所需的角度，实现各个不同方位的精确加工。

A 轴：机头 0°~90°（相对水平面）翻转轴，采用高精度摆线针轮减速机为旋转轴并配合伺服电机为驱动动力，确保机头切割电机精确地翻转定位到所需的角度，实现各个不同方位的精确加工。

通过 X 轴和 Y 轴运动，切割电机和锯片可以沿水平面做正交运动；通过 Z 轴运动，可控制切割电机和锯片上下升降运动，控制切割深度；通过 C 轴运动，可控制切割电机绕 Z 轴旋转，配合 X 轴和 Y 轴运动，可进行斜线切割、圆弧切割、仿形加工；通过 A 轴运动，可控制切割电机绕 X 轴旋转，配合 X 轴或者 Y 轴运动，可进行铣削加工、钻削加工、倒角加工。通过 X 轴、Y 轴、Z 轴、C 轴和 A 轴联动，可加工复杂的三维异型体。

2.4.3 控制系统

五轴数控系统是一款纯软件数控系统，安装在 Windows 10 平台，电脑 RJ45 接口通过网线与数控控制器连接，实现软件与控制器通信。数控系统的核心部分是伺服系统，采用 EtherCat 通信方式控制各轴伺服驱动器，控制器通过 I/O 点与设备交互，完成整机的控制。系统采用上、下位机的结构形式，上位机是 Windows 平台上利用 VS 开发的 CAD/CAM 一体化软件，下位机则采用工控系统。其中上位机与下位机的通信主要通过运动控制板卡外接接线板，通过连接伺服驱动器获取下位机信息，并能够将上位机信息传送到下位机，如将图像处理后生成的 NC 代码发送至下位机。

图 2-79 为系统的总体框架，五轴桥式切割数控系统采用上、下位机的形式，即五轴切割数控软件作为上位机运行，运动控制板卡、接线端子、伺服系统与电机作为下位机直接控制轴的运动。

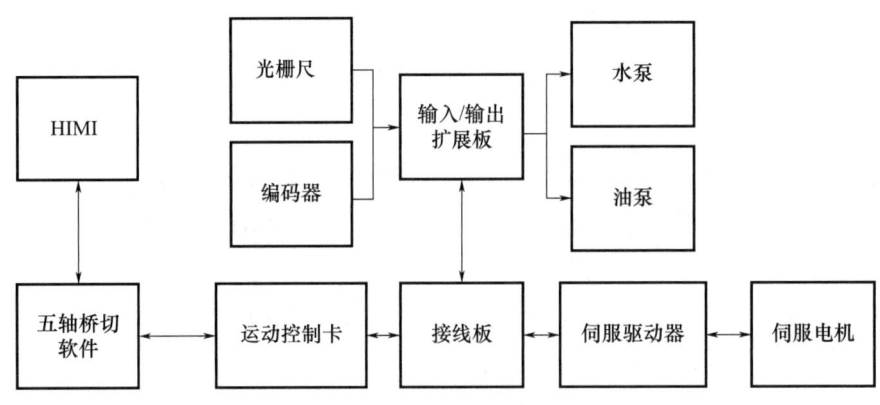

图 2-79 系统总体框架

设计开发的五轴联动切割软件主要分为 CAD 模块和 CAM 模块，主要功能如图 2-80 所示，包括二维图像的绘制和修改、DXP 文件的读取、NC 文件的读取、三维图像的绘制和读取、斜平面钻孔加工、五面加工、二维及三维模型加工仿真、二维及三维数控代码生成。

五轴数控系统主菜单包含编程菜单、程序编辑、仿真、手动菜单、自动运行、参数设置、诊断和语言信息等子菜单。

1) 编程菜单

编程菜单主要针对石材加工特有的锯片作为加工刀具，配备了钻铣刀具，能完成所有的加工模块的功能。

编程菜单里，所有的编程模块都是参数化配合 DXF 文件完成编程并生成加工 NC 代码。这些编程模块如图 2-81 所示。

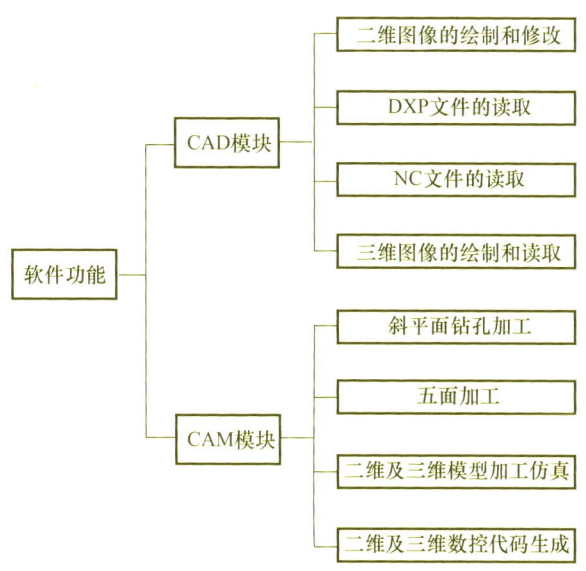

图 2-80　数控系统功能图

图 2-81　编程模块

（1）DXF 文件单段切割加工编程模块

这是一个需要导入 DXF 文件的加工模块，主要用于比较复杂的轮廓加工或特殊的曲面加工。其特点是将需要加工的路径画在二维 DXF 文件里，将文件导入模块后，可以对每一条加工路径独立定义加工方式，导入 DXF 文件后模块的界面如图 2-82 所示。

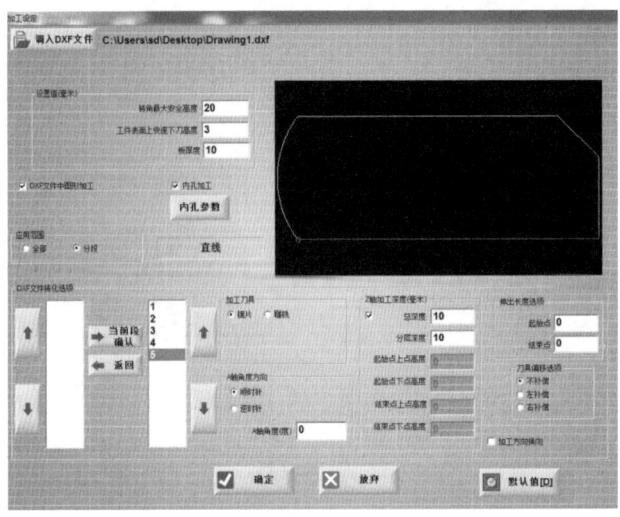

图 2-82 DXF 文件单段切割加工界面

加工设置定义：

① 可改变线段的加工方向；

② 可自定义刀具偏移方向；

③ 可自定义刀具号；

④ 线段起点和终点都可以独立定义加工高度和加工深度；

⑤ 可自定义 A 轴角度；

⑥ 可对 DXF 文件的所有线段选择性加工；

⑦ 对 DXF 文件所有线段可选择统一设置或单独设置。

（2）正交切割编程模块

正交加工模块就是普通桥切加工的升级版，可一次性按照设定的方式完成纵横两个方向的穿透切割任务，模块设置界面如图 2-83 所示。

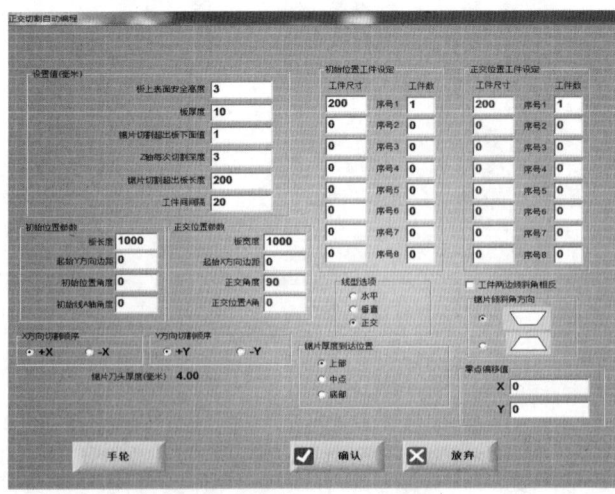

图 2-83 正交模块设置界面

正交模块的主要特点：
① 基本切割路径长度按照设置的板材长宽尺寸穿透切割；
② 可以自定义倒角角度和方向；
③ 可以单独选择纵横方向是否切割；
④ 可以独立定义切割延长长度；
⑤ 可以设置分层降刀深度；
⑥ 可以设置纵横切割夹角。

（3）正多边形切割编程模块

正多边形加工模块用来加工以正多边形作为基本轮廓的切割，设置界面如图 2-84 所示。

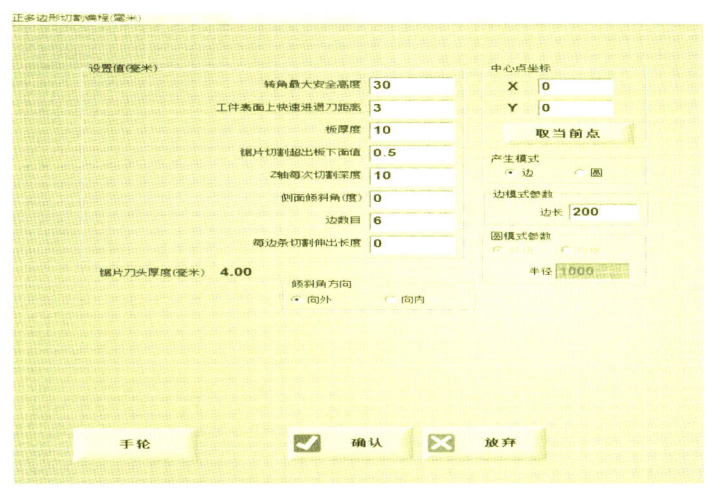

图 2-84　正多边形加工设置界面

正多边形模块的特点是：
① 定义正多变边形厚度；
② 定义正多变边形倒角角度和方向；
③ 定义正多变边形边数；
④ 定义正多变边形边长或外接圆（内切圆）半径；
⑤ 定义正多变边形分层切割深度；
⑥ 定义正多变边形切割线延长长度。

（4）单线切割编程模块

单线切割编程模块主要用于简单重复的单一切割加工，通常用于固定位置倒角或一些其他的单一切割场景。单线模块界面如图 2-85 所示。

单线切割的主要特点：
① 单线切割可定义板厚；
② 单线切割可定义分层降刀量；
③ 单线切割可定义任意点作为切线段的起点或终点；

图 2-85　单线切割模块

④ 单线切割可直接设置线段长度；

⑤ 单线切割可设置起点和终点的延长长度；

⑥ 单线切割可定义倒角角度和方向。

（5）斜平面钻孔加工编程模块

斜平面钻孔模块只能使用钻孔工具钻孔，用于三维空间里，任意平面内有规律排列的钻孔加工，如图 2-86 所示。

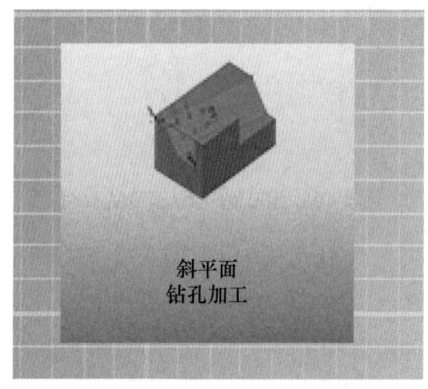

图 2-86　斜平面钻孔模块

（6）长方体五面加工编程模块

长方体五面加工模块是一款多功能五面加工编程模块，主界面如图 2-87 所示。

长方体五面加工模块功能：

① 在 CAD 的井子区域，内部矩形的圆是工件顶部平面的孔位，上下左右 4 个区域的圆孔分别是五面体四侧的孔位，系统自动判断孔的直径；

② 五面体钻孔模块可定义孔深；

③ 可定义任意面的抛光工序，包含不同目数磨料连续抛光；

④ 可定义顶部平面锯片开槽或铣槽；

⑤ 可定义侧面铣槽；

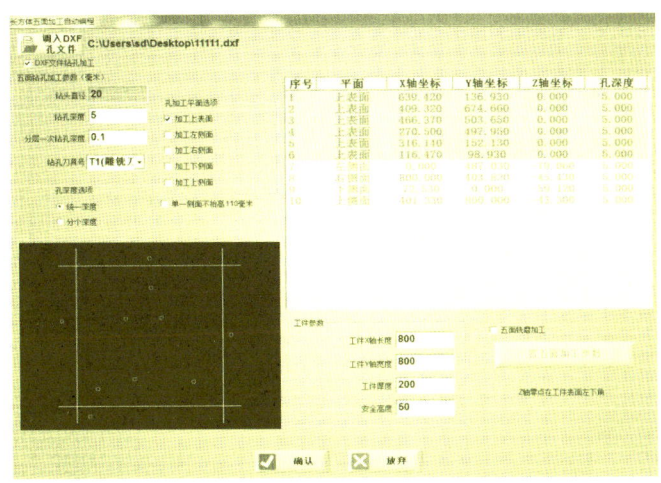

图 2-87　长方体五面加工模块主界面

⑥ 可定义五面铣盲孔、矩形、椭圆和圆槽；

⑦ 可定义棱角，定宽铣边和抛光。

(7) DXF 文件线条加工编程模块

DXF 文件线条加工模块是一款很全的线条加工编程模块，包含直线线条成型、圆弧线条成型、线条切边和线条横切光面功能，主界面如图 2-88 所示。

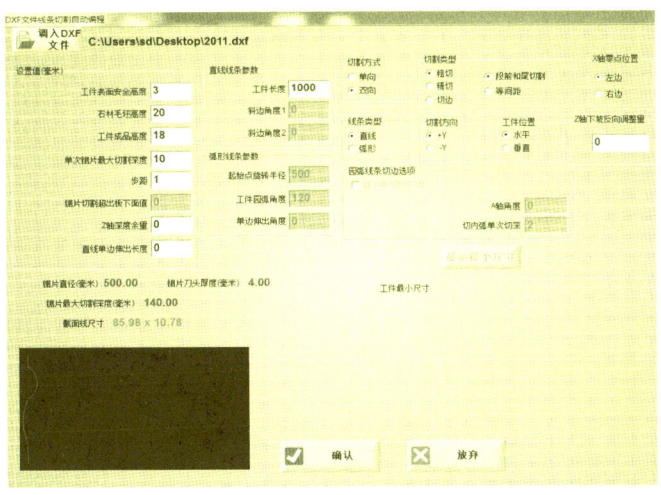

图 2-88　DXF 文件线条加工模块

线条加工模块的特点如下：

① 线条编程所用的截面线可以是导入的 DXF 文件或是使用建议界面编辑工具生成；

② 线条可以加工直线线条和圆弧线条；

③ 线条加工工艺可有开粗的粗加工程序段，有精加工的光滑加工程序段，有免粗磨的光面程序段；

④ 有针对直线或圆弧线条的切边功能；

⑤ 线条加工可定义纵横方向和加工方向。

（8）DXF 文件侧面加工模块

DXF 文件侧面加工模块是对于有侧面造型的闭环或开环造型，通常需要 X 平面的截面线和侧面截面线，主界面如图 2-89 所示。

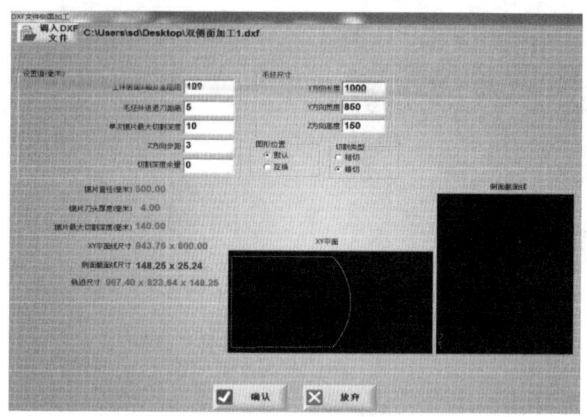

图 2-89　DXF 文件侧面加工模块

DXF 文件侧面加工模块的特点如下：

① 加工时 Z 轴方向需要较大有效行程；

② 锯片呈水平状态切割；

③ X、Y 平面的截面线圆弧直径不能小于锯片直径；

④ 有开粗加工工艺和平滑精加工工艺；

⑤ 需要定义毛坯最小规格。

效果如图 2-90 所示。

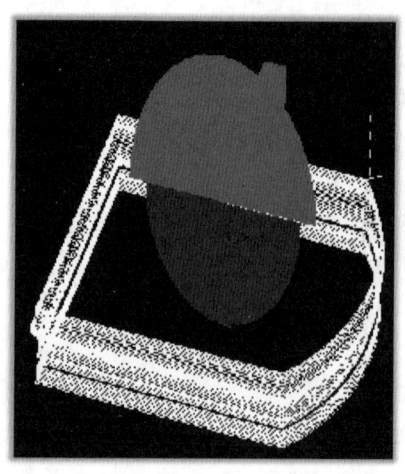

图 2-90　侧面加工效果

（9）DXF 文件连续轨迹加工编程模块

DXF 文件连续轨迹加工模块主要是用于 X、Y 平面的内外轮廓加工，轮廓截面线会连续完成，通常应用于台面板内外轮廓的成型工艺。编辑界面如图 2-91 所示。

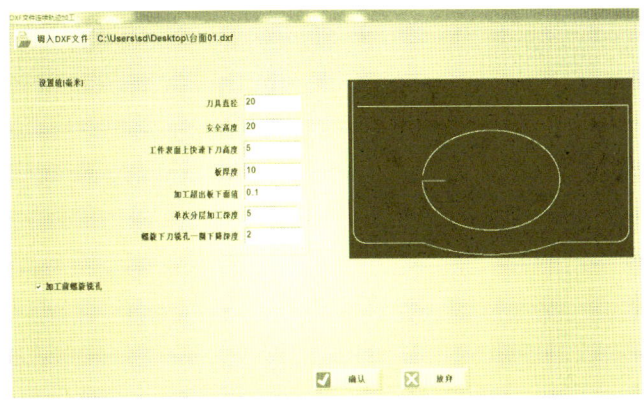

图 2-91　DXF 文件连续轨迹加工模块

（10）沿曲面加工

DXF 文件沿曲面加工是切割锯片沿着曲面切割，加工成有规则的曲面，锯片的加工工艺可以是轴向移动，也可以是径向移动，根据不同的需求进行选择，如图 2-92、图 2-93 所示。

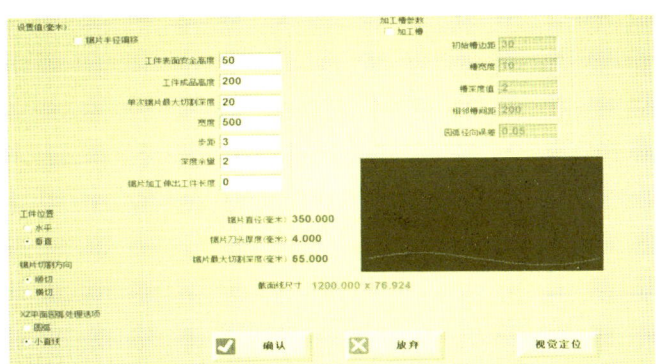

图 2-92　DXF 文件沿曲面加工对话框

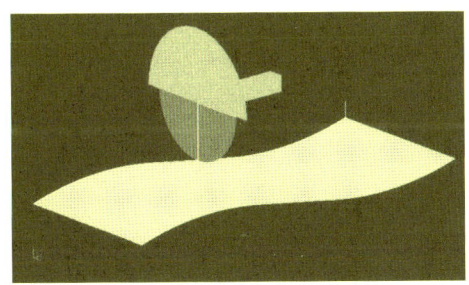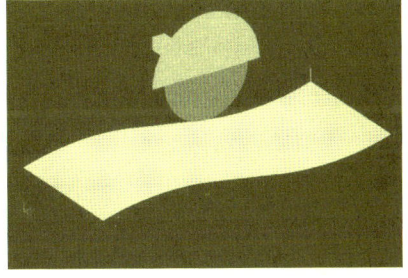

图 2-93　沿曲面加工示意图

（11）DXF 文件旋转曲面加工编程模块

DXF 文件旋转曲面加工是加工回转体，类似侧面加工，界面如图 2-94 所示。

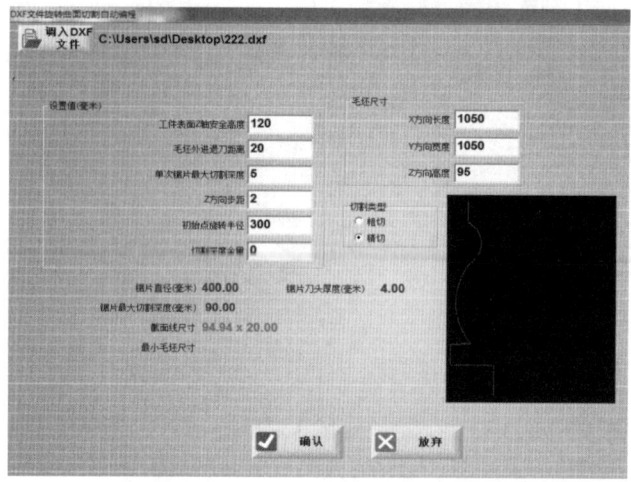

图 2-94　旋转曲面加工界面编辑模块

其主要特点如下：
① 设置起始圆半径；
② 侧面截面线由导入 DXF 文件导入；
③ 根据参数需要设置毛坯最小规格；
④ 可选择粗加工或精加工模式；
⑤ 可设置切割进刀深度和分层深度。
加工效果如图 2-95 所示。

图 2-95　旋转曲面加工效果

（12）DXF 文件双轮廓曲面加工编程模块

DXF 文件双轮廓曲面加工用于双曲面交集加工，模块界面如图 2-96 所示。

DXF 文件双轮廓曲面加工的特点如下：
① 锯片切割方向的圆弧半径不小于锯片半径，否则无法加工；
② 需要设置毛坯最小尺寸；
③ DXF 文件需要在同一个界面绘制两条不相交且相互垂直的连续线段；
④ 可设置锯片分片距离。
加工效果如图 2-97 所示。

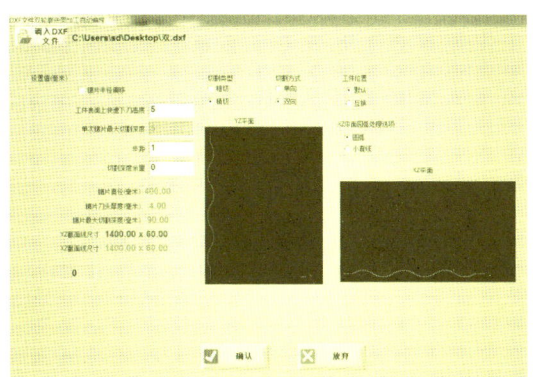

图 2-96　双曲面加工界面

图 2-97　双曲面加工效果

2）程序编辑

程序编辑界面如图 2-98 所示。

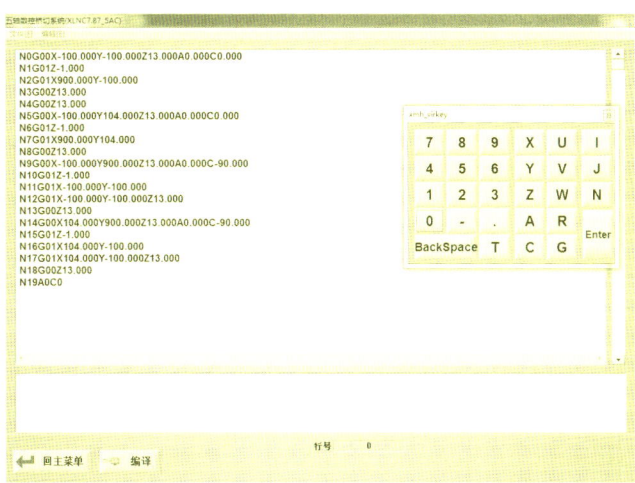

图 2-98　程序编辑界面

该界面显示加工程序 G 代码。整个程序显示初始定位、线性插补、刀具半径补偿、主轴正转指令、主轴反转指令等。用户可以在此界面对加工 G 代码进行检查或修改。

3）仿真

仿真菜单主要是对已经生成的或已经导入的加工代码的刀路轨迹进行仿真演示，界面如图 2-99、图 2-100 所示。

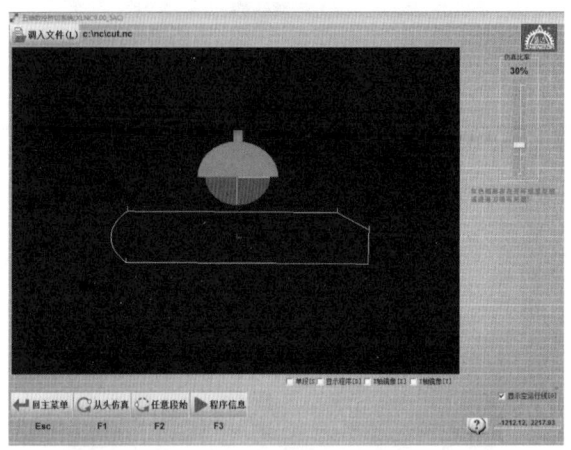

图 2-99　仿真界面

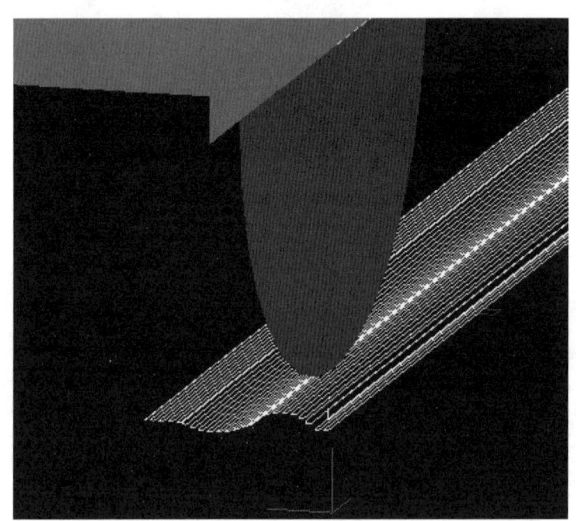

图 2-100　线条仿真效果

4）手动菜单

手动菜单如图 2-101 所示。

手动菜单的主要功能如下：

（1）对各运动轴手动操作和单步操作；

（2）显示工件坐标和机床坐标；

（3）设置工件坐标；

（4）对各辅助动作调试。

5）自动运行

自动运行菜单如图 2-102 所示。

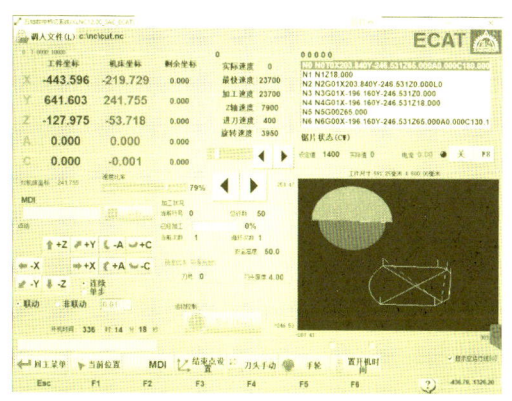

图 2-101 手动菜单

图 2-102 自动运行菜单

自动运行菜单主要包含如下功能：

（1）在自动菜单模式下，执行从头开始运行命令，机器将已经编译的代码从头开始运行；

（2）在自动菜单模式下，执行任意段开始加工，在弹出的对话框中选择开始代码号段，自动程序将从此段开始加工；

（3）在自动菜单模式下，执行继续加工，在已经停止加工未完成的情况下，程序将执行继续加工；

（4）显示已经编译的程序加工范围。

6）参数设置

进入参数设置页面后，如图 2-103 所示。

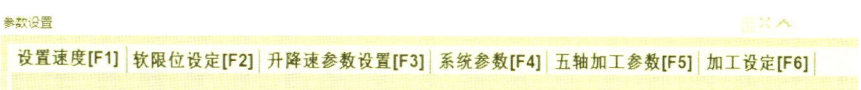

图 2-103 参数设置页面

参数设置页面包含如下功能：

（1）设置各轴速度、加工速度和主轴转速等；

（2）各伺服轴的软限位；

（3）伺服轴的加减速设置；

（4）系统参数设置，包含系统各种选项设置、双区同步、分段补偿、驱动参数和其他调试参数等设置；

（5）五轴加工参数定义，包含刀具参数、轴位置参数等；

（6）加工设定定义了润滑设置、运动平滑设置、主轴设置坐标偏移设置等。

7) 诊断信息

诊断信息主要是显示控制器 I/O 状态。由于 CPU 无法直接控制 I/O 设备的机械部件，因此 I/O 设备还要有个电子部件作为 CPU 和 I/O 设备机械部件之间的"中介"，用于实现 CPU 对设备的控制，这个电子部件就是 I/O 控制器，又称为设备控制器。输入信号包括：X 轴原点、X 轴正限位、X 轴负限位；Y 轴原点、Y 轴正限位、Y 轴负限位；Z 轴原点、Z 轴正限位、Z 轴负限位；程序启动、程序暂停等。输出信号包括冷却液、警报等。

2.4.4 设备加工工艺及可选配附件

2.4.4.1 加工工艺的编制规则

石材加工的种类繁多，成品是否符合要求取决于客户的需求，其中的因素很多，主要包括如下几方面：

（1）对客户产品的需求做细致分析，明确客户需求。

（2）根据客户的设计图纸选择石材品种和花色。

（3）结合图纸和材料特性，确定加工方式，设计出一套完整的工艺流程，哪个阶段采用什么加工设备或手工等。

（4）选择合适的加工设备和工艺，既要达到最基本需求又要控制好加工成本。

（5）根据加工工艺要求，选择合适的加工工具，如金刚石锯片、钻铣等刀具和手工辅助工具以及辅料等。

（6）根据加工的先后流程，编制加工程序，如建模生成加工代码或设置 PLC 参数等，做好加工前的准备。

（7）无论是机械加工还是人工辅助加工，都要定制合适的装夹工艺，既要考虑到人身安全，又要考虑对设备和工具的有效保护。装夹工艺定制的规范性，直接影响到成品的质量和耗材成本。

（8）对于新产品的第一次加工，一定要做到加工前的再确认，包含加工速度、刀具的匹配、加工范围、辅助设施等。

（9）加工前要做仿真模拟，开始时循序渐进，不宜太快，在保证各项加工参数没有问题的前提下，才能进行正式加工。

（10）加工过程中，要仔细观察，出现异常时立刻停机或降低加工速度。

（11）产品的质量管控决定了客户是否认可，没有达到要求一定要找到问题所在，避免退货或返修。

2.4.4.2 设备附件

数控桥式切机可选配相机功能、对刀仪功能、测板厚功能、吸盘功能、贴标功能等附件。

相机功能用来拍摄工作台上板材的图像，通过切割机软件在板材图像上规划加工方案，实现仿真加工，并通过图像配合机床自动找到切割原点，自动对刀加工，如图 2-104 所示。

对刀仪功能用来测量加工刀具的尺寸，比如直径、厚度、长度，根据刀具信息，机床加工时自动调节 Z 轴运动。

测板厚功能用来测量石材的厚度，根据板厚信息，机床加工时自动调节下刀点和切割深度。

吸盘功能用来吸取石材，完成石材板自动上、下料，如图 2-105 所示。

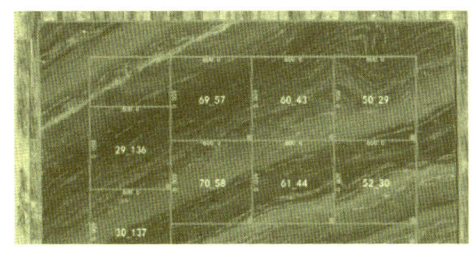 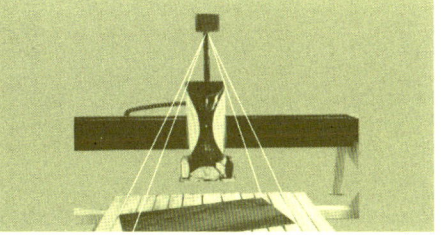

图 2-104　相机功能——拍照和对刀（规划方案）

图 2-105　吸盘功能

贴标功能用来打印标签并张贴在石材表面，标记成品石材的编号、大小、材质、安装位置等信息，如图 2-106 所示。

图 2-106　贴标功能

2.5　石材加工中心

数控加工设备根据其加工用途可分为数控铣床、数控车床、数控雕刻机和数控加工中心等。随着计算机技术和加工装备的进步，石材加工设备也从机械化向数控化方向发展，并发展为现代加工中心。加工中心可以完成切割、成型、钻孔、磨削、抛光、刻字、镗孔、雕刻、车削等工序，如图 2-107 所示。

图 2-107　石材数控加工中心

2.5.1　工作原理及结构特点

2.5.1.1　工作原理

石材数控加工中心是数控机床的一种，数控机床也称数字程序控制机床，是一种以数字量作为指令信息形式，通过计算机或专用电子装备控制的机床。在数控机床上加工工件时，预先把加工过程所需要的全部信息（如各种操作，工艺步骤和加工尺寸等）利用数字或代码化的数字量表示出来，编出控制程序，输入专用的或通用的计算机。计算机对输入的信息进行处理与运算，发出各种指令来控制机床的各个执行元件，使机床按照给定的程序，自动加工出所需要的工件。加工对象改变时，一般只需更换加工程序，无须像其他自动机床那样重新制造凸轮。数字控制具有较大的灵活性，特别适用于生产对象经常改变的地方，并能方便地实现对复杂零件的高精度加工。数控机床是实现柔性生产自动化的重要设备。数控机床加工零件的过程如图 2-108 所示。

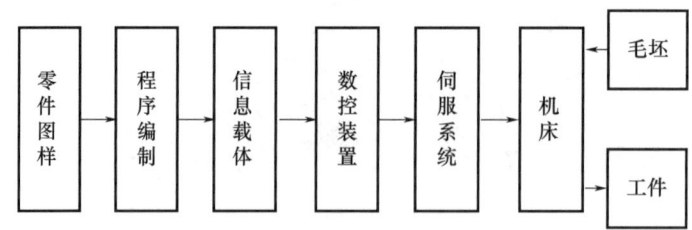

图 2-108　数控机床加工零件的过程

2.5.1.2　结构组成特点

机床数控技术是现代制造技术、设计技术、材料技术、信息技术、绘图技术、控制技术、检测技术及相关的外围支持技术的集成，其由机床、附属装置、数控系统、外围技术组成，具体技术组成如图 2-109 所示。

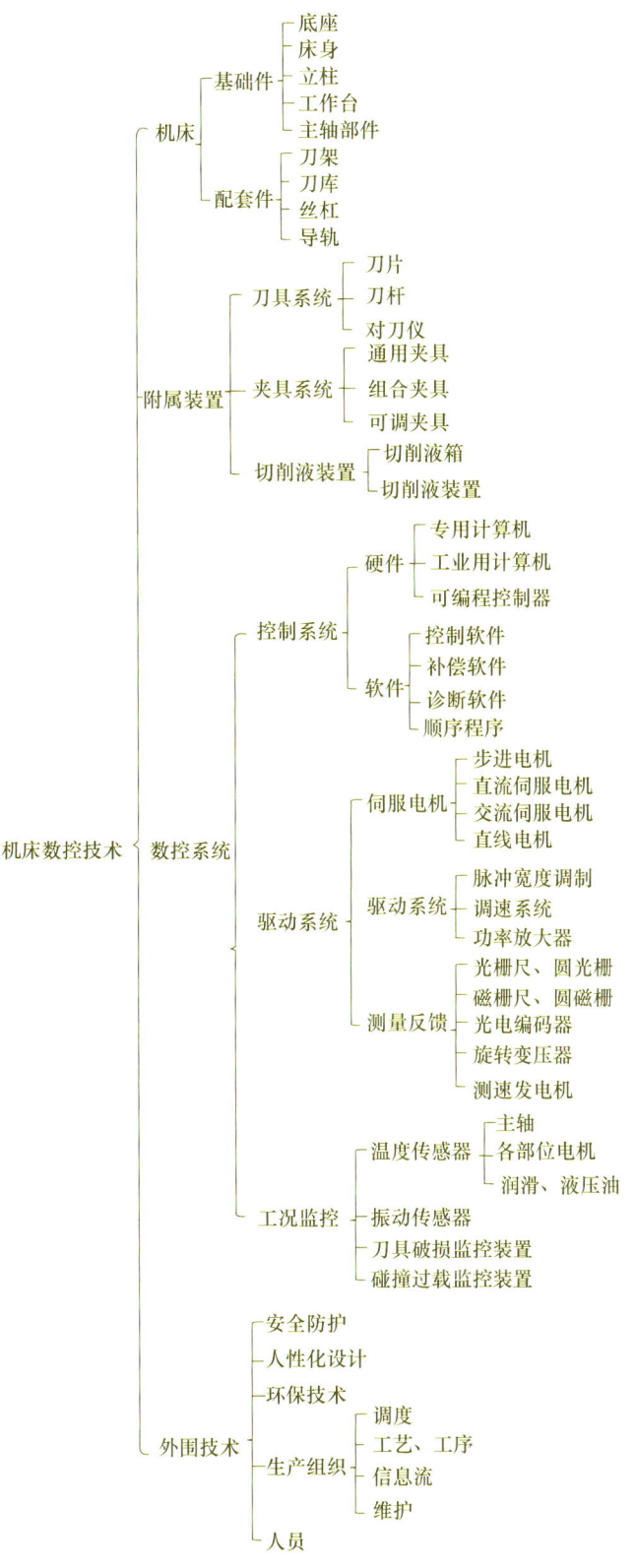

图 2-109　石材数控加工中心技术的组成

石材数控加工中心一般有 5~10 轴。它将轮廓成型、铣削、研磨、雕刻、抛光及车削加工等功能整合在一个系统中。其设备主要由工作台系统、切割头系统和驱动系统组成。具体结构如图 2-110 所示，切割头安装在刀架上，刀架沿溜板导轨做垂直方向（Z 轴）运动。刀架可以绕 B 轴回转，切割头绕 Z 轴（C 轴方向）可以回转 360°。溜板装在横梁上并沿横梁导轨做横向（X 轴）运动，同时横梁沿纵向导轨做纵向（Y 轴）运动。当进行回转体加工时，把石材加工件安装在车床的主回转轴上，用尾座夹紧，车床主轴带动石材加工件绕 X 轴进行回转运动，采用金刚石锯片动力头，并调整锯片在 X、Y 平面内的角度，可以加工一般柱体和螺纹柱。柱面廓形完成后，机械手把锯片动力头放回到刀库中，换上磨轮对柱面进行磨削和抛光。如果加工头像等复杂的石材工件，需要换上金刚石雕刻工具，并采用多轴联动进行雕刻。加工中心配有刀库，刀库为排架式并放置在工作台的左边，在刀库中存放有金刚石锯片切割头、金刚石铣刀、磨头等各种工具，可根据加工需要进行选择。

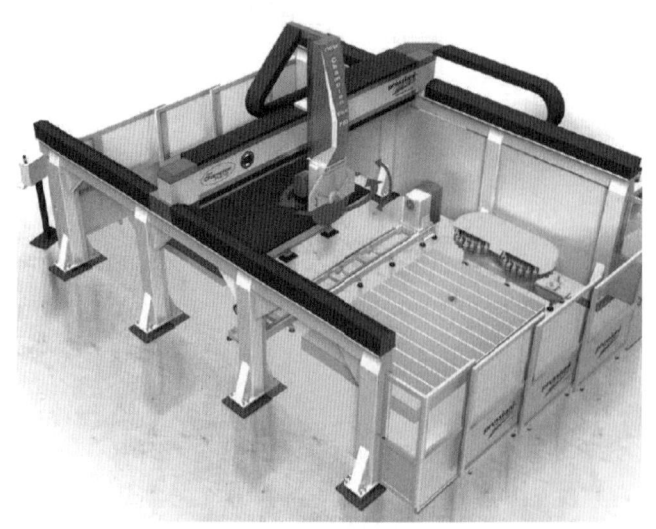

图 2-110　石材数控加工中心结构

加工非回转表面时，把被加工材料放置在工作台上。加工圆弧板时，把要加工的圆弧板放置在工作台上。如果用金刚石锯片动力头对圆弧板进行纵向切割，必须使锯片行走方向与 Y 轴平行；如果横向切割，调整锯片的切割方向与 X 轴平行。加工平面曲线如各种台板时，刀架上的机械手从刀库中换上金刚石铣刀，即可以进行廓形加工。如果进行平面雕刻，金刚石铣刀进行 X 轴、Y 轴和 Z 轴联动，可以雕刻出复杂形状图案。

加工中心的控制柜放在设备的左边，为了便于操作，在设备前面还设有控制盘。所有驱动系统都是采用高速无刷电机带动滚珠丝杠对传动轴进行驱动。由于滚珠丝杠具有很高的精度，可以保证加工质量。所有驱动部件采用 PVC 折叠罩保护。润滑采用集中润滑系统对各传动部分进行润滑。同时设备前后装有保护罩。

圆盘刀库是石材加工中心自动换刀装置，主要完成将主轴上的刀具与刀库中的待用刀具两者位置交换的任务，如图 2-111 所示。其具有换刀时间短、工作平稳、定位准确等特点。刀库驱动装置一般由电机、液压、气液机构或凸轮机构组成。它们在数控系统控制下驱动刀库和机械手，实现刀具的选择与交换。自动换刀系统采用刀套编码方式对刀库中的 16 个刀套预先编码。每把刀具放入相应刀套之后就有相应刀套的编码，即刀具在刀库中的位置是固定的。加工中心发出换刀指令，自动换刀系统通过 PLC 逻辑运算，确定圆盘刀库的转向及刀位数进行选刀。选刀过程中，伺服电机通过驱动圆柱分度凸轮旋转，带动圆盘刀库分度盘转动。接近开关对分度盘转动的刀位进行计数并反馈给 PLC，分度盘将目标刀具送到换刀位置，电机停止运转。当 PLC 计数器的值等于目标刀具移动的刀位数时，PLC 发出刀套翻转指令，通过气缸带动刀套的翻转，否则报错停机。在主轴换刀过程中，ATC 电机通过带动装有弧面凸轮和槽凸轮的凸轮箱来联合控制机械手的换刀动作。换刀过程包括机械手抓刀、拔刀、旋转、插刀和回原点等动作，弧面凸轮旋转一周，主轴完成一次换刀过程。

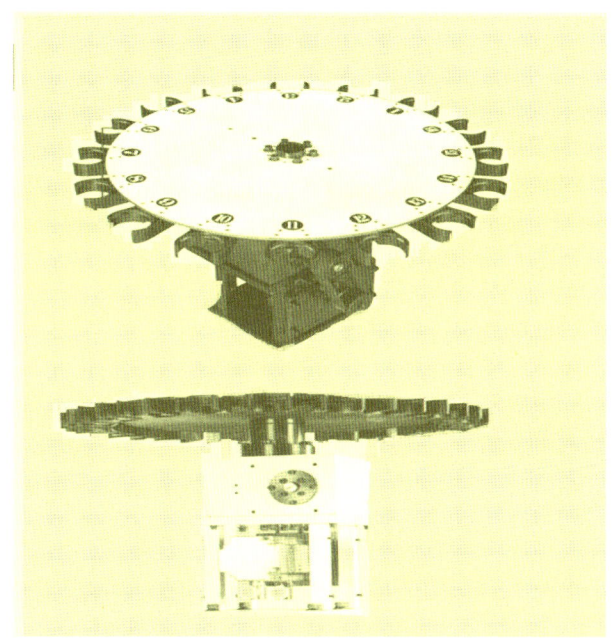

图 2-111　圆盘刀库

2.5.2　石材制品加工工艺及文件编制

2.5.2.1　加工工艺

石材数控加工工艺主要集中在板材类二次加工，板材类一次加工是毛坯大板研磨成为光亮的大板，二次加工则是对光亮的大板根据装饰要求进行的加工。数控加工工艺主要分为切割、铣削、钻孔、磨抛、雕刻、水刀加工。

切割加工是用圆盘锯片在大板中切出各种形状或轮廓，其中包含工程板切割、台面板切割、异型板切割、仿形体切割等。主要用到的设备有数控加工中心、数控雕刻机、雕刻机器人、数控车床等。

铣削加工采用高转速电机主轴，安装金刚石铣刀，垂直于板材表面，在板材上铣削出各种形状的槽或者孔，例如橱柜台面的盘孔、五金孔、台面板曲线等。

钻孔采用金刚石钻头，在石材表面钻削出一定深度的圆孔，例如五金孔、背栓孔、工艺孔等。

磨抛加工主要针对板材内部孔或者外轮廓的端面进行磨削和抛光加工，用成型金刚石轮径向端面或者磨轮轴向端面接触石材方式来加工，一般分为粗磨、细磨和抛光3个阶段，每个阶段需要1～3种不同磨料粒度的金刚石工具。例如圆形桌面外轮廓边的圆弧磨抛、橱柜台面的盘孔端面的倒角和磨抛加工等。主要用到的设备有开孔机、磨边机、加工中心等。

切割几乎是石材二次加工的第一步。在使用桥式切机时，要精确测量和录入圆盘锯片的直径和刀体厚度，并定期测量锯片的磨损情况，修改参数或者更换锯片，才能保证每次切割成品的尺寸准确。另外，锯片下刀点在板外还是板内也会直接影响切割效果。根据石材的材质和刀具大小，需要调整锯片的旋转速度。

铣削加工一般采用圆形金刚石铣刀，通过高速旋转的金刚石铣刀铣削石材而获得形状。安装好铣刀后，需要精确测量铣刀的直径和长度，铣削加工中铣刀与石材的接触面比较大，相比切割加工，加工量大，其加工速度相对慢。加工时要特别注意加工量和加工速度，避免过量、过快，造成铣刀和板材损坏，尽量采用加工量小、移动快的方式。

钻孔加工的钻头为套筒式，中心部分为中控，加工时废料容易塞在中心。当采用人工手提设备钻孔时，每钻一个孔，需要手动清除钻头中心废料，才可钻下一孔，否则钻孔时会压坏板材；当采用机器自动钻孔时，需要自动排除钻头中心的废料，才能钻下一个孔。另外，钻孔时需要采用点钻的方式，否则钻头容易损坏。

磨抛加工比较复杂，需要使用多种材质和粒度的磨料按顺序粗磨、细磨和抛光。在磨抛前，需要用特殊工具对磨具进行修整，确保磨具平整光滑。石材越硬越难抛光，用到磨料的粒度就多，粗粒度磨料把磨抛面修整平整，然后细粒度磨料把加工面磨平滑，最后由细磨料抛光。

雕刻加工为钻铣组合加工，结合了铣削加工和钻孔加工的特点。根据形状选择大小合适的刀具至关重要，过大的刀具容易过切，破坏整体效果；刀具小了，钻铣的量和下刀速度要合理，否则容易损坏刀具。

加工工艺流程：

1）石材的装夹

数控机床上被加工石材的安装方法与一般机床一样，也要合理地选择定位基准和夹紧方案。安装工件一般有以下两个原则。

（1）应尽量减少装夹次数，力争做到一次装夹能加工出全部待加工表面，以充分发挥数控机床的效能。

（2）需要数控加工的石材定位基准面已预先加工完毕，当有些石材需要二次装夹时，要尽可能利用同一基准面来加工其他待加工面，这样可以减小加工误差。

2）夹具的选择

编程人员一般不进行数控加工的夹具设计，而是选用夹具或参与夹具设计方案的讨论。这里所讲的夹具，是指数控机床上完成工件夹紧、定位的夹具。数控加工对夹具主要有两点要求：一是要保证夹具本身在机床上安装准确；二是能协调石材和机床坐标系的尺寸关系。在选择夹具时，一般应注意以下几点：

(1) 夹具结构力求简单。尽可能利用通用元件拼装的组合可调夹具，以缩短生产准备周期。

(2) 装卸石材要快速方便，以缩短机床的待机时间。

(3) 要使加工部位敞开，夹紧机构上的各部件不得妨碍走刀。

(4) 夹具安装要准确可靠，以保证工件在正确的位置上加工。

(5) 为了在一次安装中加工出更多的表面，有时要增加一些辅助定位面（工艺面）。

夹具有以下几种类型：

(1) 用于数控机床上的夹具。数控机床上的夹具主要有两类：一类用于轴类石材的夹紧，另一类用于盘类石材的夹紧。

用于轴类石材的夹具：在数控机床上加工轴类石材时，毛坯应在主轴顶尖和尾架顶尖的中间，工件用主轴上的拨动卡盘传动旋转。这时拨动卡盘应满足以下要求：粗加工时能传递最大扭矩，能在高转速时进行加工，能用顶尖使毛坯定位。能使顶尖加工快速调整为用卡盘加工，如图 2-112 所示。

图 2-112　石材数控机床的装夹方式

用于盘类石材的夹具：盘类石材在数控机床上可用带可调卡爪的卡盘、液压驱动卡盘、快速可调卡盘等进行装夹。

(2) 用于数控铣床和加工中心上的夹具。在数控铣床上加工石材，石材加工件要放置在工作台上，因此用于这类机床上的夹具主要是能在工作台上安装的各种夹具，如液压吸盘和分度转台等。

3）对刀点的确定

在编制程序时，要正确选择对刀点的位置。

（1）选定对刀点的原则

① 应便于简化程序编制。

② 在机床上容易找正。

③ 加工过程中便于检查。

④ 加工误差小。

⑤ 为了提高石材的加工精度，对刀点应尽量选在石材设计基准或工艺基准上。

⑥ 应便于坐标值的计算。对于建立了绝对坐标系统的数控机床，对刀点最好选在坐标系的原点上，或选在已知坐标值的点上。

⑦ 尽量使加工程序中刀具引入（或返回）路线短并便于换（转）刀。

⑧ 必要时，对刀点可设定在石材加工件的某一要素或其延长线上，或设定在与工件定位基准有一定坐标关系的夹具某位置上。

（2）确定对刀点位置的方法

对刀点不仅是加工程序的起点，往往也是加工程序的终点。通常，在绝对坐标系统的数控机床上可由对刀点距机床原点的坐标（x_0，y_0）来校核。在相对坐标系统的机床上，则需要人工检查对刀点的重复精度，以便于石材的批量生产。

确定对刀点位置的方法较多。对设置了固定原点的数控机床，可配合手动及显示功能，用 G92 指令即可方便地进行确定。对于未设置固定原点的数控机床，则可视其确定的精度要求而分别用位移换算法、模拟定值法或近似定值法等进行确定。

对刀点找正的准确度直接影响加工精度，目前工厂中常用的找正方法是将千分表装在机床主轴上，而后转动机床主轴，以使刀位点与对刀点一致。一致性好即对刀精度高。用千分表进行找正，效率较低，所以工厂大多采用光学或电子装置等找正方法，以缩短找正时间和提高找正精度。

4）工序的划分及安排

在数控机床加工过程中，由于加工对象复杂多样，特别是轮廓曲线的形状及位置千变万化，加上加工对象不同、批量不同等因素的影响，对具体石材制定加工方案时，应具体分析，灵活处理。加工方案又被称为工艺方案，数控机床的加工方案包括制定工序、工步及走刀路线等内容。

（1）工序的划分

在数控机床上加工石材，需要考虑石材整个加工工艺的安排。这涉及工序的划分，工序划分的合理性，将直接影响加工效率及石材的加工质量。工序划分的方法较多，一般可以按石材加工件装夹定位方式来划分。每个石材加工件形状不同，各表面的技术要求也不一样，因而在加工时其定位方式不同。

（2）加工顺序的安排

加工顺序对加工精度和效率有很大影响。一般要考虑以下两个因素：

① 粗加工工作全部完成之后进行精加工。在一次安装中绝不可以先将石材的某一部分表面加工完毕之后，再去加工石材上的其他表面。

② 尽量减少换刀次数，尽可能用同一把刀具加工能加工的所有部位，然后换刀加工其他部位，利用缩短加工辅助时间来提高生产效率。

5) 走刀路线的确定

走刀路线是指加工过程中刀具（严格说是刀位点）相对于被加工石材的运动轨迹。即刀具从对刀点（或机床原点）开始运动起，直至返回该点并结束加工程序所经过的路径，包括切削加工的路径及刀具引入、返回等非切削空行程。

确定走刀路线，主要是确定粗加工及空行程的走刀路线，因为精加工切削过程的走刀路线基本上都是沿其石材轮廓有顺序地进行的。

(1) 确定加工路线的原则

在保证加工质量的前提下，使加工程序具有最短的走刀路线。不仅可缩短整个加工过程的执行时间，还能减少不必要的刀具消耗及机床进给机构错动部位的磨损等。确定加工路线应遵循下列原则：

① 应使被加工石材获得良好的加工精度和表面质量（如粗糙度低）。

② 使数值计算容易，以减少编程工作量。

③ 尽量使走刀路线最短，这样既能使程序段数减少，又缩减了空刀时间。

(2) 最短走刀路线的确定

实现最短的走刀路线，除了依靠大量的实践经验外，还应善于分析，必要时可辅以一些简单计算。

① 最短的空行程路线。确定最短的走刀路线时要选择最短的空行程路线。

② 最短的切削进给路线。缩短切削进给路线可有效地提高生产效率，降低刀具磨损。

6) 选择刀具和切削用量

(1) 刀具的选择

数控加工大刀具多为金刚石制造，主要分成切割类、铣削类和磨削类。切割类的为金刚石锯片，直径有 $\phi200mm$、$\phi250mm$、$\phi300mm$、$\phi350mm$、$\phi400mm$、$\phi500mm$、$\phi600mm$ 等。金刚石铣刀直径有 $\phi10mm$、$\phi20mm$、$\phi25mm$ 等，根据形状分为柱形面、异型面；根据齿形分直齿和螺旋齿。磨削类刀具根据磨料分为金刚石磨料、碳化硅磨料、刚玉型磨料等。石材工具的选择主要考虑工艺参数和石材类型。

(2) 切削用量的选择

石材数控机床加工中的切削用量是表示机床主体运动和进给运动大小的重要参数，其包括切削深度（或宽度）、主轴转速、进给速度等。在加工程序的编制工作中，应把各种加工用量都编入工序单内。因此在选择切削用量时，应使切削深度、主轴转速和进给速度三者能互相适应，以形成最佳切削参数。

① 切削深度的确定

在机床、夹具、刀具、石材工件等刚度允许条件下，尽可能选取较大的切削深度，以减少走刀次数，提高生产效率。有时为了改善石材表面的加工精度及表面粗糙度，或当石材的精度要求较高时,则应考虑适当留一点余量(0.1~0.5mm)给最后的精加工。在加工中心,因为更换磨损的刀具比较费时,因此,在选择切削用量时,应保证刀具至少能加工1~2个工件,或工作半个到一个班次。

② 主轴转速的确定

主轴转速的确定方法,应根据石材被加工部位的直径,并按石材和刀具的材料及加工性质等条件所允许的切削速度来确定。

主轴转速应是机床说明书中选定的标准值,或者相当于这个标准值的"主轴转速代码",而这种代码所对应的主轴转速随机床的不同而可能不同。目前一些先进的数控机床已经把要求的转速值直接编入程序单中。

③ 进给速度的确定

进给速度主要是指单位时间内,刀具沿进给方向移动的距离(mm/min)。有些数控机床规定可以选用以每转进给量(mm/每转)表示进给速度,符号为 F。

进给速度通常根据石材的加工精度、表面粗糙度及刀具和材料进行选择。最大进给速度受机床伺服电机系统性能的限制,并与脉冲当量有关。

④ 确定进给速度的原则

当工件的质量要求能够得到保证时,为提高生产效率,可选择较快的进给速度。

在切断加工时,宜选择较慢的进给速度。

当加工精度要求较高时,进给速度应选慢一些,常在20~50mm/min范围内选取。

刀具空行程,特别是远距离"回零"时,可以设定快的进给速度。

进给速度应与主轴转速和切削深度相适应。

⑤ 进给速度的表示方法

进给速度 F 在加工程序中的表示方法随数控装置的不同而异,通常为"$F\times\times$",其中数字(××)有时就表示具体的进给速度值,有时却代表某种进给速度的编码号。

编程中在选择进给速度或进给率时,需要注意石材加工中的某些特殊情况。切削用量的具体数值应根据机床说明书、手册并结合实践经验具体确定。

2.5.2.2 工艺文件编制

石材数控加工工艺是一种高效自动化的新工艺,其加工工艺的制定是相当严密的。加工工艺是否先进、合理,将在很大程度上决定加工质量和加工效率的优劣。因此,在数控加工中,工艺文件的编制显得尤为突出与重要。

目前石材数控加工编程软件大多是 UG、SolidWorks 等。数控加工的工艺文件主要有工序卡、刀具调整单、机床调整单、石材加工程序单。

1) 工序卡

工序卡主要用于自动换刀数控机床。工序卡应记入刀具调整单,是下一步工作的依据,同时也是机床操作者的工作表。工序卡应按已确定的工序顺序填写。不同的数控机床其工序卡的格式也不同。

2) 刀具调整单

数控机床加工对刀具要求比较严格,一般都要在对刀仪上预先调整好。应将工序卡中选用的刀具及编号、型号、参数填入刀具调整单中，作为调整刀具的依据。调整结果的实际参数也记入刀具测量单中，供确定刀具补偿值之用。

3）机床调整单

机床调整单供操作人员在加工石材之前调整机床使用，机床调整单上应记录机床控制柜面上"开关"的位置，石材安装，定位和夹紧方法（可用示意图表示）及键盘应键入的数据等。一般包括5方面内容：进给速度值或速率数值、冷却方式、刀具半径补偿或长度补偿、工件安装、定位和夹紧方法。

4）石材加工程序单

记录工艺过程、工艺参数和位移数据的表格，称为石材加工程序单。加工程序单是制作控制加工材料的依据。加工程序单中的每个程序段，其信息给出顺序和形式的规则就是程序段格式。现在一般使用的程序段格式为可变程序段格式。

工序卡中的每个工步都要有相应的刀具轨迹图（加工路线示意图），按刀具轨迹图和数值计算得到的数据，填写在加工程序单中。数控机床不同，其程序段格式不同，加工程序单也不一样。

对石材数控加工来说，编制出正确的加工程序单是极为重要的，否则将造成时间和经费的浪费。因此，在石材数控机床加工中，较高水平的程序员是必不可少的。

2.5.3　控制系统

CNC装置是系统的控制中心。系统的另一主要部分是伺服单元。伺服单元由伺服电机、速度检测元件、位置检测元件及对应的调节器组成。速度环和位置环用于各坐标轴的运动速度和位置精度控制，从而加工出各种形状的板材。各坐标轴的控制性能高低对数控机床加工的精度、表面粗糙度和加工效率影响极大。CNC装置作为单台机床的控制器，需要与数据输入输出设备、机床控制面板和强电柜、手摇脉冲发生器等相连。当CNC装置用作设备层或工作层控制器，组成分布式数控系统（DNC）或柔性制造系统（FMS）时，还要与上级主计算机或DNC计算机通信。因此，各种接口在CNC装置中占有重要位置。

微处理器CNC装置一般采用两种结构形式，即紧耦合结构和松耦合结构。在前一种结构中，由各微处理器构成处理部件，处理部件之间采用紧耦合方式，有集中的操作系统，共享资源。在后一种结构中，由各微处理器构成功能模块，功能模块之间采用松耦合方式，有多重操作系统，可以有效地实现并行处理。

多微处理器CNC装置往往采用模块化结构，每个微处理器分管各自的任务，形成特定的功能单元。由于采用模块化结构，可以采取积木方式组成CNC装置，因此具有良好的适应性和扩展性，且结构紧凑。特别是各功能单元更换方便，因此可使故障局限在单独的功能单元，对整个系统的影响降到最低。与单微处理器CNC装置相比，多微处理器CNC装置的运算速度有了很大的提高，更适合于多轴控制、高进给速度、高精度、高效率的数控要求。

2.6 石材异型制品数控加工设备

2.6.1 数控回转体加工设备

数控机床可以加工石材圆柱体、楼梯栏杆、花瓶、球体、椭圆体、螺旋体以及柱等。数控机床广泛应用于加工不同直径和不同长度的回转体。数控机床如图 2-113 所示。

图 2-113 数控机床

机床主要由床身、主轴回转系统、尾座、液压系统、控制系统组成。数控机床的基础床身由结构钢焊接而成，主轴系统主要是装夹锯片。切割锯片采用加强型的，锯片的厚度大，夹紧锯片的法兰盘直径也比较大，保证锯片具有很强的刚度和强度。切割比较宽的螺旋槽时，其锯片的厚度需要更大。主轴一般采用电控主轴。机床尾座由液压系统控制，其压紧力由液压缸控制。尾座底部镶有青铜导轨并在床身上的不锈钢导轨上滑动。所有的运动部件都是采用集中润滑系统润滑的。

切割头可以沿床身导轨做纵向（Z 轴）运动，同时切割头还可以沿刀架导轨做垂直方向（X 方向）运动。石材加工件安装在机床的主轴上绕 Z 轴（C 方向）做回转运动。机床切割刀架可以根据不同加工要求装夹不同的动力头，如切割廓形时，装夹金刚石锯片动力头；抛光时，装夹抛光动力头；雕刻时，直接由机械手装夹金刚石铣刀。所有动力头和铣刀的锥柄具都采用通用的国际标准。机床的车削速度在高速和低速范围内变化，因此可以加工各种材料和形状的石材加工件。其高速轴和转动轴的精度由带有滚珠丝杠的无刷电机来保证，同时机床配备有电机带动的锯片动力头，其动力头有一两种或更多的加工速度，用户可以根据加工对象对动力头进行选择。根据被加工石材加工件的质量，对每种型号的加工轴（尾座和主轴）驱动参数进行选择。尾座沿着镶有铜条的不锈钢导轨滑动；尾座的运动由带有自动命令的液压系统所控制。本设备对运动部件采用集中液压润滑系统。控制系统采用 CNC 数控编程。

2.6.2 数控雕刻设备

石材数控雕刻设备分成两种,一种为平面雕刻,另一种为回转雕刻。

2.6.2.1 平面数控雕刻设备

平面数控雕刻设备用于加工大理石、花岗石的雕塑模型,浅浮雕,深浮雕,装饰品,壁炉,柱身、柱头及塑像等加工。仅限于对加工件的平面进行雕刻,实现加工工具三维方向运动。平面数控雕刻设备主要由床身工作台、横梁、主轴系统构成。横梁与床身导轨连接,采用滚动导轨副,滚动丝杠由交流异步电动机带动,并通过滚动副带动横梁做 Y 方向进给运动。金刚石锯片和金刚石铣削工具都装在滑台上,滑台与横梁通过滚珠丝杠连接,并由交流异步电机带动沿横梁导轨进行横 X 方向运动。同时主轴溜板装在滑台上,通过交流异步电机带动沿滑台导轨做 Z 轴垂直方向运动。金刚石工具可以直接由主轴电机带动,主轴装有双速电机,控制工具加工速度。所有的导轨都是采用的精密滚动导轨副,可以保证工件的加工精度和加工质量。该设备对运动部件采用集中液压润滑系统,同时安装有可以收集并再循环用的水箱。图 2-114 为雕刻机加工实例,加工尺寸范围为 X 轴:800~2000mm,Y 轴:700~1000mm,Z 轴:100~300mm。

图 2-114 雕刻机加工实例

2.6.2.2 回转数控雕刻设备

这种设备是经过多年的技术更新产生的自动雕刻和车削设备,它可以加工大理石、花岗石的雕塑模型,浅浮雕,装饰品,壁炉,柱身、柱头及塑像。该设备具有 X 轴、Y 轴、Z 轴和绕 X 轴旋转的 A 轴和绕 Z 轴旋转的 C 轴,由主轴 3 个方向的控制滑台系统和两个工作台构成。主轴 3 个方向的直线运动分别由步进电机通过滚动导轨副进行控制。主轴装有锯片和铣削头,双速电机控制加工速度。两个工作台一个为固定式工作台,另一个为回转工作台,工件装夹在回转工作台主轴箱的夹盘中,另一端由尾座夹紧。工件的夹紧机构采用液压式。通过程序可以同时控制金刚石雕刻头 3 个方向的运动和工件回转速度,雕刻出各种复杂图案,如图 2-115 所示。

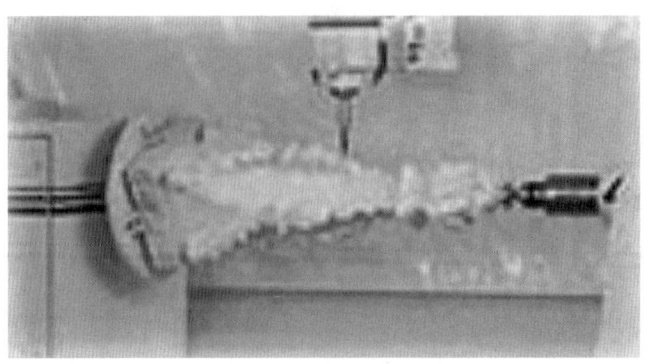

图 2-115　回转数控雕刻设备

2.6.3　高压水射流加工设备

高压水射流技术是以高压水射流或磨料射流为切割手段的石材加工技术,以异型石材制品的加工为突破口进入石材加工领域并在石材加工中应用发展。这是一种刀具简单、无粉尘污染、低噪声、切口狭窄的切割技术。在石材行业,它主要用于石材拼花板材的加工,批量大,精度高。

一套完整的高压水切机由超高压水射流发生器（高压泵）、数控加工平台、自动供沙器三部分组成。目前比较先进的高压水切机的特点是五轴联动,其结构主要由底座基础体、纵向导轨支撑体、横梁、横梁支撑件、切削主体、工作台、增压器箱体、控制柜等组成。高压水切机运动主要有横向进给（X 向）、纵向进给（Y 向）、升降进给（Z 向）、C 旋转轴、A 轴摆动五个运动自由度,如图 2-116 所示。

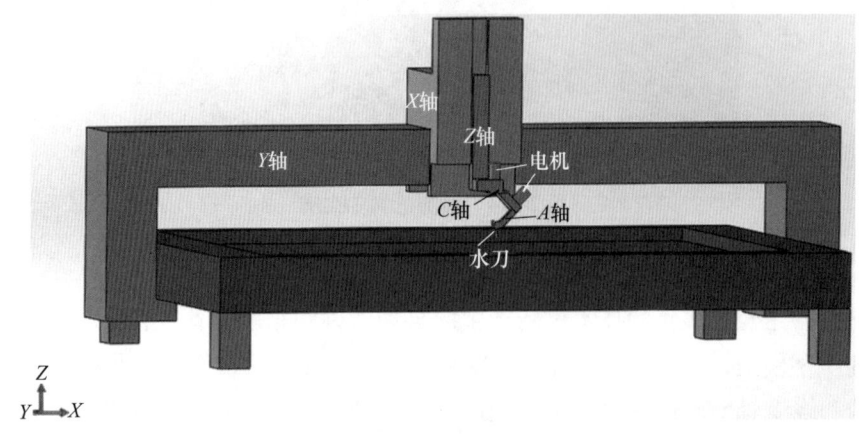

图 2-116　五轴高压水切机结构图

超高压水射流发生器最大压力 400MPa,主电机功率 5.5kW,其结构紧凑,效率高,并结合超高压力传感器技术,实时监测、控制水射流的压力,保障系统稳定、安全地工作。

高压水液压系统如图 2-117 所示。该系统包括增压器、供水系统、增压恒压系统、喷嘴管路系统、数控工作台系统、集水系统和水循环处理系统等。增压器利用液体增压原理，即利用油活塞与水活塞的面积倍比关系实现增压。增压器输出的高压水压力 100～400MPa。增压器一个显著特点就是能以低压来控制高压。为了安装调试方便，同时为了避免油水相互渗漏，故将油路和水路分开设计。由于利用油压作为动力，增压器的往复运动不那么迅速，因此，这种增压器不能避免压力瞬间下降，为减小这种高压水压力瞬间下降，则在泵的高压管路上配置蓄能器。

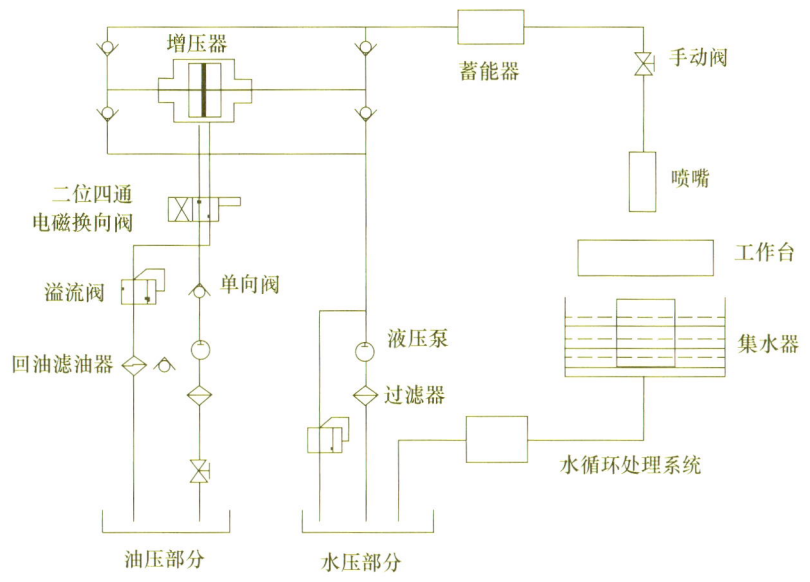

图 2-117　高压水液压系统

五轴联动数控水切割软件作为上位机运行，运动控制板卡、接线端子、伺服驱动系统与电机作为下位机直接控制轴的运动，系统总体框架如图 2-118 所示。

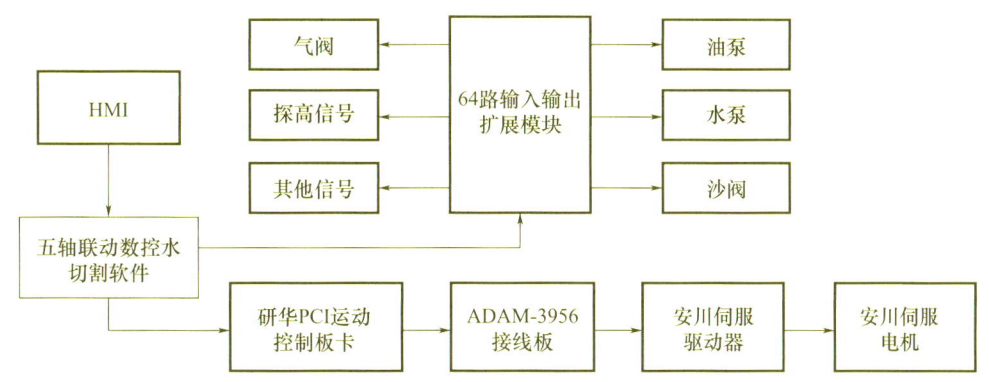

图 2-118　五轴联动水切割软件系统总体框架

五轴联动数控水切割软件主要分为 CAD 模块和 CAM 模块，主要功能如图 2-119 所示。五轴联动数控水切割系统采用上、下位机的结构形式，上位机是 Windows 平台上利用 VS 开发的 CAD/CAM 一体化软件，下位机则采用研华运动控制系统，运动控制板卡采用研华 PCI-1285 型。上位机与下位机的通信主要通过研华运动控制板卡外接接线板通过连接伺服驱动器获取下位机信息，并能够将上位机信息传送到下位机，如将图像处理后生成的 NC 代码发送至下位机。

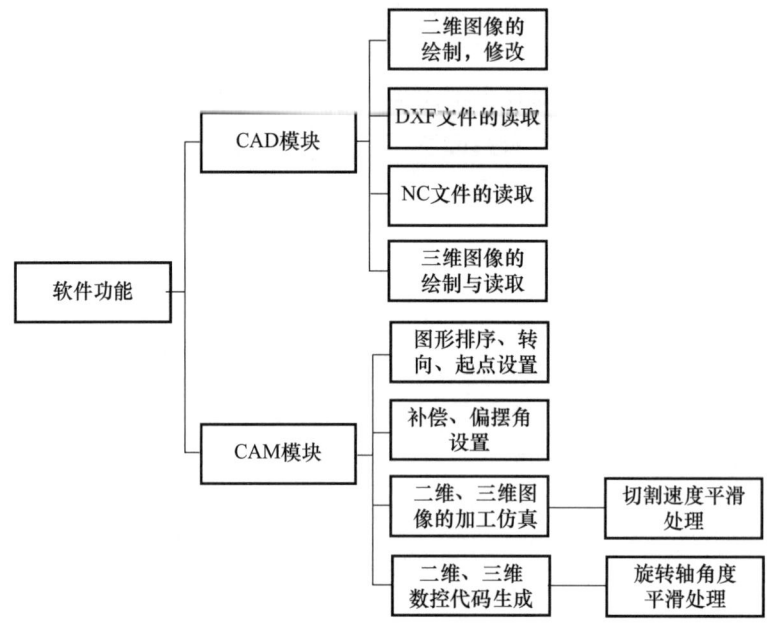

图 2-119　五轴联动水切割软件基本功能

2.7　石材制品加工机器人

石材制品加工机器人分成切割机器人、打磨机器人、搬运机器人。

2.7.1　切割机器人

石材切割机器人包括石材雕刻机器人、高压水切割机器人。
2.7.1.1　石材雕刻机器人

石材雕刻机器人可以对人像等复杂空间几何图案进行三维加工，主要由底座、腰部、大臂、小臂、腕部、执行机构等构成，如图 2-120 所示。

其具有的特点如下：

(1) 进行三维加工模拟；

(2) 自动防碰撞检测；

(3) 边缘检测；

(4) 奇异点检测；

(5) 材料高速切割检测；

(6）工具更换；
(7）轨迹编辑和交互；
(8）机器人外部轴的最佳运动；
(9）带有圆盘刀具的工具；
(10）可与任何 CAD/CAM 软件和机器人兼容。

图 2-120　石材雕刻机器人

2.7.1.2　高压水切割机器人

高压水切割机器人采用复合刀具。该机器人主要由切割平台部件、六轴机器人部件、水刀头部件、锯片切割部件、沙桶部件和增压器部件构成。六轴机器人由底座、腰身、大臂、小臂、腕部、末端执行器等构成。末端执行器一端采用金刚石圆锯片，可沿 X、Y 方向运动，绕 X 轴旋转 45°；另一端为高压水切割部。该机器人具有 6 个自由度，属于关节型机器人。高压水增压电机采用西门子 37kW 驱动，最大压力达到 420MPa。锯片切割电机功率为 15kW。结构示意图如图 2-121 所示，表 2-12 为设备参数表，表 2-13 为水刀切割一体机器人外形尺寸示意。

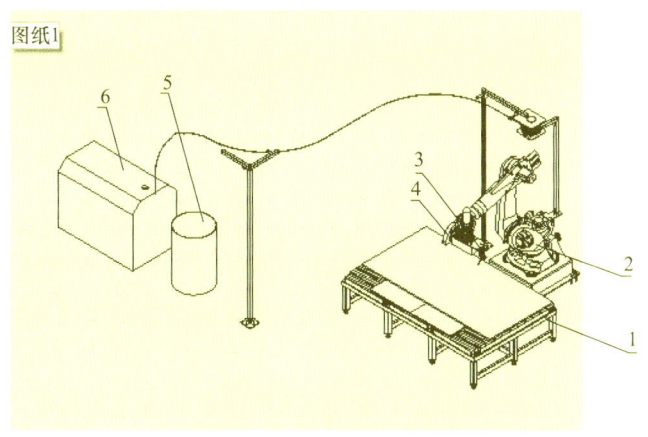

图 2-121　设备结构示意图

1—切割平台部件；2—六轴机器人部件；3—水刀头部件；4—锯片切割部件；5—沙桶部件；6—增压器部件

表 2-12　设备参数表

名称	参数	名称	参数
最大加工长度（mm）	3200	最大加工宽度（mm）	2000
最大加工厚度（mm）	30	加工材质	岩板、石英板
锯片切割电机功率（kW）	15	增压驱动电机功率（kW）	37
六轴机器人电机功率（kW）	10	Z 轴电机功率（kW）	0.75
整机功率（kW）	62	整备质量（kg）	3000

注：工作原理为水刀切割盆孔边角利用锯片对板材进行切割加工。

表 2-13　水刀切割一体机器人外形尺寸示意

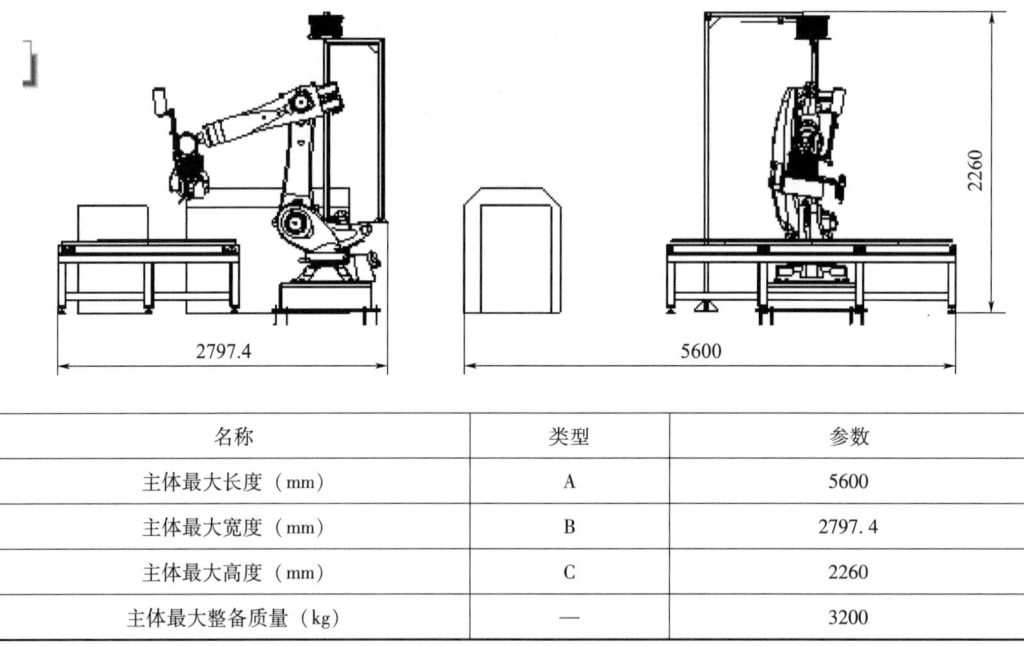

名称	类型	参数
主体最大长度（mm）	A	5600
主体最大宽度（mm）	B	2797.4
主体最大高度（mm）	C	2260
主体最大整备质量（kg）	—	3200

2.7.2　打磨机器人

2.7.2.1　机器人结构功能及组成

打磨机器人主要用于地面的磨抛处理，它能有效打磨、抛光或翻新处理混凝土、人造石、花岗石、大理石表层及环氧砂浆层和旧的环氧地面等，实现地坪表面清洁亮丽，提高地坪耐用性和美观度，是建筑行业旧地坪装饰工程翻新和新地坪装饰工程施工的理想设备，如图 2-122 所示。

该设备主要由电机、主传动机构、磨头、支架、行走小车、地面激光测距仪、粉尘自动收集器、激光定位导航系统等组成，如图 2-123 所示。

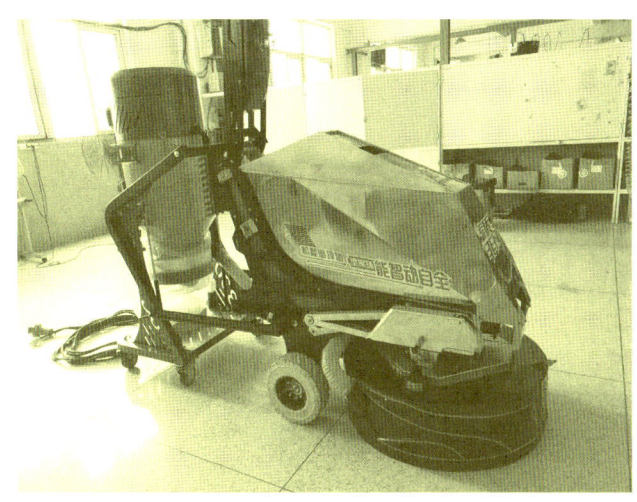

图 2-122 福建兴翼机械有限公司打磨机器人

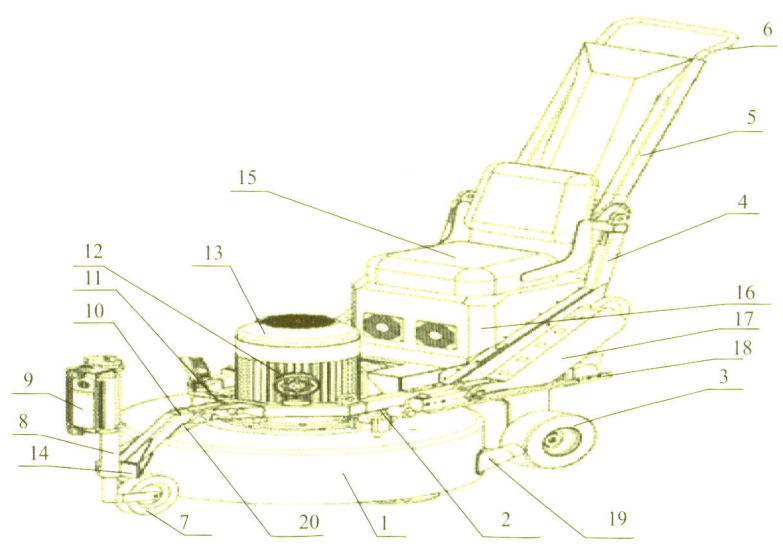

图 2-123 福建兴翼机械有限公司打磨机器人结构示意图

1—研磨盘底座；2—支撑架；3—后轮；4—斜杆；5—摆荡杆；6—推手；7—万向轮；
8—电动推杆；9—激光接受器；10—前支架；11—卡槽；12—照明灯；13—电机；
14—固定块；15—底座；16—机体座；17—配重块；18—连接板；19—吸尘口；20—肋板

2.7.2.2 工作原理及结构特点

电动机可以分别进行磨头的公转和磨头的自转。主齿轮电动机通过联轴器把动能直接传输给高速自转的主轴齿轮，经过两个大锥齿轮啮合，大锥齿轮啮合到 8 个小锥齿轮上，把动能直接传输给磨轮，完成了金刚磨轮的高速自转运动。行星三级齿轮传动对角正反转，多磨头同时运作，交叉打磨，磨盘纵向和横向牵引力相互抵消，避免了各磨头之间的打磨盲区，实现磨抛盘、齿轮箱和抽油装置同步转动，提高传动效率和磨抛效果。

该机器人采用可拆换式磨抛头，实现了打磨、抛光、翻新处理等一机多用的功能，有效避免了磨抛机在打磨、抛光、清洗或地板翻新处理过程中，更换不同的磨片或刀具，提高了研磨效率。

该机器人采用激光定位控制技术和磨抛盘自动调平减震装置，可以自动测量地面高度，并把测量数据反馈给磨头气动升降系统，磨头根据反馈数据自动调节倾斜角度，缓解磨抛盘与地面的冲击力，避免了磨抛盘因冲击剧烈而损坏，降低了磨抛机故障率，延长了磨抛盘使用寿命，提高了磨抛质量，同时保证了地面磨抛高度一致。

该机器人装有自动集尘装置，采用二次过滤和大气压与真空气体相互诱导技术，实现了自动清尘防尘和整个作业过程的洁净生产。其技术参数见表2-14。

表2-14　地坪机器人技术参数

名称	参数
磨盘电机功率（kW）	15
变频器（kW）	15
磨盘转速（r/min）	350~1950
磨盘尺寸（mm）	ϕ278
研磨宽度（mm）	820
整机尺寸（mm）	2285×833×1168

2.7.2.3　控制系统

该机器人控制系统有"激光定位导航系统""障碍物识别避障系统""路径规划和纠偏系统"以及"地坪磨抛智能控制系统"，控制系统如图2-124所示。

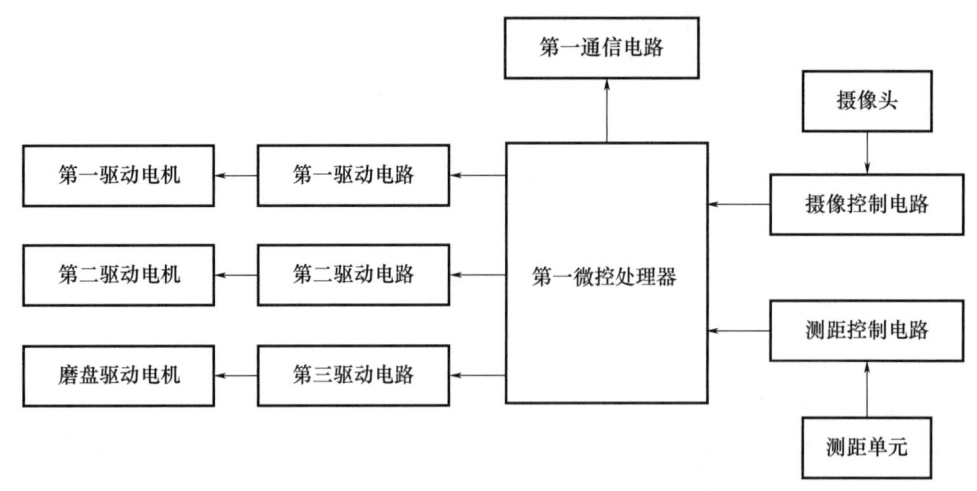

图2-124　打磨机现场智能控制系统

基于Linux的RTOS开放框架，应用Eclipse、QTCreater、PyCharm、Keil、Arduino、GEdit等工具，开发了"TOS次级系统"，实现了地坪磨抛机的导航定位。采用激光雷达、里程计、惯性导航等2D_SLAM技术结合GMapping算法，自主构建2D地图，为磨抛机的自行行走提供技术支持，替代人工操控磨抛机，提高了磨抛效率和质量，实现了地坪磨抛整个作业过程的洁净化和智能化。硬件系统结构如图2-125所示。

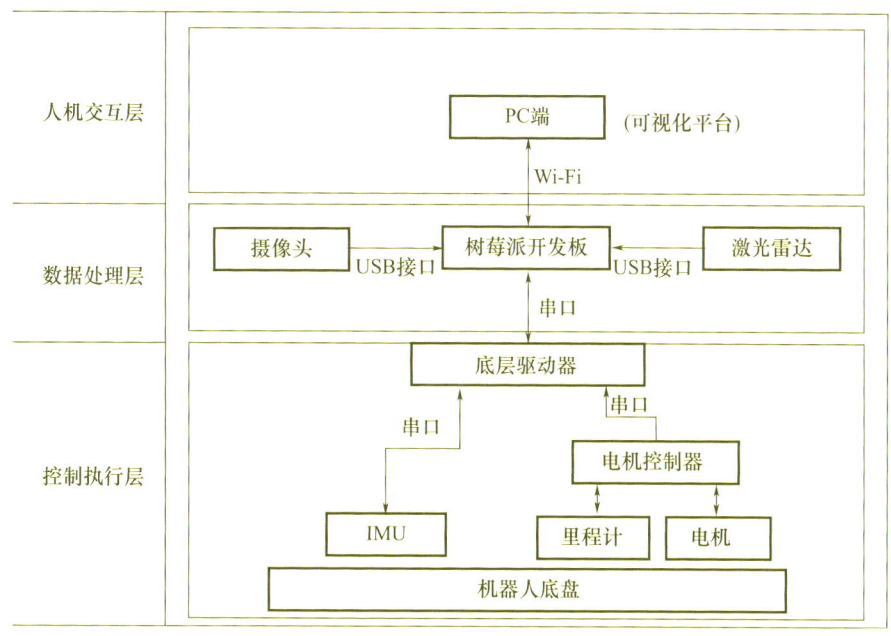

图2-125　机器人硬件系统结构图

机器人系统整体设计方案分为4个部分。

（1）地坪磨抛智能控制系统：该控制系统也是机器人底盘控制系统，主要是根据软件系统的指令驱动控制机器人的运动速度。然后根据机器人的运动特性，采集里程计和高度信息进行数据融合后反馈给软件系统，从而形成反馈回路促进机器人的运动。

（2）激光定位导航系统：采用激光雷达、里程计、惯性导航等2D_SLAM技术结合Gmapping算法，自主构建2D地图，为研磨机的自主行走提供技术支持。二维激光雷达和里程计传感器估计机器人位姿的同时，构建全局静态地图，当地表出现凸凹不平时，激光雷达对当前地面环境进一步扫描，将扫描数据进行传输，并进行数据处理，然后控制磨头升降高度。

（3）路径规划系统：在SLAM系统构建的环境特征地图的基础上进行导航，机器人通过基于ROS的机器人定位与导航系统研究设定的目标点，先在先验地图信息上构建出一条全局最优路径，当出现障碍物信息时，通过局部路径规划算法规划出多条躲避路径，通过局部地图、局部信息和代价函数进行加权平均评估出最优的避障路径，当遇到障碍物时能够在时间最短、效率最高的情况下躲避，到达目标点。

（4）可视化界面：在机器人进行地图构建和路径规划的过程中，能够实时观测生成地图的过程和机器人导航效果，并且通过观察机器人的状态可以实时调整机器人，避免机器人因断电和机械故障等原因而停滞不前，耽误进度。远端可以通过无线连接进行调试，并且可以通过界面在先验地图信息上设置机器人的导航目标点，实时观察机器人的位置。

2.7.2.4 自动除尘

该机器人采用"旋风离心分离+多滤芯交替过滤+振动除尘"的二次过滤和大气压与真空气体相互诱导技术，实现了自动除尘防尘和整个作业过程洁净生产。工艺流程如图 2-126 所示。自动除尘装置如图 2-127 所示，结构如图 2-128 所示。

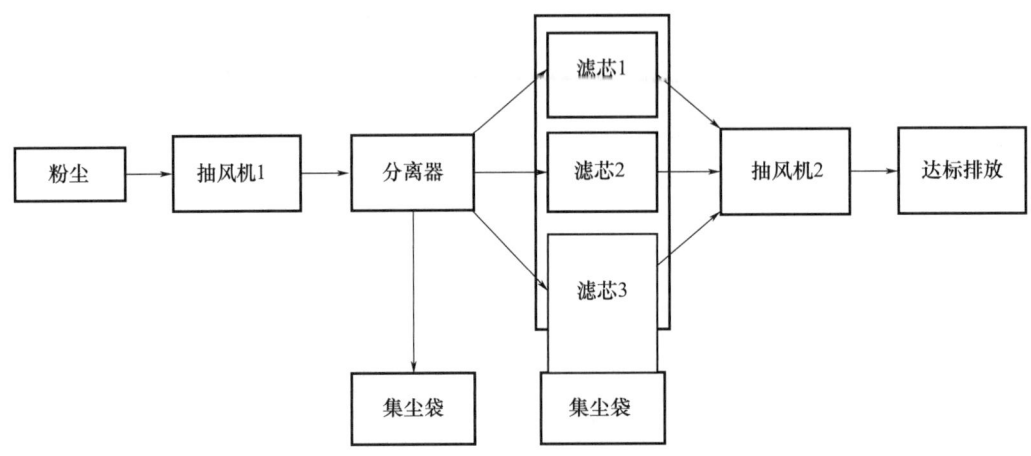

图 2-126 自动除尘工艺流程

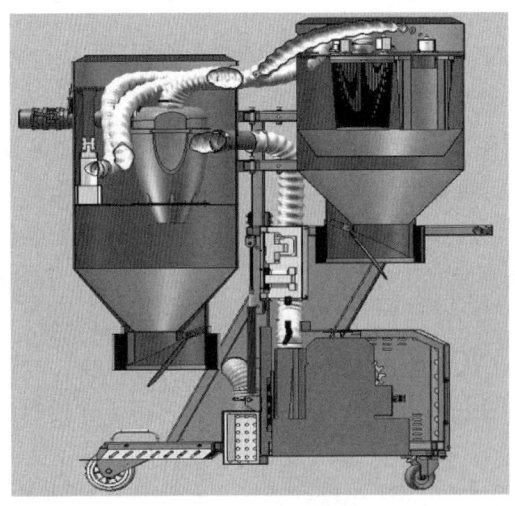

图 2-127 自动除尘装置

2.7.2.5 遥控面板

遥控面板如图 2-129 所示，包括如下功能。

（1）急停开关：开启或中断无线电控制，让设备停止工作。

（2）LED 灯开关：用来控制研磨机上面 LED 灯的开关。

（3）电机正反转旋转开关：该开关一共有 3 挡，往前推是控制电机正转，中间一挡是电机不转，往后推是控制电机反转。

（4）刹车开关：驱动轮瞬间刹车。

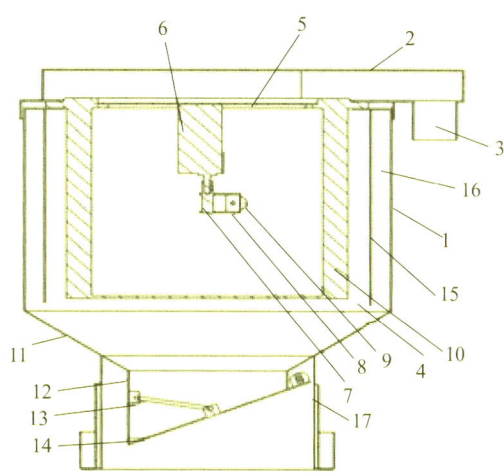

图 2-128　自动除尘结构

1—吸尘筒体；2—吸尘筒上盖；3—抽风口；4—吸尘口；5—连接板；6—电机；
7—拨杆轴；8—滤片拨杆；9—拨杆头；10—滤芯；11—锥形放尘部；12—放尘口；
13—拉力弹簧；14—防尘盖；15—套筒；16—风道；17—遮尘套

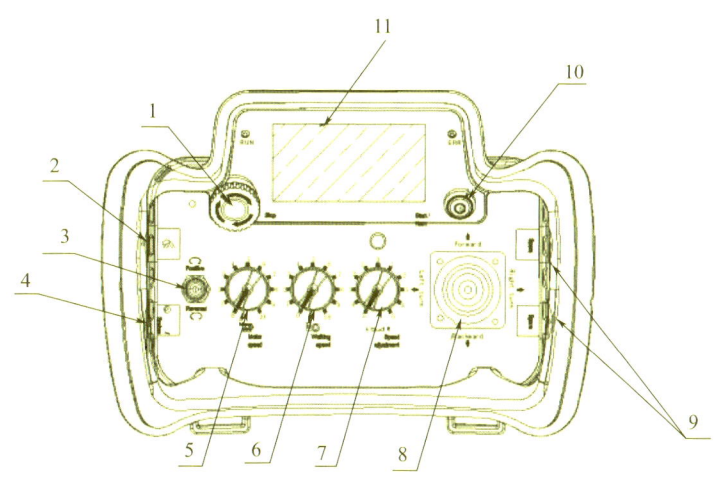

图 2-129　遥控面板图

1—急停开关；2—LED 灯开关；3—电机正反转旋转开关；4—刹车开关；5—电机转速调节开关；
6—驱动轮转速调节开关；7—左右轮速度调节开关；8—方向控制摇杆；
9—备用键；10—屏幕唤醒键和启动键；11—开启键；12—显示界面

(5) 电机转速调节开关：控制磨盘驱动电机的转速。

(6) 驱动轮转速调节开关：控制设备行走的速度。

(7) 左右轮速度调节开关：保证设备进行直线研磨，当设备向右（向左）稍微偏离直线路线时，向左旋转开关则左边轮子的速度就会降低，使其设备向左（向右）偏移，保持直线行走路线。

(8) 方向控制摇杆：控制设备前进、后退、左转、右转。设备行走速度为 0～20m/min。

（9）屏幕唤醒键和启动键：在屏幕唤醒状态点击可以切换屏幕界面，可以查看变频器监控界面。通过变频器界面实时监控电流、电压、温度、转速、变频器故障码和故障信息。同时可以实时监控行走电机的电流、电压、温度、转速、电机故障码和故障信息。显示界面可以显示故障报警、行走速度、研磨电机转速、运行时间、伺服电机负载、电机电流、急停指示等。

2.7.3 搬运机器人

搬运机器人是石材加工机械的重要组成部分，它通过3个运动机构即升降机构、横向运动机构、纵向运动机构实现三维运动，从而可以完成将加工完毕的石材运送到三维空间的某一个点。该设备通过PLC控制系统完成控制，达到理想的搬运效果。该设备结构简单、装卸方便、控制容易，是石材加工必不可少的设备，如图2-130所示。

图 2-130 搬运机器人

其主要包括以下方向运动。

升降运动：电机连接传动轴的螺旋运动和螺母产生相对运动，传动轴和真空吸盘机构焊接在一起，从而带动料车产生升降运动。

纵向运动：由电机通过皮带传动到纵向运动轴，从而带动纵向运动滑轮在纵向导轨上产生运动。

横向运动：由电机通过皮带传动到横向运动轴，从而带动横向运动滑轮在横向导轨上产生运动。

3 石材制品自动化生产技术

3.1 石材制品自动化生产线

石材制品自动化生产线是针对天然石材切割精度低、集成度低、加工工艺不佳导致纹路色泽不协调，造成良品率低、板材废品率高等问题，结合国内外市场需求，新开发的建筑材料领域的重大技术设备。设备集机、电、液、自动化控制技术为一体，在原理、结构、功能和性能等方面有所创新突破，结合人工智能技术、视觉定位技术、云平台技术、互联网技术和智能化且操作简易的加工平台，具有集成度高，智能化、自动化程度高，出材率高和节能减排等优势。

3.1.1 结构组成及特点

如图 3-1 所示为福建盛达机器股份有限公司生产的卫仕 E500 智能板材切割生产线 CNC-4-500L，由机头旋转装置、上板翻板机、真空吸盘、自动贴标机、横移总成、输送带工作台、视觉系统、控制系统等构成，能实现对天然花岗石、大理石等板材进行切割，大幅度提高生产效率、出材率和产品质量，避免切割过程次生污染，降低能耗。

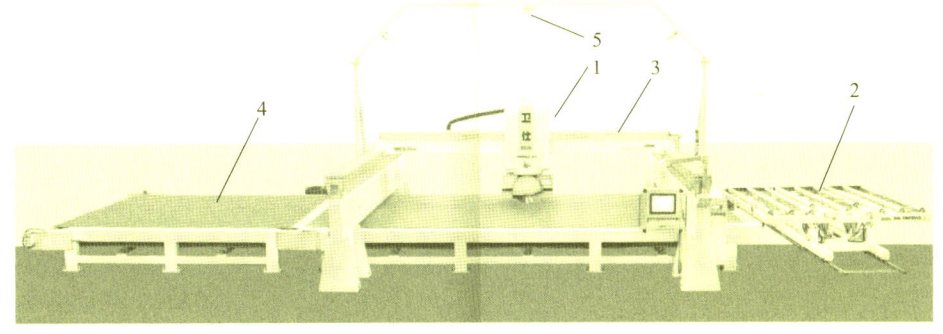

图 3-1　卫仕 E500 智能板材切割生产线 CNC-4-500L

1—机头旋转装置；2—上板翻板机；3—横移总成；4—输送带工作台；5—视觉系统

3.1.1.1 机头旋转装置

机头旋转装置是保证加工精度的关键部位之一,要求高精度和高稳定性。机头旋转装置由升降部分、横走部分、旋转部分以及吸盘部分构成。升降部分采用油缸和4组线性导轨以及线性滑块组成,线性导轨安装在一次加工成型的中间箱上面,保证机头升降的垂直度;横走部分为横梁左右各安装一组线性导轨,中间装有一组斜齿条,采用伺服电机和行星减速机带动斜齿轮运行,线性导轨安装在横梁的两侧,保证机头行走的稳定性以及机台加工的准确性;旋转部分由推力球轴承、旋转轴、旋转齿轮、齿条构成,该装置可保证机头旋转的灵活度以及旋转角度的准确性,实现刀盘旋转(可绕 C 轴旋转 $\pm 180°$),提高切割精度。如图3-2所示为机头旋转装置结构示意图。

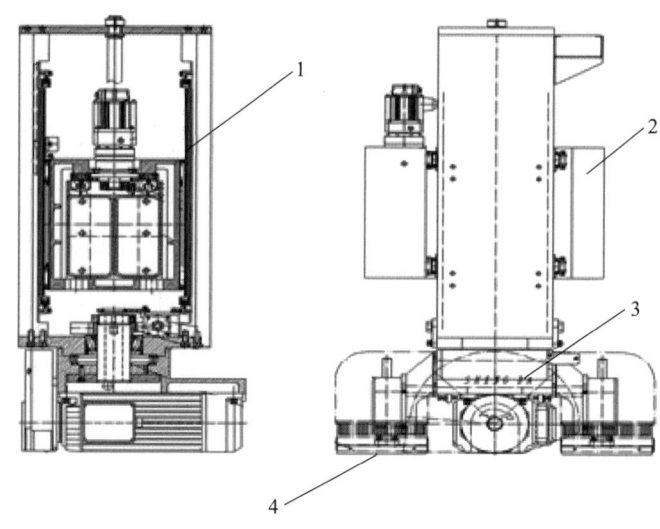

图 3-2　机头旋转装置结构示意图

1—升降部分;2—横走部分;3—旋转部分;4—吸盘部分

3.1.1.2 上板翻板机

上板翻板机包括液压站及行走机构、机架、行走轮、举伸油缸、翻转架、电机减速机、不锈钢滚筒、下托钩、吸盘架铰链机构、气缸、真空吸盘、智能控制装置等。

上板翻板机通过行走机构移至板材堆放位置(石材呈80°角斜立堆放)。在行走过程中翻转架由液压举升机构对翻转架翻至85°角,当上板翻板机通过内部设置的偏心锤感应装置感应到板材时,上板翻板机停止前进,此时下托钩到达板材下端,再由气缸将吸盘架推出,通过真空吸盘将板材吸住,气缸缩回,带动板材向吸盘架移动将板材托起,液压举升机构收回,翻板架恢复至水平位置,同时上板翻板机后退至原来位置,通过顶部的不锈钢滚筒在电机减速机驱动下旋转,将板材移出翻板机,置于板材输送带上。

翻板机还设计有智能控制装置,能根据重力控制装置中角度位移传感器所反馈的信息控制翻转架的翻转、活动架的伸出或缩回以及吸板装置的吸板或松板,从而将立起堆垛的板材逐一进行翻转,不仅自动化程度高,无安全隐患,而且劳动强度小,人工成本低。

如图 3-3 所示为上翻板机结构示意图。

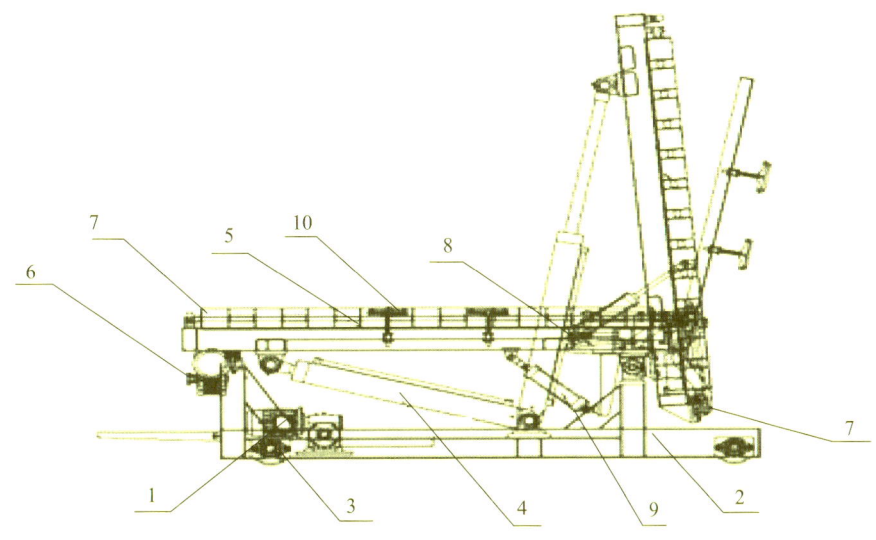

图 3-3　上翻板机结构示意图

1—液压站及行走机构；2—机架；3—行走轮；4—举伸油缸；5—翻转架；
6—电机减速机；7—下托钩；8—吸盘架铰链机构；9—气缸；10—真空吸盘

3.1.1.3　真空吸盘

图 3-4 所示为真空吸盘结构示意图。真空吸盘下端面根据预设置负压吸附腔的形状开设工字形卡槽，卡槽连接氯丁橡胶材质的密封条。氯丁橡胶材质的密封条在吸盘下端面围合成 3 个负压吸附腔，所述 3 个负压吸附腔的吸附面积逐渐增大，并组成阵列，板材切割机可以根据需要搬运的板材选择合适的负压吸附腔进行吸附搬运，从而达到最佳效果。利用真空负压继电器检测负压吸附腔的负压值，只有真空负压继电器检测到负压吸附腔内产生负压即表示吸盘已经对板材吸附，才会发送信号给驱动组件，对板材进行搬运，避免在未完全吸附板材的情况下搬运，而导致板材掉落，发生破损。

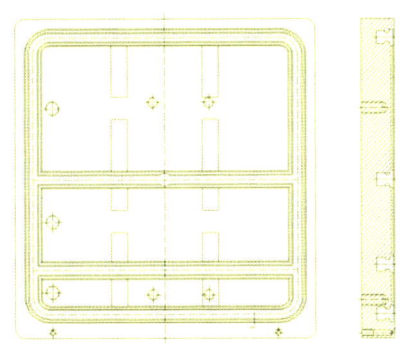

图 3-4　真空吸盘结构示意图

生产线设计有两组真空吸盘，在翻转架底部设计第一组真空吸盘，与上板翻板机转动配合，横梁总成中部设计有第二组真空吸盘，在切割过程中，锯片两端的第二组真空吸盘会根据电脑预定的切割路径，对阻碍切割路径的板材进行移位。

3.1.1.4 自动贴标机

自动贴标机如图3-5所示，包括贴标机壳体，贴标机壳体内设置有打标机和用于吸附标签纸的贴标吸盘，贴标吸盘可上下滑移设置于贴标机壳体内，贴标机壳体上开设有第二开口供贴标吸盘穿出，贴标机壳体上设置有用于驱动贴标吸盘上下滑移的第三滑移驱动装置，贴标机壳体上设置有用于驱动贴标机左右滑移的第四滑移驱动装置。对于切割后的成品可以自动贴标，提高生产效率，并且避免切割后人工贴标产生错误。

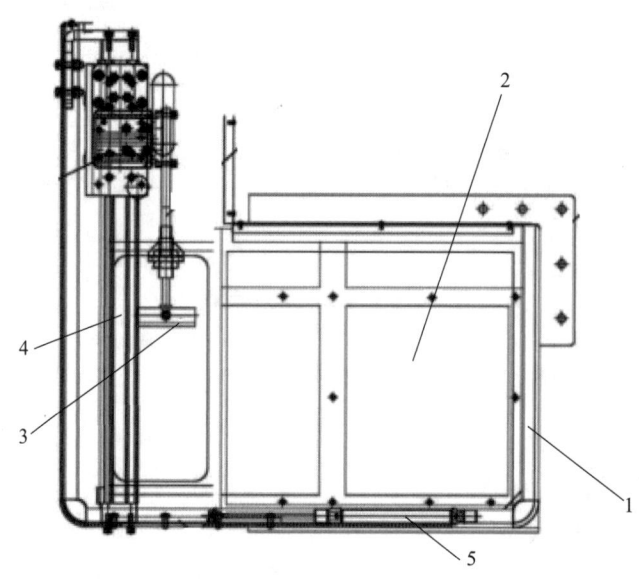

图3-5 自动贴标机

1—贴标机壳体；2—打标机；3—贴标吸盘；4—第三滑移驱动装置；5—第四滑移驱动装置

3.1.1.5 横移总成

横移总成是机器前后移动的一个部件，且跨度较大，行程较长，必须保证每个零件密切配合，如图3-6所示。横移总成主要包括横移驱动装置、横移滑座、直线导轨以及直线导轨滑块；直线导轨滑块固定安装于横移滑座的L形端面的下方并与直线导轨滑动配合。横移驱动装置包括驱动电机以及与驱动电机传动连接的齿轮齿条传动组件。齿轮齿条传动组件与位于横梁上端面的直线导轨上方的直线导轨滑块同侧平行安装。通过在横梁的前端面以及上端面上布置直线导轨，使横移滑座在横梁上的滑移动作更为稳固，尤其适用于卫仕E500智能板材切割生产线CNC-4-500L四轴桥式切石线，以提升石材切割作业的稳定性。

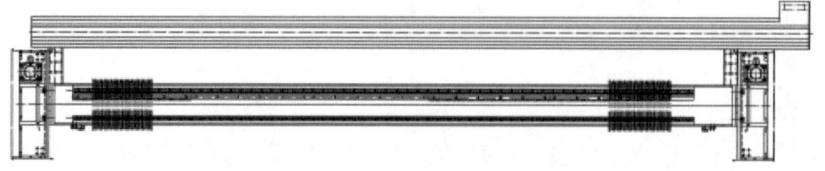

图3-6 横移总成结构示意图

3.1.1.6 输送带工作台

生产线输送带工作台采用双条输送带,如图3-7所示。相比传统的固定工作台,它的优势在于,工作台一边可以加工石板,另一边可以直接卸板,可连续作业,提高生产效率,节约人工成本。其主要包括输送切割工作台和卸料输送工作台,具体结构如下。

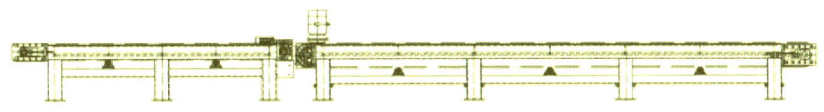

图3-7 双条输送带工作台

输送切割工作台由切割工作台、托辊、钢板、减速电机、主动辊、张紧调节器、从动辊、板材输送带和保护层组成,切割工作台中部均匀地固定有用于支撑板材输送带的托辊,通过张紧调节器调整输送带的张紧,动力系统采用减速电机,板材输送带既是板材传送带又是切割台面,板材输送带外表面有一层保护层,以减小切割锯片对板材输送带的损伤,板材输送带通过转动,使其在切割台面上的部位不断改变,延长板材输送带的使用寿命。

卸料输送工作台由卸料工作台、托辊、减速电机、张紧调节器、卸料输送带和保护层组成。卸料输送台上的卸料输送带有点动功能,卸料工作台上中心位置的板材,可以通过点动功能转动卸料输送台上的卸料输送带,把卸料输送台上中心位置的板材送至卸料输送台边沿,方便卸料。

3.1.1.7 视觉系统

视觉系统是生产线核心辅助设备,采用高清晰度、高精准度、色彩还原度好的工业相机和左右各一台无影灯组成。通过视觉系统进行拍摄并将图像传送至电脑控制系统,电脑根据高精度彩色图像中的加工板材的纹路、花色、缺陷等特点,自动分析出加工板材可切割成几块,设定出最佳切割路径及编码,使成材率提高30%以上。图3-8为视觉系统组件。

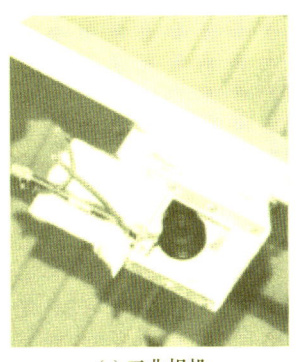 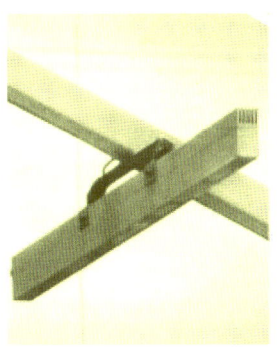

(a) 工业相机   (b) 无影灯

图3-8 视觉系统组件

3.1.1.8 控制系统

控制系统采用 Soft Servo 软件作为底层运动控制系统，运行高端工控机，开放的环境为整机智能切割组件的开发提供了交互平台。通过数控智能控制系统实现设备操作过程的智能化、数控化。由摄像机对板材进行成像扫描，并将影像传至数控智能控制系统，数控智能控制系统将根据预先设定并存入数控智能控制系统的数据（装饰所需板材的规格及拼接要求等相关数据），对待加工板材纹路及色泽进行分析，剔除有缺陷部分，重新组合排列，并在操作屏幕上显现出新的切割样式排板效果。

3.1.2 工作原理及工艺流程

3.1.2.1 工作原理

石材制品自动化生产线通过上板翻板机将板材输送至板材输送带，再由板材输送带输送至切割台，由视觉系统对板材进行拍摄分析，再通过电脑启动贴标机，自动打码贴标后通过升降横移总成带动切割主机对板材进行切割。在切割过程中，锯片两端的第二组真空吸盘会根据电脑预定的切割路径，对有阻碍切割路径的板材进行移位，切割完毕后切割台上的板材输送带启动，将输送切割台上的板料传送到卸料输送台上进行卸板，由工人按照编码进行堆放。该生产线达到提高自动化效果、减少人工成本、提高工作效率的效果。

3.1.2.2 工艺流程

生产线加工工艺流程具体包括以下步骤。

（1）订单解析：对待加工订单中所涉及的石材进行分类、排序；根据排序结果制定订单中所涉及的石材上料次序和加工次序。

（2）获取图像：工控计算机发送指令，使切割机在 PLC 控制器的控制下带动工业相机运动至工作底台的正上方，拍摄未放置石材时的工作底台的图像；然后，将待加工的石材放置到工作底台上，再次拍摄图像；最后，对两次拍摄的图像进行畸变校正，分别获取工作底台未放置石材和放置石材时的正视图。

（3）石材轮廓提取：首先，依据工作底台未放置石材和放置石材时的正视图初步获取石材的轮廓；其次，进一步获取石材的高准确度轮廓；最后，根据需要，人工手动修正石材的轮廓。

（4）排板切割：首先，计算石材最大内接矩形，确定排板区域；其次，基于排板区域和加工订单，制定可以完成一刀切的排板方案，并规划切割路径；最后，工控计算机发送切割路径给 PLC 控制器，PLC 控制器控制切割机对石材进行切割。

（5）加工信息实时统计：在切割的过程中，对已完成切割的订单及其加工数量进行统计，并对订单的状态进行实时更新。

例如，卫仕 E500 智能板材切割生产线 CNC-4-500L 加工工艺流程如图 3-9 所示。

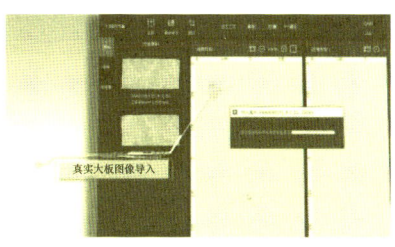
(a) 将数字化大板导入石材精灵

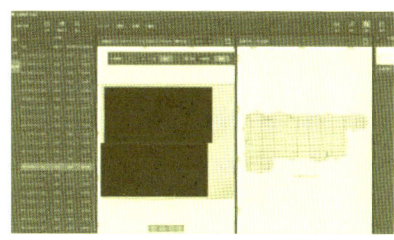
(b) 石材精灵规划

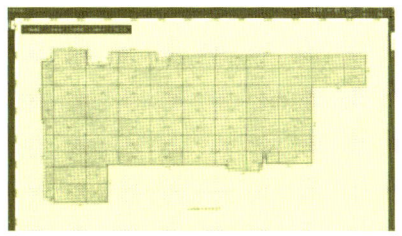
(c) 预排板效果预览

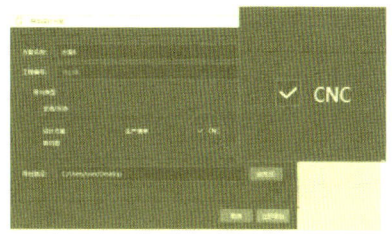
(d) 导出生产清单

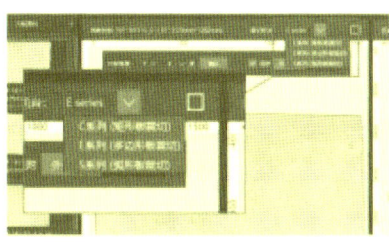
(e) 选择卫仕E500

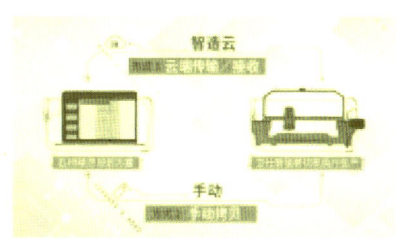
(f) 无缝对接卫仕E500

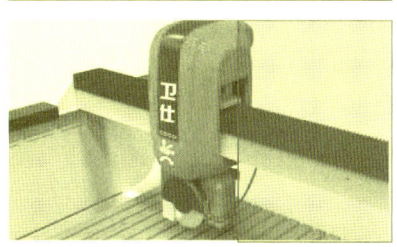
(g) 自动切割

图 3-9　卫仕 E500 智能板材切割生产线 CNC-4-500L 加工工艺流程

3.2　石材数控研磨生产线

3.2.1　设备功能及分类

3.2.1.1　设备功能

数控研磨生产线是石板进行精加工的重要设备，它配以多磨头连续研磨加工，使石材板表面质量达到一个更高的水平。主要功能是完成石材毛坯大板的定厚、粗磨、中磨、细磨和抛光，如图3-10所示。

图3-10 数控研磨生产线

3.2.1.2 设备构成及分类

石材数控研磨生产线是对切割成一定厚度的板材（俗称毛板）进行板面精加工的主要设备，主要由上板机、过渡架、修边机、定厚机、翻面机、研磨机、清洗风干机和下板机组成。工作简图如图3-11所示。

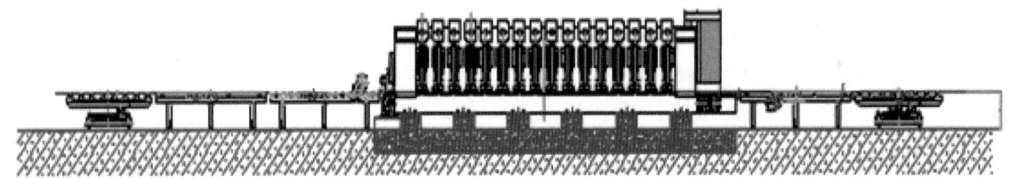

图3-11 石材数控研磨生产线工作简图

根据石材种类不同，分成天然大理石数控研磨生产线、天然花岗石数控研磨生产线、无机人造石数控研磨生产线。

根据石材板的宽度不同，分成标准板数控研磨生产线和大板数控研磨生产线。

根据研磨的磨头数量分为6头、8头、10头、12头、16头、20头和24头研磨机。

根据磨头磨盘大小分为小磨盘、中型磨盘和大磨盘研磨机。其中小磨盘研磨机主要用于花岗石磨抛，中型磨盘磨机主要用于大理石磨抛，大磨盘磨机主要用于大理石和无机人造石磨抛。

根据主梁数量一般分为一段式、两段式和三段式研磨机。

3.2.2 工作原理及结构特点

3.2.2.1 设备工作原理

对于无定厚功能数控研磨生产线，石材板通过过渡架自动输送到研磨机。石材板进入研磨机，研磨机自动检测毛坯大板的长度和宽度，随着石材板在研磨机工作台往前输送，研磨机磨头垂直于输送方向，在石材板宽度范围内自动来回运动，并作用于石材板表面，进行自动粗磨、精磨和抛光加工。大板经过研磨机加工后，进入清洗风干机进行清洁和吹干,然后通过过渡架输送到下板机。下板机根据客户需求,自动把生产线平放的大板立于 A 字形存板架或者平放于存板托盘上。

对于带定厚功能的数控研磨生产线,石材板通过过渡架自动输送到定厚机。石材板进入定厚机,定厚机自动检测石材板的长度和宽度。石材板由定厚机工作台往前输送,定厚机磨头垂直于输送方向,在石材板宽度范围内自动来回运动,并作用于石材板表面进行自动铣削加工。石材板经过定厚机加工后进入翻面机。翻面机自动把大板上、下面翻转,然后进入下一台定厚机。定厚机自动检测大板的长度和宽度,随着大板在定厚机工作台往前输送,定厚机磨头垂直于输送方向,在大板宽度范围内自动来回运动,并作用于大板表面,自动进行铣削加工。大板经过定厚机加工后,通过过渡架自动送入研磨机。大板进入研磨机,研磨机自动检测大板的长度和宽度,随着大板在研磨机工作台往前输送,研磨机磨头垂直于输送方向,在大板宽度范围内自动来回运动,并作用于大板表面,自动进行粗磨、精磨和抛光加工。大板经过研磨机加工后,进入清洗风干机进行清洁和吹干,然后通过过渡架输送到下板机。下板机根据客户需求,自动把生产线平放的大板立于 A 字形存板架或者平放于存板托盘上。

对于需要修边的数控研磨生产线,石材板通过上板机取出放于生产线上后,经过过渡架自动输送到修边机,修边机自动检测毛坯大板长度和宽度,对毛坯大板的四边进行切平加工,加工后送往定厚机或者研磨机。

3.2.2.2 结构系统特点

如图 3-12 所示,连续磨抛机为石材数控研磨生产线的主要设备,采用模块化设计,主要由底架单元、端梁单元、横梁单元、主轴箱单元、磨头单元、气控系统、电控系统、冷却系统组成,主要结构特点如下。

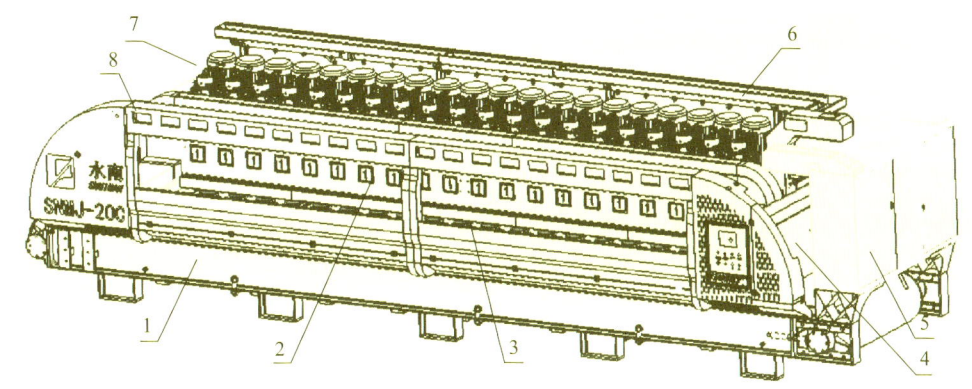

图 3-12 连续磨抛机整机结构

1—底架单元;2—横梁单元;3—磨头单元;4—端梁单元;
5—电控系统;6—冷却系统;7—主轴箱单元;8—气控系统

(1) 采用多磨头连续磨抛,节省更换磨头的时间,效率高,结构合理,能耗低,适应性好。

(2) 磨头采用压力自动调节机构,磨抛的石材板光泽度高,不易损坏。

(3) 整机结构合理, 横梁配重前后平衡, 加工稳定性高, 精度好, 薄板加工优势更高。

(4) 控制系统采用数字化智能控制, 反应快捷, 操作界面人性化、简单易懂; 利用数据集成采集系统, 准确采集石板材的实际外观尺寸并同步反馈至控制中心, 取得最优的磨抛加工方式, 实时故障检测系统能够及时诊断故障点及故障原因, 并同步反馈至控制中心, 自动化程度高。

(5) 采用物联网远程控制, 对机台实时管理、升级, 实时监控数据, 及时解决故障, 方便客户远程生产管理, 实现智能生产、智能服务, 有效降低运营、维护、生产成本。

3.2.3 研磨工艺及设备操作规程

3.2.3.1 研磨工艺

切割成一定厚度的石材板（毛板）通过数控研磨生产线, 可加工成符合各种工程要求的高精度石材板。主要研磨工艺流程为自动上料→进料输送→定厚（选配）→进料输送→精密连续磨抛→进料输送→板面打蜡（选配）→出料输送→自动下料→验收→入库。

3.2.3.2 设备操作规程

(1) 设备操作、维护人员必须经过专业的生产、安全技术培训后方可上岗。

(2) 设备吊装、搬运必须制定安全可靠的方案, 由具备吊装、搬运资格的人员按要求进行, 所选用的设备、吊具、工具等必须保证吊装、搬运工作过程的安全; 搬运时切勿吊挂电机及任何传动部件, 否则将对其造成损坏。

(3) 安装基础时一定要保证地基部分不沉降、不变形。

(4) 机台运行前, 需对整个外部连接件、紧固件, 特别是在运输中拆分过的零部件进行一次全面检查, 确认已连接紧固好。

(5) 接线前应确定电控设备额定电压与交流电源供电电压匹配, 否则会引起伤害和火灾。

(6) 通电后手动检查测试整机电气、油路、机械传动、各部件动作正确无误后, 联动空载运行 2~4h, 检测整机是否运转自如, 有无卡滞现象。

(7) 在机器正常运转时, 不允许接触旋转零部件, 以防止造成伤害。

(8) 不要把电控设备安放在易燃易爆物料附近, 否则容易导致火灾。

(9) 不要让外来物质（如金属屑）掉到动力柜或控制柜里, 否则可能会引起电气元器件损坏或火灾。

(10) 动力柜应安装平稳牢靠, 否则可能导致因设备倾倒而引起设备损坏或人身伤害。

(11) 正确调整连接控制柜输出与电机之间的三相关系, 保证电机的旋转方向无误。

(12) 在初期调试板材时，不要站在敞开的挡水板附近。

(13) 发生碎板后应立即关机，并且不能用手清理板碴，需使用专用清扫工具。

(14) 接通电源前必须把动力柜门关好，电源接通后不得触摸电控柜、动力柜和接线端子。

(15) 运行中出现电气故障信息必须由专业技术人员处理，否则易导致元器件损坏或出现触电事故。

(16) 生产、调试过程中，严禁将其他物品置于工作台。

(17) 生产、调试过程中，严禁非工作人员在设备旁逗留。

(18) 严禁用手触摸齿轮传动部件、液压传动部件，在设备运动范围内，严禁有人进入。

(19) 严禁用水或其他液体冲洗电气部分和机械传动部分。

(20) 设备须按使用说明书要求定期维护保养。

3.2.4 控制系统

如图 3-13 所示，根据数控研磨系统的工艺需求，控制系统选用带有运动控制功能的新一代中大型 PLC，利用其先进的设计理念、全隔离的系统架构、完善的保护机制、强大的抗干扰能力、高速运算能力和超大内存空间等特点，在横桥控制上采用预先计算生成运行曲线的控制策略，精准地控制到边距离和重复精度；而高性能的 CPU，使避让缺陷板的速度更快、更准确。横梁与输送带驱动器采用高性能交流变频调速器，高效控制和调节电机转速，使磨机横梁在高负荷、反复大惯量的运行中可以长期稳定地工作，高性能的驱动器与高速的 PLC 控制系统相得益彰。

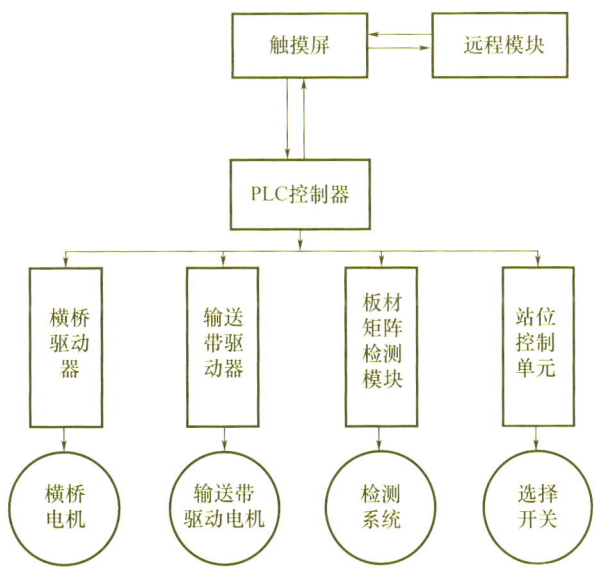

图 3-13 连续磨抛机控制系统图

系统中配备了板材矩阵检测模块，高效地将检测到的板材物理特性传输到控制器，保证磨头不打板、不打皮带，减小磨头的损耗，提高系统的稳定性。根据磨机的工作特点，配置了"站位控制单元"，现场操作人员可方便删除或投入不同站位的磨头，大大提高了工作效率。系统引入先进的物联技术，实现人与设备的远程互动，通过远程模块可实现设备相关参数的收集与实时监控、实现生产工艺升级，在节省时间与降低人力成本的同时高效地利用资源。

4 石材数字化加工技术

4.1 石材板自动扫描系统

石材板传统的存储方式一般是在仓库中多张大板叠着立放,如图 4-1 所示。现场只能看到每扎石材最外边大板的表面外形,看不到每扎里面各大板的全貌。如果想看到里面的板,则要用龙门式起重机把大板吊到空地,因此给用户看板和加工带来很大麻烦。为了解决该问题,可以采用数字化技术和大数据技术。用普通相机提取石材表面信息,受周围环境影响,如光线、距离等,拍出来的图片会掺杂其他因素,影响其使用效果。

图 4-1 石材板现场仓储和看板

通过 CCD(电荷耦合器件)石材扫描仪,可以获得色彩原貌、纹理清晰、尺寸精准的石材板图像,如图 4-2 所示。把获得的石材板的图像储存在计算机中并建立石材板数据库,使石材互联网营销和工程虚拟设计成为可能,同时解决了传统石材仓储、营销、加工、设计、安装等问题。石材板数据库如图 4-3 所示。

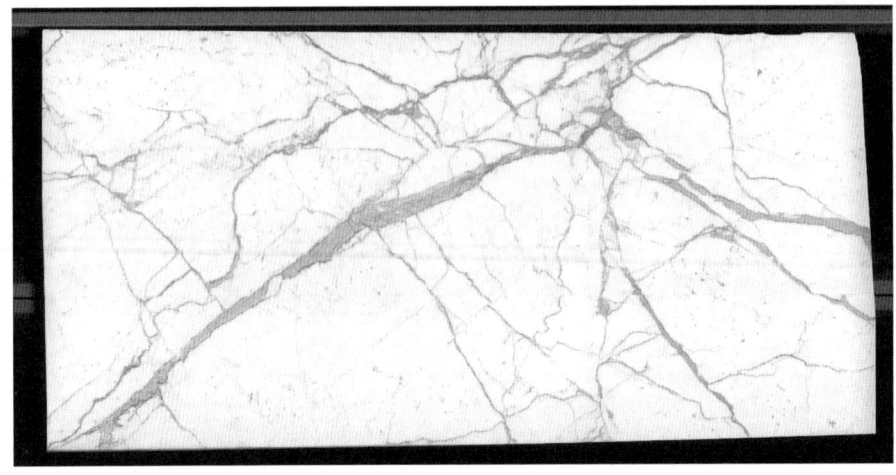

图 4-2　扫描仪获得的大板图像

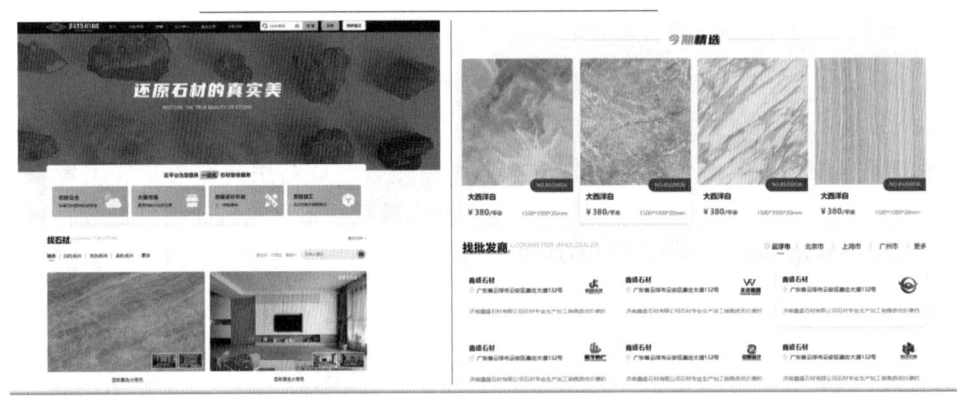

图 4-3　石材板数据库

4.1.1　石材扫描原理

4.1.1.1　扫描方式的种类与原理

石材板图像扫描是利用光感器件，将检测到的光信号转换成电信号，再将电信号通过模拟/数字转化为数字信号，传输到计算机中。扫描分为接触式和非接触式。

接触式扫描利用触点式感光元件紧贴扫描物体进行扫描，一般采用 CIS（接触式图像传感器），其光源、聚焦镜片及感应器固定于一个外罩内，不需要调节、预热。这种方式扫描仪启动快、体积相对小、制造成本低，但是成像动态范围小、扫描精度低、景深较小，对凹凸不平的物体扫描效果较差，并且对周围环境温度变化比较敏感，不适合石材扫描。

非接触式扫描通过镜头把图像聚焦到图像传感器上，将光信号转换成电信号，其聚焦镜片与感应器固定在同一个外罩内，光源独立固定在一个外罩里，一般采用 CCD 或者 CMOS（互补金属氧化物半导体）图像传感器。这种扫描仪体积相对较大，但是所成图像质量较高、具有一定的景深，可以扫描凹凸不平的物体；温度系数较低，对于一般的工作环境温度变化可以忽略不计，非常适合石材板表面扫描。

4.1.1.2 两种非接触式扫描

接触式扫描方式不适合石材扫描，因此对石材表面扫描基本都是采用 CCD。CCD 是指电荷耦合器件，用电荷量表示信号大小，并用耦合方式传输信号，电流信号经过放大和模数转换，实现图像的获取、存储、传输、处理和复现。

CMOS 图像传感器是一种典型的固体成像传感器，与 CCD 有共同的历史渊源。CMOS 图像传感器通常由像敏单元阵列、行驱动器、列驱动器、时序控制逻辑、A/D（模拟/数字）转换器、数据总线输出接口、控制接口等组成。它们被集成在同一块硅片上。其工作过程一般分为复位、光电转换、积分、读出部分。在 CMOS 图像传感器芯片上还可以集成其他数字信号处理电路，如 A/D 转换器、自动曝光量控制、非均匀补偿、白平衡处理、黑电平控制、伽马校正等，为了进行快速计算甚至可以将具有可编程功能的 DSP 器件与 CMOS 器件集成在一起，从而组成单片数字相机及图像处理系统。从成像过程看，CCD 与 CMOS 图像传感器光电转换的原理相同，它们最主要的差别在于信号的读出过程不同，由于 CCD 仅有一个（或少数几个）输出节点统一读出，其信号输出的一致性非常好；而 CMOS 芯片中，每个像素都有各自的信号放大器，各自进行电荷-电压的转换，其信号输出的一致性较差。但是 CCD 为了读出整幅图像信号，要求输出放大器的信号带宽较宽，而在 CMOS 芯片中，每个像元中的放大器的带宽要求较低，大大降低了芯片的功耗，这就是 CMOS 芯片功耗比 CCD 低的主要原因。尽管降低了功耗，但是数以百万的放大器的不一致性带来了更高的固定噪声，这又是 CMOS 相对 CCD 的劣势。

4.1.2 扫描设备的工作原理

石材板扫描设备主要由大板传送平台和扫描相机两部分组成。扫描方式有两种：一种是平台固定不动，板材放在平台上，扫描相机平行于平台运动，从而获得一连串板材的图像；另一种是扫描相机固定在平台上方不动，板材随平台进行水平运动，从而获得一连串的板材图像。在扫描过程中，需要触发信号控制相机采集图像。目前有内触发和外触发两种方式。内触发方式是通过软件按规律模拟信号触发扫描相机采集图像，外触发方式是在设备外部安装编码器或者其他器件产生信号触发扫描相机采集图像。

当平台不动、相机移动，用内触发模式采集图像时，相机移动速度要与相机内部设定的拍摄频率一致。用外触发模式采集图像时，相机移动时检测机构测量当前移动速度，并按当前速度给予相机触发信号采集图像。

当相机固定不动、板材移动，采用内触发模式采集图像时，板材的移动速度要与相机内部设定的拍摄频率一致，而采用外触发模式采集图像时，安装检测机构测量当前板材移动速度，并按当前速度给予相机触发信号采集图像。

从扫描设备结构方式对比角度看，扫描相机比板材体积小，质量轻，采用平台不动、相机移动的方式，扫描过程更加平稳，成像效果更好。扫描过程板材不动，扫描完才能把板材输送走，由此影响连续扫描效率。而采用相机不动、板材移动方式，可实现连续无停顿扫描，提高了扫描效率。但是板材输送容易产生抖动、偏移，影响图像的板面尺寸。如果为了提高扫描效率，后者更适合石材板材扫描。

从扫描相机触发方式来看，内触发方式要求相机移动速度或者板材的移动速度与相机的拍照频率严格一致，才能获得完整的图像。而外触发方式是通过板材的移动信号触发相机拍照的，与移动速度的快慢无关，由此更加容易获得完整的石材板表面图像。

由上述对比可知，相机固定不动、板材移动，采用外触发方式控制扫描相机获得的图像方式更加适合石材板材扫描。

图 4-4 为石材板扫描检测系统的组成框图。系统的硬件主要包括光源、石材板、CCD 摄像机、图像采集卡、计算机等几大模块。

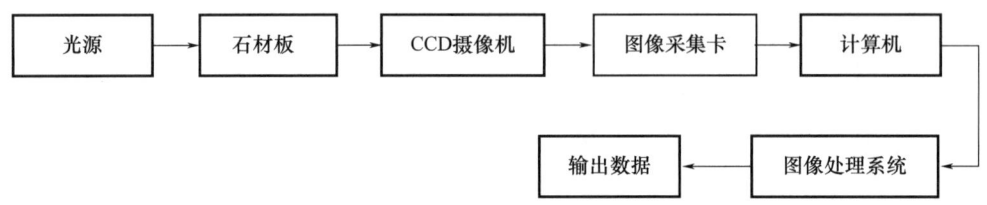

图 4-4　扫描检测系统框图

扫描过程首先将石材板通过输送带输送到 CCD 摄像机的视场内，光源发射出的光线照射在石材板表面，通过石材表面的反射光线照射到 CCD 摄像机感光元件上，CCD 摄像机对视场内的物体进行拍照，将三维物体转化为二维图像，图像通过图像采集卡进行 A/D 转换，将模拟量转化为数字量，并将数字量数据存储在计算机上，从而获得了石材板的数字图像，为后续的数字图像处理提供了数据基础。

对于扫描检测系统而言，一个好的硬件平台应该能够在很短的时间内获得清晰的最小畸变的图像，并且硬件平台可以适用于绝大多数进行扫描检测的领域。由于石材是一种纯天然形成的材料，一般都具有复杂的纹理并且色泽变化很大，磨抛后的表面折光率很高，所以在使用 CCD 摄像机时要拍摄一幅不失真、高分辨率的图像需要高质量的硬件。

4.1.3　石材扫描设备构成

石材板扫描设备硬件主要包括光源系统、CCD、图像采集卡等。

光源是扫描检测技术的重要组成部分之一，选择一个好的光源对于视觉检测的应用是一个非常重要的环节。光源可以分为自然光源和人工光源两大类。由自然过程产生的辐射源称为自然光源。各种天体（包括太阳、星体、地球）及大气等都是自然光源。由于自然光源是客观存在的，人们只能对其研究和利用，不能改变其发光特性。为了创造良好、稳定的观察和测量条件，人们制成了很多种人工光源，如白炽灯、卤素灯、气体放电灯、LED（发光二极管）灯。这些光源可以人为地改变发光特性，这为石材扫描检测提供了良好的光源环境，因此石材扫描检测通常采用人工光源作为光源。由于数字图像是根据物体反射光线在CCD传感器上的强度而形成的模拟量，所以光源在扫描检测上面起到了非常重要的作用。在各种人工光源里面LED光源由很多发光二极管排列而成，故可以组成各种不同角度和不同形状的光源。LED颗粒有不同颜色，可以根据实际应用对被测对象选用不同波长的光源。LED具有稳定性好、功率低、抗震性强而且使用寿命长等优点，使整个系统能够采集到高品质的图像，因此在石材扫描仪器中采用LED光源作为系统的光源。

CCD的选购对组建石材扫描检测系统是非常重要的。在选购时应该充分考虑CCD摄像机的主要性能参数在检测系统中所起到的作用和影响，使CCD摄像机能够满足系统的要求并能够使其发挥最大的优势。运用CCD时普遍关注的性能参数有分辨率、信噪比、灰度阶和彩色逼真度等。特别值得注意的是彩色逼真度，它是指摄像头重现物体原色的一种能力。它除了与CCD摄像头本身的色彩信号处理电路有关外，还与摄像时光源的色温、摄像头白平衡调校技术等因素有关。CCD摄像头一般都是按照红、绿、蓝三基色相加混合的原理来呈现出彩色图像。CCD的白平衡调校是通过调整三基色信号的相对增益来完成的。摄像头应该按照在实际拍照环境的色温进行白平衡调校。如果在某一特定色温的光照下调整白平衡，而在另一种色温光照下进行拍照，就会因为白平衡的失调而出现彩色失真现象。为了改善特定色温下的彩色逼真度，摄像头上应该允许用户进行自调白平衡的功能。在综合考虑相机的性能参数以及检测系统特点的情况下，石材扫描仪选择工业数字相机。

MV-900机器视觉高清图像采集卡是一款高品质、低价位、高性价比的图像采集卡，适用于医学影像行业、工业机器视觉等行业。此图像采集卡采用的是Philips公司的10bit A/D芯片，不管是图像质量还是色彩饱和度方面都比较强大。高清晰度、高品质、低噪声的图像是MV-900高精度工业图像采集卡的特点，使其适用于进行专业的图像分析和处理工作。

4.1.4　板材扫描机控制系统

从扫描机的工作原理来看，在扫描过程中需要控制板材的移动，扫描相机的升降、光源的开关、移动信号的采集与传输、图像的显示等采用普通PLC控制器控制即可达到要求，图4-5为扫描仪外形图。

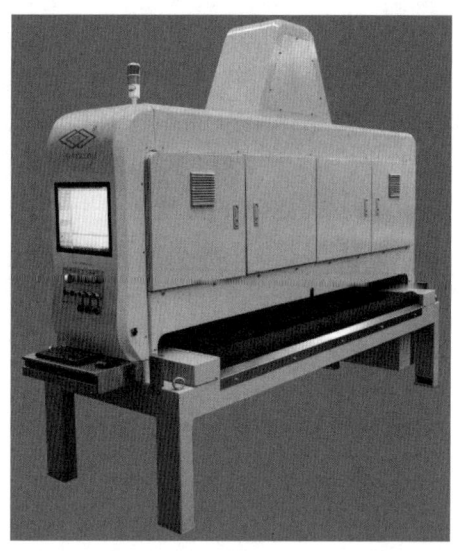

图 4-5　云浮市科特机械有限公司石材板扫描仪

4.1.5　图像处理技术

4.1.5.1　图像属性分析

石材板图像不但包含自身特有的属性，如分辨率、色彩深度、色差、锐度、硬度、强度等，而且包括其商业属性，如交易面积、荒料号、扎号、片号、材质、光泽度、厚度、精度、生产厂家、生产线、客户等。

分辨率是石材板扫描仪分辨图像细节的能力。分辨率的大小决定了扫描仪所记录图像细节的丰富程度，以单位长度上的信息采样点数来表征。

色彩深度是扫描仪在其捕获的每个像素点上识别色彩的能力及可描述的颜色范围，用每个像素点上颜色的数据位数（bit）表示，它决定了扫描仪的色彩还原程度。

锐度也叫清晰度，反映图像平面清晰度和图像边缘锐利程度。锐度越高，图像平面上的细节对比度也越高，看起来越清楚，图 4-6 是两种清晰度对比图。

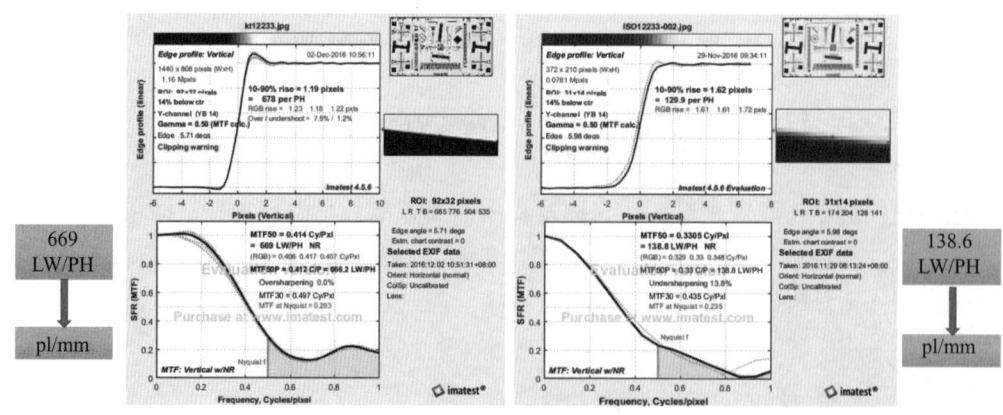

图 4-6　清晰度检测与对比

色差是石材板颜色与采集图像对应颜色的差别，用 CIE1996 色彩空间的图像色差值（ΔC）测量。板面精度是采集图像与石材板板面逐点对应程度。

4.1.5.2 石材图像各属性处理技术

石材板图像的最高分辨率由扫描相机分辨率决定，根据实际应用，通过软件可修改为 50dpi、75dpi、100dpi、200dpi、300dpi。色彩深度也由扫描相机决定，一般为 24 位。想要获得更高的分辨率和色彩深度，选用相应的扫描相机即可。

图像色差值 ΔC 平均值不大于 20，通过扫描爱色丽 SG 色卡，使用 Imatest 或同类软件分析色卡数据，调整图像 Gamma 值、Red/Green/Blue 值、对比度和亮度值调整色差。

图像的锐度受扫描相机固有属性决定，同时受扫描过程中相机的振动或者板材的振动影响，通过刚性结构固定相机，精密传动输送板材，可有效消除影响。通过扫描 ISO12233 标准卡，使用 HYRes311 软件测量，锐度值应≥420。

石材板面精度通过扫描间隔 50mm、线宽 1mm 的方格板，然后通过 Photoshop 软件，用标线功能测量方格板的直线度，同时通过网格功能，观测方格板线与网格线的重合度，方格板线与网格线全部相差在 1mm 以内，且 85% 的线都重合则合格。为了获得合格的板面精度，一方面需要保证板材输送的精度，避免振动、偏移，另一方面需要通过软件技术校正图像的畸变。

4.2 石材板自动裁切系统

石材板被输送到 CCD 摄像机视场内，CCD 摄像机对石材板进行拍照获取当前视场内的石材板图像。获得的图像数据利用工控机进行图像处理得到石材板的精确轮廓。把当前石材板输送到切机主工作台的同时，下一块石材板被输送到 CCD 摄像机视场内，开始对下一块石材板进行数据采集。如此循环完成石材板的自动排样切割加工过程。扫描控制系统结构如图 4-7 所示。

图 4-7 扫描控制系统结构

在整个石材板扫描过程中，工控机主要功能是利用 CCD 摄像机对石材板进行视觉检测，并对检测得到的不规则石材板边界进行最大内部矩形的求解。获得最大内部矩形后，利用动态规划算法在最大内部矩形内部进行成品板排样，并取得最大加工路径，最后工控机将排样方案传输给 PLC，由 PLC 控制石材桥式切机进行石材板的切割加工。工控机向 PLC 通信需要开发相应的通信系统程序，采用 C#语言和 MSComm 控件进行上位机通信系统的设计，工控机与 PLC 串口通信的流程如图 4-8 所示。

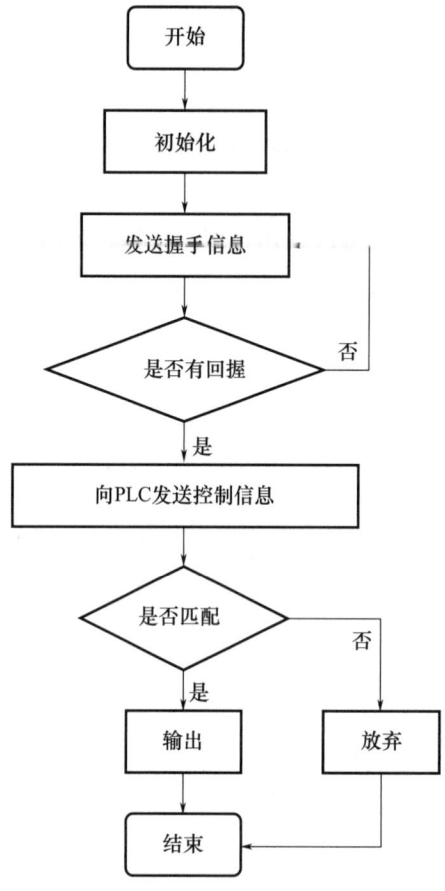

图 4-8 工控机与 PLC 串口通信的流程

石材板储存在计算机内，就可以对大板进行加工优化排样。传统石材加工排样，一般是工人根据客户的成品规格，现场进行排样。所有大板切割出成品后，把所有成品平铺到地面查看效果，如果效果不满意，再重新选料切割，图 4-9 为工人现场排样。这种方式加工的板材作业辅助时间长，边切割边规划最终结果不可预知，人工作业出材率低，现场排样所在场地较大，堆放混杂且工序流转乱。

图 4-9 工人现场排样

采用石材板扫描仪获得石材的图像后，通过石材排板软件在石材图像上进行预排预览，在还没有真正切割大板前通过虚拟排板即可看到最终切割的效果，这个效果可与客户确认后进行加工，避免工程纠纷，同时还能提前核算加工成本。通过对切割方案的精细化规划，还可提高板材的利用率。通过这种方式可有效解决传统石材加工存在的问题。图4-10是计算机排板效果图。

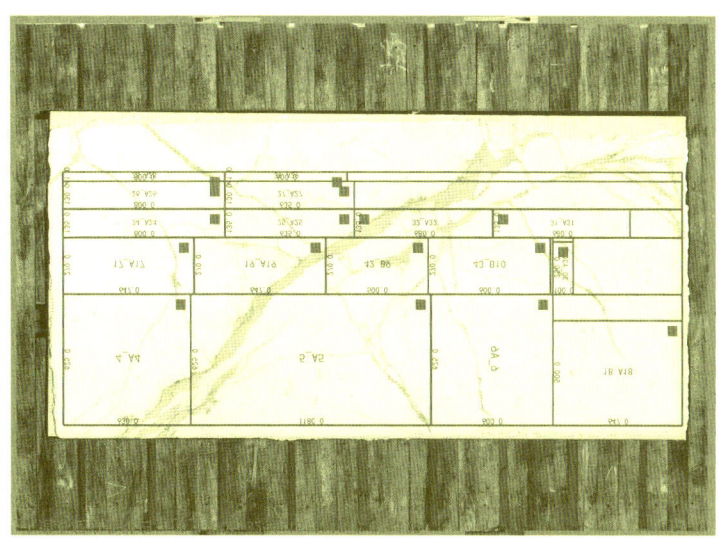

图 4-10　计算机排板效果图

4.2.1　优化排样问题

石材板切割排板时，纯色的石材板更多考虑的是整体色差和出材率，而有纹理的石材板更多考虑整体花纹拼接效果，可通过石材排板软件完成。

4.2.1.1　按最大出材率优化

所谓矩形成品排样，就是一张大的板材中只允许排一种规格尺寸的成品工程板材。在石材加工企业中，单一排样优化主要适合于大理石和带有花纹的花岗石。这些石材应用极为广泛，学校和机关办公楼的大厅和走廊都铺设大理石地砖，一些高档酒店的外墙也都镶嵌有花岗石，甚至家庭装修都用大理石地面。这就造成许多石材企业需要相同尺寸的大量矩形成品板材。当然采用单一排样方式下料也有其独特的优点：下料工艺简单，可以按每张生产订单单独组织下料，现场管理简单，有利于缩短产品的生产周期。但是这些从事大批量生产的石材厂在将大的板材切割成小的矩形成品板材时，由于大板材和成品板材尺寸非倍数关系而产生残料损耗，所以急需帮助企业快速、有效地进行成品工程板材单一排样方案设计，并找到一种有效的优化排样方法来寻求最佳方案。采用合适的计算机语言进行编程，达到快速求解和快速设计，可以节约设计和加工时间，同时节约材料，降低加工成本。

成品板进行排样的目的是使板材的利用率最高，也就是成品板的总面积最大，所以排样时的目标函数可以设为：

$$S = \max \sum_{k=1}^{n} (x_{2k} - x_{1k})(y_{1k} - y_{2k})$$

$$\text{s.t.} \quad u\{v[x_{1k+1} - x_{1k} - R_k L_r - (1-R_k)W_r] + (1-v)[x_{1k} - x_{k+1} - R_{k+1}L_r - (1-R_{k+1})W_r]\} + (1-u)\{w[y_{1k} - R_k W_r - (1-R_k)L_r - y_{1k+1}] - (1-w)[y_{1k+1} - R_{k+1}W_r - (1-R_{k+1})L_r - y_{1k}]\} > 0 \quad (4\text{-}1)$$

$$0 \leqslant x_{1k} \leqslant L_0 - R_k L_r - (1-R_k)W_r$$

$$0 \leqslant y_{1k} \leqslant W_0 + R_k W_r + (1-R_k)L_r$$

式中，x_{1k}、y_{1k} 分别表示第 k 块成品板在大板左上角的 x 轴和 y 轴的坐标值；x_{2k}、y_{2k} 分别表示第 k 块成品板在大板右下角的 x 轴和 y 轴的坐标值；L_r、W_r 分别表示成品长度和宽度；R_k、R_{k+1} 分别表示第 k 块成品板和第 $k+1$ 块成品板的排样方式；x_{1k+1}、y_{1k+1} 分别表示第 $k+1$ 块成品板在大板左上角的 x 轴和 y 轴的坐标值；u、v、w 表示条件满足与否判别系数，为 1 或 0，$k=1,2,\cdots,n$。

按最大出材率优化主要用于无纹理要求的板材排板，通过设定成品规格和导入大板尺寸，定义石材板的加工范围，利用软件通过算法按照每件大板排板最多的成品规格的方式，自动对每件大板进行规划切割。获得每件大板的切割方案后，还可通过导入工程的安装图，预览整个工程铺贴成品板材后的效果。对初步获得的效果不满意，可以通过对调、旋转等方式调整成品板材的位置，获得各种各样的效果。

对板材进行优化下料时，一定要考虑到工程板的数量和规格，同时要考虑到大板的数量和规格。首先从工程图纸上把所有工程板的规格和数量转换成生产加工单，然后把生产加工单中的实际工程板参数输入到优化排样程序中进行优化排样，最后把预加工的工程板输入到原始工程装饰图中完成装饰效果图，该过程如图 4-11 所示。

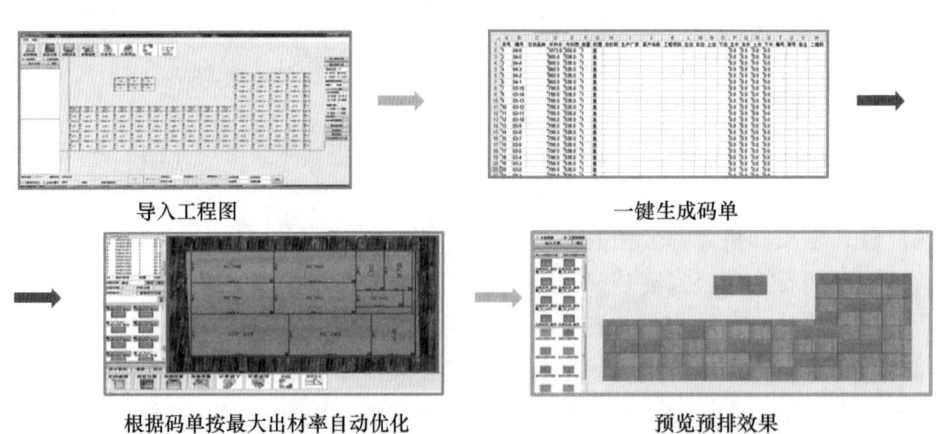

图 4-11 最大出材率优化示意

4.2.1.2 按纹理要求优化

按纹理要求优化排样主要用于石材板纹理比较明显、方向比较一致的排板。通过设定成品板的规格和纹理的方向、导入大板图像，定义石材板的加工范围，软件通过算法按照每件大板排板最多的成品规格，并且规定成品纹理方向的方式，自动对每件大板进行规划切割。获得每件大板的切割方案后，还可通过导入工程的安装图，预览整个工程铺贴成品板材的效果。对初步获得的效果不满意，可以通过对调、旋转等方式调整成品板材的位置，获得各种各样的效果。

4.2.1.3 按个性要求优化

个性要求优化一般针对有纹理拼接要求的工程，这种工程一般要求整个工程成品板材铺贴后，成品板材之间纹理对接良好，无明显错位，整体呈现出一定规律的纹理。目前通过在工程图中拖入大板图像裁剪拼接，再裁切成成品板材，其过程如图 4-12 所示。

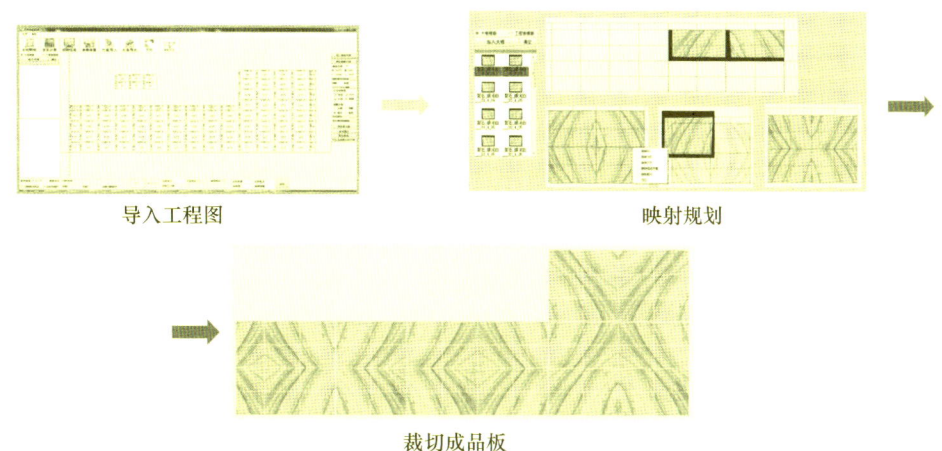

图 4-12 个性要求排板流程示意

4.2.2 板材排板下料管理系统

板材排板下料管理系统负责管理从工程排板设计、大板切割方案生成、大板切割过程到客户端安装的过程，做到设计阶段、加工阶段、安装阶段可监控、可管理、可追溯。

4.2.2.1 排板方案存储

石材排板软件可安装在本地计算机，也可安装在云平台上。排板软件生成的排板方案，通过文档文件存储在本地计算机或者云平台。排板软件存储时，一定要保证切割方案与大板图片紧密连接，否则可能造成切割方案的成品与排板时的效果不一致。

4.2.2.2 排板方案传输

存储在本地计算机的排板方案，可以通过 U 盘拷贝到切割机上进行加工。存储在云平台的排板方案，可以通过网络，在切割机上从云平台上下载排板方案进行加工。

4.2.2.3 排板方案下料跟踪与追溯

通过石材板扫描仪获得的大板图像，其命名会打印出标签张贴在大板实物上，作为该大板的唯一身份。排板软件进行大板排板后，生成排板方案时，每个成品板材会附带一个属于自己的编码,方案的命名会与石材板的图像命名关联。当排板方案通过 U 盘或者网络传输到切割机时,石材板进入切割机,通过读码器读取大板上标签的编码,可自动调取出当前大板的排板方案。切割机根据排板方案,自动在大板上张贴成品板材的标签。当工人在现场铺贴板材时,可通过工程板的排板方案图,对照当前板材的编码标签,即可知道安装位置和方向。

采用这样的方式,确保了石材板与排板方案一致,不容易出现切割成品错误,同时也保证了现场铺贴安装石材板与排板方案的一致性。如果在加工、运输、安装过程中出现板材损坏,还能通过追溯原始排板方案,根据当初的方案图像和尺寸,找寻相同或者相似的板材进行替换。

4.2.3 板材加工虚拟仿真与切割

石材桥式切机控制系统主要实现按照已经设定的路径进行切割加工,整个切割加工过程完全按照直线进行,从而将石材板切割加工成成品板。系统的总体操作流程如图 4-13 所示。

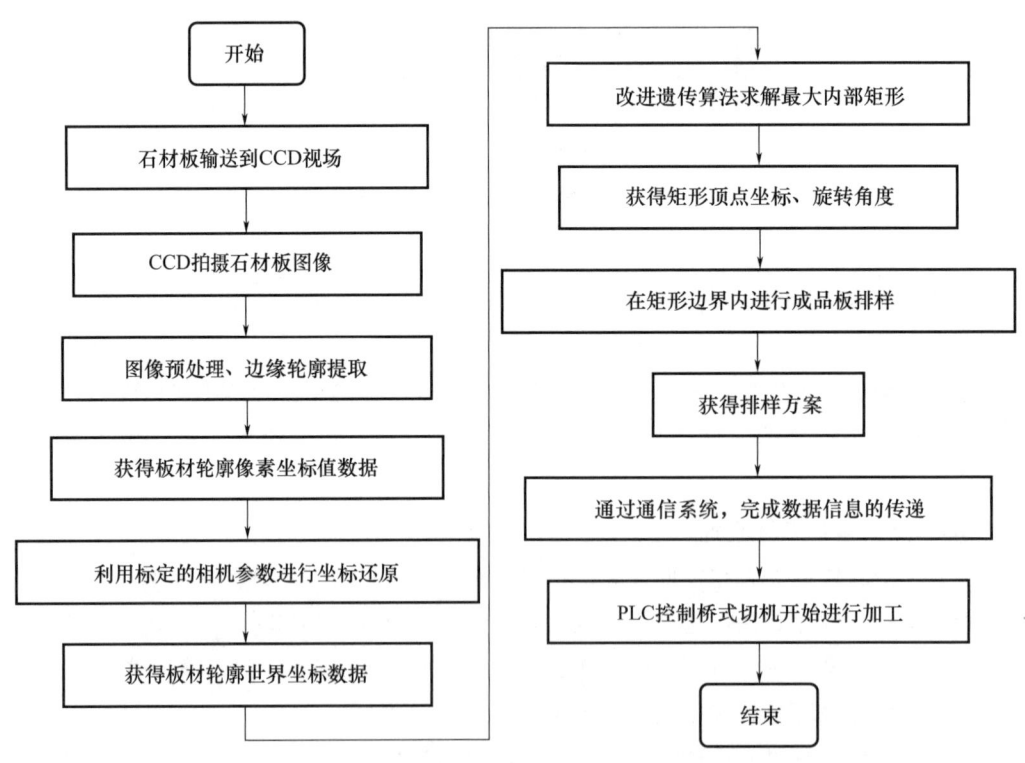

图 4-13 系统总体操作流程

切割机软件建立设备二维或者三维模型,切割机接收到排板方案后,根据方案进行贴标和切割仿真。由于石材加工采用圆盘锯片,锯口为弧形而非点状,虚拟仿真时,要注意锯片是否会切割到旁边的成品。当出现锯片与已切成品互干涉时,应把成品移走再进行下一步切割。仿真完毕确认没有问题，切割板材前，确保切割原点和方向与排板方案一致，可通过人工控制机器到方案图像上的原点进行切割，也可通过机器视觉技术自动找寻原点进行切割。保证机器切割原点与方案的原点一致，才能保证切割的成品与排板方案的成品一致，最终实现所见即所得，其切割过程如图4-14所示。

图 4-14　系统切割过程

4.3　板材加工孪生数据

4.3.1　石材加工设备数字孪生模型构建

通过对石材加工设备物理实体进行数字孪生建模，实现数字孪生模型与物理模型的双向映射，打造专属石材行业的数字孪生，这对于石材行业由传统的人工到数字化采集最终实现生产与数字化同频具有重要意义，为石材产业由重到轻的转型提供了虚拟仿真的可能性。

4.3.2　虚实演进的加工轨迹生成及优化

通过对石材数控机床进行三维轻量化建模的研究，实现数字孪生数控机床三维虚拟模型的构建。针对数控机床加工路径优化问题，对数字孪生机床的运动模型、实时数据感知及语义交互技术进行研究，实现以实驱虚、以虚控实数字孪生机床。

基于数字孪生机床模型,分别从加工路径优化的数学建模、优化算法和孪生数据驱动的仿真及验证3个方面对实现虚实融合的数控机床加工路径优化方法进行研究。在数学建模方面,针对数控加工的特点及约束条件,对其进行数学建模。在路径优化算法中,提出改进的优化算法,提高算法的求解精度。在仿真及验证方面,提出数字孪生驱动的加工路径优化机制,通过实时感知数据不断更新数字孪生机床加工状态,使数字孪生机床能够依据实际加工情况的变化而预先调整原有加工路径,最后给出实例对其进行验证。

数字孪生加工优势在于可以模拟虚拟物理环境的表达、决策、行为仿真和虚实双向实时连接等内容。为了更好地把物理环境表达准确,对于几何模型有比较多的想象,对基于模型的制造数据进行仿真从而使制造系统运维、管理和故障排除更加准确、及时和高效。基于模型的制造数据如图4-15所示。

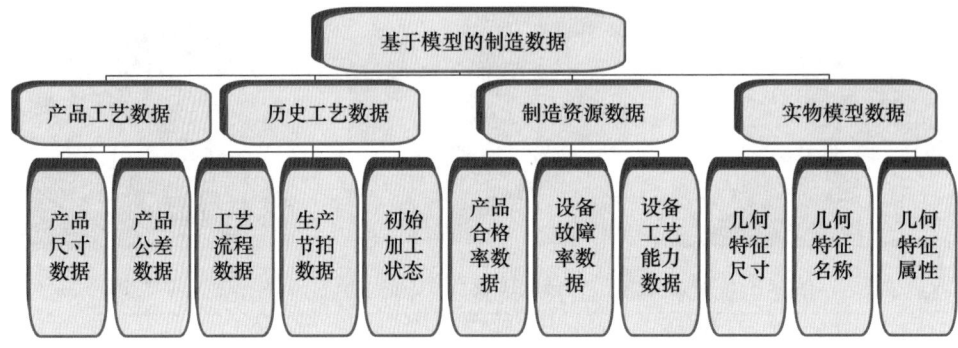

图4-15 基于模型的制造数据

对于石材加工数字孪生设备级仿真,首先进行产品的几何建模,以石材浮雕加工为例,通常情况是利用浮雕软件进行图形处理,处理的主要内容是浮雕的要素高度与面交接时的过渡关系等,将处理好的模型进行存储,格式可以选择Parasolid文件。首先,选择一个石材浮雕模型,如图4-16所示。

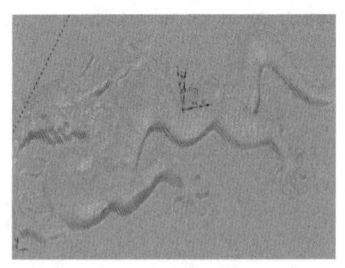

图4-16 石材浮雕程序轨迹

其次,将石材浮雕加工轨迹进行数控机床代码转换,利用SIEMENS NX中后处理构造器,选择石材数控机床系统与结构相匹配的后处理文件进行转换,转换生成的G代码文件可以导入仿真软件中进行实际工况场景的仿真。

最后,石材加工数字孪生设备级仿真比较适合用VERICUT软件。该软件可以自定义数控设备模型，然后配置对应的控制文件，可以将非标石材加工设备或加工单元添加到软件中进行仿真，能较好地适应石材加工行业实际需求。将 G 代码文件添加进仿真软件中，设置好数控机床、控制器、毛坯模型、坐标系、刀具后即可以进行加工仿真。仿真加工如图 4-17 所示。

图 4-17　仿真加工

仿真加工结束后可以将加工后的工件与设计模型进行比对分析，可以查看残留与过切位置，也可以做切削时受力分析，最后将仿真加工后的切削模型进行保存，做好模型映射基础工作，并将加工程序传送到加工设备进行实际加工。

4.3.3　面向加工轨迹的数字孪生系统设计

通过对石材数控机床的加工路径进行设计建模，并通过实时感知数据不断变更数字孪生机床的加工状态，使数字孪生机床能够根据实际加工情况的变化而预先调整原有的加工路径。

4.3.4　板材虚拟加工

通过石材虚拟加工技术，可以实现对加工过程、产品质量及生产过程的预测及优化。通过对关键加工节点进行细分、数据采集、进度管理和异常监控，实现不同加工环节的动态仿真。

石材生产线在进行仿真时，需要对生产企业现有生产情况进行分析，主要从输入数据的采集与分析、仿真模型的构建与验证、仿真结果的分析与优化 3 方面进行。还可以对没有构建加工场景的石材生产线进行工件延期、生产跨度、平均等待时间、设备利用率等方面进行仿真。石材板加工生产线可对生产效率提升率、综合成本降低率、能源利用率等参数进行仿真。

生产效率提升率为通过对石材板加工车间实施智能化建设后，生产所需作业时间相比标准工艺工时缩减的比例，即

$$\Delta P = \frac{T-t}{T} \times 100\% \tag{4-2}$$

式中，ΔP 为生产效率提升率；T 为标准工艺工时；t 为实施智能化建设后的作业时间。

综合成本降低率为在同等生产能力下，实施智能化建设后，生产支出中的人力成本与制造能源成本的降低值占原综合成本的比率，即

$$P_C = \frac{C-c}{C} \times 100\% \tag{4-3}$$

式中，P_C 为综合成本降低比率；C 为原综合成本；c 为实施智能化建设后综合成本。

能源利用率为在同等生产能力下，实施智能化建设前、后的能耗差值占原能耗的比率，即

$$\Delta P_R = \frac{R-r}{R} \times 100\% \tag{4-4}$$

式中，ΔP_R 为能源利用率提升率；R 为原单位产品的能耗值；r 为实施智能化建设后产品的能耗值。

石材板加工仿真利用 Plant Simulation 软件进行仿真。首先进行现场数据采集，将采集后的生产信息数据与生产设备数据进行建模。三维生产模型如图 4-18 所示。模型设置完成后，进行生产线仿真分析及优化。本案例利用 Plant Simulation 中的瓶颈分析器和 Chart 分析器进行仿真，设备安装时间为 30d。通过查看瓶颈分析数据可以对现有设备的工作状态、已堵塞情况、排序准则等进行查看。

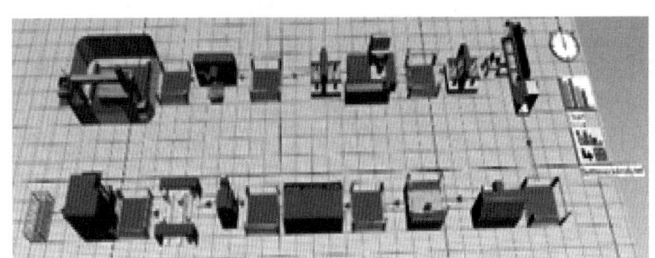

图 4-18　三维生产模型

5 石材生产智能化信息管理系统

5.1 石材生产数字化车间布局

5.1.1 石材生产车间布局

对石材生产车间布局中，需要多维度进行考虑。总体规划与设计一般要解决的四个问题：厂区规划、车间工位的合理布局、合理确定库存量、选择合理的搬运装备。

厂区规划首先要收集相关资料并对收集的资料进行分析。所收集的资料包括工厂的产品种类和生产纲领以及工厂所在地的自然条件，确定工厂未来的发展趋势。

车间布局根据车间生产纲领和生产类型确定生产组织和装备布局形式，要保障工艺流程流畅，保障物料搬运路径简洁方便，避免往返交叉。充分利用建筑物的空间对所有组成部分进行合理规划和配置，同时为工人创造安全、舒适的工作环境。

石材厂房布局的4个维度分别为厂房实用性、生产线的功能配置及需求、生产所需物流、辅助设备的使用。

5.1.1.1 第一维度

第一维度主要分以下几种情况。

1）第一种是厂房未建设之前仅为一片空地。这种情况需要从物流和规划厂房两个方向进行综合考虑。第一方向需要考虑主道路建设方位。因为厂房规划必须考虑主道路，所有办公、生产的人流、车流、物流均从主道路进入厂区。因此首先确认主道路位置和走向。条件允许情况下还需要考虑办公区域、生活区域和生产物流区域分开。第二方向是考虑厂房规划建设，因为厂区土地成本比较高，首先需要依据土地形状进行规划，优先选择厂房最长方向布局。因为石材生产线以直线布局居多，如果布局短厂房，则生产线布局会有一定的局限性。因此厂房规划尽量遵守长方向排布。结合第一方向的主道路位置，预留出厂内物流通道，得出实际厂房的规划空间。而厂内物流通道，需要遵循城市道路设计规范。相关内容如下。

(1) 消防

① 消防车道宽度不应小于4m。转弯半径不应小于9m，通行重型消防车的不应小于12m，穿过建筑物门洞时其净高不应小于4m，供消防车操作的场地坡度不宜大于3%。

② 高层建筑的周围应设有环形消防车道。当设环形消防车道困难时，可沿高层建筑两个长边设置消防车道。

③ 消防车道距高层建筑外墙宜大于5m，消防车道上空4m范围内不应有障碍物。

④ 小区内尽端式道路不宜大于120m，应设置不小于12m×12m消防回车场（考虑到车行方便及景观效果，一般尽端路超过35m时设回车场）。

⑤ 尽端式消防车道应设回车道或回车场。多层建筑群回车场面积不应小于12m×12m，高层建筑回车场面积不宜小于15m×15m，供大型消防车的回车场不宜小于18m×18m。

(2) 车道

① 道路宽度

双车道：$W = 6.0 \sim 9.0m$（场地主干道双车道宽度，小型车双车道最小宽6m，大型车双车道最小宽7m）。

单车道：$W = 3.5 \sim 4m$（车道兼具回车通道作用，应按照停车场标准设计车道宽度）。

② 转弯半径

机动车最小转弯半径（道路内路牙最小半径）：6.0m，车长不超过5m的三轮车、小型车；9.0m，车长6~9m的一般二轴载重汽车、中型车；12.0m，车长10m以上的铰接车、大型货车、大型客车等大型车。厂区出入口转弯半径应适量加大。道路纵坡见表5-1。

表 5-1　厂区道路纵坡控制坡度　　　　　　　　　　　　　　　　　　%

道路类型	最小纵坡	最大纵坡	多雪严寒地区最大纵坡
机动车道	≥0.2	≥8.0，$L≤200m$	≥5.0，$L≤600m$
非机动车道	≥0.2	≥3.0，$L≤50m$	≥2.0，$L≤100m$
步行道	≥0.2	≤8.0	≤4.0

注：L为坡长（m）。

2) 第二种是厂房已建设完成。这种情况需要考虑厂房最高点区域及总长度。因为不同的石材生产线会有不一样的需求，生产线设备布局也不尽相同。慧谷人造石英石生产线设备最高高度为16m，长度为140m，宽度为16.5m，如图5-1所示。而慧谷人造石英石板材磨抛线设备高度为3m，长度为120m，宽度为8m，如图5-2所示。

由此可见，不同的生产线需求，对厂房的设计要求会不一样。如果厂房高度不符合，则需要降低配置，或进行部分厂房架高。如果厂房长度不满足，则需要考虑生产线采用折线形式。如厂房宽度不符合，部分生产单元需要进行特殊排布，但特殊排布过程也需要考虑生产单元的基础是否满足不干涉厂房原有的土建基础，避免生产单元建设过程破坏厂房的土建基础。

图 5-1　佛山慧谷科技股份有限公司人造石英石生产线

图 5-2　佛山慧谷科技股份有限公司人造石英石磨抛线

另外，需要结合地区的土建费用进行综合考虑。因场地受限，生产线有可能采用下沉布局，但部分地区会因为下沉费用高而导致项目成本大幅提高。所以在设计石材生产线时，获取厂房的技术资料是必须的。同时要对厂房资源进行合理调配，以达到满意的设计方案。

5.1.1.2　第二维度

第二维度是生产线的功能配置及需求。生产线的功能配置及需求则需要结合第一维度进行考虑。客户需求的石材生产线类型是什么？而该石材生产线具有什么特殊的要求？客户石材生产线的特殊需求是什么？从这几个方向结合第一维度进行考虑。因为不同的石材生产线有不同的功能和配置。

实例1：人造石英石板材生产线需要配置高频振动式压机。因为每次板材成型过程中都需要高频次振动以保证石材板的密实度。由于地面受到高频振动，导致地面呈现出不规则的沉降，最终导致板材成型质量下降。为了防止高频振动机对地面的影响，需要对生产线地基做防振处理。目前大部分机械设备采用弹簧与阻尼式减振器组合进行减振。

实例2：人造石英石生产线。如客户需求生产多颜色板材，则需要配置自动混合式搅拌机。安装该设备时就要考虑此设备的空间。该设备高度为16m，厂房的高度是否满足设备的安装要求尤显重要。

实例3. 石材磨抛生产线。石材磨抛生产线所生产的成品基本上规格尺寸是一定的。输送过程中需要不断进行定位对中。如果厂房长度不能满足磨抛生产线的要求，应尽可能地减少转折生产线，减少定位对中，从而减少因为对中而影响成品规格的问题。

不同的生产线有不同的需求，设计人员对生产线关键点要有清晰的分析和论证。结合不同的生产线与客户对接，才能为客户提供更符合要求的生产线。

5.1.1.3 第三维度

第三维度是生产线物流布局。物流布局要从厂内道路进行综合考虑，如原料存放区域、毛坯存放区域、成品存放区域、物流出货区域、石材生产作业检修维护及耗材更换区域等。

选择物流形式的重要因素是入口和出口的位置，同时还要考虑外部运输条件、建筑物的轮廓尺寸、通道位置等因素。一般生产线物流布局形式主要有直线形、L形、U形、环形和S形。由于石材产品质量大，运输不方便，因此，石材加工生产线多采用直线形。

如厂房空间较大，一般会配置原料存放车间，便于原料存放及原料预处理工作。原料存放空间可随实际生产线区域进行调整。但原料车间需考虑物流及叉车通道，一般预留5m的通道空间，便于原料转运及原料装卸货。毛坯存储空间根据石材生产线毛坯规格，需要考虑成品规格空间及毛坯存放时间。石材荒料体积较大，可进行2~4层空间堆叠。天然石材板、人造石板材用A字架立放，不能进行堆叠。物流空间需考虑叉车通道及人员通道。一般叉车转弯半径为1.5~3m。因此最小的通道则需预留3m以上。人员通道预留0.6m以上。石材成品储存空间则与天然石材板、人造石板基本相符，空间允许情况下要设计成品车间，设立装货区域和包装区域。

5.1.1.4 第四维度

第四维度是辅助设备的使用。在石材生产布局中，辅助设备尤为重要。因此辅助设备布局需要考虑靠近生产设备，减少与石材设备的距离，从而获得辅助效果。布局规划中，可考虑结合厂房周边绿化区域使用和地块边角位置进行布局，既能节约空间，也能满足使用需求。石材生产线除了需要板材生产设备外，还需要考虑辅助设备，包括除尘系统、污水处理系统、气体处理系统等。

1）石材车间除尘系统

因为石材生产过程中所产生的粉尘颗粒不仅影响空气质量，而且进入人体后会威胁健康，因此采用除尘器把粉尘从烟气中分离出来。除尘设备种类众多，主要按作用原理分为机械式除尘器、洗涤式除尘器、过滤式除尘器和磁力式除尘器等。常见的环保除尘设备有布袋式除尘器、滤筒除尘器、旋风除尘器、湿式除尘器、中央集尘器等。石材生产线在原材料区域最常用的为布袋式除尘器。

布袋式除尘器是一种干式滤尘装置，它适用于捕集细小、干燥、非纤维性粉尘。滤袋采用纺织的滤布或非纺织的毛毡制成。利用纤维织物的过滤作用对含尘气体进行过滤。当含尘气体进入袋式除尘器后，颗粒大、相对密度大的粉尘，由于重力的作用沉降下来，落入灰斗，含有较细小粉尘的气体在通过滤料时，粉尘被阻留，使气体得到净化。通过布袋除尘器后，粉尘的排放量标准能达到 5 ~ 20mg/m³，布袋式除尘器组成如图 5-3 所示。

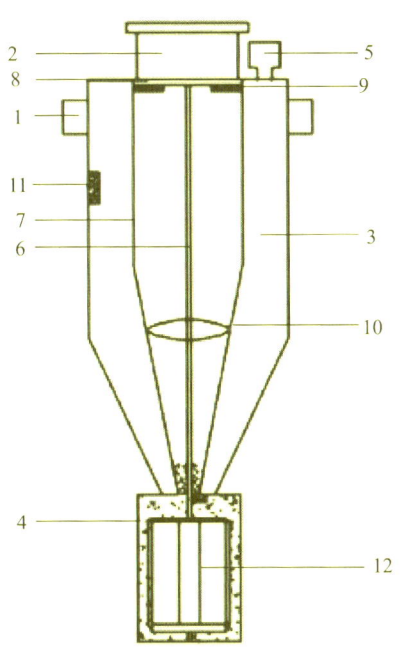

图 5-3　布袋式除尘器组成

1—进风口；2—出风口；3—舱体；4—储灰斗；5—控制器；6—支撑杆；7—除尘布袋；
8—花板；9—反吹脉冲阀；10—布袋固定环；11—旋风舱气压压力传感器；12—螺旋排尘器

布袋式除尘器根据内部气压分布与变化特点反馈控制引风机的频率，进而控制除尘器进气量，同时精确控制每一个电磁脉冲阀执行布袋反吹清灰的程序。控制器对装置内部气压压力差的判断执行脉冲反吹循环时间。随着积附在滤袋中的粉尘不断增加，到达一定程度后装置内部气压分布压力差增大，就要降低引风机的频率、减少装置的进气量，同时脉冲清灰系统清除积附在滤袋上的粉尘，使装置内部气压达到平衡。清灰是顺序触发各电磁脉冲阀，使加压气包内的压缩空气由管孔进入布袋，使布袋在一瞬间急剧抖动并伴随着气流的反作用，抖落粉尘。抖落的粉尘落进储灰斗，由设置在底部的压力传感器感应，控制器控制电机的运行进而控制螺旋排尘器将灰尘排出。

石材磨抛生产线区域常用的除尘器为旋风除尘器。旋风除尘器除尘机理是使含尘气流做旋转运动，借助离心力将尘粒从气流中分离并捕集于器壁，再借助重力作用使尘粒落入灰斗。旋风除尘器可以有限收集磨抛生产线定厚区域带粉尘的水雾，通过离心力分离定厚产生的水雾。

2）石材车间污水处理系统

污水处理为使污水达到排入某一水体或再次使用的水质要求对其进行净化的过程。

石材生产线在磨抛石材时产生大量废浆废液,因此有必要采用污水处理系统对这些污水进行处理。使用污水处理系统能把石材定厚抛光时所产生的废砂进行沉淀,将水进行过滤,二次使用。

传统沉淀式污水处理系统如图 5-4 所示。污水从车间流出,排入加入部分沉淀剂的初次沉淀池,部分石粉沿池壁下沉,其余排入二次沉淀池中。经过一段时间沉淀后,上层部分水流入车间再次利用,沉积在池底的污泥需要停机进行清淤。这种除污工艺的缺点是:占地面积大,沉淀效果不佳,无法满足现有生产能力需求;所产生的废水难免渗入地下;沉淀出来的清水中含有大量的酸性或碱性物质,对机器和石材表面易造成严重的破坏,导致生产出来的石材在色差和光泽度上达不到理想的效果。

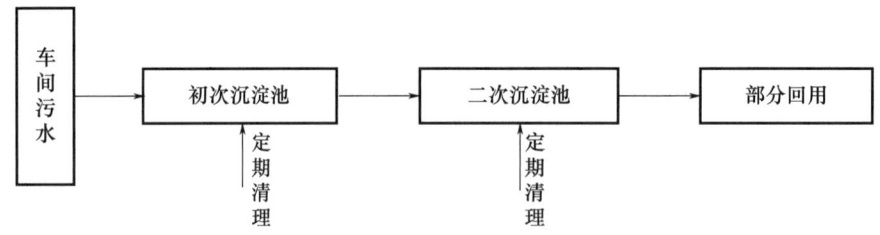

图 5-4　传统沉淀式污水处理系统

为了能彻底处理石材污水,不少企业采用了污水综合处理技术。其中,石材颗粒沉降污水处理系统如图 5-5 所示。

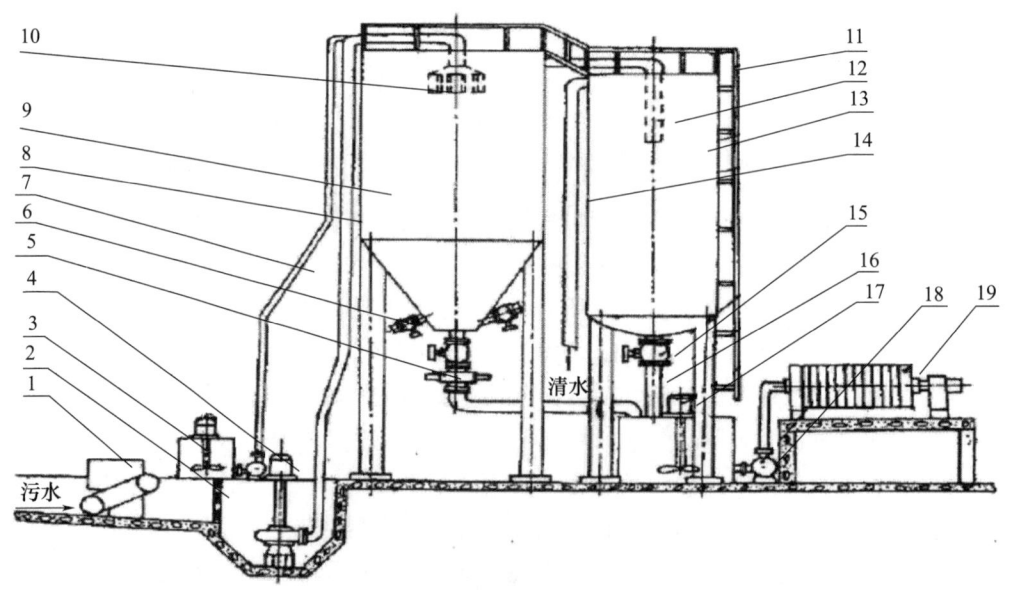

图 5-5　石材颗粒沉降污水处理系统

1—带式磁选机;2—筛网;3—絮凝剂添加机;4—污水泵;5—气动闸阀;6—球阀;7—絮凝剂添加管;8—污水管;9—污水沉淀器;10—导向叶片;11—栏杆及楼梯;12—净水管;13—净水塔;14—清水管;15—球阀;16—沉淀物排入管;17—螺旋搅拌机;18—浓浆泵;19—脱水机

其处理流程为污水从车间流出后,首先经过带式磁选机选择切割中产生的细小钢砂,可回收利用降低处理成本,然后进入絮凝剂添加箱。由专用添加设备定量添加絮凝剂,使污水中的石材粉尘颗粒增大便于沉淀。然后由污水泵抽取至污水沉淀器顶部,由顶部导向叶片高速旋转带动污水向下做旋涡运动,此时污泥不仅沿导向叶片做旋转运动,而且受到絮凝剂和自身重力的作用,加速向底部沉淀,从而在底部形成浓缩的污泥,清水则上升到顶部。上层清水进入净水塔,经过二次沉淀,底部污泥和沉淀器中的污泥集中起来进行脱水处理,清水则通过泵送入生产线。

有的石材企业还采用箱式压滤机进行污水处理。其优点是压滤机对污泥浓度的适应性强,出泥含固量高、耗能省、用电量小、泥饼比较干、水分含量少、占地面积小、噪声低。其缺点是:存在间歇性作业,处理效率低,敞开式工作环境差。在废水中含泥量少、水浑浊的情况下,工作效率低,自动化程度低,需要人工操作,压滤机经常需要人工冲洗,滤布容易堵塞,清洗麻烦,更换滤布频繁,大型压滤机还需要人工清理泥块,化学试剂添加量大。

箱式压滤机主要由机架部件、滤室部件、滤板移动装置等组成,如图 5-6 所示。机架主要由主梁、止推板、压紧板和支架组成,主梁连接止推板和支架,上面支撑着滤板和压紧板。其中止推板中间留有进料孔,出水分明流和暗流。明流为滤液流通过过滤介质在滤板侧面下角的两个孔流出,并通过安装阀门控制其开闭。暗流为滤液通过过滤介质在滤板正面的 4 个角中流出。压紧动作时,设备通过油缸将压紧板压在滤板上。工作状态时油缸压紧并保持一定压力。卸料动作时设备通过液压电机驱动主梁轨道两侧的机械拉手,控制其开板的动作和顺序。滤板是压滤机的核心部分,根据材料的不同分为铸铁滤板、橡胶滤板和高分子滤板。

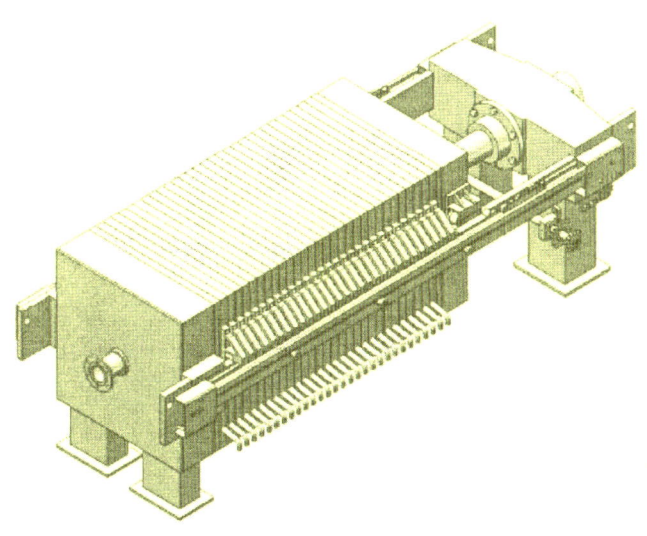

图 5-6 箱式压滤机外观

箱式压滤机的液压系统的性能决定着系统是否运行良好。设备对液压系统的要求:
(1)系统驱动油缸将压紧板压在滤板上,并与止推板保持一定的压力,保证稳定压紧力的稳定性和滤室的密封性。

（2）要求在开板卸泥过程中驱动电机，使拉板传动机构能相继将滤板拉开，保持动作的连贯性和稳定性。图5-7为其液压系统。

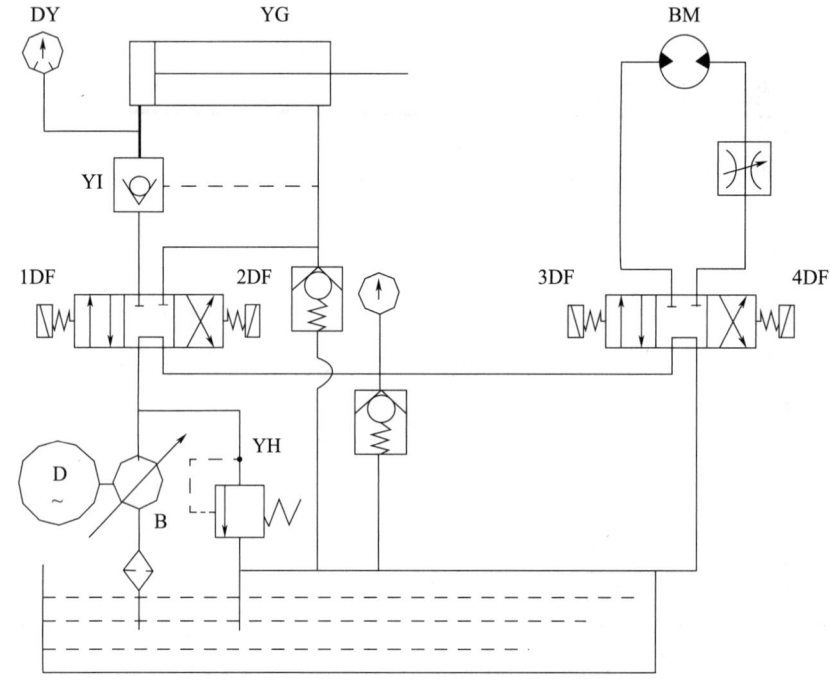

图5-7　箱式压滤机液压系统

此外，污水处理设备还有带式压力机、卧螺式离心机。

带式压力机除污工艺的优点是连续操作、处理量大、过滤效果好、振动小、噪声低、运行平稳安全。其缺点是：占地面积大、维修保养成本高、滤带容易损坏、价格昂贵、结构复杂、自动化程度低、工作周期长、效率低下、进料泵压力要求高、容易损坏。

卧螺式离心机除污工艺优点是：使用面积小、安装简单、密封性好，持续工作能力好、处理能力强、脱泥量大、不需要冲洗。其缺点是：轴承和密封圈容易损坏，卸料螺旋叶的维修周期长，一般3d以上，不适合无机成分较多的污泥，附着在离心机内壁的污泥很难去除，使刮泥刀遇到很大阻力，造成堵塞，无法正常运行，而且噪声大，耗电量大。

3）石材车间气体处理系统

有些石材生产过程中排放的废气常对环境和人体健康产生有害影响，在排入大气前应采取净化措施处理，使之符合废气排放标准的要求，这一过程称为废气净化。常用的废气净化方法有吸收法、吸附法、冷凝法和燃烧法4种。有机板材制作过程中使用的是不饱和聚酯树脂及各种助剂等有机化合物。不饱和聚酯树脂中苯乙烯含量一般在35%左右，而不饱和聚酯树脂挥发刺激性气味中带有苯乙烯，人体吸入后有一定的毒性作用。国家对此有严格标准,因此石材厂需要对石材生产过程中挥发的气体进行收集,并通过处理后进行排放。而石材生产线常用的气体处理系统一般有 RTO、RCO、CO 处理。

RTO 储热式热氧化回收热量采用一种新的非稳态热传递方式。其原理是把有机废气加热到 760℃ 以上,使废气中的 VOC 氧化分解成 CO_2 和 H_2O,并回收废气分解时所释放的热量。图 5-8 为 RTO 废气处理系统。

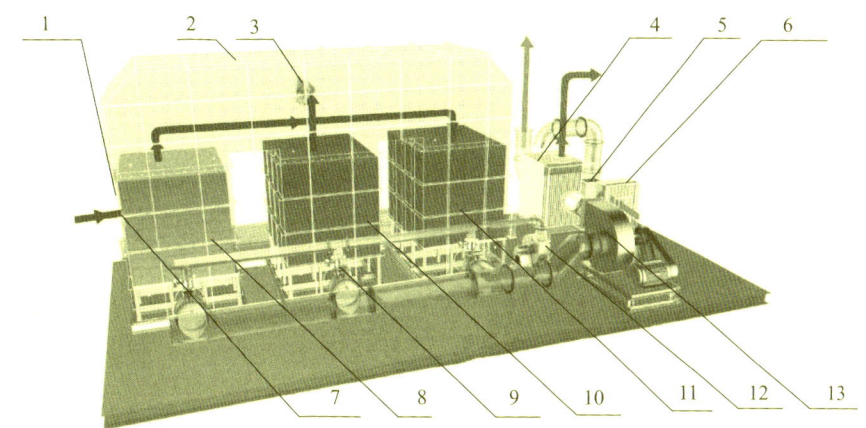

图 5-8 RTO 废气处理系统

1—检修口;2—RTO;3—燃烧器;4—换热器;5—换热风机;6—初效板式过滤器;
7—VOC 进气口;8—蓄热室;9—RTO 切换阀;10—蓄热室;11—蓄热室;12—吹扫风机;13—主排风机

RCO 储热式催化燃烧法原理是,催化剂对 VOC 分子进行吸附,提高了反应物的浓度,第二步催化氧化阶段降低反应物的活化能,提高了反应速率。借助催化剂可使有机废气在较低的起燃温度下发生无氧燃烧,分解成 CO_2 和 H_2O 放出大量的热。与直接燃烧相比,具有起燃温度低、能耗小的特点。图 5-9 为 RCO 废气处理系统。

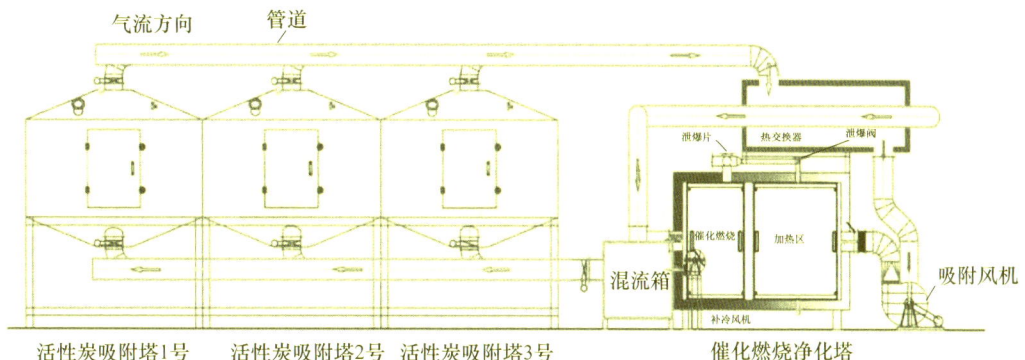

图 5-9 RCO 废气处理系统

CO 催化剂焚烧炉依废气风量、VOC 浓度及去除效率而进行设计。操作时含 VOC 的废气用系统风机导入系统内的换热器,废气经过换热器管侧而被加热后,通过燃烧器,这时废气已被加热至催化分解温度,再通过催化剂床,催化分解会释放热能,而 VOC 被分解为 CO_2 和 H_2O。图 5-10 为 CO 废气处理系统。

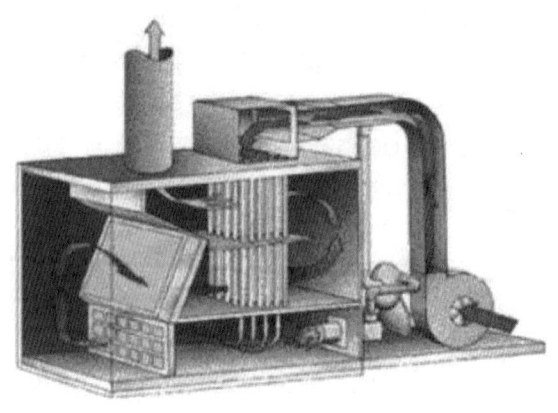

图 5-10　CO 废气处理系统

5.1.2　石材作业单元间物流与非物流关系分析

5.1.2.1　物流强度分析

物流强度是指物流因素对布局设计的影响程度，同时也反映了单元之间的距离密度。这种设计经常使用 A、E、I、O、U 等符号来表示物流强度的高低。这样既有利于设计内容的表达和描述，又便于设计理解。根据产品的总流程图，统计各作业单元之间的物流强度。如果计算各单位之间的物流强度，就可以计算出每年的总物流强度，见表5-2。

表 5-2　物流强度等级划分

物流强度等级	符号	物流路线比例（%）	承担物流量比例（%）
超高物流强度	A	10	40
特高物流强度	E	20	30
较大物流强度	I	30	20
一般物流强度	O	40	10
可忽略搬运	U	—	—

通过对以上数据进一步分析，从物流强度汇总表和物流强度等级划分表中得到物流强度分析表。设计石材年度物流总强度往往按一定比例划分为 5 个层次，并按一定的规则填写物流强度分析表的结果，获得石材生产数字化车间作业单元的物流相关图，更直接地反映了作业单元之间的物流关系。

5.1.2.2　作业单位非物流相互关系分析

在 SLP 法发明之前，大多数工厂和其他地方的设计和布局都是基于设计师的工作经验和感知。SLP 系统布置设计（System Layout Planning）分析方法是工艺专业化布局时常用的方法，通过分析各工序（作业单位）之间的物流强度，来帮助确定作业单位的布局位置。SLP 法发明后，从定性分析发展到定量分析，减小了误差，但仍有定性分析。SLP 法在分析作业单元之间的非物流关系时，主要是基于人的因素感知和经验判断。根据石材加工的特点，将人造石英石生产作业单元划分为原材料库、成型车间、处理车间、加工车间、半成品库、成品车间、性能实验室、成品仓库、办公区、设备维修车间。各单元之间将有非物流因素。虽然它们是不可触及的，但各单元的影响不可忽视，因为它们会直接或间接影响石材的生产能力，从而影响最优方案的选择。首先，列出员工认为在每项活动中存在的重要因素，以及各活动单元之间关系产生的原因。没有具体的参考因素，需要以限制条件为最基本的条件，依靠工作经验和感悟，所以会有一些误解。从物流、工作流、作业性质相似、使用同一设备、使用同一场地等一系列影响因素中，可以梳理出影响作业单元之间关系的主要因素，并给出原因码，一般不超过10个影响因素。然后，考虑这些因素，对每项活动之间的关系进行分级。分级结果采用一定的规则得到各活动的关系表，该表反映出作业单元之间存在着影响因素和作业单元之间的关系。

可以从物流、工作流、类似作业性质、使用同一设备、使用同一场地等一系列影响因素中进行梳理。根据 Richard muther 在 SLP 法中的建议，每个项目中不应考虑超过 8~10 个因素。因此，综合考虑石材工作流程的连续性、作业性质的相似性、使用相同的设备、人员接触的频繁性、监督管理的方便性、服务的频繁性和应急性、安全性和污染性、物料搬运 8 个因素。

1. 作业单位相互关系等级

一般将作业单元间相互关系密切程度划分为绝对靠近、特别重要靠近、重要靠近、一般靠近、不重要、不希望靠近6个等级，并用字母符号来表示，分别是 A、E、I、O、U、X。各等级按照一定的比例，设定作业单位对比例，见表5-3。

表5-3 作业单位相互关系等级划分及比例

相互关系密切程度等级	符号	作业单位对比例（%）	相互关系密切程度等级	符号	作业单位对比例（%）
绝对靠近	A	2~5	一般靠近	O	10~25
特别重要靠近	E	3~10	不重要	U	45~80
重要靠近	I	5~15	不希望靠近	X	酌情而定

2. 作业单位相互关系

在评价作业单位之间关系的密切程度时，一般是先通过制度设计和安排，人员根据物流计算、亲身经历或与相关专业人士讨论，制定一套"基准相互关系"，以避免出现差错。这样，可以收集更多的经验来提高准确性。在现实生活中，我们可以借鉴以往设计师的经验来考虑当前的设计规划。也许和以前相比有很多不同，但是，我们可以参考之前的设计，避免成本或场地损失。然后，根据"基准关系"确定其他作业单元之间的关系。定性关系的密切程度由高到低用字母表示，并给出相应的分值。将上述定量贴近度与定性贴近度相结合得到综合贴近度，综合贴近度可以确定各作业单元之间的距离以及各操作单元的相应位置。例如，综合接近度越高，越接近中间，反之越接近边缘。因此，有必要建立一套基准关系。在确定各作业单元的贴近度后，可以用与物流关联图相同的图形形式建立作业单元关系图。图中的每个菱形框都填充了两个操作单元之间对应的贴近度。贴近度分为6个字母：A、E、I、O、U、X。对应得分为4、3、2、1、0、-1，将最终的业务单元关系级别填入业务单元关系图中。

5.1.2.3 作业单位综合相关分析

作业单位综合相关分析是对上述作业单位的物流相关和非物流相关表中的数据进行进一步的分析和综合。在工厂设计中，作业单位之间定量的物流相互关系与定性的非物流相互关系是不一致的。为了确定作业单位之间的综合相互关系程度，有必要将两者结合起来，找出作业单位之间的综合相互关系。然后从各运行单位之间的综合关系中找出方法，对厂房进行布局。因此，对运行单位进行综合相关分析是获得最优方案的重要步骤。根据作业单位对定量物流与定性非物流的关系水平进行量化，并计算加权和确定权重比例，从而找出综合关系。在作业单位综合相关分析中，首先根据作业单位物流相关与非物流相关的关系，得出综合物流相关等级表和综合物流相关等级及比例划分。然后计算活动的综合贴近度，活动的综合贴近度等于活动单位之间量化的关系密级之和。根据综合接近度，从高到低排序，填写观察表。

1）综合相关物流等级表

根据物流相关与非物流相关之间的关系，得到综合物流相关等级表和综合物流相关等级及比例划分。首先需要建立一个综合的物流相关等级表，将物流关系和非物流关系的等级和分值逐一填写，然后确定物流关系和非物流关系的相对重要性，确定物流关系和非物流关系的比例。一般来说，物流与非物流的比例在1∶3到3∶1之间，当比例小于1∶3时，说明物流因素对布局的影响不大，布局时只考虑非物流之间的关系。当比例大于3∶1时，说明物流关系占主导地位。在设计中，物流与非物流的比例为2∶1，因此需要同时考虑物流的相互关系和非物流的相互关系，量化了物流强度水平和非物流贴近度水平。一般情况下，$A=4$，$E=3$，$I=2$，$O=1$，$U=0$，$X=-1$。然后确定各工作单位之间的综合相互关系和综合相互关系等级划分。在合并物流和非物流相互关系时，合并后的任何一级物流相互关系和X级非物流相互关系不得超过O级。对于一些不希望彼此靠近的操作单位，可以将相互关系设置为X级别，级别之间不能接近。

2）综合靠近程度

所谓业务单元的综合贴近度，等于业务单位之间量化的关系密级之和。作业单位的综合贴近度反映了作业单元在布局上应处于中间位置还是边缘位置。在计算综合贴近度时，将各工作单位的综合关系表转化为一个三角矩阵，然后对关系水平进行量化。根据行或列的累加关系，密级得分是操作单元的综合贴近度，操作单元按照综合贴近度得分的顺序排序。

5.1.3 石材生成作业单位位置关系分析

石材生产作业单位位置需要从板材工艺流程进行了解分析。了解设备需求后进行单位位置设计。以慧谷人造石英石板生产线为例。

人造石英石板生产线由原料供应系统、搅拌混料打散系统、布料压制系统、固化冷却下板系统、抛光线等组成。每个系统由单个或多个设备共同完成工艺生产功能。

（1）原料供应系统：用于储存、称量、运输颗粒、粉料、树脂。

（2）搅拌混料系统：将颗粒、粉料、树脂、色粉及助剂在每个搅拌机中混合，再将每个搅拌机中的混合物运输至混料机进行再次混合，再将混合物运输至打散机，将搅拌过程中形成的团料进行破碎。

（3）布料压制系统：将混合物布料至PP模具，并通过不同工艺实现特殊纹理及花色。将PP模具输送至压机进行抽真空振动压制。

（4）固化冷却下板系统：压制后的板材进入沉降式固化箱，通过加热系统对树脂进行固化；固化后的板材运输至立式冷却箱进行板材冷却，冷却后的板材经下板机堆放至储板架。

（5）抛光线：将压制后的板材进行定厚、修边、抛光制成成品板。人造石英石板生产工艺流程如图5-11所示。

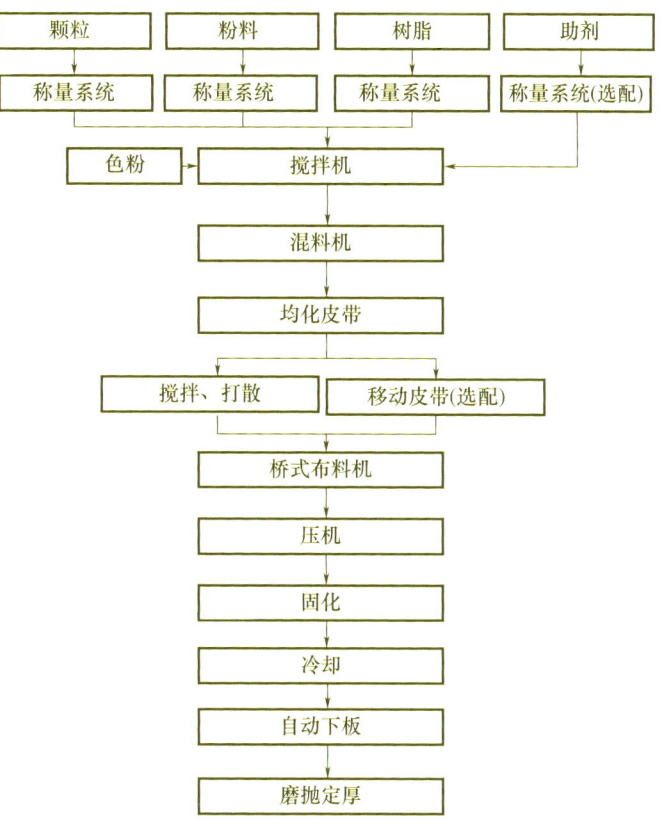

图5-11 人造石英石板生产线

原则上，当设计人造石英石板生产线时，任意的布局都可以采用，如I形布局、L形布局、C形布局和平行布局，如图5-12所示。如果是现有厂房，有时候由于其局限性而不能采用最优设计。

如果是新厂房，则可以设计出任意可能的最优方案而不受任何限制。如果是现有厂房，关键因素是行车下吊高度是否可以在特定区域挖坑。

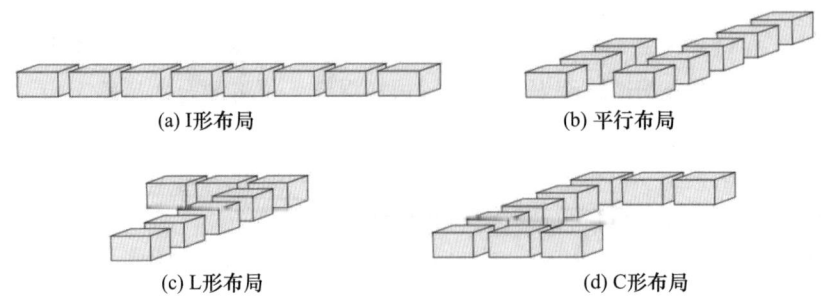

图 5-12　人造石英石板几种生产线布局

人造石英石板生产线可根据厂房面积合理延伸发展，如图 5-13 所示。总而言之，最佳的设计方案是考虑其产品的种类、工程学、安全性和生产效率后，尽可能减小其占地空间。

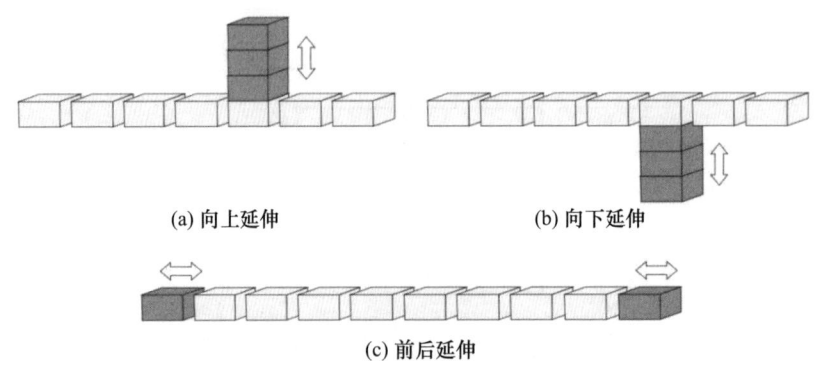

图 5-13　人造石英石板生产线扩展形式

根据上述人造石英石板生产线分析，可以把工艺流程系统分成布料压制固化下板系统、搅拌混料打散系统、原料系统三大模块进行分析。

（1）布料压制固化下板系统。该流程雏形从布料开始已经成型，且需要完成后续成型毛坯阶段。因此该模块的工作基准面为同一高度。在满足 I 形布局情况下尽可能减少其他形状的布局。因为其他形状布局会因生产转换过程导致产品跑偏、对中不准确等隐患。

（2）搅拌混料打散系统。该流程为板材成型，同一套搅拌系统的搅拌机需要布局在同一基准面上。而混料系统需要承接搅拌机的湿料，因此混料机基本位于搅拌机附近。所以搅拌混料系统的生成单元基本是上下游关系。可通过不同样式的皮带机输送湿料至打散系统。搅拌混料和打散可根据厂房高度需求向下延伸或左右布局。对进出生产单元进行挖坑或生产线加长方向进行布局。

（3）原料系统。该流程为原材料输送，且原材料特征为干料。因此输送方式可以采用多种布局。在厂房高度能满足的情况下，考虑放置在搅拌系统上方，呈向上延伸方式。如厂房空间不够，可采用前后延伸或向下延伸。也可根据不同厂房进行 I 形、平行、L形、C形转折设计。

石材生产作业单位位置关系主要还是通过工艺流程确认。厂房及客户特殊需求，结合石材生产车间布局过程中的设计方向，通过系统单元模块化方式进行布局调整及设计。一个好的生产单位布局，则需要从生产工艺、车间布局、使用物流、辅助设备几个方向进行合理调整，完成最优生产线布局。

5.1.4 石材生成车间布局数学模型构建

图5-14所示为佛山慧谷科技股份有限公司某海外项目人造石英石生产线。该厂区规划为石英石生产线4条+磨抛线4条，一期投资兴建石英石产线2条+磨抛线2条。布局由下至上依次为：石英石方料生产线、板材磨抛线和石英石方料生产线以及板材磨抛线。两条生产线都是成I形布置的。

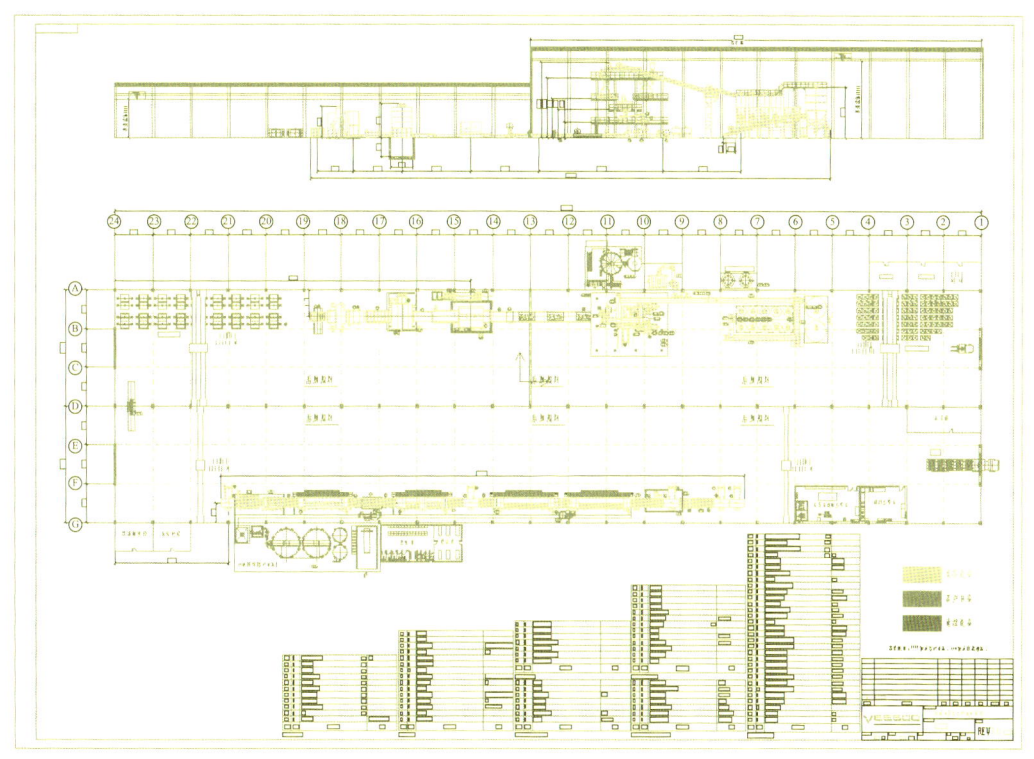

图5-14 佛山慧谷科技股份有限公司某海外人造石英石生产线

布局细节及优点如下。

（1）将原料系统独立布置。由图5-14可见，厂区分为两部分，右侧为厂区主体，左侧为独立区域。原料系统粉尘不会逸散至搅拌和布料区域，可确保工作环境粉尘含量低的要求。同时在空间上将整条产线左移，为生产线毛坯板的存放提供了足够的空间。

（2）空间利用率最大化。考虑生产过程中的清理及对新产品的研发需求，在两条生产线的中间增加了搅拌及布料系统，以满足上述需求，同时配置灵活的人工操作站，弥补了机械设备对新花色研发创意的局限性。

（3）单机节拍分布合理化。针对市场对产品的需求，将"热门"产品工艺固化，并实现自动化生产，配合矩阵撒粉装置、CNC 喷粉机器人、CNC 机械手及鱼肚白填料系统等慧谷自主研发产品，不断对新产品进行迭代升级，确保产品在市场上"独树一帜"，不断强化产品的价值壁垒。通过对工艺流程拆分，保证了生产节拍的连续性和生产的高效稳定性。

（4）物流的顺畅连续。原料及产品的"物流"走向以工艺流程为导向，毛坯暂存后转运至磨抛生产线，成品下板后装载转运离开厂区，整个过程无往返和物流的干涉。

布局中待提升的几项内容如下：

（1）物流进一步优化。现有布局原料系统暂存区域，不足以存放 1d 的原料，生产过程中需要倒运原料，同时成品板材的装货区域及其运输通道与原材料转运通道冲突，需合理调度才能避免冲突。

（2）生产线维修保养便捷性有待提升。因最大化利用厂房空间，导致物流通道受限，叉车等转运设备无法在搅拌平台下方及布料系统周边转运原料，甚至单机设备的维修保养在一定程度上受到限制。

（3）辅机设备分布待优化。随着生产线投入使用，相关辅机设备的重要性凸显，整条生产线乃至整个厂区所有设备都将成为一个整体，辅机设备看似无关紧要，却是设备稳定运行最有力的保障。例如，污水处理系统距离磨抛线较远，循环水泵在选择上只能加大电机功率，从而增加了能耗和泵头出水水压。色粉配置区、空压机房、化工辅助房等由于空间所限，远离原料系统，对操作便捷性产生影响。

综上所述，合理选择布局类型，对布局优化存在积极影响，将直接影响到整个生产系统的总体性能，如物流、信息流、产能及效率、生产成本和生产安全等。厂区布局也将随信息化的发展不断调整，以适应新的需求。

5.1.5　石材生成车间布局方案评价分析

石材生产线综合评估的内涵是对各项可行性方案进行评估。具体而言，就是通过对生产线的调研和可行性的分析，从经济、环境和技术等方面，对不同的生产线规划方案进行评估，并最终选出经济合理、技术先进、实施可行的最佳方案。但是，很难确定哪个方案是"最优"的，尤其是像物流系统具有很大的外延。首先，"最优"这一概念在复杂的物流体系中的意义并不十分清楚，其次，要评估一个物流体系的布局方案是否"最优"，所依据的准则并非一成不变，而是随着时间的推移而不断地发生变化。在评估石材车间平面布置的好坏时，应注意的问题和应遵循的原则包含以下几个方面。

从宏观的角度分析包括以下两方面。

（1）总体一体化原理。即在进行石材车间平面布置时，要尽量将对产品产生的各种影响因素都纳入其中。例如，持续的制造工艺，降低半成品和产品的停顿；提高人力、设备、土地等资源的综合利用率。

（2）灵活原则。就是市场上的需求改变时，生产周期和工厂规模会相应地调整，一个合理的生产车间布局必须能够适应市场的迅速变化。

从企业内部物流的观点出发，对企业的规划方案进行评估，应遵循两条基本原则：

（1）最短的材料运输距离和最少的后勤费用。

（2）避免运输路径交叉和避免运输路径的绕道。

石材车间布置的规划和改进对企业的影响是非常大的。而一个石材工厂的布局可以通过下列因素来衡量：是否按事先规划的建筑布局进行施工；管道是不是笔直的，有明确的标志；是否工作紧密相关，在产品数量最少，生产时间能否预计，进度安排的难度最小；是否具备较高的灵活性，易于适应变化的市场环境；在生产过程中，实际工作时间与生产总时间之比是否最大；物料运输距离是否最短、人工运输最少；是否有多余物料的重复运输；物料是否放置于装载装置内以供运输；各作业间的运输是否最小化；物料能否及时送达，能否及时地从工作场所转移，或直接由工人进行物料搬运；是否能够有序地运送和存放物料，以保证员工的工作效率。

在石材车间设施布局时需要考虑到诸多方面的影响因素，要想在多个方案中得出一个最优方案，往往需要进行系统的全面分析和综合评价。

从多个选项中选出最佳方案的方法有关联矩阵法、成本比较法、德尔菲法、加权因素法、层次分析法（AHP）、优劣比较法。运用 AHP，对三种不同的生产布局进行了优选。AHP 是 20 世纪 70 年代早期，美国运筹学家和匹兹堡大学的萨蒂教授所提出的一种决策方法。该方法能将半定性、半定量问题转化成定量问题，并将每一个影响因子按层级划分，对不同的相关因子进行分层对比，从而对事件的发展进行定量的分析与预测。AHP 的基本原则是按顺序排列，把各个方法（或措施）按优先顺序排列，以做决定。AHP 的基本思路是将一个复杂的问题分成几个不同的层次，在最小的一个层面上，用两个不同的方法来确定各个指标的权重，再经过层层的分析和计算，最终得出各个指标的权重。在没有度量标准的情况下，唯一可行的方法就是将多个目标进行对比。在此基础上，将结果填充到判定矩阵中，得到了判定矩阵的特征根和特征矢量，并给出了各个指标权重，从而为方案的决策提供了基础。从根本上讲，AHP 是一种思维方式，它的优点是把定性和定量相结合，不需要大量的数据，系统、灵活、简洁。

AHP 的具体实施步骤：运用 AHP 方法对多个方案进行评估或决策，可以划分为四个主要阶段：首先对系统中各个要素的相互关系进行分析，并构建一个分层的体系结构模型；其次将同一层的各个要素与前一层中的某一要素的重要程度进行两两对比，构成一对比较的判别矩阵；再次通过判定矩阵，求出与标准相关的各要素的权值，并进行分级和一致性检查；最后根据步骤 3 阶梯的分层从上到下进行一层计算，对现有方案建立层次分析结构模型，构建层次分析的体系结构模式，其目标层、准则层和项目层中的特定要素由此建立起来。

5.1.5.1 建立分析结构模型

本节是对石材加工车间的设施布局进行分析与优化，所以，在层次分析结构模型中，最佳的布局策略应在目标层。假设经过上述的研究探索得到 3 个优化方案，因此层次分析结构模型中的方案层元素应是这 3 个方案。在石材生产布局广泛实践中可以发现，车间布局时一般情况下考虑的影响因素有车间内生产工艺流程、安全问题、场地利用率、布局的柔性、车间内交通顺畅程度、对作业流程的适应度、整个车间的工作环境、物流效率等。根据本节所研究石材加工车间的实际情况，在现场工程师的建议下，经过简化合并后，列入准则层中的元素有生产工艺流程、安全因素、布局柔性、整体工作环境和物流效率。在车间内进行设施布局时，首先考虑的应该是设备的摆放是否符合生产工艺和安全规范要求，包括员工与设备的安全问题以及发生突发情况时能否快速疏散员工，避免发生安全事故。其次，应该考虑设备的布局是否能适应车间内的生产流程节拍，即布局柔性适应生产柔性，除此以外还要考虑对车间后续改造的适应能力。接着要考虑的是车间内的整体工作环境，从人因工效学角度看，员工所处工作环境的空间大小、光照条件、空气质量以及噪声会影响员工的工作效率。在车间的生产制造活动中，物料有 90% 的时间处于搬运或等待状态，因此提高车间内的物流效率对车间内的生产效率至关重要。经过上述分析后，建立的层次分析结构模型如图 5-15 所示。

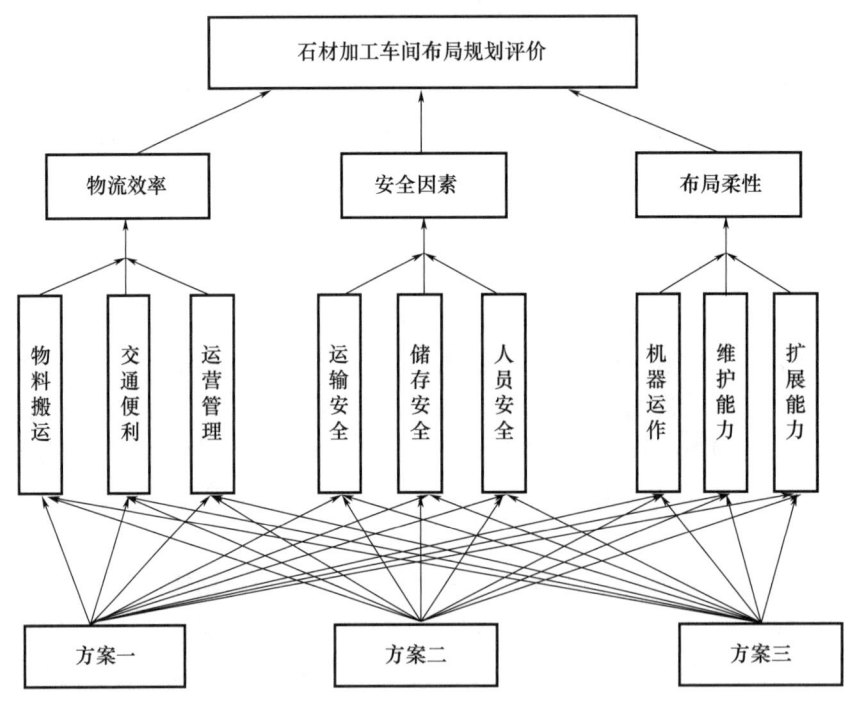

图 5-15　层次分析结构模型

5.1.5.2　建立判断矩阵

通过对车间主任、各生产区域负责人以及车间工人的调查，采取专家打分法，数据整合后建立如下判断矩阵：

（1）建立准则层对目标层的判断矩阵：

$$A = \begin{bmatrix} & B_1 & B_2 & B_3 & B_4 \\ B_1 & 1 & 3 & 5 & 7 \\ B_2 & 1/3 & 1 & 3 & 5 \\ B_3 & 1/5 & 1/3 & 1 & 3 \\ B_4 & 1/7 & 1/5 & 1/3 & 1 \end{bmatrix}$$

(2) 建立方案层对准则层的判断矩阵：

$$B_1 = \begin{bmatrix} & C_1 & C_2 & C_3 \\ C_1 & 1 & 1/3 & 1/5 \\ C_2 & 3 & 1 & 1/3 \\ C_3 & 5 & 3 & 1 \end{bmatrix}$$

$$B_2 = \begin{bmatrix} & C_1 & C_2 & C_3 \\ C_1 & 1 & 1 & 1/3 \\ C_2 & 1 & 1 & 1/3 \\ C_3 & 3 & 3 & 1 \end{bmatrix}$$

$$B_3 = \begin{bmatrix} & C_1 & C_2 & C_3 \\ C_1 & 1 & 3 & 1 \\ C_2 & 1/3 & 1 & 1/3 \\ C_3 & 1 & 3 & 1 \end{bmatrix}$$

$$B_4 = \begin{bmatrix} & C_1 & C_2 & C_3 \\ C_1 & 1 & 5 & 1/3 \\ C_2 & 1/5 & 1 & 1/7 \\ C_3 & 3 & 7 & 1 \end{bmatrix}$$

5.1.5.3 层次单排序及一致性检验

本设计采用的是方根法，按照式（5-1）～式（5-3）进行计算，求得矩阵 A 的特征向量。

$$M_i = \prod_{j=1}^{n} a_{ij} \tag{5-1}$$

$$\overline{W_i} = \sqrt[n]{M_i} \tag{5-2}$$

$$W_i = \overline{W_i} / \sum_{j=1}^{n} \overline{W_j} \tag{5-3}$$

以上各式中，n 为矩阵阶数；a_{ij} 为矩阵元素；M_i 为矩阵每行乘积；W_i、W_j 为特征向量。计算得到的特征向量 W_i 即为归一化处理后的各个要素的权重系数，见表5-4。

（1）计算准则层对目标层的权重并进行一致性检验。

表 5-4　准则层元素相对目标层的权重

A	B_1	B_2	B_3	B_4	M_{B_i}	$\overline{W}_{B_i}$（平均）	W_{B_i}
B_1	1	3	5	7	105	3.2011	0.5638
B_2	1/3	1	3	5	5	1.4953	0.2634
B_3	1/5	1/3	1	3	1/5	0.6687	0.1178
B_4	1/7	1/5	1/3	1	1/105	0.3124	0.0550
Σ						5.6775	1.0000

检验矩阵的一致性，需要计算一致性比例 CR，一致性比例 CR 可表示为一致性指标 CI 与平均随机一致性指标 RI 的比值。当一致性比例 CR≤0.1 时，即认为判断矩阵满足一致性检验，层次排序有效。

矩阵 A 的最大特征根 λ_{max} 的计算公式、CI 与 CR 的计算如式（5-4）～式（5-6）所示。

$$\lambda_{max} = \sum_{i=1}^{n} \frac{(AW)_i}{nW_i} \tag{5-4}$$

$$CI = \frac{\lambda_{max} - n}{n - 1} \tag{5-5}$$

$$CR = \frac{CI}{RI} \tag{5-6}$$

以上各式中，λ_{max} 为矩阵 A 的最大特征根；$(AW)_i$ 为向量 AW 的第 i 个元素；CI 为一致性指标；RI 为随机一致性指标，其值见表 5-5。

表 5-5　RI 系数表

矩阵阶数 n	1	2	3	4	5	6	7	8	9
RI	0	0	0.58	0.90	1.12	1.24	1.32	1.41	1.45

通过运算求解，矩阵 A 的最大特征根 $\lambda_{max} = 4.1169$。由于判断矩阵 A 为 4 阶矩阵，所以 $n=4$，查表 5-5 可知 RI=0.90，故：

$$CI = (4.1169 - 4)/(4 - 1) = 0.0390$$

$$CR = CI/RI = 0.0390/0.90 = 0.043 < 0.1$$

所以满足一致性检验，层次排序有效。

（2）计算方案层对 B_1 进行了权值计算，并进行了一致性验证，见表 5-6。

表 5-6　方案层元素相对 B1 的权重

B_1	C_1	C_2	C_3	M_{C_i}	$\overline{W}_{C_i}$（平均）	W_{C_i}
C_1	1	1/3	1/5	1/15	0.4055	0.1047
C_2	3	1	1/3	1	1	0.2583
C_3	5	3	1	15	2.4662	0.6370
Σ					3.8715	1.0000

通过运算求解，矩阵 B_1 的最大特征根 $\lambda_{max} = 3.0385$。由于判断矩阵为 3 阶矩阵，所以 $n = 3$，查表 5-5，可知 $RI = 0.58$。

$$CI = (3.0385 - 3)/(3 - 1) = 0.019$$

$$CR = CI/RI = 0.019/0.58 = 0.033 < 0.1$$

所以满足一致性检验，层次排序有效。

（3）计算方案层对 B_2 进行了权值计算，并进行了一致性验证，见表 5-7。

表 5-7　方案层元素相对 B_2 的权重

B_2	C_1	C_2	C_3	M_{C_i}	$\overline{W}_{C_i}$（平均）	W_{C_i}
C_1	1	1	1/3	1/3	0.6934	0.2000
C_2	1	1	1/3	1/3	0.6934	0.2000
C_3	3	3	1	9	2.0801	0.6000
Σ					3.4669	1.0000

通过运算求解，矩阵 B_1 的最大特征根 $\lambda_{max} = 3.0001$。由于判断矩阵为 3 阶矩阵，所以 $n = 3$，查表 5-5 可知 $RI = 0.58$。

$$CI = (3.0001 - 3)/(3 - 1) = 0.00005$$

$$CR = CI/RI = 0.00005/0.58 = 0.00008 < 0.1$$

所以满足一致性检验，层次排序效。

（4）计算方案层对 B_3 进行了权值计算，并进行了一致性验证，见表 5-8。

表 5-8　方案层元素相对 B_3 的权重

B_3	C_1	C_2	C_3	M_{C_i}	$\overline{W}_{C_i}$（平均）	W_{C_i}
C_1	1	3	1	3	1.4422	0.4268
C_2	1/3	1	1/3	1/9	0.4807	0.4128
C_3	1	3	1	3	1.4422	0.4268
Σ					3.3651	1.0000

通过运算求解，矩阵 B_1 的最大特征根 $\lambda_{max} = 3.0001$。由于判断矩阵为 3 阶矩阵，所以 $n = 3$，查表 5-5 可知 $RI = 0.58$。

$$CI = (3.0001 - 3)/(3 - 1) = 0.00005$$

$$CR = CI/RI = 0.00005/0.58 = 0.00008 < 0.1$$

所以满足一致性检验，层次排序有效。

（5）计算方案层对 B_4 进行了权值计算，并进行了一致性验证，见表 5-9。

表 5-9　方案层元素相对 B_4 的权重

B_4	C_1	C_2	C_3	M_{C_i}	$\overline{W}_{C_i}$（平均）	W_{C_i}
C_1	1	1/5	1/5	1/25	0.3420	0.0887
C_2	5	1	1/2	5/2	1.3572	0.3522

续表

B_4	C_1	C_2	C_3	M_{C_i}	$\overline{W}_{C_i}$（平均）	W_{C_i}
C_3	5	2	1	10	2.1544	0.5592
Σ					3.3586	1.0000

通过运算求解，矩阵 B_1 的最大特征根 $\lambda_{max} = 3.0536$。由于判断矩阵为 3 阶矩阵，所以 $n=3$，查表 5-5 可知 RI $= 0.58$。

$$CI = (3.0536 - 3)/(3 - 1) = 0.0268$$

$$CR = CI/RI = 0.0268/0.58 = 0.0462 < 0.1$$

所以满足一致性检验，层次排序有效。

5.1.5.4 层次总排序及一致性检验

根据上述的计算可以推出层次总排序，见表 5-10。

表 5-10 层次总排序

准则层	B_1	B_2	B_3	B_4	层次总排序	序号
准则层权重值	0.5638	0.2634	0.1178	0.0550		
C_1	0.1047	0.2000	0.4286	0.0887	0.1671	3
C_2	0.2583	0.2000	0.1428	0.3522	0.2345	2
C_3	0.6370	0.6000	0.4286	0.5591	0.5984	1
Σ	1.0000	1.0000	1.0000	1.0000	1.0000	

$CR = 0.5638 \times 0.019 + 0.2634 \times 0.00005 + 0.1178 \times 0.00005 + 0.0550 \times 0.0268/0.90 = 0.0124 < 0.1$

计算的总排序一致性比值 $CR = 0.0124 < 0.1$ 也满足一致性检验。

计算结果表明 $C_1 < C_2 < C_3$ 所以方案三最优，方案二中等，方案一最差，因此，该车间的设施布局方案确定为方案三。

运用层次分析法得到各方案的得分，层次分析法的评价结果分别为 0.1671、0.2345、0.5984，方案得分最大差异不超过 0.0368，说明这种方法在处理该问题时原理是大体相同的，各层次内指标之间存在相互影响。首先构建了层次分析的结构模型，然后利用层次分析结构模型构建了一个判定矩阵，然后对每一个影响因子进行了单排序、一致性检查、分层总排序和一致性检验，得到了第三个方案为最好的结果，最后得出了方案三为最优方案。

5.2 车间设备管控信息化

目前，石材企业的生产车间已经初步具备一定规模的自动化设备和企业内部信息管理网络，为保证生产设备集成的统一性，应建立数字化车间统一层次模型，并在该模型的支撑下，设计石材车间数字化整体框架。

5.2.1 设计思想

5.2.1.1 垂直集成模型

秉持"两化融合"的路线，结合数字化车间建设的方针，参考其他行业企业数字化标准体系框架，构建如图 5-16 所示石材数字化车间信息集成垂直层模型。

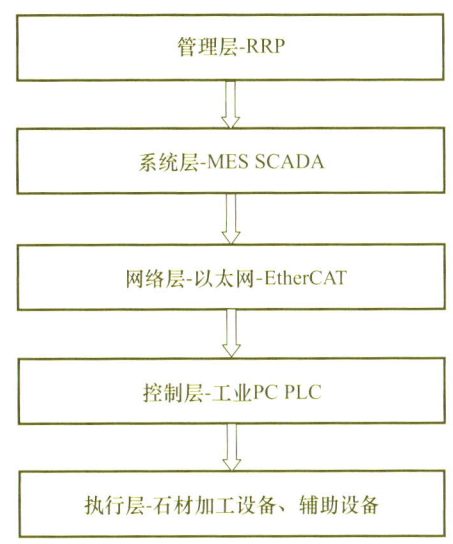

图 5-16 石材数字化车间信息集成垂直层模型

该模型将数字化车间从逻辑自上而下分成如下层次。

（1）管理层。企业常见的 ERP、CRM 系统，其功能是实现企业生产计划分配的自动化、网络化，优化企业生产排产等。

（2）系统层。主要包括 MES、SCADA 系统，其功能是为企业提供制造数据管理，生产调度管理，生产过程信息的采集、反馈、跟踪生产进度管理等。

（3）网络层。以工业以太网、现场总线为主，其功能包括为数字化车间的各层数据传输、交互提供统一网络，运行着相应的协议进行数据交换。

（4）控制层。PLC、单片机、嵌入式 PC 等控制设备，其功能是为石材设备自动化的实现提供控制核心、为各层交互提供逻辑载体。

（5）执行层。多为石材设备单体，包括自动磨抛线、各种切机、上下料机等，是石材数字化车间的最底层受控体，亦是最直接的生产者。

5.2.1.2 石材车间远程监控方案

石材加工企业现场数据采集设备是网络化、集成化的关键技术之一。现场工业总线网络与以太信息网络相融合，该技术的实现基于运行 PLC 双网卡的工业一体机及相应的应用软件系统，它们是实现信息化和自动化无缝对接的桥梁。

基于 iPC 平台的软 PLC 设备（图 5-17 中 runtime + HMI 部分），将采集功能和控制功能有机结合为一体，并利用双网口的方式将石材工业现场的信息与以太网和企业已有的信息网连接在一起。iPC 逻辑上分为现场控制系统和现场信息采集系统，同时作为企业数据服务器的提供端和客户端，大大简化了系统结构，并使数字化车间的垂直集成变得非常容易。以 iPC 为现场工作站的设计硬件核心支持 EtherCAT 协议工业计算机，它以 Beckhoff 公司的自动化软件 TwinCAT 为 EtherCAT 总线的主站，完成组态和控制功能；以 WinForm 软件为数据采集管理系统，并实现数据上传；两系统通过 Beckhoff 公司提供的 ADS（自动化设备规范）协议交互数据。

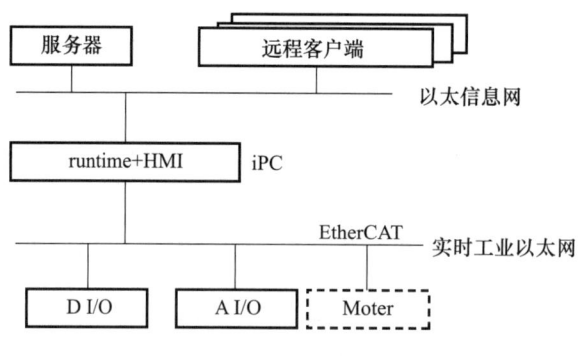

图 5-17　紧凑的网络化集成方案

为实现高速数据采集，系统还需在传统 PLC 系统以毫秒级周期性运行的客观条件下，利用采样方案完成高速数据采集。即每个循环周期内，获取采集模块的等时距数据包，实现远低于 PLC 循环周期的采样率。另外，TwinCAT 作为自动化软件，更擅长逻辑控制和运动控制，故而采集系统亦可拓展为自动化控制系统，在采集数据的同时完成现场控制，比如磨抛生产线等。

5.2.2　石材车间数据监测系统框架

针对石材车间的实际情况，石材车间数据监测系统的网络底层利用支持 EtherCAT 的从站单元连接既有设备，EtherCAT 的开放性使其具备与多种现场总线及自动化设备通信的功能，能有效地将车间既有设备统一接入现场网络中。同时，利用从站单元的输入输出模块能完成对车间设备的状态采集和控制。

使用 EtherCAT 协议可以与石材生产线通信，获取石材生产线的工作状态信息，并且利用 A/D 模块采集石材生产线加工设备的电流、电压等过程物理数据。所有以上信息接入 EtherCAT 子网。该子网以基于 PC 的高性能的工业 PC 为 EtherCAT 主站。该工业 PC 亦为车间现场的子工作站，利用另一个网口接入同一局域网。故而子工作站信息系统和现场总线连接，使两者简单对接。

该局域网同时连接着车间或企业内部的诸多服务器，为远程监控和信息互联提供 Web 服务。除此之外，视频等服务器也接入该局域网，在 Web 中集成车间现场的视频信息。局域网外端通过网关等设备接入其他网络，甚至是互联网，继而实现互联网访问。

5.2.3 PLC 集成方案

工厂中的子工作站采用德国 Beckhoff 公司的基于 PC 的自动化控制软件 TwinCAT 实现了 PLC 的虚拟化，并利用 EtherCAT 得天独厚的技术优势——利用 NIC 作为主站通信模块，实现了整套系统 PC 化，更加易于集成到数字化信息系统中。现场子工作组的逻辑结构如图 5-18 所示。

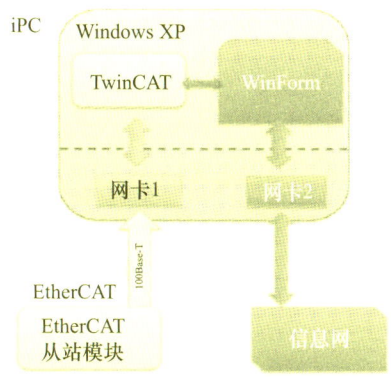

图 5-18　现场子工作组逻辑结构

在 Windows 系统之下有一个 TwinCAT 的实时内核，拥有 PC 系统非常高的优先级，可以在设定的任务周期下，优先完成 PLC 的计算任务，再去完成其他应用程序的计算任务。即将 PLC 和 PC 集成于同一个 CPU 下，同时共享该 PC 其他的硬件资源。石材生产线采集的数字化数据流是从嵌入式的 EtherCAT 从站模块发出，搭载 EtherCAT 的数据帧，在 EtherCAT 网络中循环，使位于子工作站上的 EtherCAT 网卡周期性地获得该数据流，其中利用了 DMA 技术。EtherCAT 集总式数据帧的收发控制完全由位于该 IPC 上的 TwinCAT 实时内核控制。TwinCAT 获取的数据流会存储于该 IPC 的内存系统中，再开发 WinForm 的上位程序，利用 ADS 协议读取 TwinCAT 软件内存中的数据流，转换成 PC 系统能识别的数据格式。该上位程序在获取数据流的同时，完成数据的可视化，并利用该工控机上的另一个 NIC 网卡，将数据上传至局域网中的数据库服务器和文件服务器，使 MES 等信息系统能及时获取石材生产过程数据。

5.2.4 数据流传递

该系统将石材车间设备及其状态信息与信息系统甚至互联网有机连接起来，利用工业以太网等技术实现了车间设备的信息化集成，而系统的组织结构决定了过程检测系统数据流的传递。因采取的是垂直集成方案，生产数据管理系统自下而成数据逐层传递，层次分明。

石材车间现场设备网络处于系统最底层，利用 EtherCAT 从站下挂的各功能模块，连接车间各传感器及控制器，组成车间最底层的设备网段。该网段继而通过 EtherCAT 主站的组态，组成完整的 EtherCAT 实时工业以太网。该 EtherCAT 网络及 TwinCAT PLC 内核可独立工作，实现了车间级的设备控制、通信及状态监控。因采用 PLC 集成方案，传统工控领域的上、下位机的数据交互更易实现。图 5-19 为石材数据传递示意，图中虚线部分所示为 TwinCAT PLC 和上位应用程序在同一台物理设备中，使用进程间通信或其他数据交换协议，比如 OPC UA、ADS 协议，可高速、稳定地进行数据传递。

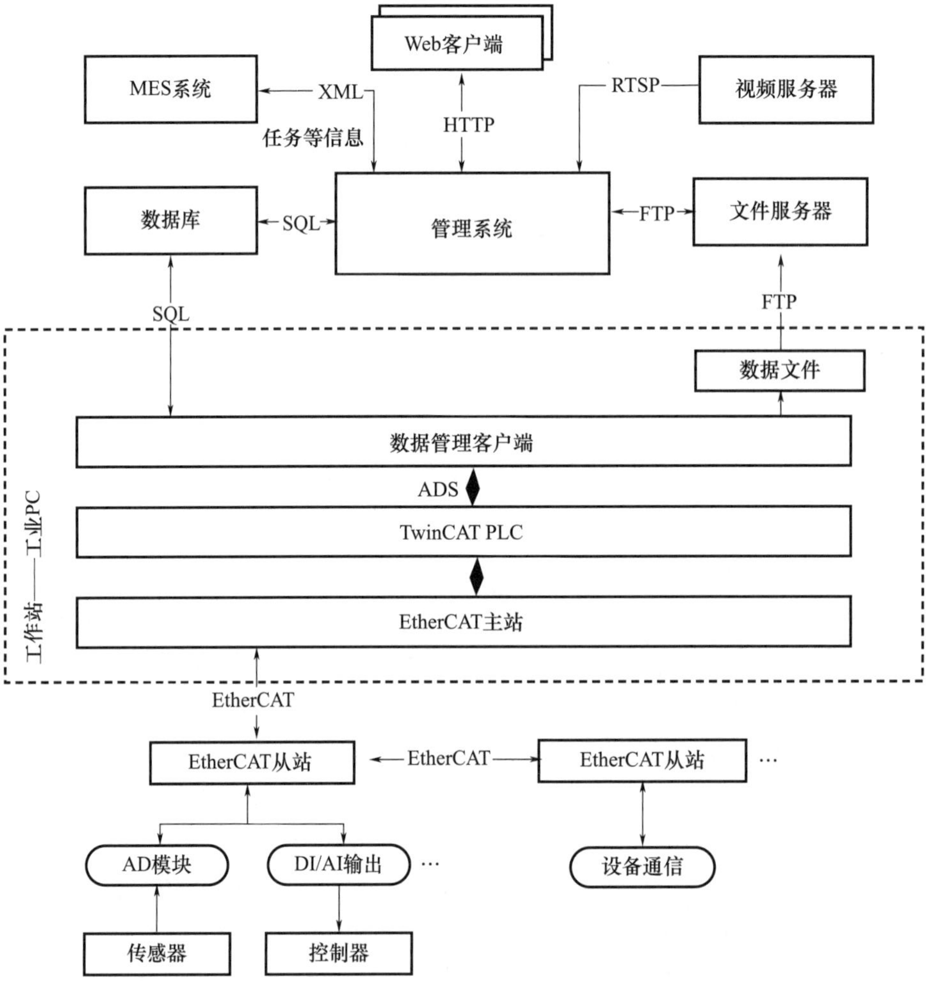

图 5-19　石材数据管理系统数据传递示意

本系统中，石材数据管理客户端软件作为 PLC 的上位应用程序，可与 TwinCAT PLC 内核直接通过 ADS 协议收发数据，包括收取底层上传的过程信息数据，下发控制信息等。与此同时，石材数据管理客户端需将采集的过程数据进行适当处理、显示并存储，至此，现场级的数据采集管理系统功能实现了。

为实现过程数据的网络化监控，实现远程客户的集中式监控，本地客户端通过车间级信息局域网互联，在本局域网中，搭建石材数据管理系统服务器，包括 Web 服务、数据库服务、文件服务,其中 Web 服务使得远程用户利用浏览器访问本数据管理系统;数据库服务是客户端与后端程序进行数据交互的统一接口,客户端程序和 Web 程序共享同一数据库;文件服务为重要的原始采集数据文件提供网络存储,保证原始数据文件不丢失。

因生产过程数据需要与生产任务、车间操作人员等信息匹配,所以,本石材数据管理系统需要周期性地同企业制造执行系统 MES 进行数据交互,其中也包括给制造执行系统提供设备前端数据。

另外,视频服务器作为系统附属单元,给 Web 客户端提供现场环境信息的视频源,使 Web 前端可实现现场视频信息与生产过程数据的匹配显示。

5.3 石材加工物联网技术

5.3.1 MES 系统集成

MES 系统是一套面向制造企业车间执行层的生产信息化管理系统。MES 可以为企业提供包括制造数据管理、计划排程管理、生产调度管理、库存管理、质量管理、人力资源管理、工作中心/设备管理、工具工装管理、采购管理、成本管理、项目看板管理、生产过程控制、底层数据集成分析、上层数据集成分解等管理模块,为企业打造一个扎实、可靠、全面、可行的制造协同管理平台。石材加工物联网与 MES 系统相辅相成,在一般的应用场景中石材加工物联网负责与设备实时通信,实时记录与报警相关等关键信息。石材加工物联网对相关信息处理后,传递给 MES 系统,并与 MES 系统进行归档与业务逻辑处理;MES 系统中的流程会被石材加工物联网的某些事件触发。石材加工物联网执行 MES 中流程控制逻辑、作业参数、配方等信息。石材加工物联网技术流程如图 5-20 所示。

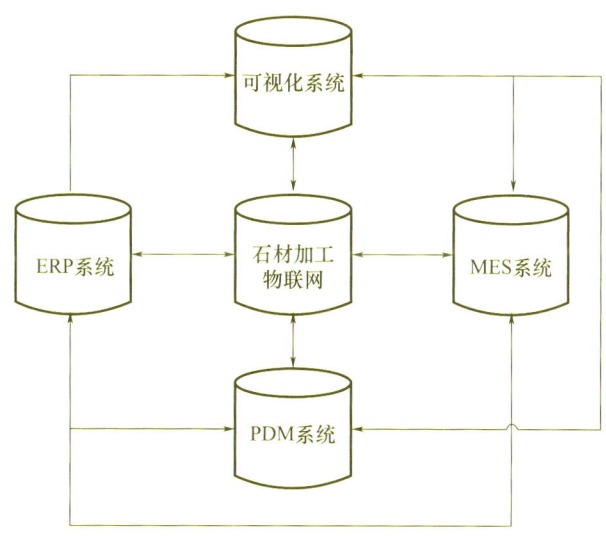

图 5-20 石材加工物联网技术流程

5.3.2 PDM 系统集成

石材加工物联网需要用到 PDM 系统的图文档信息，需要在加工时进行解析对应加工的设备指令，通常使用 PDM 提前准备好的图文档资料，达到扫描即获取当前加工设备指令，快捷、有效地完成加工指令。PDM 包括图文档管理，工作流和过程管理，产品结构与配置管理，查看和批注、扫描和图像服务，设计检索和零件库、项目管理，电子协作，工具与集成件等功能。

5.3.3 ERP 系统集成

ERP 作为石材加工企业的信息化基石，同样在部分单据信息中需要石材加工的具体数据，需要实现数据共享，将石材加工物联网的数据和 ERP 系统的数据进行集成，完成 ERP 系统单据信息精细化、实时化，提高数据的准确性。同时，完成 ERP 系统数据和下延到各石材加工设备中让管理加工过程更加简单、便捷。

5.3.4 智能车间实时数据的可视化

石材加工物联网的应用为智能车间实时数据奠定了稳固的基石，唯有石材加工物联网应用后，才有实时数据，而实时数据又是可视化的基石。可见，石材加工物联网对智能车间实时数据的可视化是不可或缺的。石材加工物联网通过各种方式把设备的实时记录与报警、关键信息对接集成到可视化系统上，便可直接显示车间的实时情况。通过物联感知层获取传感器以及生产设备等的运行状态数据和瞬时异常数据实现设备之间的信息互联；通过传输层将获取的数据向企业异常信息数据聚集服务器和用户终端进行实时推送，在应用层，企业异常信息数据聚集服务器和用户终端将获取的数据进行解析，进而完成对异常故障信息数据的存储并为用户提供可视化监控服务。同时，可视化监控具有检测网络数据传输功能，能够检测并解决网络数据传输失败问题，实现用户无法感知的异常监控与处理。

生产线运行信息数据是实现可视化监控的基础，按照设备信息的分类需要完成对石材数控加工设备、PLC 控制系统以及各传感器系统的相关数据采集。为了保证信息数据采集和控制的时效性和稳定性，生产设备之间采用工业以太网通信的方式进行数据采集，因此针对不同类型的设备需要按照其提供的通信协议接口来完成信息采集。

可视化监控显示模块包括运动设备模型显示、设备状态显示以及报警信息提示。设备状态显示模块包括传感器状态、物料射频识别技术以及 PLC 系统状态控制部分；报警信息实现实时显示加工运输设备、传感器检测环境参数以及 PLC 控制设备状态等瞬时异常报警。

5.4 石材生产智能化信息管理系统整体实现

5.4.1 生产管理系统构成

当前，人造石英石生产线的生产订单大多采用手工方式，包括手动录入订单信息，录入订单物料配方等信息，由此导致在生产中计算工作量较大，且容易出错。另外，由于缺乏对生产过程中的设备数据、订单数据等进行采集记录，现场数据价值没有得到有效利用，难以实现对生产过程的精细化管理。而对于生产线设备厂家，由于没有有效的系统对设备的维保及维修等进行有效记录和管理，导致生产效率低下、管理成本提高。采用石材ERP管理系统可以有效解决上述问题。

人造石英石生产管理系统包括生产管理和设备管理。生产管理包括订单和配方。当厂家得到用户订单以后，根据用户需求进行配方设计。配方设计采用电脑虚拟设计方法，从图案、色彩、成本、工艺、原材料、尺寸等因素出发，经过优化设计达到用户最终满意目标，并给出最佳设计方案和工艺流程。

订单和配方确定以后，通过ERP系统完成如下流程：订单审核→配方审核→投料配置→生产参数配置→生产监控→用料清单→产能。整个系统模块如图5-21所示。

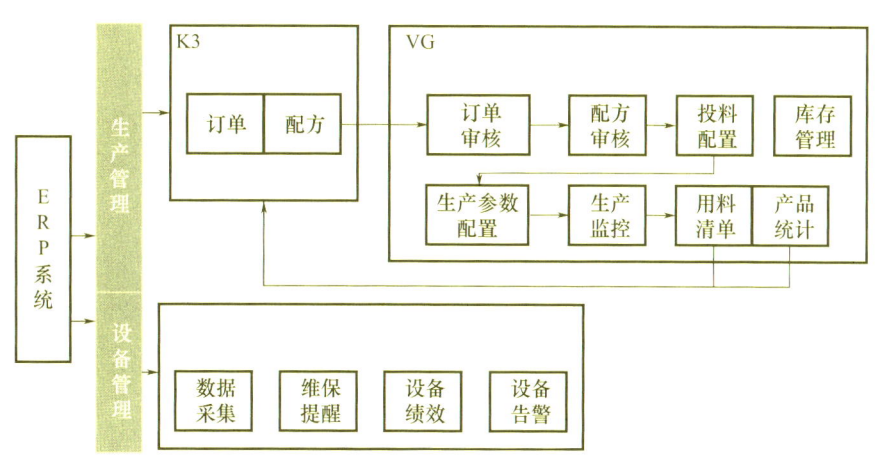

图5-21　ERP系统模块

从图5-21中的流程系统可以看到，ERP系统主要分成两大部分，即生产管理和设备管理。生产管理系统包括K3系统和VG系统，主要包括销售管理系统、计划管理系统、采购管理系统、车间管理系统、仓存管理系统、存货核算系统、成本管理系统和集团分销系统8个子系统，跟踪企业（包括集团内部的）从销售计划到成本分析的生产经营全过程，综合反映企业日常生产经营活动存货、价值流转的物流和资金流循环流动轨迹，累积企业管理决策所需要的管理和控制信息，从而帮助企业将生产经营过程运作升华为完善的"数据、信息、决策、控制、考核"流程的全面企业管理水平。K3 为生产管理系统的一部分，包括用户订单信息和原材料库存、原材料采购等系统。

VG 为生产管理系统，包括订单审核、配方审核、投料配置、库存管理、生产参数配置、生产监控、用料清单和产品统计等。

设备管理系统包括数据采集、维保提醒、设备绩效和设备告警信息。

图 5-22 为佛山慧谷科技股份有限公司开发的石英石板材智能生产管理系统。该系统取代传统手工进行订单统计和投料统计功能，实现设备 PLC 参数与网络系统通信功能，旨在为生产线工人提供信息化下单，提高投料生产效率，减小错误率等。

图 5-22　佛山慧谷科技股份有限公司开发的石英石板材智能生产管理系统

该系统包括设备管理、产线管理、订单管理、班组管理、物料管理、维保管理、仓储管理、PLC 管理、报表管理等功能。人造石英石板材智能生产系统主要有以下 4 方面优点。

（1）订单数据集成。避免人工录入订单的错误和效率低的问题，实现生产的自动化。

（2）订单配方与设备参数同步下发。实现投料防错和物料利用效率数据采集及分析。

（3）系统数据全采集、全统计。实现对生产环节的各项数据分析统计，进而实现数据可视化和优化生产的目标。

（4）对生产线和设备进行统一管理配置。实现设备信息数据的同步更新，设备维保的提醒与加工单下发执行，减小设备故障率。

5.4.2　生产管理

生产管理是生产所需物料的数据通过系统自动计算和汇总流转，有效地减少了差错，同时生产订单相关数据得以保存。尤其是订单的配方可以通过复制引用方式，提高生产订单录入效率。系统通过 PLC 与设备建立通信，使得订单下发时对应设备的控制参数也可同步下发，并且采集回传相关设备数据，生产过程数据可以有效存储和利用，通过对数据的分析统计，形成不同的数据分析报表，为生产优化和效率提升提供数据支撑。人造石英石板智能生产系统同时具备设备管理、维保管理、物料管理和仓储管理等功能，实现对生产线的系统化管理和配置，为车间生产管理提供便利，生产管理流程如图 5-23 所示。

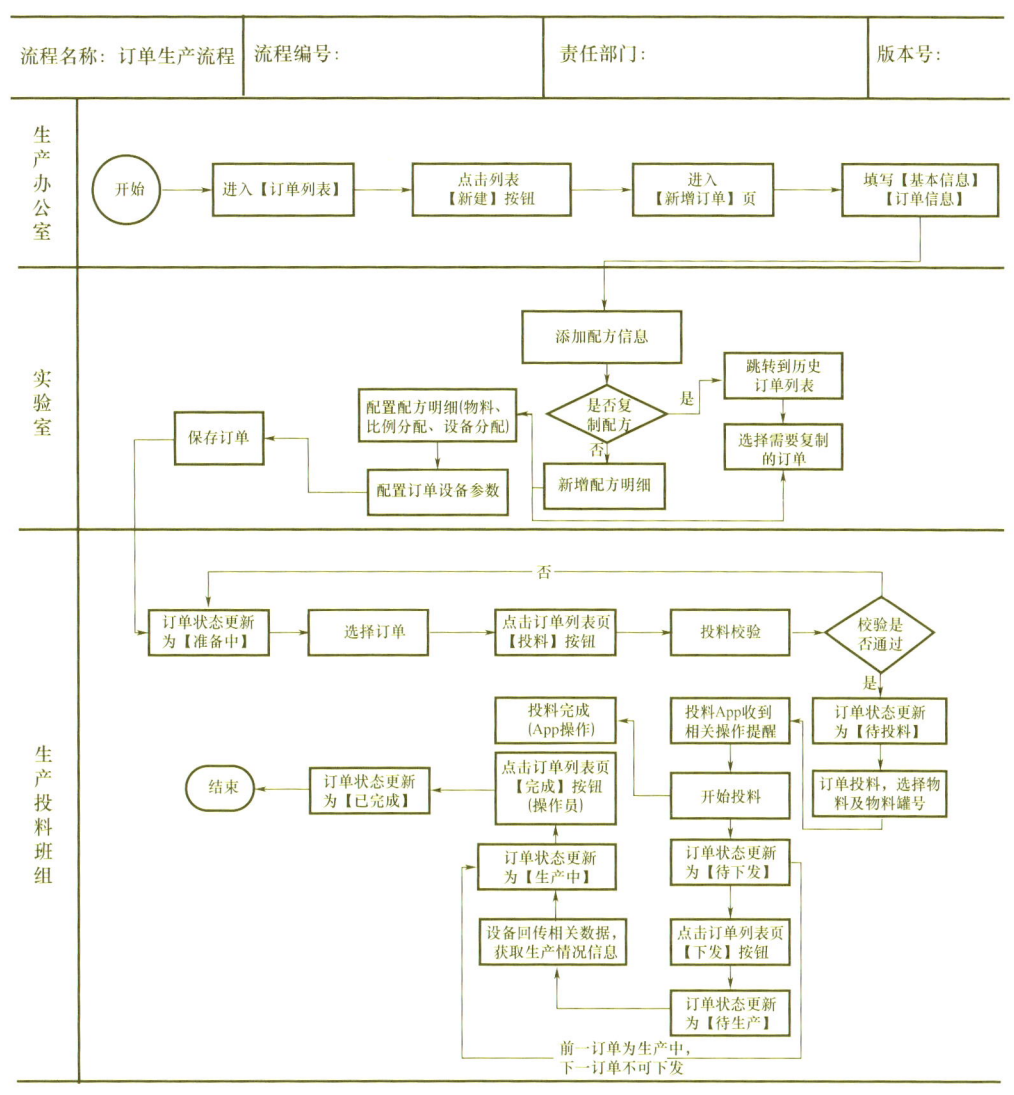

图 5-23 生产管理流程

整个流程基本上都是通过网络完成的。首先生产部门调用用户订单并填写基本信息，如品种、数量、规格、物理化学性能和技术要求等，填完信息后，由系统下发给实验室，实验室根据生产部门的指令完成石英石混合料的配方设计，包括不饱和聚酯树脂、石英骨料、填料、化工助剂、色粉色浆等成分比例。同时要配置生产设备和工艺参数。生产工艺流程包括原料搅拌、打散布料、真空压制、加温固化、定厚研磨抛光、防污增光等。配方设计完成后转入生产车间进行投料生产。

5.4.3 订单管理

ERP 订单管理功能模块主要是查看所有订单的状态，并对订单进行一些状态变更的操作。订单的新建可通过手动录入或者表格导入的形式实现，订单详情包括订单的配方明细和需下发的设备参数，是生产系统的核心功能。

　　订单操作流程如图 5-24 所示。首先从 ERP 主菜单订单管理中导入订单→配置订单信息→订单保存→绑定配方→复制已有配方→配置配方→添加配方明细→保存完成绑定→下发配方→订单校验→PLC 在线校验→数字校验→发送成功。在该过程中的添加配方明细尤为重要，如图 5-25 所示。在明细表中详细列出所需要搅拌机的名称和装载量，同时列出每台搅拌机所添加骨料、树脂、色粉、固化剂和偶联剂的百分比。

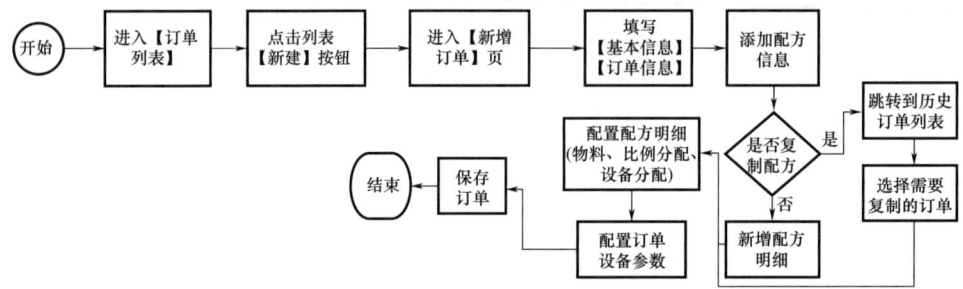

图 5-24　订单操作流程

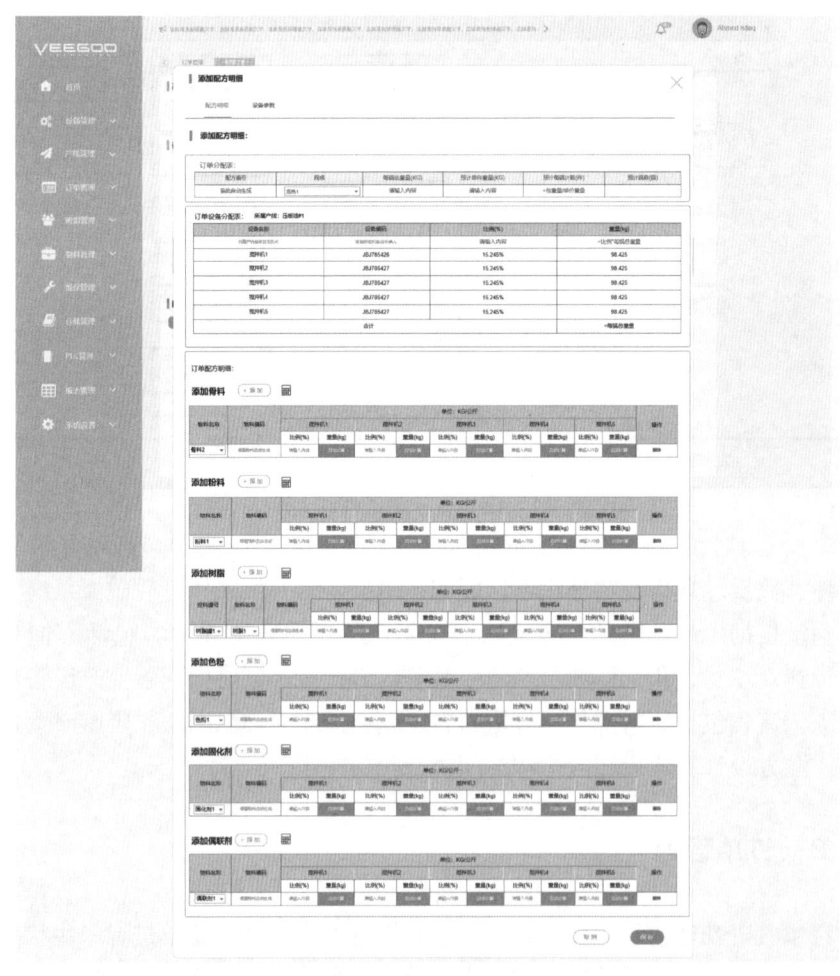

图 5-25　添加配方明细

5.4.4 投料管理

人造石英石 ERP 管理设有投料管理模块。该模块主要功能是对配方明细生成投料单据，并将物料和物料罐进行一一匹配。生产部门通过车间物联网把投料信息传递给现场操作人员，现场操作人员在手机 App 上收到提醒信息后，根据投料单进行物料的投料。按照投料信息要求，人造石英石生产管理系统利用移动设备，指导投料人员进行投料，匹配投料数量、物料信息、投料质量与罐号的对应关系，防止投料与计划不符。投料管理流程包括：投料防错→配置配方→配方保存完成绑定→扫码物料显示物料罐号→扫码罐号→输入投料质量→秤量一次投料→完成投料，其流程如图5-26所示。

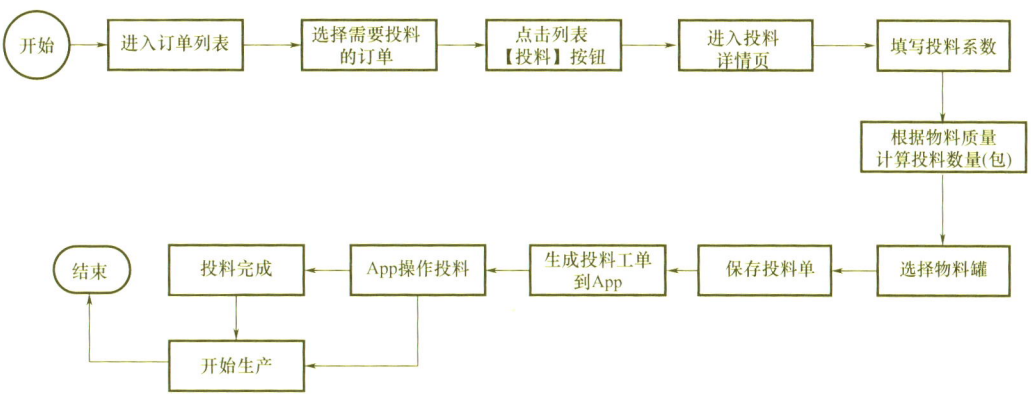

图 5-26 订单投料流程

投料管理可对单一订单进行生产参数配置，也可使用之前生产过的订单参数或者默认设备参数。生产参数主要包括投料搅拌时间、搅拌压力等。投料管理也可以监控生产线在线订单状态。对生产线实际的料耗清单与实际生产板材数量按订单汇总，用于发给生产管理模块结算。对生产线料罐进行系统性的库存管理。人造石英石智能投料由系统依据生产任务和相关设置计算得到，生产过程中依据生产线料耗实时扣减库存，生产结束后生成待退物料清单，帮助生产者高效进行生产切换。整个流程中投料清单最为重要，它是生产和成本结算的依据。投料清单如图5-27所示。清单中包括骨料种类、料粉种类、色粉种类、树脂种类、固化剂种类和偶联剂种类，同时包含各种成分物料的质量和比例。借助该清单很容易计算仓库里的库存和生产质量，便于车间物料管理和生产成本核算。

5.4.5 设备管理

人造石英石 ERP 管理系统支持 Excel 配置表导入或系统内部配置，支持通信地址设置，变量修改等。该系统通过车间物联网与设备进行通信，完成生产设备监控可视化执行。现场设备主要采用传感器和 PLC 控制器，传感器和 PLC 控制器采集现场工况情况，并把工况参数通过无线传输系统上传到互联网，由主机对生产状况进行监控。设备监控

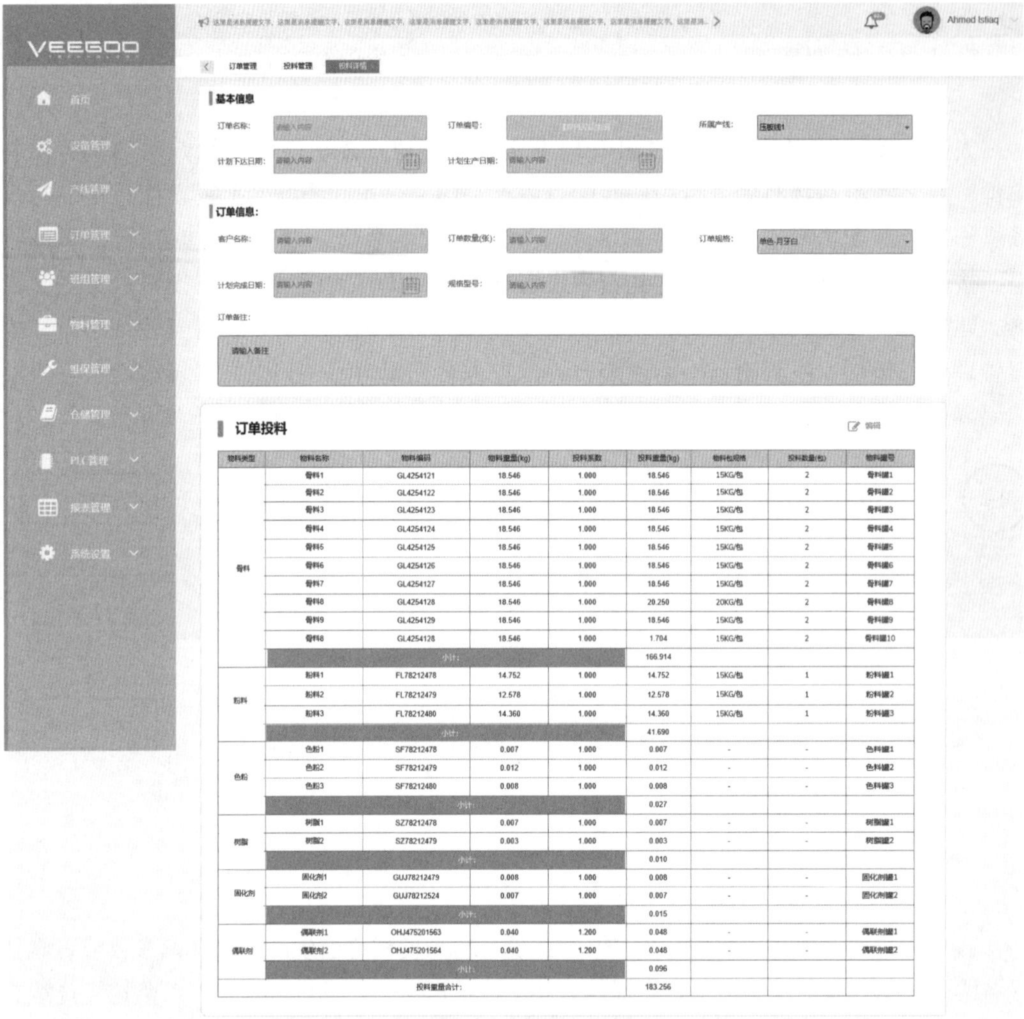

物料类型	物料名称	物料编码	物料重量(kg)	投料系数	投料重量(kg)	物料包规格	投料数量(包)	物料罐号
骨料	骨料1	GL4254121	18.546	1.000	18.546	15KG/包	2	骨料罐1
	骨料2	GL4254122	18.546	1.000	18.546	15KG/包	2	骨料罐2
	骨料3	GL4254123	18.546	1.000	18.546	15KG/包	2	骨料罐3
	骨料4	GL4254124	18.546	1.000	18.546	15KG/包	2	骨料罐4
	骨料5	GL4254125	18.546	1.000	18.546	15KG/包	2	骨料罐5
	骨料6	GL4254126	18.546	1.000	18.546	15KG/包	2	骨料罐6
	骨料7	GL4254127	18.546	1.000	18.546	15KG/包	2	骨料罐7
	骨料8	GL4254128	18.546	1.000	20.250	20KG/包	2	骨料罐8
	骨料9	GL4254129	18.546	1.000	18.546	15KG/包	2	骨料罐9
	骨料8	GL4254128	18.546	1.000	1.704	15KG/包	2	骨料罐10
	小计:				166.914			
粉料	粉料1	FL78212478	14.752	1.000	14.752	15KG/包	1	粉料罐1
	粉料2	FL78212479	12.578	1.000	12.578	15KG/包	1	粉料罐2
	粉料3	FL78212480	14.360	1.000	14.360	15KG/包	1	粉料罐3
	小计:				41.690			
色粉	色粉1	SF78212478	0.007	1.000	0.007	-	-	色料罐1
	色粉2	SF78212479	0.012	1.000	0.012	-	-	色料罐2
	色粉3	SF78212480	0.008	1.000	0.008	-	-	色料罐3
	小计:				0.027			
树脂	树脂1	SZ78212478	0.007	1.000	0.007	-	-	树脂罐1
	树脂2	SZ78212479	0.003	1.000	0.003	-	-	树脂罐2
	小计:				0.010			
固化剂	固化剂1	GUJ78212479	0.008	1.000	0.008	-	-	固化剂罐1
	固化剂2	GUJ78212524	0.007	1.000	0.007	-	-	固化剂罐2
	小计:				0.015			
偶联剂	偶联剂1	OHJ475201563	0.040	1.200	0.048	-	-	偶联剂罐1
	偶联剂2	OHJ475201564	0.040	1.200	0.048	-	-	偶联剂罐2
	小计:				0.096			
投料重量合计:					183.256			

图 5-27　投料清单详情

主要对原材料配比、搅拌、布料、压机、烤箱等工况进行实时监控，统计每台设备生产的实际料耗与生产线每班整体料耗。设备管理系统如图 5-28 所示。设备管理系统中包含每台设备 ID 识别码、每台设备 IP 地址和 PLC 采集接口。现场每台设备上都张贴二维码，此二维码与设备 ID 关联且唯一。现场人员使用手机等移动设备登录管理平台后，扫描设备实物的二维码即可完成在虚拟模型中定位设备、查询后台数据及进行填报等工作。每台设备的 IP 地址并入互联网中，可以通过互联网查询设备工况。IP 设备需对服务器开放协议的读/写功能，服务器通过协议采集设备信息，下发用户的指令，收集执行结果，通过筛选、过滤和存储，并反馈给维护人员所使用的客户端，服务器的存储使用支持大数据的数据仓库，并且根据设备厂商、设备型号和软件版本存储不同的配置指令集合，实现所有 IP 设备维护。设备管理系统中还包含 PLC 采集接口。设备通信模块是信息接口的重要模块，对于通信功能有非常重要的影响，一定程度上关系到设备信息化接口的通信功能。通信接口设计包括以下几点内容：

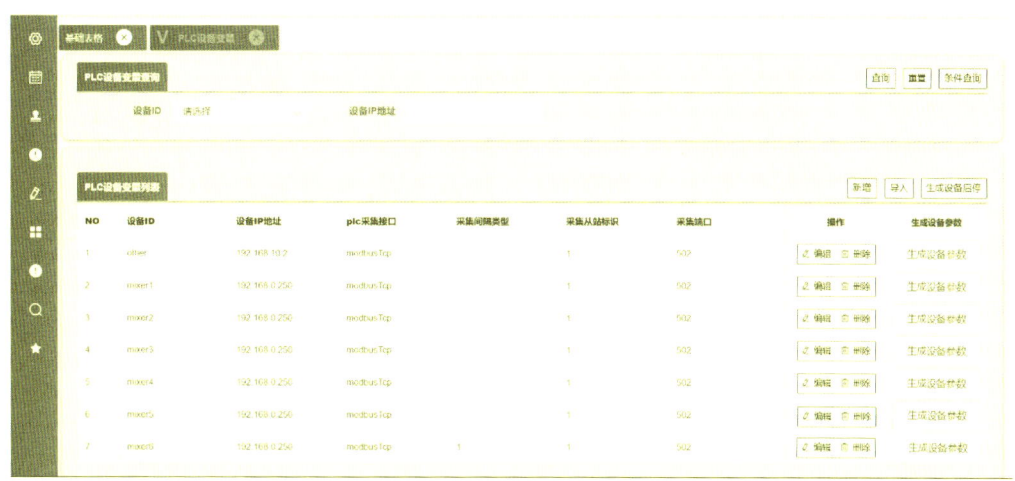

图 5-28 设备管理系统

（1）设备通信接口设计过程中应用以太网交换机作为中枢网络模块，建立了 MCIS 信息化系统与 PLC 控制系统之间的网络通道；

（2）以太网交换机与设备之间建立了程序传输功能的无线网卡，建立了设备与控制系统之间的良好联系，也能够最大限度地实现整个系统的功能连接；

（3）设备系统与 PLC 控制系统中之间增设 I/O 数据传输接口，接口能够最大限度地实现 PLC 系统与设备之间的网络通信传输。构建整体网络通信架构，对于整个系统的信息化功能提升有非常重要的作用。在 PLC 处理程序设计中，主要包括对设备自动运行数据采集、对设备故障进行信号采集、对堵料信号进行采集等，保证信息系统工作运行更加高效。

5.4.6 维保管理

人造石英石 ERP 管理系统包含设备维保管理模块。该模块有维保记录功能和维修工单。维保记录功能可查看系统所有设备的维保记录。其中维修工单由系统创建并指派相应用户负责处理。维保设备有两种提醒方式，一种是按时间周期提醒，另一种是按运行时间提醒。

（1）按时间周期提醒。建立设备提醒项目与自然时间的提醒，采用倒计时的提醒方式，当计时到达设定值，系统弹窗提醒操作人员进行对应的维保处理。处理后关闭提醒，该提醒自动进入下一周期计时。

（2）按运行时间提醒。建立设备提醒项目与运行时间的提醒，采用单次维保运行计时的提醒方式，当计时到达设定值时，系统弹窗提醒操作人员进行对应的维保处理。处理后关闭提醒，该提醒自动进入下一周期计时。新增设备保养计划流程如图 5-29 所示。当设备需要保养时，选定新增维修工单，如图 5-30 所示。

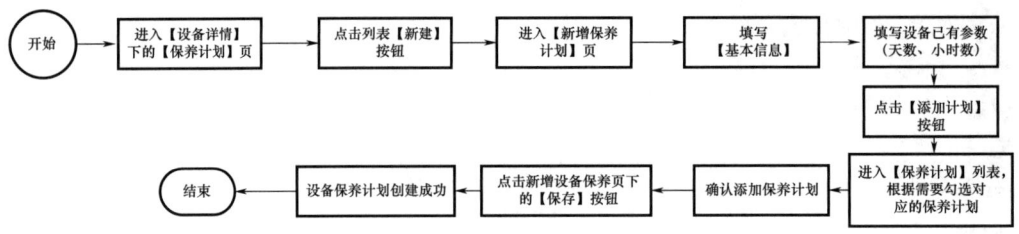

图 5-29 新增设备保养计划流程

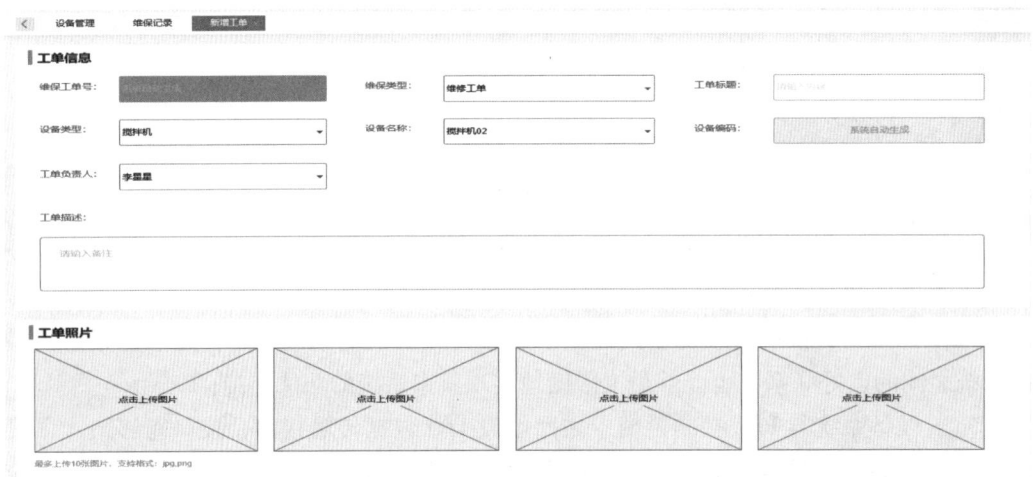

图 5-30 新增维修工单

6 石材制品智能化生产案例

6.1 石材制品智能化生产系统

福建盛达机器有限公司开发的 E500 石材智能加工设备，除了在技术上具有创新外，在设备性能上较传统的加工设备也有一定的突破。E500 石材智能加工设备的诞生，把石材行业的加工技术向前推进了一步，为中国石材加工业的发展提供了技术和装备支持。E500 石材智能加工设备是石材加工发展的必然产物，打破了传统的石材加工模式，走在了智能平板切割技术的前沿，其主要特点如下：

（1）现代建筑的内外墙面和地板设计中，以颜色搭配、整体协调性为主流，对于天然石材的色差和瑕疵的规避以及优化要求很高。特别需要纹路对缝的订单，给石材加工增添了很大难度。而 E500 石材智能加工设备的诞生，完美地解决了这些问题。在加工前就可以看到最终的加工效果，而且可以随意修改，排板方便，可节约设计成本和加工成本。

（2）随着时代的发展，石材加工厂的加工成本越来越高，对于石材操作工的要求也越来越高，但是采用传统的加工工艺很难解决这个问题。而 E500 石材智能加工设备的出现可以很好地解决这个问题。首先是利用专用软件，已经不需要操作工现场排板，专业技术人员在后台做好排板，而操作工只需要熟练掌握该操作流程，就能完成过去复杂的工序操作。同时，系统配备有相机定位和真空吸盘等辅助装置，不需要人工在石材切割过程中接触板材，由机器连续完成，大大提高了效率，其切割效率是传统石材切割设备的两倍。

（3）传统加工方式的大板仓储和成品管理都很烦琐，必须做出很多标记，完全依赖人工记录，而且出错率较高。E500 石材智能切割设备则能解决这个问题。大板在扫描后，每一块板材都有一个专属 ID（二维码），板材被贴上条码后，所处的仓储位置都有记录，并利用云端来管理。大板加工后的成品，每一片都有一个专属二维码，记录了材料名称、工程号和位号，细分到这片板是否需要再加工，属于什么工程的什么部位的第几片，万一有损坏或者丢失，可以从工程单里调出信息，匹配到几乎与原来材料一致、花色接近的成品。E500 石材智能切割设备在板材物料管理上具有很大的优势。

6.1.1 盛达机器卫仕 E500 智能切割生产线

6.1.1.1 E500 智能切割生产线概况

传统的石材加工工艺已经满足不了现代设计方案的加工需求，尤其是那些加工精度要求高、三维效果突出、多种材料拼接、加工效率高、整体追纹效果好的工程需求，采用 E500 智能切割生产线即可以解决上述问题。

E500 智能切割生产线有一套平板智能切割方案，可以应用于各种工程所用的内外墙石材、室内室外地面石材的平面拼接设计和加工。客户只要提供设计方案，在加工前就能看到对应的加工石材真实效果。E500 智能切割生产线，首先是将成品大板通过专用的扫描设备数字化，上传至云端，通过排板软件对每片拥有了独立 ID 的板材进行规划并上传保存到云端。在任何一台已经绑定的智能切割机上，只要扫描到任何一片成品板的 ID 号（二维码），石材切割机的软件界面就会自动从云端导入与这片板对应的加工方案并自动匹配完成切割，切割完成后自动转入后续的加工工序中。

6.1.1.2 E500 智能切割生产线组成

E500 智能切割生产线由硬件部分和软件部分组成，整体结构包含如下：

（1）大板扫描生产线；
（2）大板云仓库；
（3）石材智能规划软件；
（4）石材制造云平台；
（5）石材板自动上板机；
（6）自动进板工作台；
（7）切割主机（四轴联动的运动控制数控系统）；
（8）切割编辑软件；
（9）视觉系统（辅助定位）；
（10）打印系统（辅助打印标签）；
（11）真空吸盘组（辅助移动板材）；
（12）成品送料传输平台。

6.1.1.3 大板扫描生产线

智能切割生产线首先将石材板通过扫描数字化，然后将每一片已扫描的板材信息传送到云仓库，以方便客户在云仓库里任意挑选对比，不需要花费大量的时间和人力去翻看大板实体就能完成选择过程。同时在排板软件中也可方便调用板材进行预排板。

扫描生产线由自动上板机、自动进板过渡架、扫描主机、自动出板过渡架、自动下板机和电气控制柜组成，如图 6-1 所示。自动上板机把大板输送到工作台前面，自动进板机由启动电机带动滚筒把板材输送到扫描主机下面，扫描主机对大板进行图形采集，图形采集完的大板再由自动出板机把板材输送到自动下板机上面，由自动下板机把板材送回货仓，由此完成一个大板的信息采集过程。

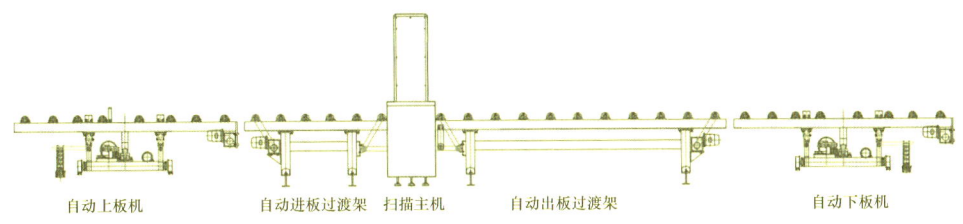

图 6-1　大板扫描生产线组成

6.1.1.4　大板云仓库

大板扫描后在板材的边缘自动贴上 ID 标签，放入指定货架，供后续设计和切割调用。同时标签会自动上传到客户注册的云仓库账户上。客户扫描板上的独立 ID 编号，就可以查看板材的品名、规格、产地、颜色等信息。

保存到云仓库的所有板材，都可以随时在管理软件上调出、查看或规划加工方案。石材板云仓库架构如图 6-2 所示。该仓库包括库存统计、入库历史、入库明细、标签打印、码单导出、图片查看等功能。

图 6-2　石材板云仓库架构

6.1.1.5　石材智能规划软件

完成石材板图样采集后，可以从石材板云仓库里调取石材板进行加工。石材智能规划加工 CAD 软件可以智能规划切割路径，以取得最佳切割方案。首先从云仓库导入一张待切割板材的扫描图片，并把图片作为背景，按照客户需求进行排板，并保证极高的出材率。通过板材的图案可以规避瑕疵，也可以在不同区域或不同板材之间做到追纹效果。板材规划界面效果如图 6-3 所示。通过实体板材图片可以看到装饰效果，也可以从中看到规划加工路径和排样效果。在石材 CAD 软件规划完毕后，把保存方案上传到石材制造云平台，石材切割机就可以直接扫描大板 ID 码，调用匹配加工方案。

6.1.1.6　石材制造云平台

石材制造云平台可以采用手机 App 管理云平台，每家企业都有一个主账号，可以邀请多个普通账号，规划好切割方案的板材都要上传到主账号上进行统一分类管理。石材制造云平台可以添加多台石材智能切割设备，并且根据不同权限，为这些设备领取加工板材，实时显示所有板材的加工状态，为石材智能切割的管理提供了保障。石材制造云平台主界面如图 6-4 所示。石材制造云平台包括未加工板材数量、当日切割板材长度、本月切割板材长度累计、已出库的板材数量、已完成板材加工数量的百分数、上传的设计图案和板材加工图案等信息。在石材制造云平台上，有各种不同的工程项目，可以显示其状态。

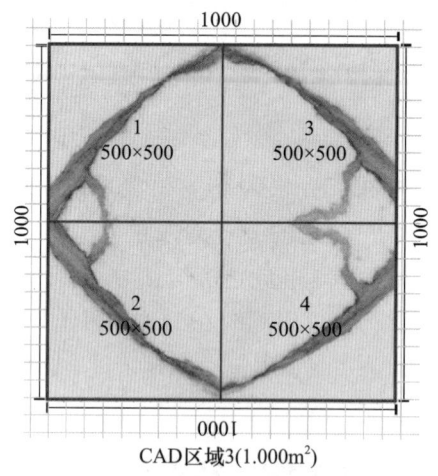

图 6-3　板材规划界面效果

图 6-4　石材制造云平台主界面

6.1.1.7　石材板自动上板机

仓库储存的板材，在规划好加工方案并上传到石材制造云平台后，就可以转入对应的领料设备上料口，并放在立式支架上等待加工，如图 6-5 所示。自动上板机通过液压系统和电力系统把待加工的大板传送到自动工作台上面。

6.1.1.8　自动进板工作台

当主机给出加工需求信号后，自动上板机把标有 ID（二维码）的板材传送到进板工作台，进板工作台启动电机，通过橡胶传送带把板材送入加工工位。板材在加工区完成切割任务，如图6-6所示。

图6-5　自动上板机及待加工板材

图6-6　自动进板工作台

6.1.1.9　切割主机

切割主机是整个智能切割生产线的主体，对进入加工区的板材进行拍照采集、扫码识别、调用加工方案、自动匹配，按需完成规定的操作。主机包括主工作台、横梁和纵梁、切割头等硬件，切割头可以完成 X、Y、Z、C 四轴切割运动，如图6-7所示。切割运动完全由程序控制。

图6-7　切割主机

6.1.1.10　石材切割软件

石材切割软件包含智能切割所需的辅助软件、运动控制系统和加工软件。它们在智能切割过程中相互协作通信，完成从板材的调入到相机拍摄匹配，生成加工代码到执行切割的全部流程，具体流程如图6-8所示。

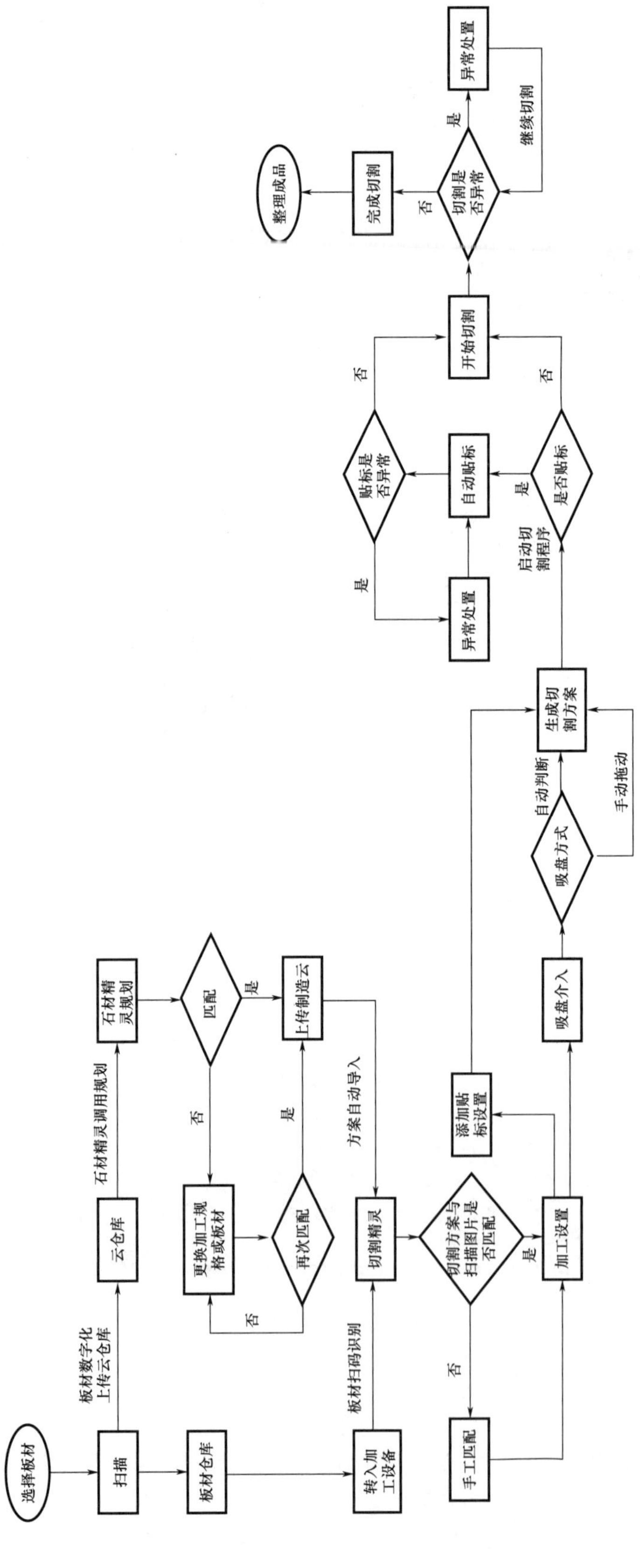

图6-8 智能切割软件的工作流程

6.1.1.11　视觉系统

每一片等待加工的板材都会有一个已经在切割软件中规划好的加工方案，任意一片板材被送入加工工作台后，都要通过设备上方的相机拍照并使用二维码识别设备扫描这片板材的 ID（二维码），之后，系统才能将这片板与前期确定好的加工方案匹配，完成后续加工。

6.1.1.12　打印系统

为了方便成品板材或半成品板材的管理以及后续的工序，在智能切割机的工作流程中，可以选择是否给这些切割好的成品（或半成品）进行打印并自动贴上二维码标签，只有选择了打印标签，系统才会自动生成打印坐标和标签，标签信息包含这片板的工程编号、规格等条码、二维码和字符串等，通常是打印好标签再切割。打印机和标签信息如图 6-9 和图 6-10 所示。

图 6-9　标签打印机示意图

图 6-10　标签信息

6.1.1.13　真空吸盘组

智能切割生产线的加工特点是可以提高出材率，或因为特殊的加工，需要在切割过程中自动移动板材，以达到避免相互干扰的目的。因为在排板过程中有纵横向切割，如果切割完横向板材再切割纵向板材，容易切割到相邻板材，因此需要把相邻板材移走，只剩下待切割的纵向板材,由此需要真空机械手来完成此操作。真空机械手完全由程序来控制,它可以把移走的板材重新复位。系统通过被移动的板材大小和位置,自动判断需要什么组合的吸盘组才能合理地完成移板动作,组合规则是使用合适的吸盘把目标板材吸附好并提起移动到目标位置后放下,同时保证不移动的部分不会被吸附或被干涉。真空吸盘移板如图 6-11 所示。

图 6-11　真空吸盘移板

6.1.1.14　成品送料台

板材完成切割后,主机发出下一片板材的进板指令后,加工好的板材会自动传送到产品送料台,同时在进料工作台上待切割的下一片板材会同时送入加工区,进行下一轮循环。

成品送料台有多种出料模式:有人工搬离成品后板材自动推送到搬运区;有人工搬离成品后板材手动推送;还支持机械手自动取料放入后续流水线。

6.1.2　石材加工流程案例

天然石材加工的痛点就是瑕疵的规避,往往一张很好的板材,会因为一处或多处瑕疵的出现,使这些本来价值不菲的天然板材大打折扣。随着设计理念的变化,加上智能加工技术的出现,往往可以变废为宝,把让人头疼的瑕疵通过一定的排板方式去掉,使板材具有一定观赏性和设计美感,同时增加板材自身价值,提高板材利用率和成材率。同时利用板材的纹理装修价值,提高板材的美感和艺术效果。如果按照传统的人工排板和加工很难实现追纹效果,而采用智能排板和加工就可以很容易地解决这些问题。

现以一个需要追纹的背景墙加工为实例,对从选材到规划直到最后完成切割做一个详细介绍。

6.1.2.1　板材扫描

首先在板材仓库找到 4 片纹路结构相似的板材,通过扫描后分别贴上具有板材信息的二维码标签。扫描后的大板如图 6-12 所示。

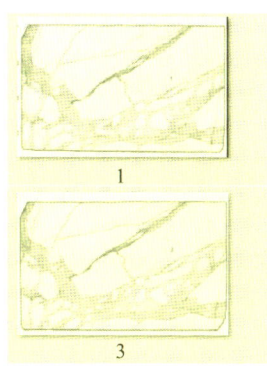 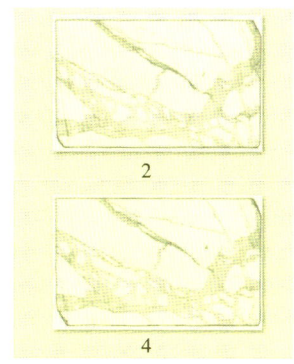

图 6-12 扫描后的大板

通常将打印好的标签贴在板材的边缘，扫描后的板材将集中放入板架，在板材的侧面和正面都能看到二维码，方便找到相应板材。

扫描仪扫描后，将对板材的轮廓、颜色和纹路等一些基本特征进行保存，保证在规划的时候调用的扫描图片与实物的颜色或物理尺寸对应。

扫描仪要配备一台工业电脑，安装扫描软件，可以对图像进行处理和数据上传。整理分析图片/数据并输入到石材云仓库，进行入库审核，由此完成板材图像采集管理工作。

6.1.2.2 加工方案规划

板材扫描的目的就是要提前对板材进行预排板，打开电脑预装好的石材软件，双击图标登录对应的账户，就可以在石材软件里面找到之前已经上传的板材图片信息，如图 6-13 所示。

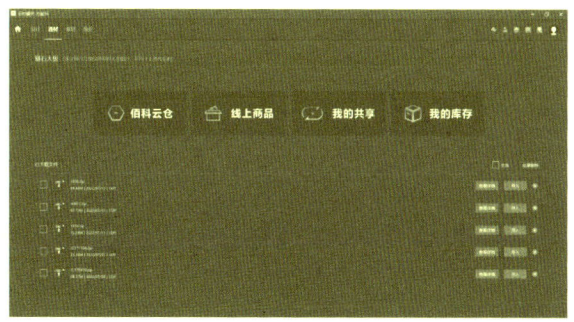

图 6-13 图片导入

找到前面扫描好并上传的 4 张图片，对这 4 片板进行排板，排板方式如图 6-14 所示。

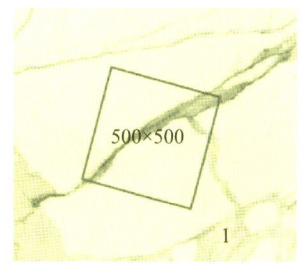 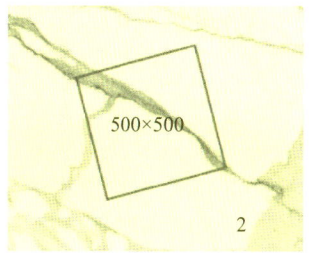

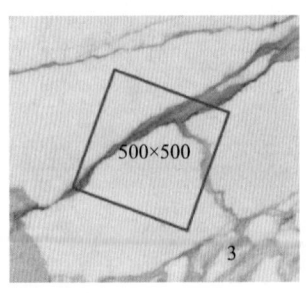 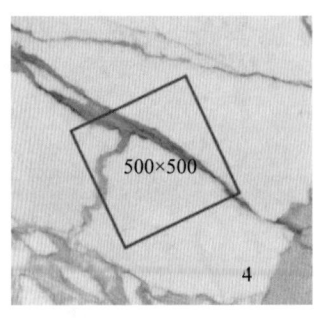

图 6-14 排板方式

对上述4块大板进行背景墙设计，并进行不同顺序的组合，效果方案如图 6-15 所示。从效果图中可以看到4张板材完整地形成了两两纹理相接构成的 $1m \times 1m$ 背景墙。采用该软件可以组合成很多种设计方案供用户参考，待用户选择方案后，直接上传至制造云等待切割调用。

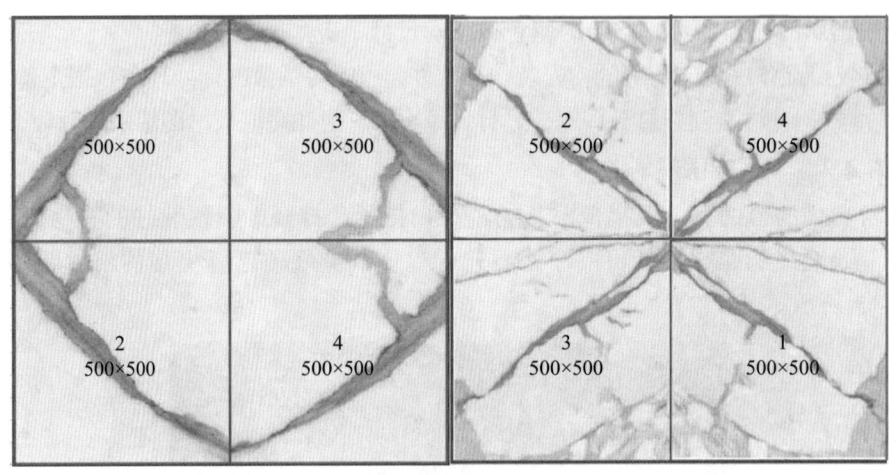

图 6-15 设计规划效果

6.1.2.3 领料加工系统

企业的管理员账号可以供多个操作者使用，根据权限对公司的待加工项目进行管理。同时对已经绑定的加工设备进行任务分配，对出现异常的设备或者项目进行调配或标记，科学地使整个加工体系效率最大化。操作者以手机号注册制造云账号，在制造云 App 登录后即可进行生产，登录界面如图 6-16 所示。该系统可以通过安卓系统也可以通过苹果系统进行登录。系统包括邀请同事、项目查看、领料生产、设备异常标记等内容。

根据工作的需求，可利用不同手机号授权注册制造云子账号，通过制造云主账号邀请同事进入，可根据权限对云仓库进行管理、加工设备领料等操作，实时显示云仓库板材的状态和各加工机床的状态。在手机上注册好账号并登录后，首先要找到上传好的项目文件，并对相应的加工机床进行领料操作，才能在这台机床上加工。

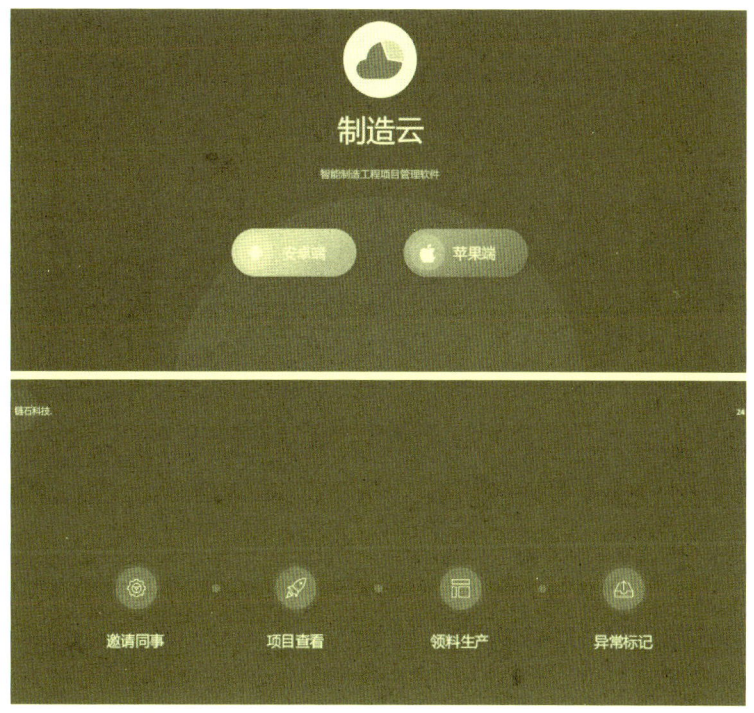

图 6-16　制造云 App 界面

6.1.2.4　加工材料就位准备加工

将已经扫描并规划好加工方案的 4 片板材吊装到已经领料操作的 E500L 机床的上料区，等待切割。

6.1.2.5　开机

E500L 是一款多功能协作完成的体系，各种应用软件相互协作，按照系统提示打开所有的应用软件，同时打开底层运动控制系统电脑，并登录账号。整机进入一个互联的准备状态。

6.1.2.6　上料

将自动上板机和进料工作台控制端切换至自动状态，自动上板机开始运行，流程如下：

（1）自动上板机开始翻转工作台，通过传感检测位置，自动识别板材位置，取板；

（2）上板机取板后自动返回并将工作台回转至水平状态，等待进板信号；

（3）自动上板机得到送板信号后，开始将板材送入传送皮带，板材通过进料工作台，传送至加工区等待主切割机扫码识别。

6.1.2.7　匹配加工方案

打开智能切割软件并进入主界面，第一片板材进入加工区后，使用手持式扫描枪扫描板材边缘的条码标签，这时智能切割软件采集到板材条码信息，等待相机拍照，如图 6-17 所示。

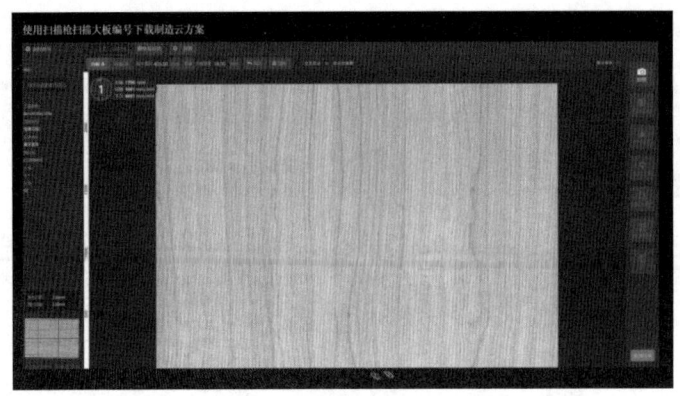

图 6-17 扫描枪扫描板材边缘

拍照后，工作台主画面将显示板材在工作台实际位置的照片和导入的切割方案，如图 6-18 所示。

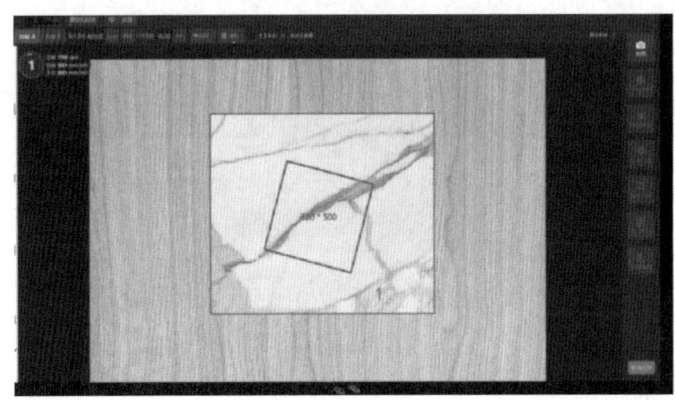

图 6-18 方案匹配

将切割方案与原图进行匹配，如图 6-18 所示。在匹配的过程中，追纹产生的位置或角度可能有偏差。可以将方案进行原图与拍照图交叉显示确认，同时可以将加工方案进行位置移动或旋转，以达到最佳匹配效果。

6.1.2.8　生成加工路径

通常板材匹配好后，需要对加工方案进行裁切编辑，因为各种规格板材排在一起，会有干涉现象，在编辑裁切方法时，要考虑吸盘移板，定义不同的裁切方式，如贯穿切割等。若一片板材需要达到追纹效果，只需要在规划好的位置切割一个矩形，直接正常切割即可，路径如图 6-19 所示。

6.1.2.9　开始切割

加工方案确认后直接点击方案生成。这时可以使用模拟切割功能演示切割路径是否正确，如果发现错误，可以重新进行裁切方案调整。确认无误后，按下启动键，机器开始切割，直到完成板面所有切割路径，机器会自动回到参考点，等待下一片板材的装载。

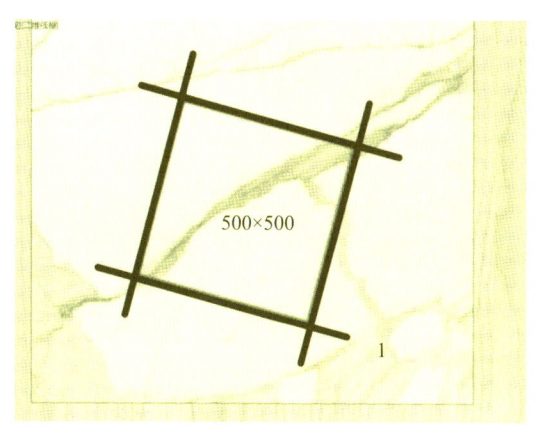

图 6-19 切割路径

6.1.2.10 自动出料进板

第一片板切割完成后,长按自动进料按钮,主工作台启动,将板材切割的成品送入出料工作台。当上一轮的成品还没有完全送达出料工作台,第二块板材过早地进板,将导致进板到达切割区时需要在自动翻板机上等待,延时到第二块板材送入进料工作台完成。只有第一片板材成品完全离开切割工作台,第二片板才能到达切割区,这时自动上板机开始取第三片板,如此循环,直到第四片板全部切割完毕并送出切割区。

6.1.2.11 成品拼接效果

将 4 片切割好的板材拼接在一起,得到的效果与石材智能软件效果一致,如图 6-20 所示。

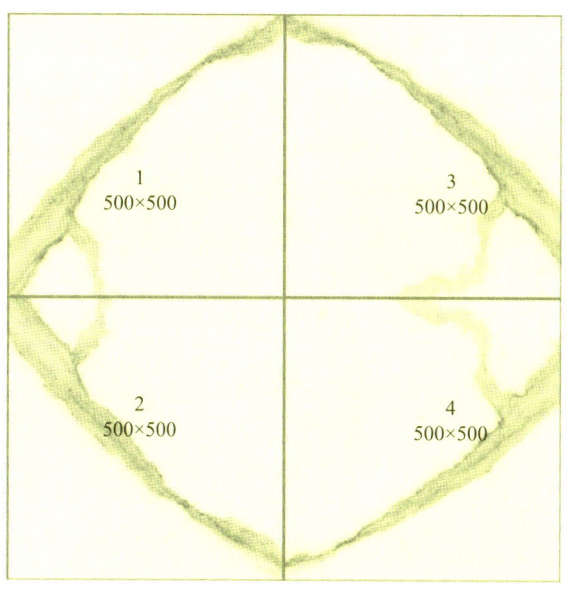

图 6-20 成品拼接效果

6.2 石材板自动扫描系统

6.2.1 石材扫描工作原理

6.2.1.1 扫描方式的种类与原理

通常所说的扫描仪，是利用光电技术和数字处理技术，以扫描方式将图形或图像信息转换为数字信号的装置。扫描仪通常被用于计算机外部仪器设备，通过捕获图像并将之转换成计算机可以显示、编辑、存储和输出的数字化输入设备。

石材扫描仪一般采用图像传感器（CIS）、红外线过滤技术，因不受光线、场地的影响，扫描出来的图片清晰度高，无色差，可用于替代石材样品进行装饰设计和产品宣传。

6.2.1.2 扫描方式优缺点对比

扫描分成连续扫描和步进扫描。

（1）连续扫描优点。可以用测角仪从起始的 2θ 到终止的 2θ 进行匀速扫描，并且通过每隔多少度取一个数据点。扫描速度是指单位时间内测角仪转过的角度。其缺点是不当的组合会引起衍射峰强度的降低、衍射峰型不对称或峰位向扫描方向一侧移动。连续扫描一般用于做较大 2θ 范围内全谱的扫描，适合于定性分析。

（2）步进扫描的优点。可以将扫描范围按一定的步进宽度（0.01°或0.02°）分成若干步，在每一步停留若干秒（步进时间），并且将若干秒内记录到的总光强度作为该数据点处的强度。其缺点是步进扫描不使用计数率计，有滞后效应。

连续扫描的其他方式是定速连续扫描。定速连续扫描以角速度比为1∶2的关系匀速转动。在转动过程中，检测器连续地测量 X 射线的散射强度，各晶面的衍射线依次被接收。计算机控制的衍射仪多数采用步进电机来驱动测角仪转动，因此实际上转动并不是严格连续的，而是一步一步（每步 0.0025°）的跳跃式转动，在转动速度较慢时尤为明显，但是检测器及测量系统是连续工作的。

连续扫描的优点是工作效率较高。例如以 2θ 每分钟转动 4°的速度扫描，扫描范围从 20°~80°的衍射图 15min 即可完成，而且也有很好的分辨率、灵敏度和精确度，因而对大量的日常工作是非常合适的。

6.2.2 板材扫描设备

6.2.2.1 扫描设备工作原理

智能扫描仪是一款用于采集石材板图像的设备，大板实现了数字化，是整个智能制造的基础。

扫描仪由分析系统、自动量尺、尺寸确认、标签打印、码单导出、石种管理6大模块支撑，完成上板、下板、贴标签等操作。

6.2.2.2 石材扫描设备特点

石材智能扫描仪采用自由被动线架设计，最高速度1.0m/s，不影响任何磨机的产能，能连续不间断地采集不大于4m×2.2m的大板图像，并且拥有高清相机，大板图像还原度可以达到95%以上。其同时搭载AI智能量尺系统，自动扣尺和量尺，免去人工丈量，省去用工成本，且尺寸精准高，误差值≤0.25mm。

6.2.3 图像处理技术

6.2.3.1 图像属性分析

图像的基本属性由像素、分辨率、大小、颜色、位深、色调、饱和度、亮度、色彩通道、图像的层次组成。图像的分辨率是指单位打印长度上的图像像素的数目，表示图像数字信息的数量或密度，决定了图像的清晰程度。在同样大小的面积上，图像的分辨率越高，则组成图像的像素点越多，图像的清晰度越高。例如，一幅分辨率为72dpi的1英寸×1英寸（1英寸=2.54cm）的图像，包含的像素数目为5184，而一幅分辨率为300dpi的同样大小的图像，包含的像素数目则为90000。由于高分辨率的图像在单位面积上含有更多的像素，所以在打印时能够比低分辨率的图像更好地表现图像的细节和微妙的色彩。

石材扫描仪对透光板材如玉石扫描时，应控制透光性，才能把图像更好地还原。对背景无杂色如纯白色石材或黑色石材，扫描仪将自动切换背景，如扫描黑色板材时将换成白色背景，扫描白色板材时将换成黑色背景。

6.2.3.2 图像各属性处理技术

图像处理主要包括图像数字化、图像增强和复原、图像数据编码、图像分割和图像识别等。图像数字化的内容包括两个方面：采样和量化。图像在空间上的离散化称为采样，即让空间上连续变化的图像离散化。对样点灰度级值的离散化过程称为量化，也就是对每个样点值数码化，使其只和有限个可能电平数中的一个对应，使图像的灰度级值离散化。

图像增强的目标是通过处理图像，提高图像重要细节信息或者目标的辨识度，使其比原始图像更适应特定应用。图像增强的作用如下：

（1）锐化图像的特征（如边缘、边界）使得图像更利于分析；

（2）不增加图像的信息内容，但是增加特定特征的动态范围，使该特征更容易被检测和识别。

图像复原，即利用退化过程的先验知识，恢复已被退化图像的本来面目。图像在形成、传输和记录中，由于成像系统、传输介质和设备的不完善，导致图像质量下降，这一现象称为图像退化。图像退化的 3 种现象为图像模糊、失真、噪声等。

图像编码也称图像压缩，指在满足一定质量（信噪比的要求或主观评价得分）的条件下，以较少比特数表示图像或图像中所包含信息的技术。JPEG 压缩分 4 个步骤实现：（1）颜色模式转换及采样；（2）DCT 变换；（3）量化；（4）编码。

图像分割是图像分析的第一步，是计算机视觉的基础，是图像理解的重要组成部分，同时是图像处理中最困难的问题之一。所谓图像分割，是指根据灰度、彩色、空间纹理、几何形状等特征把图像划分成若干个互不相交的区域，使这些特征在同一区域内表现出一致性或相似性，而在不同区域间表现出明显的不同。

石材扫描仪搭载 AI 智能量尺系统的优势如下：自动扣尺和量尺，免去人工丈量，省下用工成本，且尺寸精准，误差值≤0.25mm；图片清晰，存储要求小；自动生成数据，自动导出码单；生成专属 ID，大板信息通过扫描二维码可查到，若标签损坏，可重新打印。

石材扫描仪开机，自动进行上板、扫描、下板等工序过程，将图片/数据上传至石材云仓库进行分类管理，操作过程简单便捷，无须人工介入。操作员或数据管理员对石材板尺寸校正与确认，并整理分析图片，把数据输入石材云仓库后进行入库审核。

6.2.4 优化排样问题

6.2.4.1 按最大出材率优化

石材扫描仪除获取石材板图片信息外，还具有对大板进行自动排板优化功能。自动排板可以节省大量设计时间。石材板优化排板分为均质排板和纹理排板。所谓均质排板，主要是指对色彩均匀、表面没有图案的板材进行排板。而纹理排板指对具有明显图案的石材进行排板。对于石材板面纹理无要求的大板可以进行快速处理，可以精确计算规格板尺寸和石材大板加工轨迹，其操作步骤如下：

（1）选择切割机型号，不同型号切割机计算裁切方式不同；
（2）石材板图和区域都会出现选择按钮，勾选石材板和设计区域选项；
（3）点击左上角自动排板再点击确定即完成。

在排板过程中，点击自动排板，选择自动排板模式，勾选已导入的大板图片以及规划设计好的区域，即可点击自动排板，系统会根据内部算法，按照最大出材率进行排样，如图 6-21 所示。

从图 6-21 可以看到，排板时首先从大板库中调出所要裁剪的大板，这里面包含大板的规格和名称。然后从装饰设计区域中调出所要加工工程板的规格和数量信息。排板系统将对大板进行优化排板，直至给出最佳排板方案。在大板排板过程中，还要考虑切割板材的锯缝宽度，在本案例中锯缝宽度选择为 3mm，同时还要选择裁剪设备的型号。

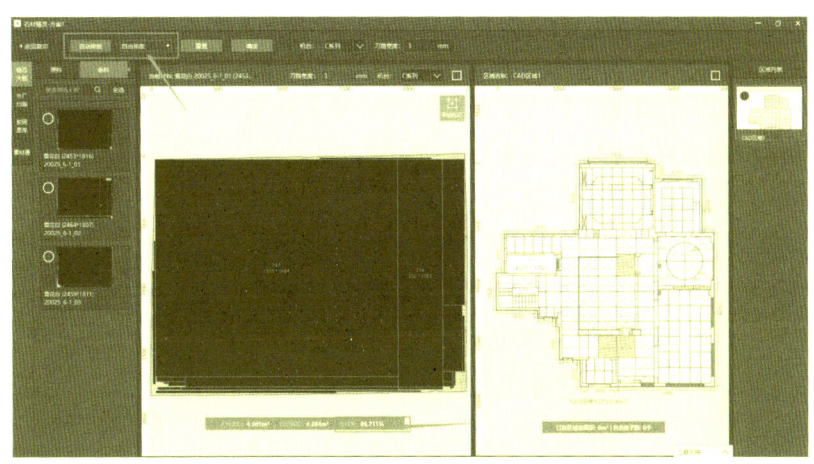

图 6-21 没有纹理的自动排板效果图

6.2.4.2 按纹理要求优化

按纹理进行排板就是根据装饰需要,把工程板进行纹理对接,以达到最佳装饰效果。该功能可以按照大板规划的纹理方向把工程板铺贴在上面,寻求最优化方案。操作步骤为:在裁切过程中,点击自动排板,选择按区域格子方向模式,此功能一般用于客户有纹理要求时,按照区域格子方向规划铺贴规格板,使大板纹理与工程板纹理方向一致,其排板效果如图 6-22 所示。从图 6-22 可以看到,工程板的纹理与大板纹理一致。此排板方案相对均质但排板苛刻,出材率较低,本案例出材率为 35.97%。但是,由于采用电脑排板,大大缩短了人工排板时间。

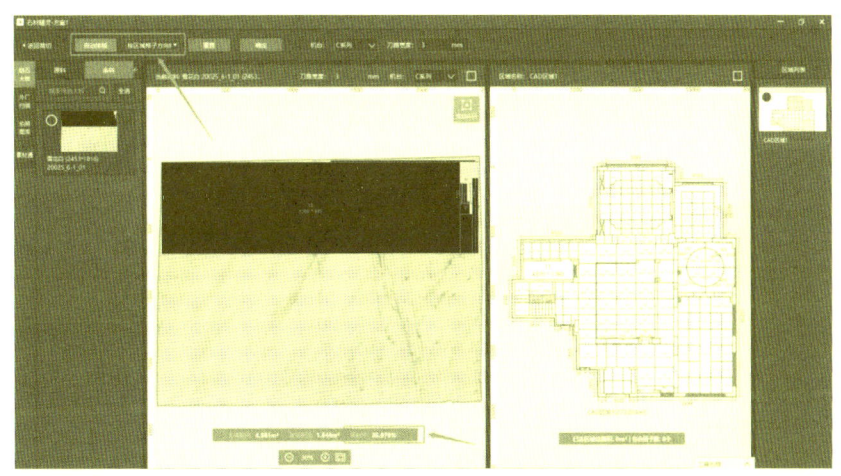

图 6-22 按纹理方向排板方案

6.2.4.3 按个性要求优化

按个性化排板主要是根据客户对板材的选取进行排板。这种选取主要是设计装饰的艺术性和个性化。这种装饰一般常出现在背景墙、地面拼花和一些需要特殊效果的场合。因此,在大板下料中实现调用设计的图纸,然后把图纸中的相应工程板与大板匹配

进行裁剪,以取得最佳排板方案,其操作步骤如下:
(1) 选择裁切区域,再双击选择石材板图;
(2) 区域工作台点击铺贴格子,石材板图就会显示蓝色框;
(3) 可以通过石材板图的蓝色框移动裁切位置;
(4) 在工程设计图案中选取要加工的工程区域;
(5) 在大板中铺设已选中的工程板,同时人工调整纹路;
(6) 给出最佳方案,如图 6-23 所示。

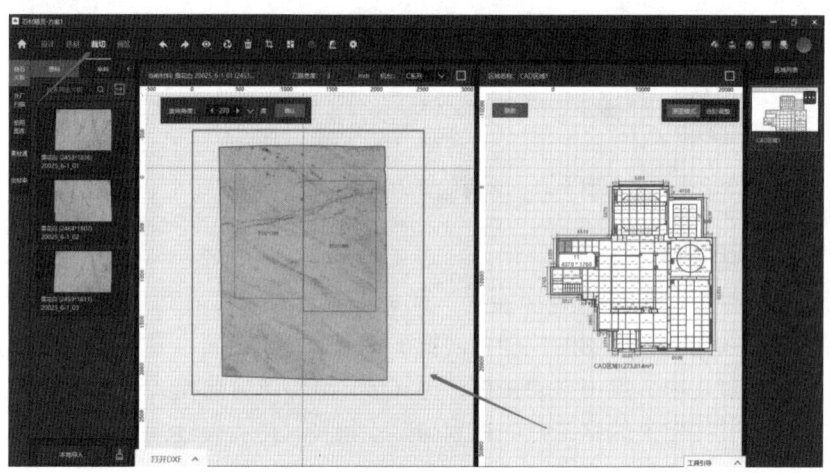

图 6-23　个性化排板方案

6.2.4.4　按色差要求排板

该功能通过调整输入色阶和输出色阶的值,来区分因色差不同而产生的不同铺贴效果。在裁切过程中,选择区域面板的色阶调整,该功能可分辨出色差不明显的不同板,根据调整输入色阶、输出色阶的值以及是否勾选灰度,来区分板的细微色差,如图 6-24 所示。

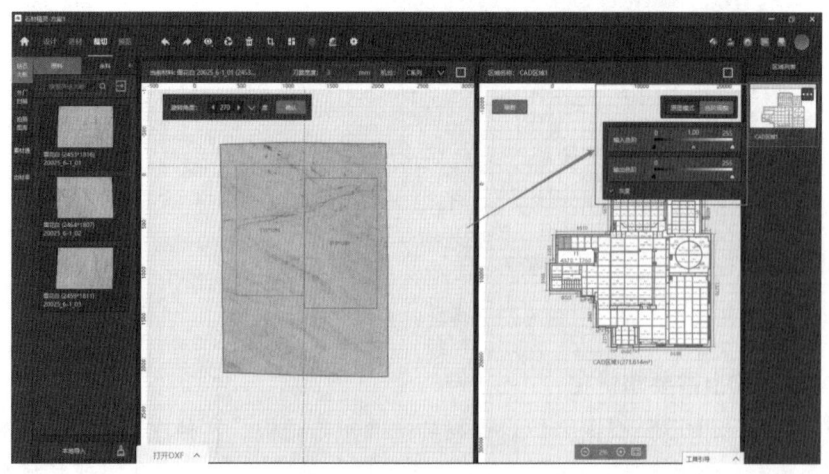

图 6-24　按色差要求排板方案

6.2.5 板材排样下料管理系统

6.2.5.1 排板方案存储

当排板方案完成后，所有的排板方案都存储在本地系统中，以便用于记录、查看和再次修改排板方案。该系统包含大板库、工程设计方案、方案类型、方案加工方式、方案进展、方案导出等功能。方案导出功能可以将做过的方案导出来，在另一台设备上导入方案继续使用；通过点击方案右上角，选择复制方案，即可将方案复制出来，同时也可点击主页面导出方案键来实现排板方案转移操作，如图6-25所示。

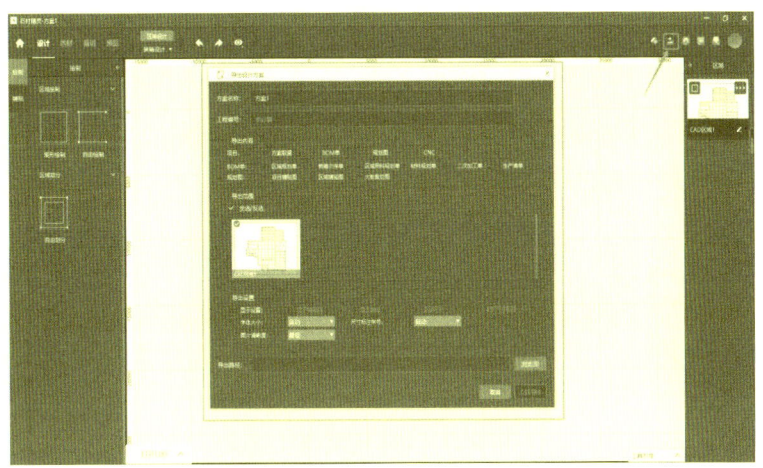

图 6-25 排板方案管理系统

6.2.5.2 排板方案下料跟踪与追溯

在设计完成以后，点击选材，即可看到已使用的大板信息，点击详情查看排板方案用料，实现下料跟踪与追溯，如图6-26所示。

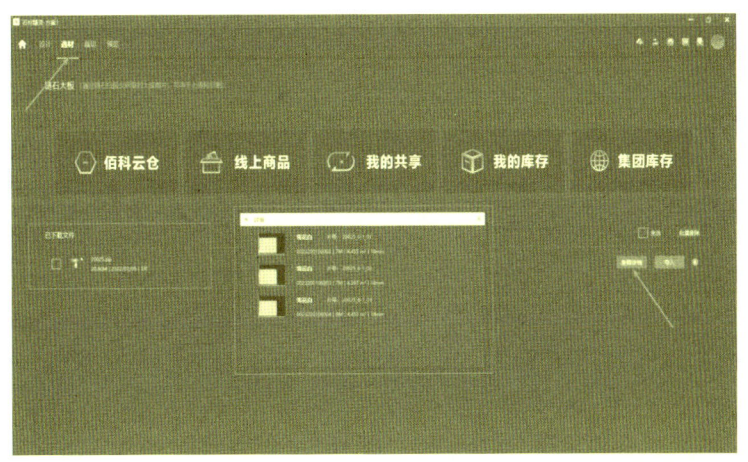

图 6-26 排板方案下料跟踪与追溯

6.2.5.3 板材加工虚拟仿真与切割

该系统具有切割仿真功能。当板材排板完成后，系统可以根据排板方案进行模拟切割，演示线下真实切割过程，精确把控切割的每一次入刀轨迹。由于石材板切割不同于其他材料加工，金刚石锯片只能直线切割不能交叉作业，因此，对优化方案进行仿真模拟是非常必要的。将虚拟与现实结合起来，可以完成整个石材从设计到加工过程的全智能化。通过虚拟仿真，可以避免过切现象，保证加工质量，提高加工效率和出材率，图 6-27 为切割大板的轨迹。

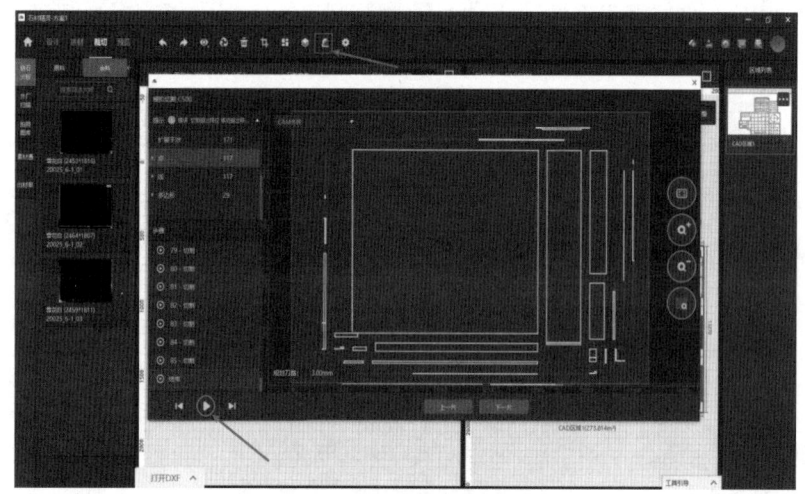

图 6-27　切割大板的轨迹

6.3　花岗石直采平台

6.3.1　概述

现如今，电子商务与我们的生活息息相关，影响着经济活动的方方面面。电子商务的高速发展，不仅推动了社会经济的发展与进步，也猛烈地冲击着传统经济结构和贸易方式，改变了企业的产、存、供、销等活动，为传统石材企业的发展与转型开辟了一条全新的道路。今后将有越来越多的石材企业参与到电子商务交易中。长期以来，石材产品在传统线下的贸易模式下，面临着交易渠道单一、管理步骤烦琐、供求信息传播阻塞等一系列问题。石材产品交易是一个巨大的全球性的市场，客户、设计部门、矿山、石材厂以及物流商之间的贸易往来十分密切且复杂。在石材产业中，石材生产厂家既是供应商又是客户，甚至有些还是物流商，如石材产品生产厂家要从石材矿山订购荒料，通过物料系统把荒料运进厂区，再由工厂把矿料加工成工程板材运送到客户处。石材生产厂家要完成采购→运输→加工→运输全产业链。另外，石材企业的物流体系经过若干年的发展,相对稳定,不会轻易改变,这些条件为石材产品转型到线上交易提供了极大的方便。石材产品的贸易方式也将随着互联网电子商务的发展而发生重大改变,成为电子商务的一大应用领域。花岗石直采平台汇集1000多家房地产公司,10000多名装饰设计精英,300多家花岗石矿主,真正实现"厂家直销""一站式采购"的销售平台。它是基于新一代信息技术与运营技术,集采购、交易、物流、管理于一体的深度融合,打造在线交易、销售管理、信息互联的电商平台,能实现石材内部的业务效率提升、精细化销售管控、外部客户的信息互通、服务升级。该平台就是通过数字化信息将矿区、加工厂、设计者与每个客户实现有机连接,产品设计者与用户之间进行各种形式的信息交互。由于现代网络浏览器的先进性及显示的多态性,加上与网络多媒体技术的广泛融合,营造出了一个丰富多彩的虚拟矿山场景、石材加工企业的生产模拟和建筑最终的装饰效果。

6.3.2 花岗石直采平台设计

网络技术是从20世纪90年代中期发展起来的,它把互联网上分散的资源融为有机整体,实现资源的全面共享和有机协作,使人们能够透明地使用资源并按需获取信息。资源包括高性能计算机、存储资源、数据资源、信息资源、知识资源、专家资源、大型数据库等。当前的互联网只限于信息共享,网络则被认为是互联网发展的第三阶段。网络可构造地区性的网络、企事业内部网络、局域网网络,甚至家庭网络和个人网络。网络的根本特征并不一定是它的规模,而是资源共享,消除资源孤岛。数据库技术与网络技术、人工智能技术、面向对象技术、并行计算技术、多媒体技术等的相互融合,为数据库技术的应用开拓了更广阔的空间。

平台设计主要包括8大模块:矿山模块、加工模块、设计者模块、数字个人服务终端模块、国检模块、数字模块、财务结算模块、雄安新区模块,如图6-28所示。

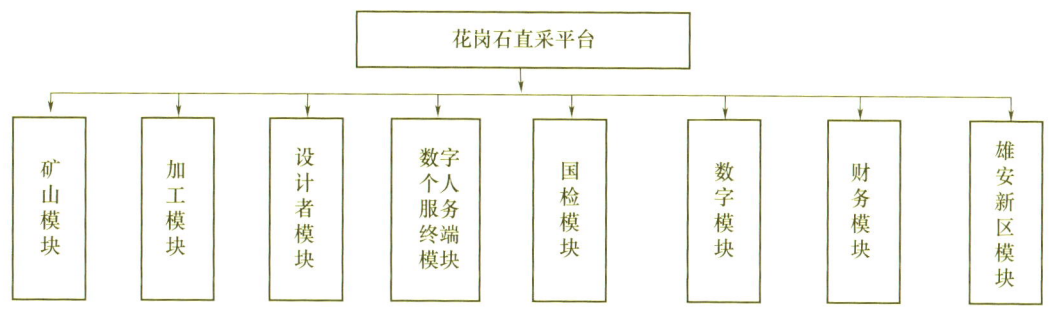

图6-28 花岗石直采平台设计框图

矿山模块主要有花岗石产地、花岗石物理性能、花岗石矿物成分、花岗石存储量、花岗石颜色、开采量、开采规模等。

加工模块包括石材厂家信息(厂家地址、职工人数、法人代表)、石材厂家加工设备、加工规模、产品品种等。

设计者模块包括设计数据库、设计方案、设计展示等。

数字个人服务终端模块主要包括顾客信息和顾客需求、产品运输、产品付款方式和结算等。

国检模块包括花岗石的检测数据、检测报告、国家标准、质检培训、大型工程建造等。

数字模块包括石材的历史文化、石材基础信息、石材行情榜、物流仓储、产业金融等。

财务模块包括供需双方的基本信息、财务票据、资金流向。

雄安新区模块包括雄安新区设计中心、雄安新区建设项目、雄安新区设计师选材中心等。

6.3.3 花岗石直采平台开发设计软件

该平台是在 Windows 7 环境下开发完成的，以 Eclipse 作为开发工具，使用 Maven 管理项目，数据库使用 My SQL，中央仓库在本地，以当前比较流行的框架 SSM，运用 B/S 体系结构，结合 Java Web 相关知识完成整个网站的设计与开发过程；选择 Spring、Spring MVC、Mybatis 3 个开源框架作为数据源，用较简单的 Web 项目框架，完成系统的设计与开发。

J2EE 是一套基于 Java 语言开发，用于软件开发与部署的平台，保留了 J2SE 平台的多数优点。J2EE 技术由于使用统一的 Java2 平台来开发应用系统，大大降低了系统后期维护与升级费用，而且其中间层还设计了一套可靠的集成框架，有效地提升了系统的可靠性、安全性、可用性，其体系结构图如图 6-29 所示。

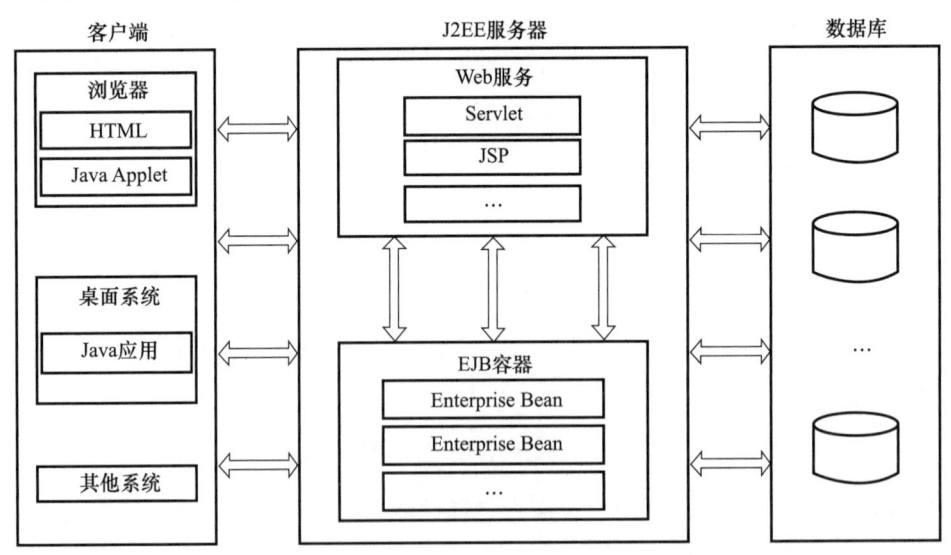

图 6-29 开发体系结构

花岗石直采平台"互联网+"系统基本架构如图 6-30 所示。该平台包括石材智能管控终端（如矿山开采、石材加工、石材装饰设计）、石材信息平台服务器集群（包括数据中心和应用服务器）和 Web + 手机客户端展现层 3 部分。移动客户端作为移动展现层，主要实现功能为石材信息远程监测查看和数据统计等。各模块配置和权限管理依然由 Web 后台管理。移动端后台实现方式主要通过调用 Web Service 接口，将后台数据传输给手机，从而便于石材矿山开采方、石材厂加工方和移动客户直接用手机查看相关数据。

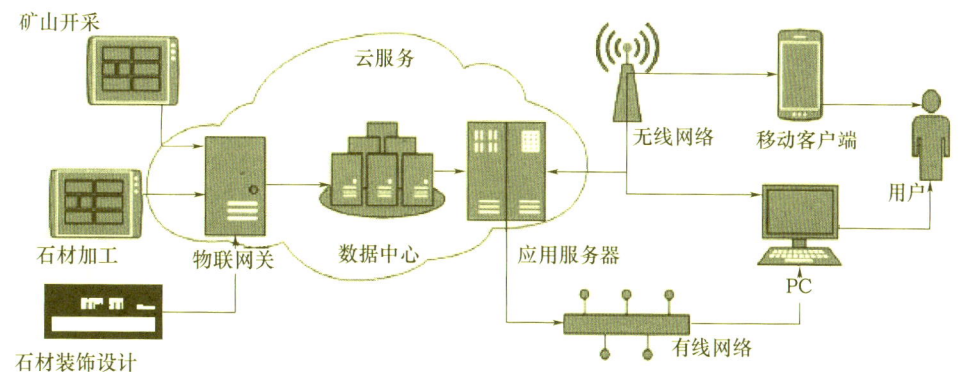

图 6-30　花岗石直采平台"互联网 +"系统基本架构

用户打开手机 App 之后就会显示中国花岗石直采平台登录页面，如图 6-31 所示。用户输入账号密码点击登录按钮，应用程序后台便会调用 Web Service 登录验证接口，发送用户输入的登录信息，服务端接收到相应信息，首先在数据中心相应用户表中查找是否存在该账号，若存在则继续验证其密码。

图 6-31　花岗石直采平台登录界面

通过该平台进入 8 大模块，矿山模块、加工模块、设计者模块、数字个人服务终端模块、国检模块、数字模块、财务模块、雄安新区模块。

（1）矿山模块。当石材矿山配置了智能终端的石材开采设备后，可以形成石材矿山分布地图，也可通过调用平台的数据信息的方式，展示石材品种在地图区域内的分布情况。同时调用矿山数据库可以查看石材市场信息如产品开采量、市场销售量、物理化学性能等，以及矿山作业情况（图6-32）。

图 6-32　石材矿山开采情况

（2）加工模块。石材加工装备在增设了本系统配置的智能终端之后，在开机作业状态下会实时将加工信息上传到平台数据中心，在 Web 客户端和手机客户端均可以查看到当前石材产品加工进程和位置信息，便于客户了解产品状态，为后期的仓储、运输和结算做好数据准备工作。

（3）设计者模块。设计者模块包括设计单位信息、设计者成就、设计模拟演示、设计规模等。设计者以云平台为基础，打造"互联网＋室内设计"的独特模式，5min 生成方案和效果图，一键生成 VR 实景，在手机上即可体验设计成果。同时云平台配合石材企业实现设计生产一体化，增加客户的选择项，提高石材行业生产效率和服务水平，为更多的设计师和石材公司共同发展打下基础，也为"互联网＋室内设计"模式的实现迈出关键的一步。利用大数据实现"矿山—加工厂—设计者—客户"一站式服务，避免资源浪费。客户根据自己需求提供个性化的设计想法或方案。设计者确定设计资料库或者线上人员的方案，最终提交生产企业。石材生产企业接收设计资料库发送的设计资料及时生产与安装，与云平台保持联系。云平台核心管理者与矿山、石材企业、设计者和客户进行反馈与协调。

（4）数字个人服务终端模块。包括个人终端结算和运输等功能。同时可以通过个人账号查看产品加工和运输流程。

（5）国检模块。花岗石直采平台包括矿山储量、开采情况、矿山照片、年开采量、生产加工规模、运输条件等，并由乙方免费提供给展厅。石材的产品信息包括产品照片、产品的检验数据和检测报告等。所有石材品种统一进入国家编号，以完善规范石材信息。直采平台发布每月即时的石材检测报告，包括矿山开采与机械设备、石材生产工艺、石材质量标准、石材安装规范、石材标准体系、石材检测方法、石材加工管理规范等。

（6）数字模块。数字模块包含石材大数据、石材智能制造、石材物联网、区块链信息。用户登录花岗石数据科技馆，可浏览最新国内外石材产品信息、石材技术文章、石材贸易活动信息、各地政府关于石材产业政策、各种石材新标准发布；了解我国七大花岗石产区的产品规模和开采状况，了解我国十大市场的产品销售行情。同时该数据库含有地产、设计装饰等资源，为客户提供市场和产区导流；提供金融平台服务，具有供需双方财务结算功能，如图6-33所示。此外，花岗石数据科技馆还设有石文化数据库，包括石雕工艺、石拼图工艺和装饰实用工艺三大主题。通过石文化了解中国石雕之乡的作品和石雕文化，了解石材拼图艺术和应用，了解石材装饰艺术。通过数据科技馆的VR技术可以全景展示雕刻工艺和作品。

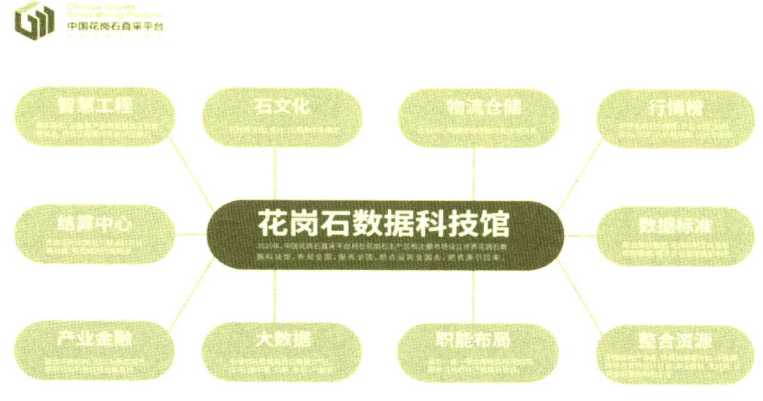

图6-33　花岗石数据科技馆

（7）财务模块。为矿山企业提供完善的财务结算服务，有效地解决矿主及商家的税票问题，为矿山、企业、工程商提供诚信、合法、安全、便捷的财务结算解决方案，解决当地企业无法开具"13点"税票难题。增加企业的订单量，避免无法开票而更换品种，增加当地税收，避免税收流失。供应链金融：平台整合多方资源，成立专项资金，将给合作方及会员单位配备70%的供应链资金授信，推动交易成交，帮助资金回笼。

（8）雄安新区模块。花岗石直采平台联合国检集团在雄安新区设计中心搭建了一个"花岗石设计选材中心"，为设计中心的几十家的设计院和雄安新区的业主和建设方提供石材的精准对接以及全产业链的完善服务。

6.4 石材制品智能生产线

6.4.1 石材制品智能生产线构成

石材板材加工传统方式采用桥式起重机或者单臂吊把石材板吊到普通桥式切割机的工作台上，然后工人根据工程图纸或者码单，手动输入尺寸到切割机操控箱屏幕上，再操作机器切割；切割完成后用水冲洗干净板材表面再人工把成品板材搬运到存板材的 L 形货架上。用吊车或者叉车把板材运到空地上并把所有板材平铺开，人工用滚刷在板材表面涂防水漆，自然风干或者电动风干后，人工把板材搬运到 L 形货架上。这种搬运方式导致辅助工时长、操作不安全、板材破损率高、出材率低，同时切割效果不能查看。成品板由工人搬运，工作强度大且容易磕碰损坏板材，且涂防水漆需要大面积空地，浪费场地资源。为了解决传统石材板材加工问题，现已研发出石材板材自动生产线。该生产线主要针对工程规格板加工，生产线自动完成板材的上料、切割、清洗、涂防水漆、下料等工序。该生产线由上板机、定位输送台、智能切割机、下板机、电动过渡架等组成，如图 6-34 所示。

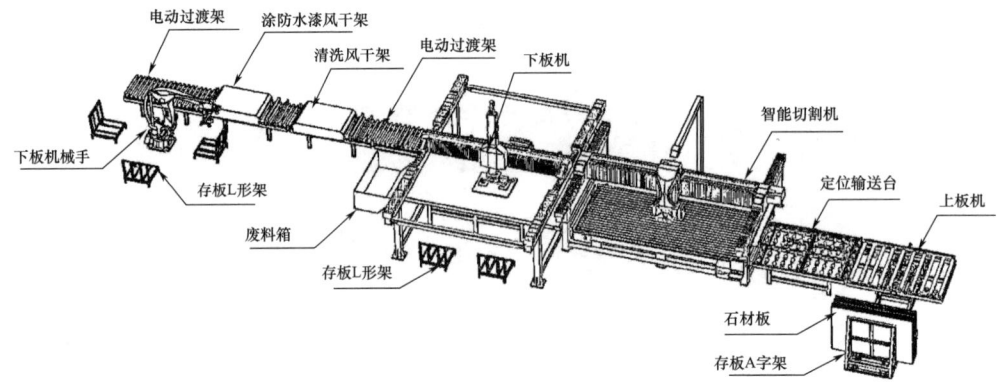

图 6-34 石材板材自动生产线

6.4.2 石材制品智能生产线工作原理

石材板存放板 A 形货架（A 字架）上，上板机由电机驱动滚轮行驶到货架旁，翻板机启动液压缸顶升，此时翻板机的工作平面与大板平面相垂直，翻板机通过叉板把大板装载在工作台上，翻板机液压缸收缩到水平位置，翻板机返回到定位输送台，同时启动输送辊道电机，带动输送辊子旋转把板材输送到定位输送台上。定位输送工作台启动电机对板材进行位姿摆正，然后输送进入智能切割机工作台。在智能切割机入板口处设置有读码相机，读取进入大板上的标签二维码，然后自动调取该大板的切割方案，待大板停放在智能切割机工作台位置后，智能切割机正上方设置的相机获取大板图像并与切割方案匹配进行 AI 对刀，自动找出切割原点和方向，然后智能切割机根据方案自动在每块工程板上贴成品标签。每个标签包含成品板材编号、材质、尺寸、安装位置、工艺、生产厂家等信息。贴标完成后进行自动切割，切割过程中如果遇到 T 形缝锯口，切割机自动使用吸盘把板材吸走或移开再进行切割，如图 6-35 所示。

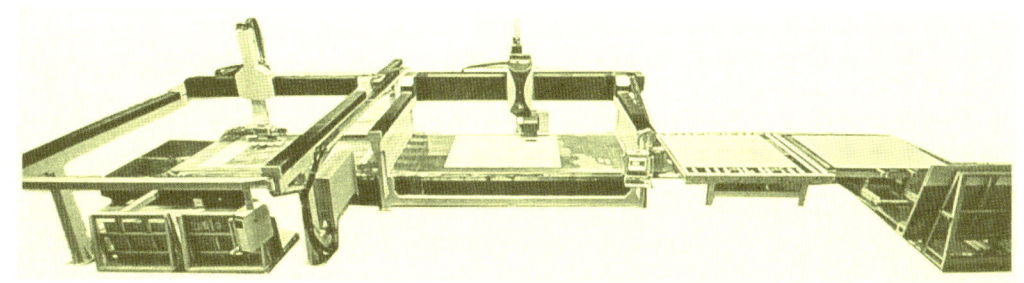

图 6-35　智能切割机

当定位输送工作台没有大板时，上板机开始继续上板。成品板材到达下板机工位，下一张大板到达智能切割机工作台，智能切割机继续开始贴标和切割，下板机开始把成品板材平放到后面的电动输送台上或者前面的存板 L 形架上。如果成品板材放到后面的电动输送台上，则往前输送到清洗风干机。清洗风干机先用高压水冲干净石板表面的污泥，再用热风吹干板材表面。风干后的板材往前输送到涂刷防护剂的机器上，板材一边输送一边自动均匀淋涂防护剂再用热风吹干，完成后往前输送到电动过渡架上。成品下板机械手根据板材的规格自动选择吸盘大小，把电动过渡架平放的成品板材存放到 L 形架上，由此完成一块板切割的生产周期。一块大板到工程板的生产周期主要由上板机上料时间 t_1、定位工作台输送时间 t_2、读码时间 t_3、拍照时间 t_4、切割时间 t_5、下板机时间 t_6、清洗风干时间 t_7、涂防护剂时间 t_8、下板时间 t_9 构成，总的生产周期 T 按式（6-1）计算。

$$T = t_1 + t_2 + t_3 + t_4 + t_5 + t_6 + t_7 + t_8 + t_9 \quad (6-1)$$

从板材生产周期可以看出，主要时间为 t_5，即切割时间，而其他时间相对比较短。切割时间主要由板材的块数和走刀速度所决定。成品板的数量越多，切割的延长米越长，需要切割时间越长。

$$t_5 = \frac{L}{v} \quad (6-2)$$

式中，L 是所有切割板材的延长米（m）；v 是金刚石锯片进给速度（m/min）。

从式（6-2）可以看到，延长米越长，进给速度越小，切割时间越长。一块大板分割的块数越多，不但切割时间延长，辅助上、下料时间也长。

整条生产线由一个工人操作即可全自动完成上料、加工和下料，实现不间断流水工作，相当于 3 台普通桥式切割机的效率，人工成本节省 80%，占用场地也大大减少。

6.5 高效智能化装备开采典型案例

6.5.1 花岗石矿山高效智能化金刚石串珠绳锯机开采案例

石材矿山按照机械化开采程度和开采方式分为：(1) 圆盘锯锯切垂直面+人工打底+人工凿岩分料；(2) 圆盘锯锯切垂直面+绳锯机锯切底面+人工凿岩分料；(3) 圆盘锯锯切垂直面+绳锯机锯切底面+机械凿岩分料。

目前，花岗石或类花岗石矿山开采大部分采用矿山圆盘锯机锯切垂直面方式，由于锯片尺寸限制（目前锯片直径最大4.8m），锯切深度大多低于2m，属于低台阶开采。采用圆盘锯与绳锯机结合的开采方式，效率高、产量大。

图6-36为泉州华大超硬工具科技有限公司生产的永磁金刚石绳锯机在四川西昌的一个花岗石矿区开采情况。早些年花岗石的开采方式都是以人工凿岩来分离荒料，人工强度大、效率低，而且会造成资源巨大浪费。如今已基本上采用智能控制金刚石绳锯机替代人工劈裂底面，该方法弥补了原有开采组合方法的缺点，使之成为一种高效全锯切开采花岗石的方法。

图6-36 金刚石绳锯机开采花岗石矿区开采情况

6.5.1.1 花岗石矿山新、旧两种开采方式的对比

1) 圆盘锯配合人工凿岩打底的开采方式。其最早出现于福建省的花岗石矿山，先使用圆盘锯对矿体进行锯缝，呈正交排列的垂直面切割，再采用人工打楔劈裂分离石料的水平面，这是一种半机械式开采方法。采用人工劈裂分离的花岗石矿体，水平底面的

不平整度一般都大于 30cm。

2）圆盘锯配合绳锯切底的开采方式。首先使用圆盘锯分离切割石料的垂直面，再使用绳锯将石料底面从矿体上锯切分离。此方式可以弥补人工劈裂不能控制分离面平整度的缺陷，获得平整的石料分离水平面，是一种全锯切开采花岗石的方法。而串珠锯切割水平面的平整度与石材劈裂性无关，只与锯切面积大小及锯切工艺有关，基本上克服了底面凹凸不平的问题。

由于环保及安全的政策影响，特别是火药的限制使用，低平台的花岗石矿山开采全部进入绳锯机锯切底面时代。采用金刚石绳锯机开采方式，给矿山从业者带来了明显的利润和切割效率。下面将圆盘锯与绳锯两种花岗石开采方式进行对比，结合圆盘锯开采的成功案例，分析采用圆盘锯配合绳锯切底都有哪些优势。图 6-37 为两种切割方法示意图。从图 6-37 中可以看到锯切宽度为 30m，锯切长度可以达到 100m，锯切高度为 1.5m。

分别按成荒率50%和40%进行对比如下：
(1) 人工打底：
　50%成荒率的成荒数：30×100×1.2×50%=1800(m³)
　40%成荒率的成荒数：30×100×1.2×40%=1440(m³)
(2) 绳锯切底：
　50%成荒率的成荒数：30×100×1.35×50%=2025(m³)
　40%成荒率的成荒数：30×100×1.35×40%=1620(m³)

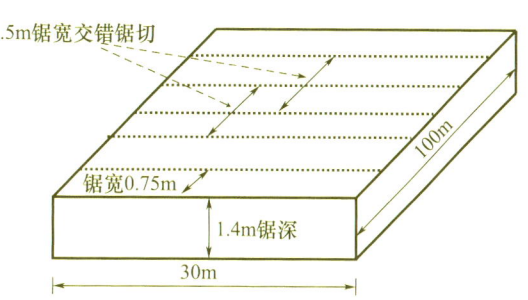

图 6-37　两种切割方法示意图

两种方法的切割效率见表 6-1。由表 6-1 可以看出，以 30m×100m=3000m² 的开采平台为例，使用 φ3300mm 圆盘锯进行开采，切割深度按 1.4m，切割宽度按 0.75m 算（1.5m 锯宽交错锯切），由于人工采用钢钎撬动底面，造成地面凹凸不平，因此成材率高度按 1.2m 计算。如果采用绳锯切割底面，底面平整，出材率高，其高度可按 1.35m 计算。通过两种不同切割底面的情况可以看出，按 50% 出材率计算，采用绳锯切割底面与人工相比，无论出料率还是经济效益都要高出 25%。由于金刚石绳锯机锯切面平整，荒料成材率高，而所开采荒料的价格越高，绳锯切割底面所获得的收益就越大。

表 6-1　两种方法的切割效率

出荒率（%）	出荒数（m³）		绳锯机切底荒料增加量（m³）	不同荒料价格的增收对比（元）			
	人工打底	绳锯机切底		500 元/m³	1000 元/m³	1500 元/m³	2000 元/m³
50	1800	2025	225	11.25 万	22.5 万	33.75 万	45 万
40	1440	1620	180	9 万	18 万	27 万	36 万

6.5.1.2　绳锯机开采花岗石的优点

1）安全、环保

绳锯机锯切过程中，噪声小（78~85dB），灰尘少，加水切割大大降低了对周围环境的污染，减小粉尘对人体的伤害。而人工凿岩切割岩体底面产生的粉尘较多。另外绳锯机锯割岩体底面操作安全，在一些比较恶劣的环境也可以开采，提高了操作人员的生产安全性。

2）荒料质量高，扣方少，运输成本低

金刚石绳锯机切割岩体底面平整光滑，荒料的成方性好，毛方相对密度非常接近石材的实际相对密度，整体比较规整，容易码放，运载量高，运输成本降低。人工凿岩分离的底面凹凸不平，偏差一般在15cm左右，给后续开采和加工带来麻烦，同时荒料成方性较差，实方和毛方之间扣尺较多，装载量低，运输成本较高。

3）准备工作量小、荒料移动方便、荒料破损率小

由于金刚石绳锯机锯切岩体底面平整光滑，易于敷设导轨，垫块小，挖掘机或叉装车移动荒料方便，大大降低了工作量，减小了荒料破损率。

4）劳动强度低

金刚石绳锯机锯切岩体底面采用智能化控制面板，容易学习，方便操作，大大减轻工人工作强度。

5）全天候施工

金刚石绳锯机自动化程度高，不受环境影响，因此可以全天候作业。

6）切割完整

采用人工凿岩打底，有时为了平台降层及起底，要用到火工材料，而火工材料的采购、运输、保管和使用过程复杂，如火工产品使用不当，会对开采人员造成严重的人身伤害。而采用金刚石绳锯机切割底面，可以锯割掉圆盘锯切割留下的死角。

7）矿山无须打交会孔

圆盘锯与绳锯机组合开采花岗石的关键问题是水平锯切面积的大小。只要矿体采面足够宽大，圆盘锯切割矿体垂直的长度一般不受限制，而且是一次装机切割的距离越长越好，一般都在几十米以上，有时超过100m。两条锯缝之间所夹的面积可能达到200m²以上。以往采用金刚石绳锯机开采时都采用高度为6～12m的高台阶开采，水平底面的面积一般在60～200m²，钻孔深度通常不会超过25m，交会孔是一个很大的难题。但配合圆盘锯开采后，不会受到交会孔深度和交会难度的制约。利用圆盘锯锯缝比较大的特点解决了水平孔交会对孔难的问题。

采用最大切深1.4m、直径3.3m的金刚石圆锯片，将分离体的深度方向（锯片切割深度）作为荒料的高度（荒料和板材的主切面），垂直锯缝的间距作为荒料的长度或厚度尺寸。与生产板材的金刚石圆锯片不同，矿山金刚石圆锯片直径3.3m或3.5m的基体厚度一般是10mm左右，金刚石刀头厚度12～16mm，矿山切割的锯缝最小宽度为15mm。如果是旧基体或自制基体的锯片，加上锯片的偏摆，锯缝的宽度最大可能达到20mm。如此宽的锯缝完全可以容纳最大直径为11.5mm的金刚石串珠绳，如图6-38所示。金刚石串珠绳锯机不用事前钻孔，利用现有的金刚石锯片切割缝隙就可以把金刚石绳放入锯缝中，然后利用锯缝深度切割岩体底面。

图 6-38　金刚石圆盘锯的锯缝

6.5.2　花岗石矿山开采实例

因为矿山荒料的完整度、花色的分布均匀度以及后续工厂加工板材的主切面尺寸不同，现场圆盘锯的垂直锯缝宽度不同，所以把两切缝之间的宽度作为荒料的长度或者厚度。

如果矿山不完整，为提高成材率，采用多次锯切，使荒料的厚度尽量调小，常见的有 75cm 宽度。图 6-39 为四川西昌川平石材矿山切割现场。

图 6-39　75cm 宽度的花岗石矿山锯缝

如果矿山较为完整，常常将荒料锯切厚度设定在 1.5m 和 2m 等。花岗石矿山一般采用多平台开采方式，如图 6-40 所示。

图 6-40　花岗石多平台开采

花岗石矿山开采工艺分成两种，一种是金刚石圆盘锯开采，另一种是金刚石圆盘锯结合金刚石串珠绳锯机开采。第一种工艺流程如图 6-41 所示。金刚石圆盘锯沿矿体一个方向垂直向下锯切，然后人工劈裂分离该长条状岩体底面以及两垂直端面，由此产生一块荒料。荒料经过量尺标号验收后由叉车搬运到矿山荒料场，最后由人工或机械清理分离荒料后的矿山废渣，进行下一块荒料开采。

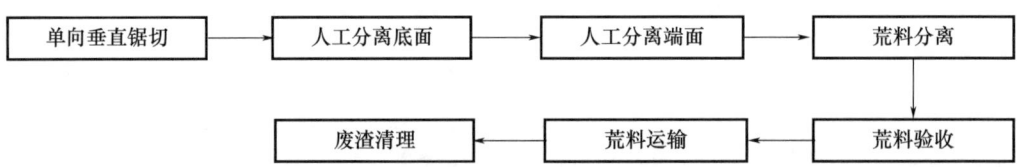

图 6-41　金刚石圆盘锯与绳锯机共同开采花岗石矿山工艺流程

金刚石串珠绳锯机结合金刚石圆盘锯开采花岗石矿山流程如图 6-42 所示。金刚石圆盘锯沿矿体一个方向垂直向下锯切，然后采用金刚石绳分离该长条状岩体底面，如图 6-43 所示。人工凿岩打孔分裂两垂直端面，由此产生一块荒料。荒料经过量尺标号验收后由叉车搬运到矿山荒料场，如图 6-44 所示。最后由人工或机械清理分离荒料后的矿山废渣，进行下一块荒料开采。

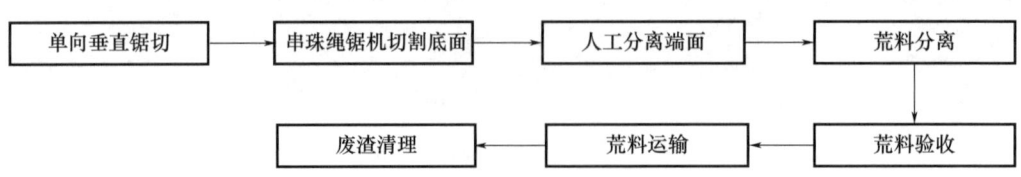

图 6-42　金刚石圆盘锯开采花岗石矿山工艺流程

图 6-43　金刚石绳锯机切割底面

图 6-44　人工分离端面和装运荒料

6.5.3　大理石矿山开采案例

目前，大理石矿山开采的锯切、解体、荒料整形已全部由金刚石串珠绳锯机自动完成，实现了大理石荒料开采机械化和自动化。有的大理石矿山采用物联网技术、大数据技术实现了矿山管理信息化和智能化。金刚石串珠绳锯机开采的优点如下：（1）荒料表面平滑、形体规整、荒料尺寸大、质量好、荒料率低；（2）板材加工时出材率高；（3）金刚石串珠绳锯机操作简便，维修、保养容易，开采效率高，人工强度低。

当前国内外大理石矿山开采普遍采用平台高度大于 2m 的高台阶开采方式，台阶高度通常为 5~6m。国外的一些大理石矿台阶更高，巴西的单个开采面台阶甚至达到了 12m，如图 6-45 所示。由于台阶较高，单个块石从矿体分离后体积增大，因此将单个块石就地分解成成品荒料后转运到采石场存放地。

图 6-45　巴西高台阶矿山开采现场

金刚石串珠绳锯机开采大理石矿山工艺流程如图 6-46 所示。

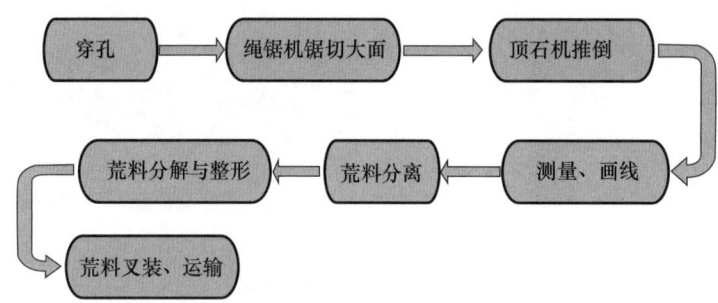

图 6-46　金刚石串珠绳锯机开采大理石矿山工艺流程

下面介绍主要步骤。

6.5.3.1　穿孔

首先在大理石矿山岩体上打通穿绳孔，把金刚石绳穿入岩体中，这是锯切分离的首要工作。国内打金刚石绳孔的常用方法是用取芯钻机在岩体上钻水平孔，然后用手持凿岩机钻垂直孔。国外打金刚石绳孔常采用空压机驱动的潜孔钻机来进行。钻孔前要选定垂直孔和水平孔的位置。通常按照荒料的宽度来定位钻孔间隔的宽度，如图 6-47 所示。

水平钻孔时最好先挖一个沟槽，使钻孔位置在台阶最低处，同时便于钻机操作。水平孔和垂直孔要交会贯通，保证金刚石绳能够顺利穿透。钻孔的顺序是先钻深孔，然后钻浅孔。这主要是考虑水平孔和垂直孔未能交会时，需要补充钻孔，如图 6-48 所示。从图 6-48 可以看出，如果后钻短孔，钻孔成本和效率都可以降低，同时补充钻孔也相对容易。水平钻孔采用两种方式即水平取芯钻机钻孔和潜孔钻机钻孔，如图 6-49 和图 6-50 所示。

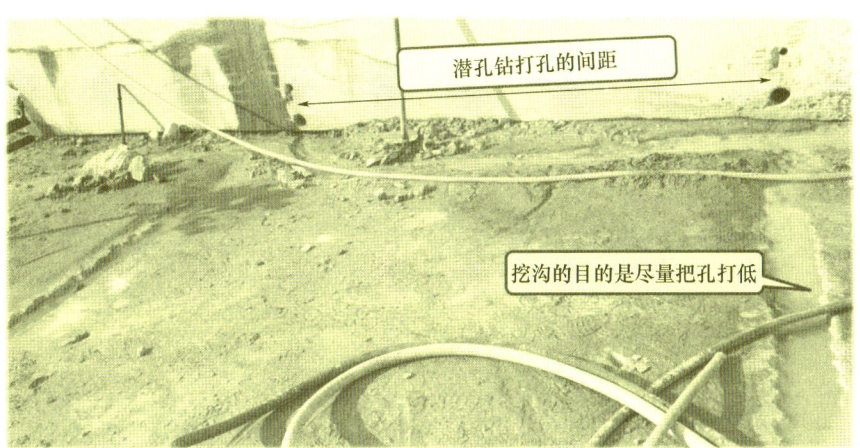

图 6-47 水平钻孔距离

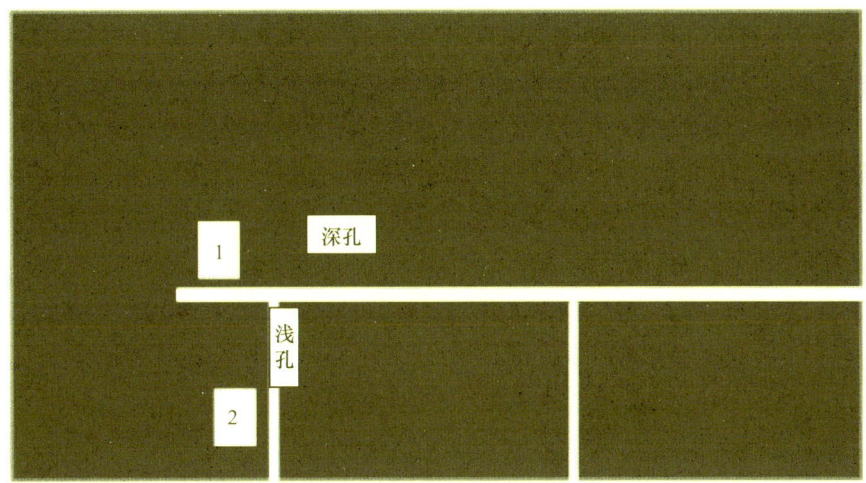

图 6-48 深孔和浅孔示意图

图 6-49 水平取芯钻机钻孔

图 6-50　潜孔钻机钻孔

水平取芯钻机由电机回转带动减速机转动，从而带动钻头高速旋转来实现钻头对岩体钻孔切割运动，同时利用变频电机带动减速机，从而带动钻头完成前进和后退进给运动，实现钻头对石材进给方向的切割。进给速度采用变频器来控制，使得钻孔速度能达到最佳值。该机采用链轮、链条推进，可自动钻进，提升速度快。水平机座采用工字钢，结构可靠，强度高。水平作业可使钻机紧贴地面钻孔，并具备足够扭力。水平取芯钻机技术参数见表6-2。

表 6-2　水平取芯钻机技术参数

型号	CBM80-15H
电机功率（kW）	15
钻孔直径（mm）	80
最低供水压力（MPa）	0.2
最大钻孔速度（m/h）	10
行程（m）	1.5

潜孔钻机配有冲击器和钻头，工作过程中压缩空气使冲击器的活塞不断冲击尾部，钻头上的合金齿不断冲击岩石；电机（气动马达、液压马达）驱动钻杆转动，电机产生的轴向力推进钻头进行钻孔。

潜孔钻机根据驱动方式分为全气动潜孔钻机（DTH90-P）、电气动潜孔钻机（DTH90-E）、液压动潜孔钻机（DTH90-H）等，具有垂直、水平、倾斜3种作业功能。

该机采用链轮、链条推进，可自动钻进，提升速度快。圆形减速机可以使钻机紧贴地面进行水平钻孔作业，并具备足够扭力。底座为球头结构，万向转动，完成凿岩定位点的调整。底座采用专用楔块固定，有4个调节螺丝，可任意调整高度，以适应不同的作业环境，而且配有自锁螺母，稳定性能好。同时配置两种不同直径的冲击器，可根据需要随意更换，凿孔速度快，精度高。配气系统设有独立的操作台，可远距离操作，防止粉尘给操作工人带来健康影响，润滑系统配备压力表，手动换向，安全可靠，确保了钻机正常安全使用。其技术参数见表6-3。

表6-3 潜孔钻机技术参数

型号	DTP90-P	DTP90-E	DTP90-H
钻孔直径（mm）	φ65~φ90	φ65~φ90	φ65~φ90
最大钻孔深度（m）	35	40	40
钻孔速度（m/h）	6~8	6~8	6~8
单次进给行程（m）	1	1	1
耗气量（m³/min）	12~14	6~8	6~8
工作气压（MPa）	0.5~0.7	0.5~0.7	0.5~0.7
回转动力源	气动	电动	液压
提升动力源	气动	气动	液压
整机质量（kg）	500	520	700

用水平取芯钻机或潜孔钻机打完水平孔后，用手持式凿岩机对矿体进行垂直钻孔。垂直钻孔时一定要找准垂直孔与水平孔的交会点，保证垂直孔与水平孔相交，否则需要重新钻孔，影响开采速度，增加开采成本。采用手持式凿岩机钻孔操作灵活方便、钻孔效率高。如果垂直落差比较大、对孔难，必须使用潜孔钻机来打立孔以提高贯通概率。手持式凿岩机和潜孔钻机钻垂直孔如图6-51所示。当水平孔和垂直孔贯通后，把金刚石绳一端通过水平孔送入，然后采用磁铁方法从垂直孔吊出，并在末端压实形成闭环套在金刚石绳锯机驱动轮上，驱动车拉动金刚石绳进行切割。

图6-51 手持式凿岩机和潜孔钻机钻垂直孔

6.5.3.2 绳锯机锯切大面

金刚石绳套在矿体的水平面或垂直面后，启动主电机带动主动轮回转，金刚石绳开始对矿体进行切割运动，同时轨道小车开始运动，拉动金刚石绳完成对矿体的进给运动。金刚石串珠绳锯机在矿体上进行水平面切割的目的是将分离体与矿体水平连接面分离。在大理石矿山，水平面切割是分离体锯切的第一道锯切工序，然后才能进行分离体垂直面的分离切割。这个顺序是不可颠倒的，因为在水平面切割时分离体与矿体垂直面始终保持连接以防止分离体坠落。

如果先进行垂直面切割，然后进行水平面锯割，当锯割到尾部时，由于分离体处于悬臂状态，巨大的岩体由于自身质量随时可能坠落压在金刚石串珠绳上，造成金刚石串珠绳报废，严重时还会引起金刚石串珠绳断裂飞出，造成严重事故。

在大理石矿山开采中首先锯切分离体的水平面。在水平面切割过程中，应随时在已经切割好的锯缝较深处放入钢垫板，保持分离体在平面上得到尽可能多的支撑以提高侧面悬臂的支撑力。这种辅助支撑方式对存在许多裂隙的分离体尤为重要。钢垫板放入位置如图 6-52 所示。

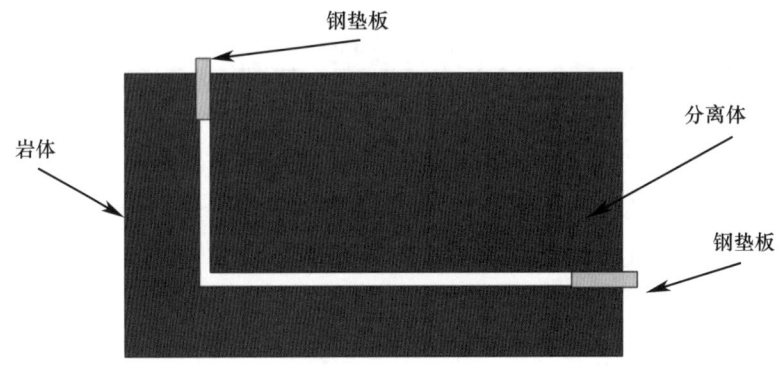

图 6-52　钢垫板放入位置

分离体水平面切割一般分成单边切割，如图 6-53（a）所示；双边切割，如图 6-53（b）所示。由图 6-53（a）可以看出，在工作过程中，金刚石串珠绳单边进给受力。图 6-53（b）是金刚石串珠绳两边同时进给受力。这两种方式在切割面积小时都可以采用。当切割面积比较大时，双边切割由于受到的阻力较大，串珠绳锯机容易出现过载现象，不易正常发挥锯切功能，此时需要采用单边锯切。

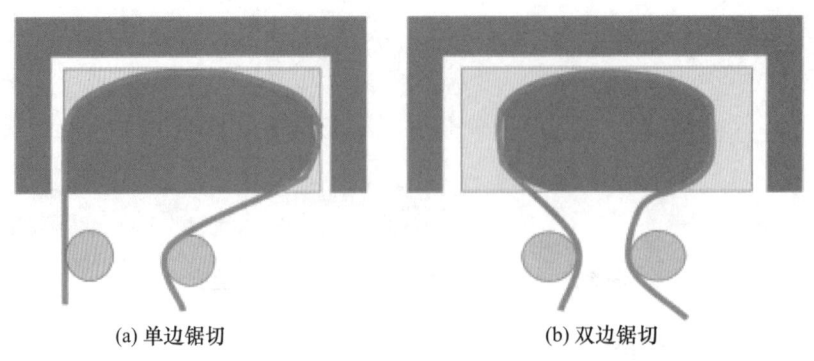

(a) 单边锯切　　　　　　　　(b) 双边锯切

图 6-53　水平切割两种方式

大理石矿山分离体垂直面的切割工具使用最多的就是金刚石串珠绳锯机。在露天、山坡或者山洞型大理石矿山上的分离体主切面的切割以及荒料整形切割都采用金刚石绳锯机。

在分离体垂直切割中，由于受到分离体工作空间的影响，金刚石绳锯机的安装位置可以放在分离体上部，也可以放在分离体等位的平台上。放在分离体上部实施作业的方法称为上行切割，在分离体等位平台作业的方法称为下行切割，如图 6-54 所示。

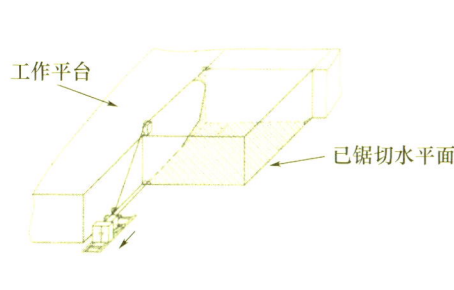

(a) 下行锯切方式示意图　　　　　　　　(b) 下行切割现场图

图 6-54　下行切割方法

所谓"收尾"，就是将整块分离体从矿体上分离出来。切割收尾对金刚石串珠绳锯机的寿命至关重要。错误的收尾方式会大大缩短金刚石串珠绳锯机的使用寿命。如图 6-55（a）所示的实例，在切割面的顶部和底部各增加一个导轮，增加钢丝绳切割弧度，避免切割收尾时形成尖角，延长了金刚石串珠绳锯机的使用寿命。如图 6-55（b）所示，不增加导向轮，金刚石串珠绳在剩余的岩体形成极小曲率，这时金刚石串珠绳切割弧度变小，弯曲应力增加，切割状况变坏，钢丝绳损伤严重。正确的收尾方式是尽量放大收尾时串珠绳的半径。为了增大切割弧度，一般在收尾时要安装导向轮以增加金刚石串珠绳的弧度。

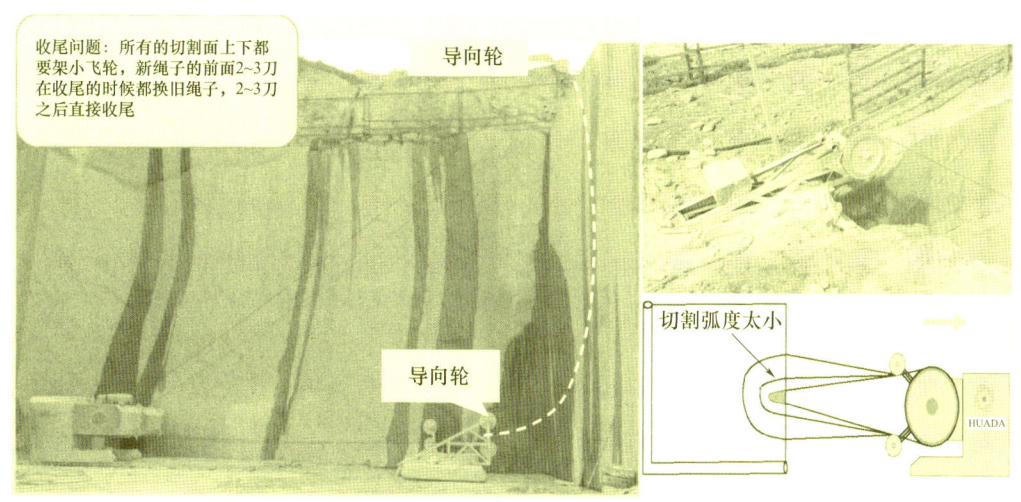

(a) 正确的收尾方式　　　　　　　　　　(b) 不正确的收尾方式

图 6-55　导向轮位置

导向轮安装有两种方法，一种是随切割的金刚石串珠绳运动，另一种是固定，如图 6-56 和图 6-57 所示。从图 6-56 可以看出，导向轮始终与金刚石串珠绳小车一起运动，同时保持切割弧度不变。如果没有安装导向轮导致金刚石串珠绳切割弧度变小，弯曲应力加大，钢丝绳容易损坏。图 6-57 是两种导向轮的安装方法，每一种导向轮旁边都安装了冷却水管，保证金刚石串珠绳锯机切割时冷却和润滑。

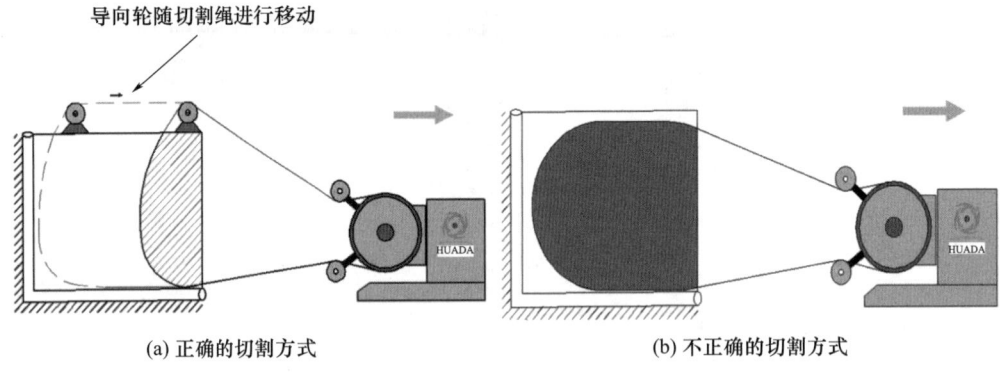

图 6-56 可移动的导向轮

图 6-57 两种导向轮安装方法

在大理石矿山开采过程中如何应用金刚石串珠绳锯机并没有固定的要求，但是要遵循的原则是"因地制宜，灵活多变，因材施工"。在施工中碰到一个貌似复杂的不能进行锯切的分离面，可以灵活运用，充分利用现有的材料、工具、设备进行锯切。如果现场的自由面不足，打垂直通孔时，则需要在垂直面上打盲孔进行切割，如图 6-58 所示。首先钻两个盲孔，然后把金刚石串珠绳放到两个盲孔中，然后由两个导向轮驱动金刚石串珠绳沿盲孔进行进给运动，完成垂直面切割。大理石矿山采用金刚石串珠绳锯机的切割参数主要包括绳的回转速度和进给速度，其主要技术参数见表 6-4。

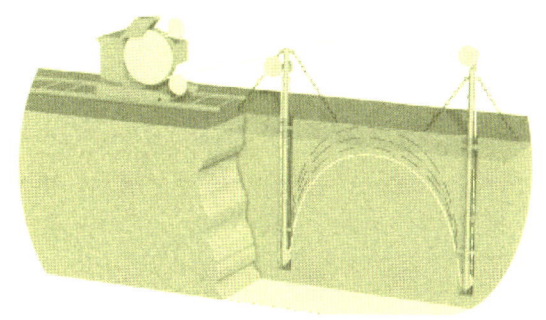

图 6-58 垂直面盲孔切割

表 6-4 金刚石绳锯主要技术参数

名称	参数
主电功率（kW）	45
绳长（m）	65～80
线速度（m/s）	30～35
旋转直径（cm）	60
串珠数（颗/m）	33～36

6.5.3.3 荒料分离

荒料分离是指把金刚石绳锯机锯切完成的料体从原来的矿体上分离的过程。分离料体常用的工具有顶推气袋、水袋、液压顶石机等以及大型矿山设备如挖掘机、叉装车等。

液压顶石机由装在手推车上的液压动力装置和特制的液压千斤顶两部分组成，由高压软管将两部分有机地连接在一起。液压动力装置中驱动油泵的动力分为电动式、内燃机式和风动马达式 3 种。图 6-59 为液压顶石机工作原理。

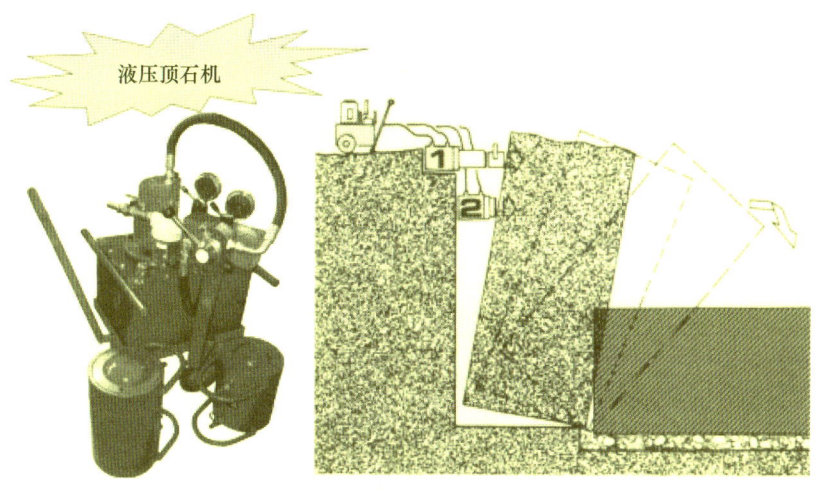

图 6-59 液压顶石机工作原理

大理石矿高台阶开采使用液压顶石机时，应在垂直锯缝的后方用凿岩机事先打两个尺寸为 330mm×350mm×400mm 的坑，然后将千斤顶置于坑内。在待翻倒的料体前面铺垫 0.5~1m 厚的砂土，以防料体分离时倾倒破碎，如图 6-60 所示。在活塞杆伸出顶开石块的同时，应向顶开的锯缝中放置碎石，使石块在活塞杆退回时能停留在推开的位置上而不返回。活塞杆退回后，在其上加垫铁继续顶推。当锯缝足够宽时，将千斤顶移至其中继续顶推，也可不加垫铁而用两个千斤顶交替使用，如图 6-60 所示。

图 6-60 顶石机作业时堆放砂土

6.5.3.4 荒料分解与整形

大理石的材质成分主要是 $CaCO_3$，石英成分含量少，而花岗石石英成分含量较高，各向异性特性好，适合物理劈裂装置。但具体还要以石材材质来定，有些大理石类材质劈裂性较好，有些花岗石劈裂性较差，劈裂开采也不适用。具体采用什么样的工具，根据矿山石材的种类、石材的特性来定。常用的劈裂工具和设备主要有劈裂楔、凿岩机、膨胀剂等。膨胀剂成本低，等待时间长，工作时效性差，目前在矿山应用不多。图 6-61 所示是荒料整形现场。目前国内外石材矿山常采用液压劈裂装置。使用液压劈裂装置前，需要用凿岩机在荒料上打一排孔，然后采用液压劈裂器进行整形，如图 6-62 所示。

图 6-61 荒料整形现场

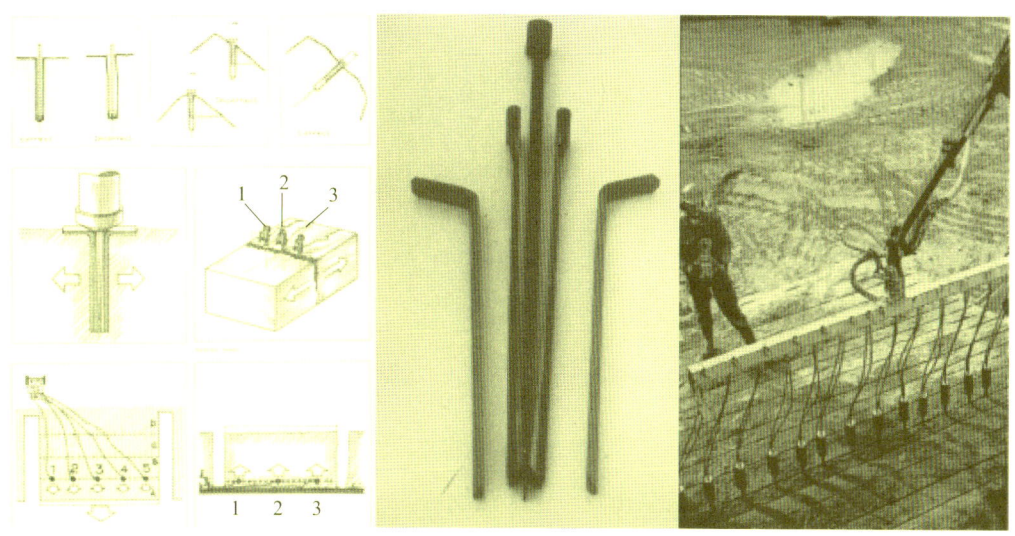

图 6-62 荒料劈裂器整形

目前,大理石矿山荒料整形基本采用小型绳锯机和移动式桥式金刚石绳锯机等锯切设备来进行,如图 6-63 和图 6-64 所示。对较软的石材材质,国外采用车载链臂式锯机对荒料进行整形,如图 6-65 所示。

图 6-63 大理石荒料整形

图 6-64 移动式桥式金刚石绳锯机

图 6-65　车载链臂式锯机对荒料进行整形

6.5.3.5　荒料叉装、运输

矿山修整完成的荒料，用平板车或者叉装车转运，统一放入矿山的堆料场进行储存，如图 6-66 所示。

图 6-66　矿山荒料堆放场

6.5.4　海恩德公司高效智能化装备联合开采案例

在花岗石开采行业中，金刚石圆盘锯垂直切割配合金刚石绳锯机水平切割已成为行业最高效的开采模式。这种开采模式降低了人力与生产成本，提高了开采产量与质量，实现了绿色、环保、高效生产等目标。下面以湖北麻城市白鸭山花岗石矿区开采模式为例进行介绍。

麻城市白鸭山矿区面积大约为 2 万 m^2，长×宽约 200m×100m。该矿区花岗石为芝麻灰石材，具有花色稳定、矿体成材率高等特点，已在国内外机场、高铁站等项目中广泛应用。

该矿区现有设备 60 台，最大金刚石锯片直径为 3.6m。首先确定切割平台宽度为 1400mm。在平台上水平敷设并加固切割机轨道，将金刚石锯片切割机放置于轨道上，最后安装直径为 2.2m 锯片进行切割。待 2.2m 锯片的刀头消耗完或切至指定深度，即可停机并将 2.2m 锯片卸下更换上 3.6m 锯片进行切割。为了进一步提高开采效率，可以分别在不同台的设备上采用大小锯片进行切割，这样可以避免出现小锯片刀头未耗尽但已经达到指定切割深度而出现需要换锯片的情况，从而节省时间，提高开采效率。

当 3.6m 锯片完成切割后，重新敷设轨道，与原轨道垂直，根据实际石材及花色，以每路 25~40m 间隔，挂单锯片再次进行切割，分离成长条块石。完成切割后，将平台面设备、轨道、耗材等清理干净，准备采用金刚石绳锯机对底面进行切割。为了提高切割效率，在靠外侧的平台完成切 3~5 路后即可沿垂直方向切割，以便加快底面金刚石绳锯机的切割进度。

从平台侧面，根据实际切割的路数，架设金刚石绳锯机。可以采用 55kW 的永磁金刚石绳锯机。金刚石绳锯机工作原理是通过飞轮带动串珠绳进行回转切割运动，每个金刚石串珠绳完成一个闭环运动。金刚石绳锯轨道车沿着轨道行走拉动金刚石串珠绳完成进给运动。进给速度根据绳子张力由电流来进行调整，从而达到最佳切割效果。一般金刚石绳锯机带动 70m 左右的金刚绳为最佳工作状态，可以同时切割 2~3 路。先用吹风管将套绳的矿体锯割槽冲洗干净，避免有刀头、铁屑等残留物，然后拧绳、套绳，压接头套于设备飞轮上，将机器放置于轨道前端，确保一切完成后即可开机。为了避免金刚石绳在切削过程中受到地形影响而出现绳子过高或过低，可用废弃汽车胎压垫在绳子表面，确保绳子在切削的过程中始终保持水平，从而保证矿体的底面切割出来的荒料表面平整度。

受到轨道长度、平台大小、串珠绳张力等诸多因素影响，金刚石串珠绳锯机在轨道上行走距离为 4~8m，若此时底面切割还没有完成，则需停机并将机器复位至轨道前端，根据余下未切割的米数，将金刚石绳剪短，并再次开始工作直至切割完成。金刚石绳上的串珠未损耗完的绳子，在下一次使用中则应该选择串珠直径大小一致的绳子一起使用，而不能选择不同直径混用。在切削过程中，避免先切穿的条石压在串珠绳上，在每一条锯路中间和切割完成的底部，可用数条铁钎插入锯路中起到间隔作用。当块料底面切割完成后，将设备及配件清理干净，将荒料喷漆做记号。采用凿岩机打孔，人工锤击打楔子完成荒料的断料工作。再由装载机搬运至运输车上完成荒料的转运。荒料及废渣全部转运完成后立即清理平台并开始二次敷设轨道，进行下一轮切割。

6.6 智能绳锯机和智能圆盘锯物联网平台

在万物互联时代，把矿山现场的数据导入互联网是石材行业发展的必然趋势。泉州华大超硬工具科技有限公司基于国内外众多设备使用客户，于 2018 年开发了"华大智能化石材矿山物联网平台"。借助矿山物联网系统的运营，可以对矿山数据进行智能分析，合理利用矿山资源，提高工作效率和产能。

目前该平台已广泛应用在四川、广东、吉林等地客户的设备上，可把矿山数据导入云平台对远程设备进行分析和控制。

物联网大致可以分为4层，即感知识别层、网络构建层、平台管理层和综合应用层。

（1）感知识别层。感知识别层负责物联网信息的收集和获取，是物联网整体架构的基础。在感知识别层，传感器感知物体本身和周围的信息，因此物体具备"说话和发布信息"的能力。在这个层别的是金刚石绳锯机、矿山圆盘锯、链臂锯等石材矿山开采设备。

（2）网络构建层。网络构建层将感知层采集到的信息传递给物联网云平台，负责将物联网云平台下发的命令传递给应用层，具有链接效应。网络构建层主要通过物联网、互联网和移动通信网络传输大量信息。这里包括PLC控制中心，负责各个指令的发布、数据的收集处理；物联网模块，通过串口通信把PLC的数据通过移动通信网络发送到云平台。

（3）平台管理层。平台管理主要解决数据存储、检索、使用和数据安全隐私保护等问题。平台的数据被收集、分类，存储到云端服务器，或通过边缘计算，把数据进一步处理，更形象、更有条理，再通过网页平台或App等呈现出来。

（4）综合应用层。物联网的最终目的是应用在各个场景中，将物体在物联网云平台上传输的信息进行处理后，挖掘出有用的信息将其应用到实际工作中。把平台网页的内容通过办公室显示终端或移动端进行展示，根据权限的不同可进行数据交互。

6.6.1 华大矿山设备物联网平台的特点

（1）配置专用的数据端口开放给矿山管理者，在办公室通过手机、平板电脑、计算机终端，即可实时监控矿山生产经营情况。

（2）数据与售后服务中心链接，可以给客户提供设备维保提醒、故障及时处理。告别了以往的电话联络、现场检修等原始办法。

（3）可通过云端进行程序优化，无须现场人员操作，及时升级。

6.6.2 华大矿山设备物联网平台的架构

该平台主要由矿山现场IoT、矿山后勤监控和工厂ERP三大模块组成。由图6-67可以看到，通过矿山企业管理系统ERP系统和制造企业生产过程执行系统（MES），把信息通过云平台传向客户端的PC或App，并通过互联网与设备的PLC进行通信，由此控制矿山的执行机构——金刚石绳锯机和矿山金刚石圆盘切割机。

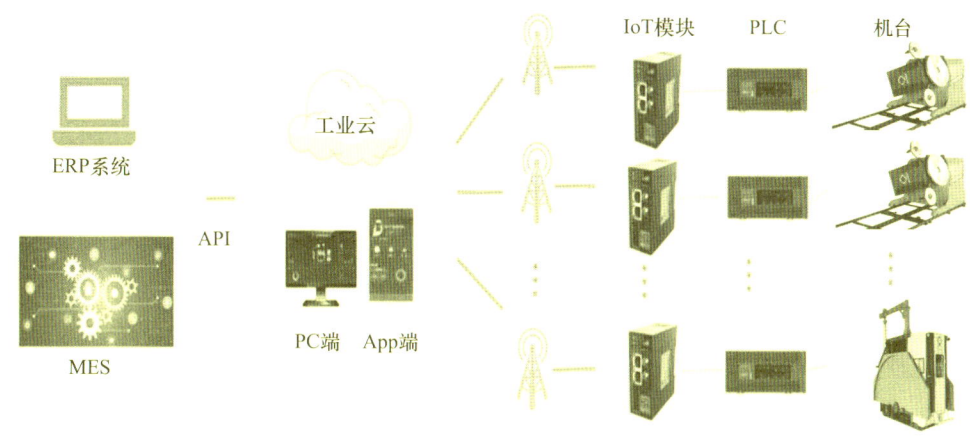

图 6-67　华大物联网平台架构

对于设备集中的客户，该平台配置专用的数字平台。该数字平台包含设备使用地点、设备数量、设备客户、启用数量和用电量等信息。通过数字平台可以实时了解各个矿口的开采工况，如产量利用率、设备运行数量、运行时间、用电时间、故障率、故障代码、故障时间等。通过云平台统计，对各类数据进行分析，计算出设备的产能、利用率、故障次数率等。

物联网平台还设有实时监控、集中监控、地图监控和联合监控等模块。集中监控对所有矿山设备工况参数进行在线监控，同时可以获取每一台设备的工作记录，如周报表、月报表的自动统计及数据曲线图等。用户可以实时登录移动端查看图表，如图 6-68 所示。另外物联网平台配备有单台设备的组态监控，可以同步监测现场设备的操作界面，实时便捷地查看设备的运行数据，如电压、频率、飞轮转速、行走速度等。

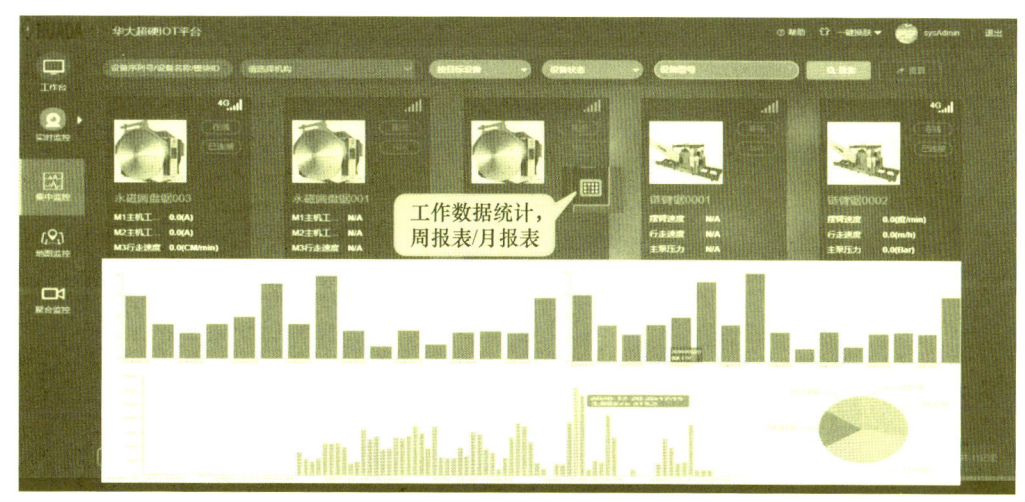

图 6-68　矿山设备统计报表

6.7 石英石板材智能磨抛生产线

6.7.1 生产线组成和工作原理

石材分天然石材和人造石材，天然石材又分花岗石、大理石、石灰石等；人造石材分石英石、岗石等。石材应用广泛，日常生活中，从街道、路基、广场到酒店、家居都有石材的身影。石材品种繁多，琳琅满目，有的产品从矿山开采出来，无须加工处理就可以投入使用，有的产品未达到外观造型和表面美观效果，需进行一些相应的加工处理。人造石英板经过定厚加工后可以广泛应用到橱柜、台面板等家居领域，其色彩斑斓，板面细润光泽，图案简洁美观。

石英石板材主要由石英砂、石英粉、不饱和聚酯树脂、玻璃颗粒、色浆、固化剂和偶联剂，经过高速搅拌、混料、布料、压制成型、固化、冷却等工序制成毛板。毛板经定厚、抛光后呈现出靓丽的色彩和光泽度以及需要的尺寸。加工毛板的生产线称为定厚磨抛生产线，生产线主要由上板机、底面定厚磨机、翻板机、表面定厚磨机、修边机、抛光机、附属装置（风干机、产品检验机、打码机、贴膜机）、下板机组成，如图6-69所示。

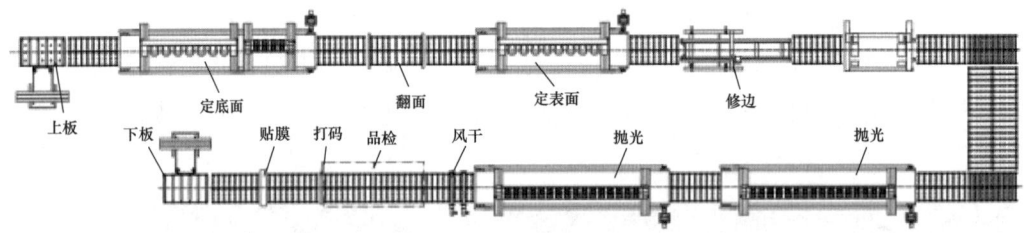

图6-69　定厚磨抛生产线

6.7.1.1 上板机

石英板的摆放方式普遍为立放式，上板方式采用机械手和上板机两种，大多数生产线采用上板机。上板机由行走车、翻转架、勾板装置、吸板装置、输送装置和电控系统组成，如图6-70所示。行走车沿着轨道行走到毛板堆放处，翻转架同时翻转至设定的角度，勾板装置动作，勾起板材，吸板装置启动，吸盘接触板材正面，抽真空产生吸力，这个吸力形成以板材下边缘与钩子接触点为旋转中心的力矩，在这个力矩作用下板材翻转超过90°，稳定靠到翻板机台面上从而实现翻板功能。行走车开始往回走，翻转架同时回转，到达指定位置后，行走车停止，勾板装置和吸板装置复位，输送装置启动将板材送往下一工序，完成上板任务。上板机外形尺寸为2710mm×3350mm×850mm，功率为5.95kW。

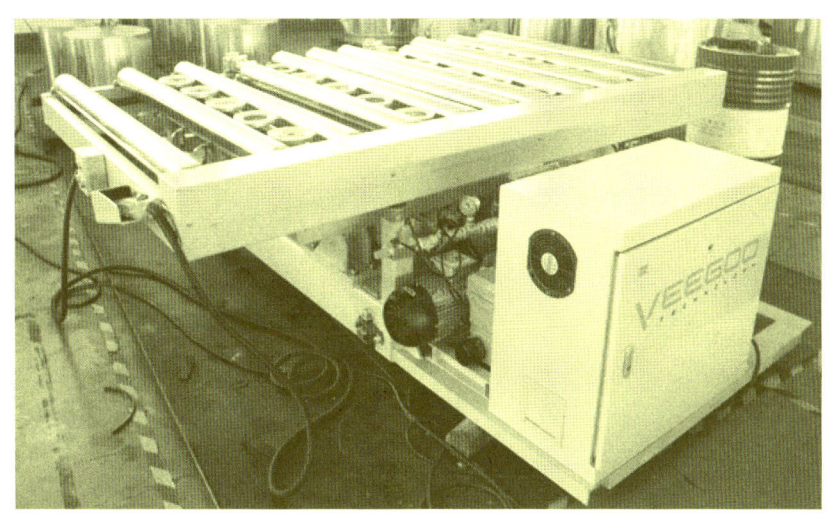

图 6-70 吸盘上板机

6.7.1.2 底面定厚磨机

石英板对底面要求不高，只需板面平整，光泽度要求达到亚光面即可。定厚除了要将板面磨平，还要将上一道工序留下的刀痕磨平。定厚机一般会配 2~4 个粗磨头。定厚磨机由机架部件、左支座部件、右支座部件、横梁总成、定厚总成、粗磨总成、供水系统、气动系统、防护总成和电控系统组成，如图 6-71 所示。

图 6-71 定厚磨机

机架部件是机器的主体，承载所有零部件和加工件，整体刚性和精度是关键。机架由多种型钢和钢板焊接成型，经时效处理后，对其支撑面进行铣削和磨削加工，保证支撑面平整度和尺寸精度。机架两端设有主动滚筒和从动滚筒，主动滚筒一头连接减速机，是整个部件的动力，称之为主传动。专用输送带套在主动滚筒和从动滚筒上，负责石板材的输送。机架还设有排水功能。传送带主电机功率 30kW，传送带的运行速度为 0.3~3m/min。

左支座部件和右支座部件安装在机架两端，支撑着横梁。支座由支撑件、滚柱排、耐磨板和齿条组成。支座上设有油槽，滚柱排在油槽内可横向滚动。

横梁主体采用铸铁铸造而成，两端设有耐磨板、齿轮、减速机和传递动力的传动轴。横梁安装在左、右支座的滚柱排上，减速机通过传动轴将扭矩传递给齿轮，通过齿轮与齿条的啮合，驱动横梁沿横向往复摆动。横梁上装有定厚机构和粗磨机构。

定厚机构主要由箱体、主轴、电机、定厚磨头组成。箱体采用铸铁制造而成，整体稳定性好，具有很好的强度和刚度，保证主轴的稳定性和刚度。箱体上端安装电机，箱体内安装主轴、轴承等。主轴上端与电机连接，下端连接定厚磨头。电机通过皮带带动主轴驱动定厚磨头高速旋转。带动定厚磨头的电机功率一般为30kW，定厚磨头直径为220~320mm，磨头线速度为5~8m/s。磨头采用金刚石磨料，由于每道工序进给深度不同，每个磨头的金刚石粒度不同，一般粒度都是从小号序列排到大号序列。抛光磨头采用较细的金刚石磨料。

粗磨机构主要由箱体、主轴、电机、皮带轮、传动带、磨头组成。箱体采用铸铁整体铸造，箱体内安装主轴、轴承等。主轴上端装有皮带轮、下端连接磨头，电机通过皮带带动主轴，主轴驱动磨头高速旋转。

底面定厚磨机一般安装8个定厚磨头和2个抛光磨头，外形尺寸为11195mm×3700mm×2400mm，总功率为227kW。

主传动驱动输送带使石板材沿生产线工作方向前进，实现 X 方向进给，多组定厚粗磨头挂在水平横梁上，横梁跨在输送带上方，沿垂直于皮带进给的 Y 方向往复摆动，旋转的磨头可沿 Z 方向运动。当板材输送到高速旋转的定厚磨头下面时，根据设定高度，定厚磨头将板材超出部分磨去，板材经过定厚区后，送到粗磨头下，高速旋转的磨头将定厚后的板面留下的刀痕磨平，使板面光滑或亚光。快速往复摆动的横梁使定厚磨头、粗磨头能完全覆盖板面，提升效率。供水系统将冷却水输送到各个定厚磨头和粗磨头，保证定磨厚头和磨头正常工作。

6.7.1.3 翻板机

板材底面被研磨到规定尺寸后，需要翻面磨削表面。因此需要一个翻板机对板材进行翻面。翻板机由圆柱形滚体、夹紧装置和底架组成，如图6-72所示。滚体内设有上、

图6-72 翻板机

下对称的两个输送工作台用来输送板材，两个工作台一端由钢板连接起来以防止板材翻转时脱落，同时两个工作台与纵向两个圆形支架连接。两个支架由底架支撑滚体支撑。电机和减速机一起安装在底座上面，电机驱动滚动体，滚动体带动圆形支架翻转。当板材输送到翻面机内时，液压夹紧装置动作夹紧板材，翻转减速机启动，驱动滚体侧向翻转，滚体翻转至180°时，翻转停止，另一端输送台启动，将板材送到下一工序。翻面机外形尺寸为3900mm×2450mm×2310mm，功率为2.25kW。

6.7.1.4 表面定厚磨机

石英板对表面尺寸精度和表面光泽度要求高，表面不但要定厚还要抛光，因此表面定厚磨机通常只配定厚头，不配磨头。表面定厚磨机的结构原理除了没粗磨部件，其余同底面定厚磨机基本相同。例如，某表面定厚磨机配置8个定厚磨头，如图6-73所示。其外形尺寸为9675mm×3700mm×2400mm，功率为197kW。

图6-73 表面定厚磨机

6.7.1.5 修边机

毛板的周边厚度不一、参差不齐，需修齐四边。修边分两步，先修两纵向长边，再修两横向短边。因此修边机分成纵向修边机和横向修边机两种。纵向修边机由机架、横梁、修边锯片、对中装置和供水系统组成，如图6-74所示。机架采用钢板焊接制成，

图6-74 纵向修边机

机架两端镶嵌梯形导轨,导轨与横梁连接。同时横梁上装有齿条,齿条与横梁上的齿轮相啮合。横梁上的电机驱动齿轮带动横梁完成纵向切割运动。支架上设有输送板材工作台,工作台上装有等间隔的辊子,每个辊子由链条带动。链条由减速器驱动,可以完成不同速度的进给运动。横梁上装有两组修边锯片,两组锯片可以在横梁上移动,以保证切割板材的长度。每个金刚石锯片直径为 $\phi 350 \sim \phi 400$ mm,电机通过皮带带动锯片高速回转切割板材两端,锯片电机功率为 4kW,锯片线速度为 30m/s。

横向修边机是对板材横向进行切割。当板材输送到横向修边机时,通过对中装置校正,再往前输送,高速旋转的切割头按设定尺寸分布在板材前进方向的两侧,切割多余的边,保证板材的横向尺寸。横向修边机由底座、传送系统、横梁、切割头构成,如图 6-75 所示。底座用钢板焊接而成,底座上安装导轨和滚动平台。横梁安装在导轨上面,可以沿导轨纵向运动。横梁上面安装两台切割锯片,每台切割锯片由 15kW 电机通过皮带带动锯片进行高速回转,同时切割头可以沿横梁进行移动,调整切割板材宽度,横向修边机总功率为 31.85kW。

图 6-75 横向修边机

6.7.1.6 抛光机

抛光是生产线的最后一道加工工序,也是最重要的工序。抛光机(磨抛机)由机架部件、左支座部件、右支座部件、横梁总成、磨抛总成、供水系统、气动系统、防护总成和电控系统组成,如图 6-76 所示。

图 6-76 抛光机

机架部件是机器的主体，承载所有零部件和加工件，整体刚性和精度是关键。机架由多种型钢和钢板焊接成型，经热处理后，经过铣削和磨削以保证机架精度。机架两端设有主动滚筒和从动滚筒，主动滚筒一头连接减速机，是整个部件的动力，称之为主传动。专用输送带套在主动滚筒和从动滚筒上，负责板材的输送，输送速度由板材硬度和磨头数量确定。从动滚筒一端有螺栓调整机构，用来调整输送带的张紧力，机架还设有排水功能。皮带驱动电机功率为4kW，转速为1435r/min。开启主传动电机，观察输送带的运行情况。当皮带走向一边时，应予调整，当皮带走向哪一边时，应把该边主、从动皮带距离调大一点，即将从动滚筒一边的调节螺杆拧紧。当皮带过松时，两边的调节螺杆同时拧紧。当皮带在两滚筒上不是走向同一边时，应调整主动滚筒带座轴承的调整板与梁头的间隙。输送带输送速度是通过变频器调节摆动齿轮减速机来调速的，应根据现场定厚的情况在操作面板进行调整。

左支座部件和右支座部件安装在机架上，支撑着横梁总成。左右支座安装滚柱排、耐磨导轨和齿条。支座上设有油槽，横梁沿油槽内导轨横向运动。横梁驱动电机功率为3kW，电机转速为1410r/min。

横梁总成的主体由整体铸铁铸造而成，保证横梁有整体刚度和强度。横梁两端设有导轨、齿轮、减速机和传递动力的传动轴。横梁总成装在左、右支座的支撑导轨上面，减速机通过传动轴将扭矩传递给横梁两端齿轮，齿轮与支座上的齿条相啮合，驱动横梁总成横向往复摆动，摆动速度主要由板材硬度确定。同时横梁上装有多个磨抛机构。

磨抛机构主要由箱体、主轴、电机、皮带轮、传动带、磨头组成。箱体采用铸铁铸造而成，箱体内安装主轴、轴承等零件。主轴上端装有皮带轮、下端连接磨头，电机通过传动带驱动主轴磨头高速旋转，一般横梁装有16个磨头，每个磨头电机功率为7.5kW，转速为1440r/min，磨头转速为450r/min。抛光机外形尺寸为13185mm×3700mm×2400mm，总功率为259kW。

工作原理：主传动驱动输送带使板材沿生产线工作方向前进，横梁总成减速机启动，驱动总成横向快速往复摆动。当板材输送到高速旋转的磨头下面时，磨头在气缸驱动下下降，同时磨头主电机开始运动，带动磨头对板面进行高速旋转磨抛。当板材离开磨头时，磨头由气缸驱动上升。供水系统将冷却水输送到各个磨头，保证磨头正常工作和板面质量。

6.7.1.7 附属装置

附属装置包括风干机、检验台、打码机和覆膜机等。

抛光出来的板材，板底、板面留有水分，需干燥处理，因此采用风干机对板材表面进行吹风。风干系统由高压风机加风筒组成，风筒设计成锥形，风筒长度方向设计有鸭嘴形的出风口。当板材经过风干区时，高压风经出风口形成"风刀"，吹干板面的水分。风干机外形尺寸为3300mm×1900mm×1220mm，配备高压风机，每台高压风机的功率为4kW。

定厚抛光线配置了专用石材产品检验区。检验区由几个品检台和"围蔽"组成，采用智能检测和人工相结合。产品质量包括尺寸精度和表面光泽度及表面缺陷。智能检测采用CCD非接触测量石材尺寸精度，采用表面光泽度仪测量表面光泽度。采用软件对CCD工业相机所拍摄的石材图像进行提取、处理和分析，完成抛光石材图像采集到颜色识别过程。测量区灯光是石材检验的关键，必须明亮、纯色，才能更好地识别板面缺陷、瑕疵保证色彩不失真。光源采用聚光透镜式的LED（发光二极管）光源，恒流源供电。通过调节电流，调节LED光源的发光强度，以此保证图片采集真实自然，杜绝外界干扰因素。由于采用聚光透镜，供电电流大大降低，降低了LED光源的发热量，无须额外的制冷系统，提高了系统的稳定性，降低了投资。

合格的板材，需打上公司的标示和编码等，由专用打码机完成。打码机外形尺寸为2400mm×450mm×850mm，功率为1kW。

为保护板材表面效果，需在板面覆上一张保护膜。覆膜机由机架、主动滚筒、压辊、放料区和电控系统组成，如图6-77所示。主动滚筒外圆包胶，安装在机架下方，由电机驱动。压辊外圆包胶，两端设有气缸控制上升、下降，安装在主动滚筒的正上方。当板材被输送到滚筒前，板头粘上保护膜，经过两滚筒的滚压，将保护膜完整地贴合在板面，然后从板尾裁断保护膜，完成覆膜工作。覆膜机外形尺寸为2360mm×610mm×1800mm，总功率为0.37kW。

图6-77 覆膜机

6.7.1.8 下板机

下板机由行走车、翻转架、勾板装置、输送装置和电控系统组成，如图6-78所示。

板材输送到翻转架，勾板装置动作钩住板边，同时行走车由电机驱动4个轮沿着轨道走向堆料架。翻转架由气缸驱动工作台开始翻转，当翻转架翻转至预设的位置时，停止翻转。行走车行至减速位，减速缓慢前行，当收到位置检测开关信息后，行走车停止，翻转架继续上翻，直至板材落在堆料架上，勾板装置复位。之后，行走车往回走，同时翻转架往回翻，行走车回到原位，翻转架翻转到位，完成下板工作。下板机外形尺寸为2710mm×3350mm×850mm，总功率为4.45kW。搬运系统中，行走机构与链轮连

图 6-78 下板机

接,实现机械手在生产线方向的行走。翻转液压缸、伸缩液压缸、升降液压缸通过液压站供给压力油,可编程序控制器控制电磁换向阀,实现液压缸的伸缩。气动装置由 24 个真空吸盘和 24XFK-04 直排真空发生器组成,动力源为空气压缩机。可编程序控制器控制电磁阀的开关,实现吸盘真空的形成和释放。

6.7.2 磨抛工艺及设备操作规程

石英石板抛光配置一般不少于 24 个磨抛头,磨抛必须按照一定的工艺流程和遵循一定的加工准则,才能确保板面的抛光质量。石英石板抛光质量应根据抛光磨头压力、磨损率、磨料粒度、石材质地、进给速度、抛光头转速等因素确定。抛光压力和转速对于磨头磨削量和抛光效率有重要影响,进而影响到最终抛光效果。随着磨头压力的增加和转速的加快,磨削效率提高。

石英石板材表面抛光质量除了工艺参数外,很大程度取决于磨块。磨块主要由结合剂和磨料组成。结合剂有树脂结合剂和菱苦土结合剂。磨料有刚玉类和碳化硅类两种磨料。磨料的排序由粗到细,按照粗磨→细磨→中抛→精抛的先后顺序排列。磨料的粒度指的是磨料的颗粒尺寸。磨料可按其颗粒尺寸的大小分为磨粒、磨粉、微粉和超微粉 4 组。磨料的粒度号数用每一英寸筛网长度上的网眼数目表示,其标志是在粒度号数的数字右上角加"#"符号。磨料号从小到大排列,如粒度号为 $16^\#$、$24^\#$、$30^\#$、$46^\#$、$60^\#$、$80^\#$、$100^\#$、$120^\#$、$180^\#$、$220^\#$、$320^\#$、$400^\#$、$500^\#$、$700^\#$、$800^\#$、$1000^\#$、$1200^\#$。同一磨头上不允许装有不同号、不同高度、不同厂家的磨料。

磨头压力的大小直接影响磨料的消耗、生产成本和板面质量。磨头压力大,磨料消耗高,对板材的切削量大;反之,磨头压力小,磨料消耗少,对板材的切削量小。因此,应根据实际情况,合理控制磨头压力。

抛光用水的水质和水量往往被很多人忽视,其实水质和水量直接影响效率和质量,尤其纯白板、深色类板材,对水质的要求高。水量过小,冷却效果不好,磨头发热,影响寿命和性能，还可能烧板。磨抛用水尽可能是不含化学物质的水，否则会降低板材的光度，水的酸碱度以中性为好。磨抛用水最好不含悬浮物，因为水中颗粒会划伤板面，杂质含量应小于 0.01kg/L，颗粒小于 0.01mm。磨抛用水要足量，且要干净。

工作速度要匹配，输送带速度调节范围 0~2m/min，横梁摆动速度调节范围 0~50m/min。根据板材的硬度、花色、配方调整相应的工作速度。硬度高，颜色深的板，应调慢工作速度；硬度低，大颗粒类板，可调快工作速度。加工板材宽度 800~2000mm，加工板材厚度为 15~50mm。

6.7.3 石英石板材生产线控制系统

定厚抛光线各单机均采用 PLC 控制系统，配置变频电机、编码器、电子尺等，加上各检测开关，形成闭环控制。特别是定厚磨机、定厚机、抛光机等主机，还配有人机界面，所有的参数设定和修改，可直接点入各界面完成。磨抛生产线具有智能化，可以实时监测运行情况和磨料使用情况；具有故障报警功能，并提示故障点，缩短排查时间。各设备之间设有联锁开关，整线联锁控制，确保生产顺畅。

定厚抛光自动生产线控制系统的硬件由 PLC、传感器、执行部件、网络通信系统等构成。PLC 的型号比较多，但是结构和工作原理基本相同，主要由电源、主机、I/O 接口、扩展器接口和外部设备接口等组成。PLC 具有以下特点：可靠性高，抗干扰能力强；编程简单，使用方便；控制灵活；功能性强；系统设计方便等。尤其是程序编程采用了以继电器控制线路为基础的梯形图语言，程序编制直观、形象、简单易学。传感器是生产线中的检测元件，感应到被测对象，按照一定的规律转变为电信号输出。该生产线采用的传感器主要有电感传感器、光纤传感器、磁性开关等。生产线中执行部件主要由变频器、伺服驱动电机组成，主要控制工件的运行顺序、速度以及运动的方向和行程的大小等。通信系统主要将工作的各个单元相互连接起来，形成一个整体，相互之间可以将信息进行交换，提高设备的控制能力，实现了集中处理、分散控制的工作要求。

石英石板材自动化生产线模块主要由运输、加工、检验和辅组 4 个基本单元组成。输送模块的机械结构由上板机、翻面机、下板机和各输送工作台构成。每个输送机的独立控制器件由 PLC 模块和按钮/指示灯模块等部件组成。输送单元所需要 I/O 点较多，包括传感器信号、指示灯模块信号、输出信号等，如图 6-79 所示。CC-Link 将信息采集

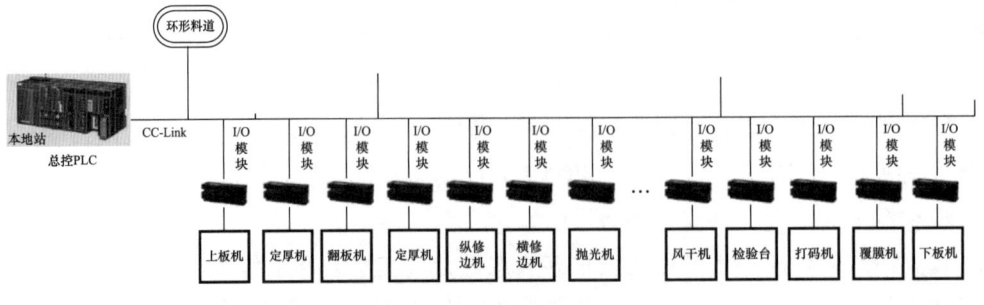

图 6-79　PLC 总线连接图

后，PLC 负责信号的逻辑交互处理，总控 PLC 是整条自动线的控制处理中心。具体的信号交互包括上板机、底面磨机、翻板机、表面磨机、修边机、抛光机、风干机、产品检验机、打码机、贴膜机、下板机的信号交互，每个生产单元的信号要与下一个单元的生产节拍配合。

加工模块单元主要由底面定厚磨机、表面定厚磨机、修边机、抛光机等构成。具体的执行机构包括板材输送电机、磨头电机、抛光头步进电机、板材加工宽度光电传感器、磨头压力传感器以及不同的电磁阀等部件。各执行控制信号均由 PLC 控制。主要任务是通过闭环控制系统将工件按照性质的不同，选择不同的转速和进给速度。检验模块主要对石材表面和尺寸进行质量检测。辅助单元包括表面烘干、贴标签和表面覆膜等。这些功能也都是由 PLC 控制完成的。

定厚生产线将以效率提升、智能控制为发展方向，同时与 MES（生产过程执行系统）相连，如图 6-80 所示。该系统可收集生产线的生产、设备运行、电耗、耗材等各

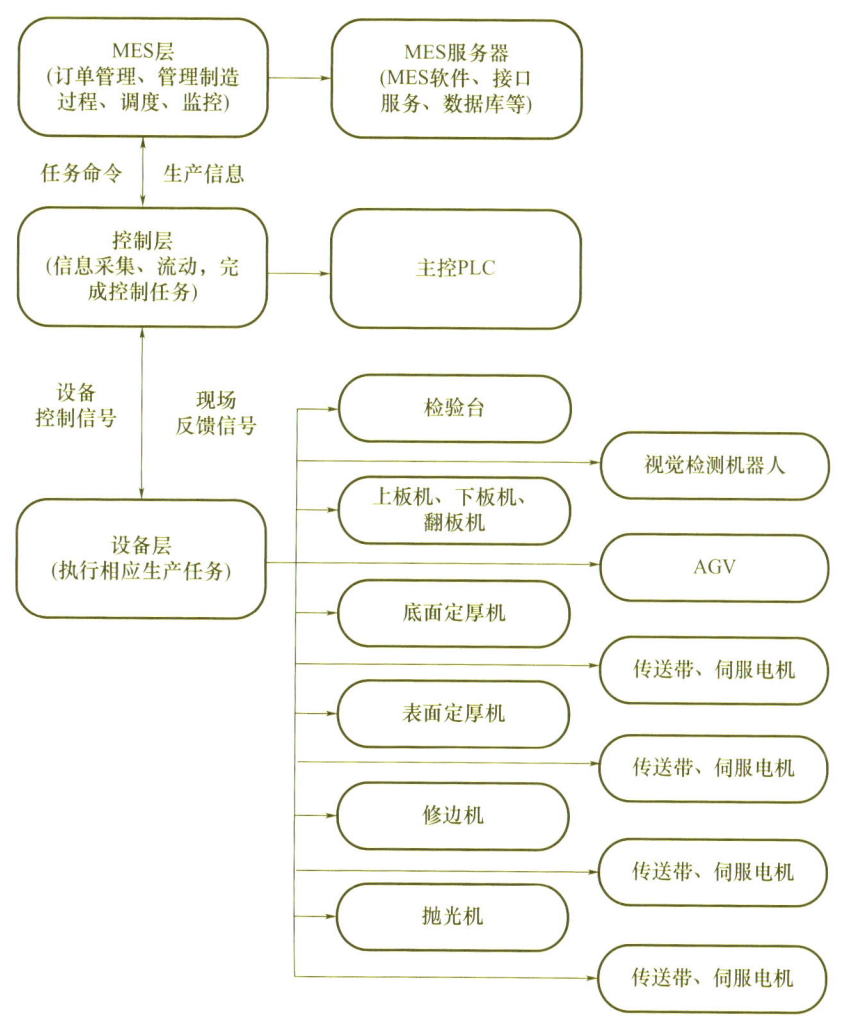

图 6-80　磨抛生产线控制系统结构

项数据，通过数据分析，得到精确的结果，提升管理水平。借用互联网，设备厂商可适时地监控设备的运行状况，提醒用户注意保养事项，可远程分析、指导、解决问题，排除故障。生产线配上扫描机，高清扫描每一张板，再建立图库。工程人员可通过编码调取图片和排板。销售人员通过编码直接调取图片，发送给客户，缩短沟通时间，提高工作效率。

6.7.4 定厚磨机主控制系统

定厚磨机主菜单包括磨头模块、同步显示模块、磨料模块等，如图6-81所示。控制面板及其功能说明见表6-5。从表6-5可以看到，主控面板功能包括钥匙开关、选择系统手动/自动模式、开始循环启动、停止循环启动、接通系统电源、横梁手动向前、横梁手动向后、手动启动皮带正、反转、急停等。表6-6是定厚磨头控制面板功能，包括定厚磨头升降高度计数显示、定厚磨头电机电流显示、启动定厚磨头电机、停止定厚磨头电机等功能。

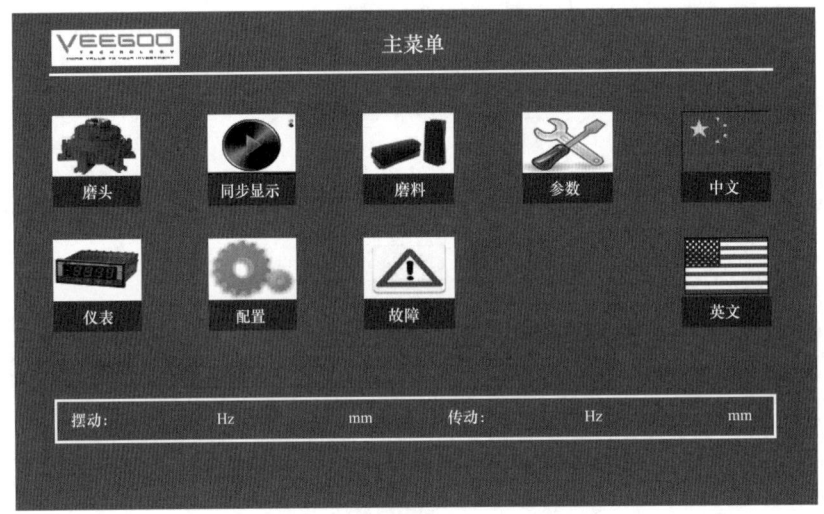

图6-81 定厚磨机生产线控制系统结构

表6-5 主控面板符号/按钮及其功能说明

符号	名称	功能说明
A	钥匙开关	系统通电之前，先解锁钥匙开关
B	手动/自动	选择系统手动/自动模式
C	循环启动	开始循环启动
D	循环停止	停止循环启动
E	系统电源启动	接通系统电源
F	横梁手动向前	横梁向前手动开关
G	横梁手动向后	横梁向后手动开关

续表

符号	名称	功能说明
H	手动启动皮带正转/反转	手动启动皮带正反转开关
I	急停开关	紧急情况时，按下按钮，可切断控制电源

表 6-6 定厚磨头控制面板功能

符号	名称	功能说明
A	计数器	升降高度计数显示
B	电流表	定厚磨头电机电流显示
C	电机启动按钮	启动定厚磨头电机
D	电机停止按钮	停止定厚磨头电机
E	定厚头升降选择	手动控制定厚头升降

6.7.4.1 定厚磨机参数设置模块

定厚磨机参数设置模块包括传动皮带速度、磨头摆动位置的极限、摆动的停留时间、摆动速度、板材规格等参数，如图 6-82 所示。前软限设置是设置磨头与零点之间的距离，摆动磨头至该位置时，摆动前行速度结束，此时，横梁依靠其惯性继续向前运动。后软限设置磨头向后运动到与零点之间的距离，横梁运动到该位置时，横向运动结束，横梁依靠惯性继续移动一段距离。前限设置是磨头与零点之间的距离，磨头靠惯性移动至该位置时，横梁停止运动，开始向后运动。后限设置是磨头与零点之间的距离，靠惯性运动到该位置时开始换向向前运动。摆动横梁先运动到软限位脉冲停止，然后靠惯性到达限位换向，软限位的设定值要小于限位的设定值。前摆停留时间是横梁运动电机运动到前软限位置至前限制位置的停留时间。后摆停留时间是横梁运动电机运动到后软限位至后限制位置的停留时间。摆桥速度设定是设定横梁运动速度。传动速度设定是

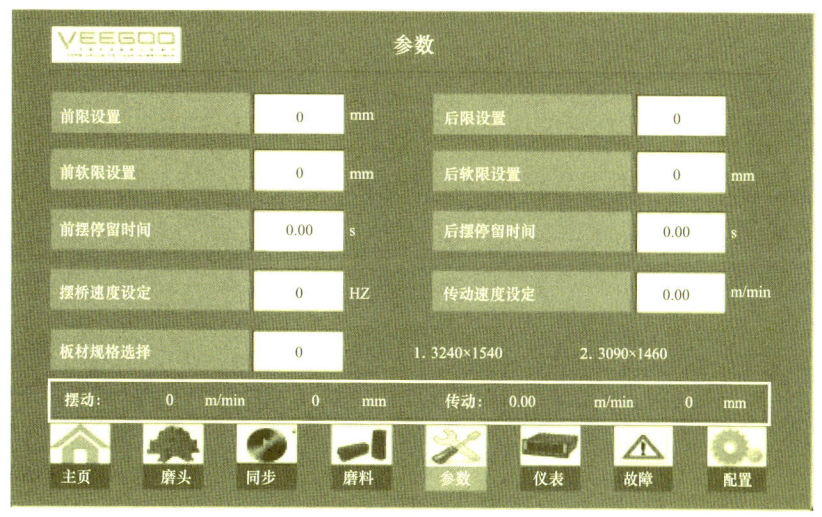

图 6-82 定厚磨机磨头摆动参数

设置传动皮带的速度。板材规格是输入板材规格代码，"1"代表板材为3240mm×1540mm，"2"代表板材为3090mm×1460mm。

6.7.4.2 定厚磨机磨头控制界面

在主界面点击"同步"图标，可进入同步显示界面，如图6-83所示。该界面可显示1~8号定厚磨头电机运行状态和1号、2号抛光磨头电机运行状态。各磨头工作时，显示各电机磨头处于下降状态，电机停止时，显示电机磨头处于上升的状态，显示摆动电机、传动皮带的运行速度和实时位置，可模拟出横梁运动位置的实时动画。该系统还可以显示各磨料参数及对应的磨削板材数量，为计算定厚磨头和抛光头使用寿命提供关键数据。磨头对板材的压力采用压力传感器测量，实时检测定厚磨头和抛光磨头中磨料的磨损量。当磨头磨损加大时，消耗功率增加，电流增大，可以检测磨头的磨损量。采用光栅尺来确定各磨头的下降高度。在定厚磨削和抛光时，需要充足的冷却水对磨头进行冷却和冲走石材表面的切屑。冷却水流量根据不同工艺参数进行自动调整。

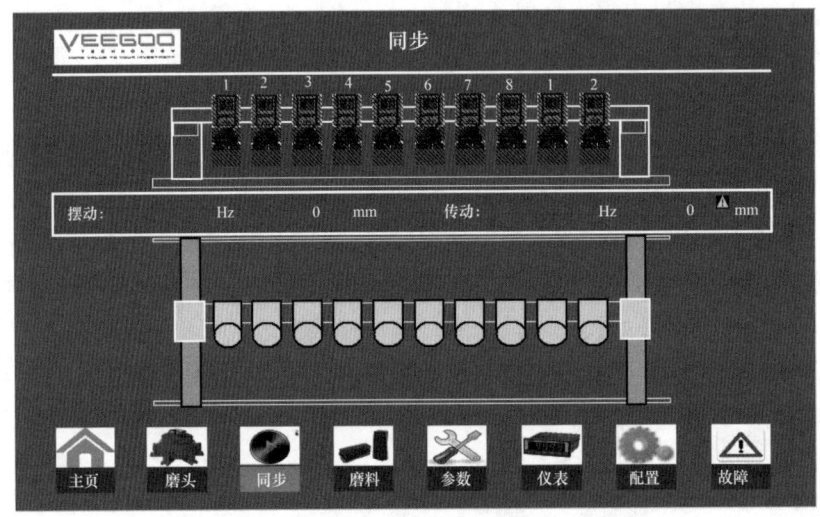

图6-83 同步显示界面

在进行定厚盘进刀量调整之前，先测量所要定厚加工的板材最大厚度尺寸并确定。将定厚磨机最后一个定厚磨头（靠近出板端的定厚磨头）下降，当定厚磨头的铣刀下表面与输送带表面接触时按定厚磨头下降停止按钮；此时铣刀下表面对输送带上表面要有一定的压力，但是不要过大。这个压力等于在连续定厚加工时的板材对输送带表面压力最为理想；其准确性与圆盘定厚磨机的操作经验有关。

完成上述操作之后，将位置表上数字清零并将下限数值设定与所要定厚的板材的最终厚度相同，将位置表上限数值设定在预先测量所要定厚加工的板材最大厚度尺寸以上2mm，以确保发生意外时定厚磨头自动升起的高度可让板材可以顺利通过。

当最后一个定厚磨头铣刀高度参数设定以后，依据定厚磨机的定厚头数量，从后向前逐步设定定厚磨头铣刀的高度，其下限数值从后到前逐步增加，而上限数值等于所要定厚加工的板材最大厚度尺寸以上2mm。最后按下位置锁定按钮，将进刀量自动记忆。

6.7.5 抛光机控制系统

6.7.5.1 抛光机控制系统构成

石材抛光生产线机械运动部分分成 3 部分，即横梁摆动运动 X 方向、皮带传输运动 Y 方向和磨头垂直运动 Z 方向。其中横梁摆动部分由摆动电机、编码器、摆动导轨、抛光磨头以及磨头电机等组成。皮带输送部分由皮带电机、编码器、皮带和皮带辊子等组成。磨头升降运动主要由气缸来完成。其控制系统如图 6-84 所示。板材连续抛光机控制系统组成主要分为两大部分，即基于线阵 CCD 相机的在线宽度检测系统和基于 PLC 的运动控制系统。由 CCD 测量石材的宽度并传送给工控机，由工控机把信号输入 PLC 接口，控制横梁运动、传送带运动和磨头运动。其控制主菜单如图 6-85 所示。

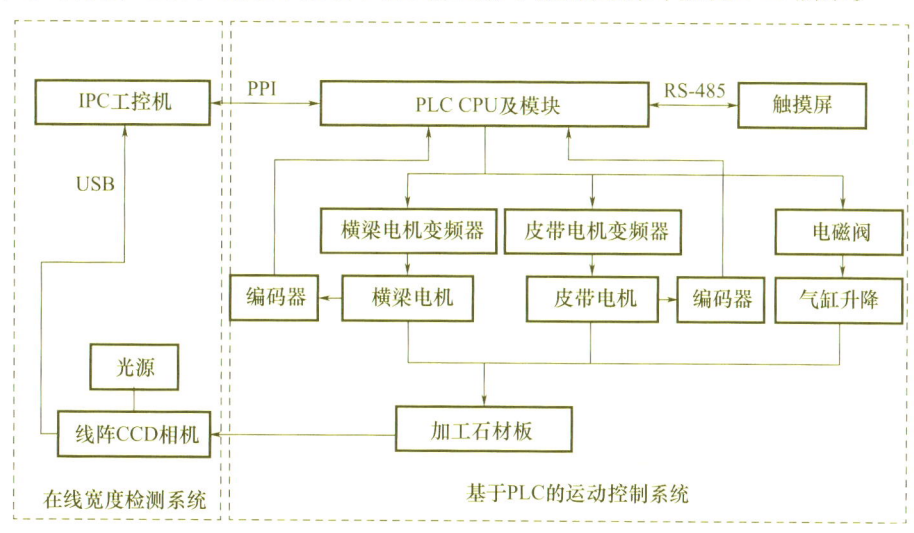

图 6-84 抛光机控制系统框图

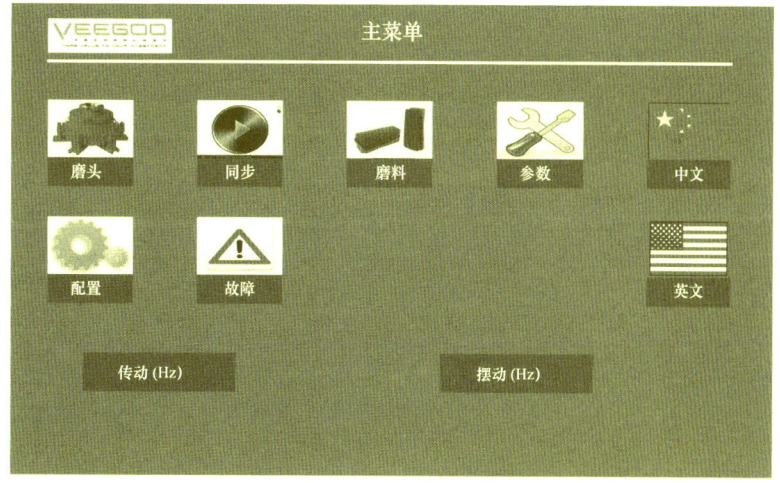

图 6-85 抛光机控制主菜单

抛光机主菜单包括磨头、同步、磨料、参数等模块。

6.7.5.2 横梁摆动控制系统

对于石材抛光机控制系统，需要控制横梁进行前后的往复摆动来磨抛石板，实现对石板的抛光。所以，在往复摆动过程中需要对横梁速度进行控制，即横梁电机的控制。传统的石材抛光机采用在前后设定位置后减速的方法对横梁摆动进行控制，因其速度图像类似梯形，称为梯形加减速控制。传统磨机摆动单周期的梯形加减速控制中的速度与加速度曲线如图 6-86 所示。

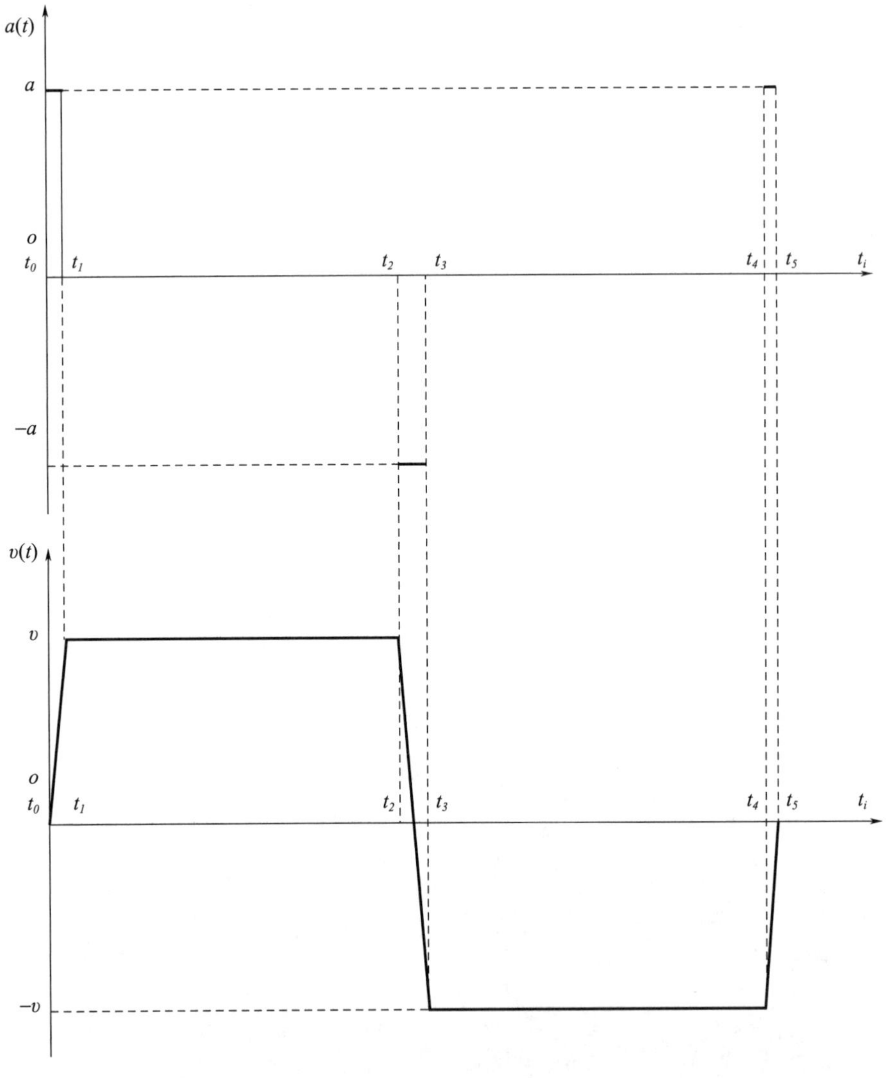

图 6-86　单周期梯形加减速控制中的速度与加速度曲线

从图 6-86 中不难看出，可以将传统基于梯形加减速控制抛光机横梁单周期摆动速度 $v(t)$ 曲线划分出五个不同阶段：$t_0 \sim t_1$ 阶段以加速度为 a 的匀加速运动；$t_1 \sim t_2$ 阶段以速度为 v 的匀速运动；$t_2 \sim t_3$ 阶段以加速度为 $-a$ 的匀减速运动；$t_3 \sim t_4$ 阶段以速度为 $-v$ 的匀速运动；$t_4 \sim t_5$ 阶段以加速度为 a 的匀加速运动。其中 t_i（$i = 0, 1, 2, 3, 4, 5$）为单周期加减速过程中各阶段的过渡位置，$t_0 = 0$；a 为加速度最大值；$-a$ 为加速度最小值；加减速过程中各阶段速度和加速度分别是随时间 t 变化的函数，分别用 $v(t)$ 和 $a(t)$ 表示；单周期总时间为 T。所以当第 n 周期 $t \in [nT+t_i, nT+T_{i+1}]$ 时，$v(t)$ 可以表示为

$$v(t) = v(t_i) + \int_{t_i}^{t} a(t) \mathrm{d}t \tag{6-3}$$

在单周期 T 的速度变化过程中，单周期 T 为五个加速、减速和匀速阶段时间的总和，则有

$$T = \sum_{i=0}^{4} (t_{i+1} - t_i) \tag{6-4}$$

根据式（6-3）可得，梯形加减速控制过程中第 n 周期 5 个不同阶段加速度 $a(t)$ 和速度 $v(t)$ 可以表示为：

第一阶段加速，$t \in [nT+t_0, nT+t_1]$：

$$\begin{cases} a(t) = a \\ v(t) = at \end{cases} \tag{6-5}$$

第二阶段匀速，$t \in [nT+t_1, nT+t_2]$：

$$\begin{cases} a(t) = 0 \\ v(t) = v = a(t_2 - t_1) \end{cases} \tag{6-6}$$

第三阶段减速，$t \in [nT+t_2, nT+t_3]$：

$$\begin{cases} a(t) = -a \\ v(t) = -at + at_2 + v \end{cases} \tag{6-7}$$

第四阶段匀速，$t \in [nT+t_3, nT+t_4]$：

$$\begin{cases} a(t) = 0 \\ v(t) = -v = -a(t_4 - t_3) \end{cases} \tag{6-8}$$

第五阶段加速，$t \in [nT+t_4, nT+t_5]$：

$$\begin{cases} a(t) = a \\ v(t) = at - at_4 - v \end{cases} \tag{6-9}$$

综上所述，速度 $v(t)$ 的表达式可以写成式（6-10）。

$$v(t) = \begin{cases} at & , (nT+t_0 \leq t \leq nT+t_1) \\ a(t_2-t_1) & , (nT+t_1 < t \leq nT+t_2) \\ -at+at_2+v & , (nT+t_2 < t \leq nT+t_3) \\ -a(t_4-t_3) & , (nT+t_3 < t \leq nT+t_4) \\ at-at_4-v & , (nT+t_4 < t \leq nT+t_5) \end{cases} \tag{6-10}$$

通过式（6-10）对这种传统基于梯形加减速控制的抛光机横梁摆动各阶段加速、减速和匀速的运动分析及建模，不难看出分别在 t_0、t_1、t_2、t_3、t_4 和 t_5 处加速度存在突变，导致速度的突变，从而会对电动机、机械系统及被抛光石板造成冲击，出现机械系统运动不平稳、不均匀的情况。基于以上对传统速度控制的考虑，通过引入 Jerk 值，形成类

似 S 形的加减速的速度曲线，被称为 S 曲线加减速控制方式。其中，Jerk 值是为反映机床速度与平稳性之间的关系而引入的一种加速度。而这种加减速控制方式具有较高的柔性，比较明显地降低了机械系统的速度突变。对图 6-86 梯形加减速控制控制曲线进行优化，优化结果如图 6-87 所示。

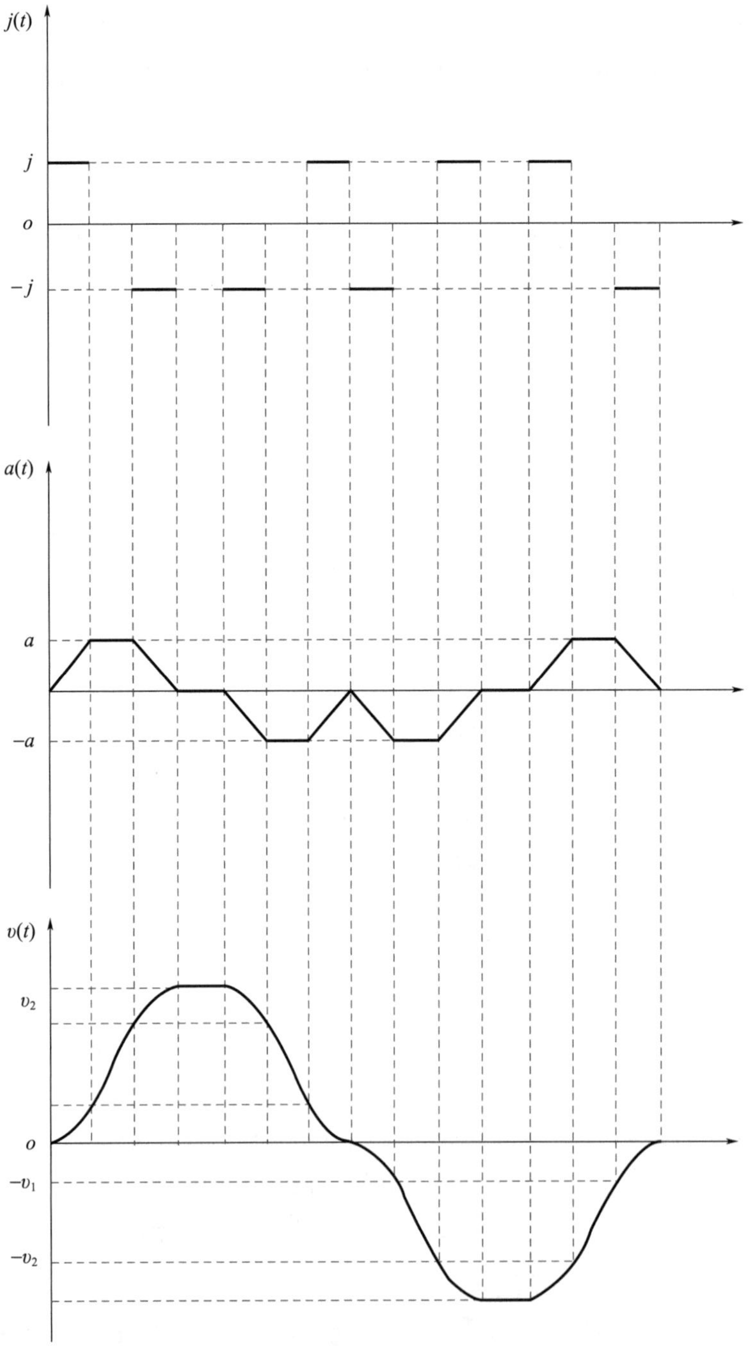

图 6-87　单周期 S 形加减速控制的速度与加速度曲线

为改善板面效果、提升磨抛效率，业内厂家创造性地改变了磨头的运动轨迹，推出新型抛光机，有圆摆式、圆转式，还有意大利 SIMEC 公司推出的三轴抛光机。国内传统抛光机横梁摆动采用 PLC + 变频电机控制，意大利的抛光机横梁摆动采用伺服 + 伺服电机控制。从运行轨迹对比可以发现，伺服电机控制比 PLC 控制的横梁摆动加减速距离短，停止位置精准。

横梁控制界面如图 6-88 所示。在该界面有前软限设置、后软限设置、前限设置、后限设置、前摆停留时间、后摆停留时间、摆桥速度设定、传动速度设定、板材规格选择、板材厚度选择等参数。

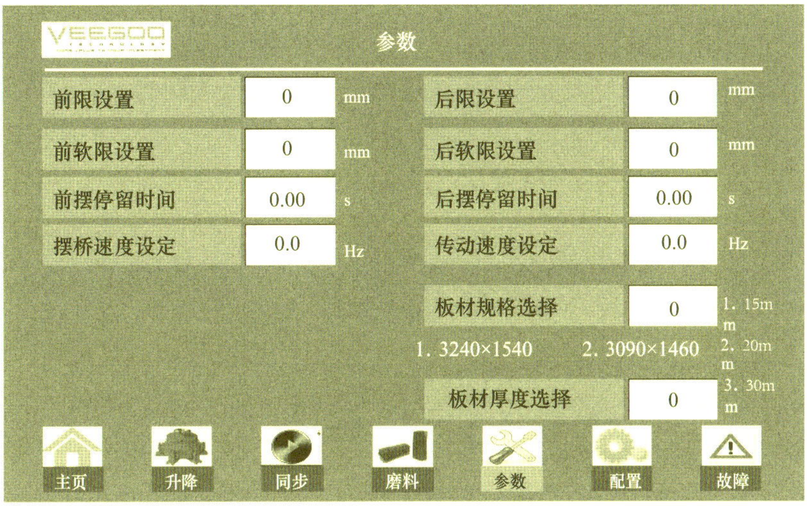

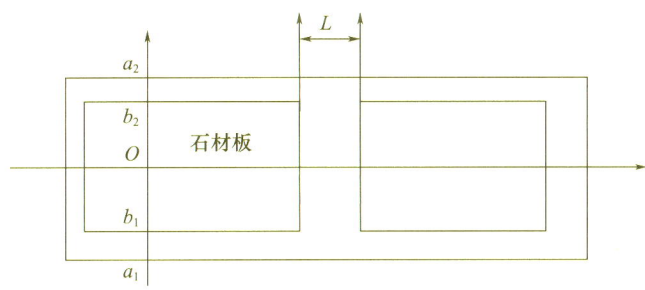

图 6-88　横梁控制界面

由于横梁摆动方向的石板宽度坐标是连续磨机宽度在线检测系统，测量出来并通过 PPI 协议传送给 PLC 的。在 PLC 控制算法中只需要将转换后的横梁摆动电机编码器数据与宽度在线检测系统传输的数据进行对比，即可判断是否在其石板内部，从而判断磨头是否下降。以单个磨头为例，横梁摆动条件可以用图 6-89 表示。从图 6-89 中可以看出 a_1 和 a_2 是石板的上、下边界极限，是由宽度检测系统计算得出的。当横梁运动到这里时，必须控制磨头抬起。前软限设置图中的 b_1 点与 O 点之间的距离，横梁摆动至该位置时，横梁前行运动结束，这时横梁靠惯性运动到 a_1 点。a_1 点为前限设置，即石材边

图 6-89　横梁摆动条件示意图

界点与零点之间的距离，横梁摆动至该位置时，摆动前行换向，开始向后方摆动。当横梁摆动到 b_2 点时，摆动运动停止，b_2 点到原点 O 的距离为后软限设置。此时横梁靠惯性运动到 a_2 点，该点为后限设置。此时，磨头抬起，横梁开始向反方向运动。横梁一次往复时间 T 可以通过式（6-11）来表示。

$$T = t_1 + t_2 + t_3 + t_4 \tag{6-11}$$

式中，t_1 为 O 点到 b_1 点横梁摆动时间；t_2 为 O 点到 b_2 点横梁摆动时间；t_3 为 b_1 点到 a_1 点横梁停留时间，也称之为前摆停留时间；t_4 为 b_2 点到 a_2 点横梁停留时间，也称之为后摆停留时间。

t_1 和 t_2 主要由板材的长度和横梁运行速度决定。横梁的运动速度由板材的物理性能和磨料的性能决定。板材硬度低、磨料硬度高时，横梁摆动速度快；如果板材硬度高，磨料硬度低，则横梁摆动速度慢。t_3 和 t_4 是横梁运动到软极限位置时的停留时间。该时间很短，主要由磨头的旋转速度和板材在 Y 方向的运行速度所决定。同时横梁的运行速度还要与板材的行走速度一致。该界面可以自动设置横梁的速度和板材行走速度。同时还可以设置板材规格，如输入板材规格"1"代表板材板面尺寸为 $3240mm \times 1540mm$，输入"2"代表板材尺寸为 $3090mm \times 1460mm$。同时还可以输入板材厚度，输入"1"代表板材厚度为 $15mm$，输入"2"代表板材厚度为 $20mm$，输入"3"代表板材厚度为 $30mm$。

控制系统设有磨头升降功能，参数如图 6-90 所示。每个磨头升降主要靠气缸来控制。板材在传送带上行进时要经过 16 道工序加工。板材与板材之间要有一定的间隔 L，如图 6-89 所示。当板材离开该道工序时磨头升起，进入下一道工序时磨头落下，以保证磨头不与板材发生碰撞，避免损坏磨头，影响整个加工流程。磨头升降速度、升降高度和升降时间依靠传感器来自动调整。磨头升降时间可用式（6-12）来表示。

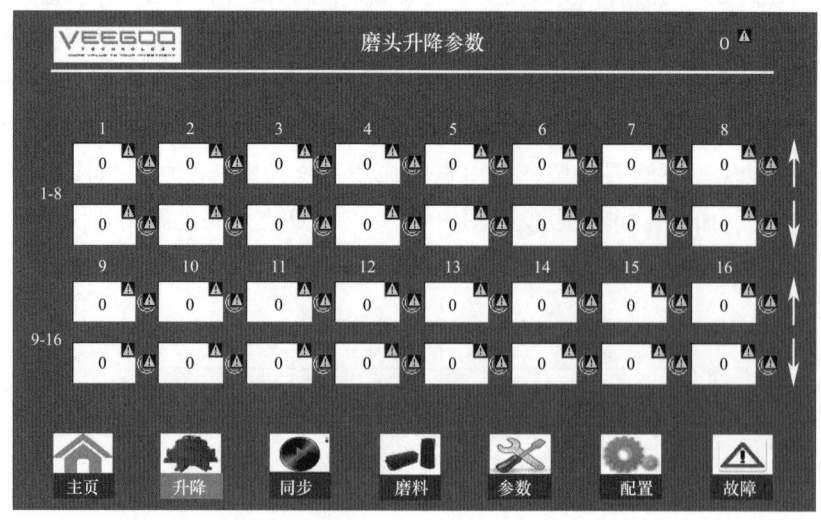

图 6-90　磨头升降参数

$$t = \frac{L}{v} \tag{6-12}$$

式中，L 为两块板材之间的间隔；v 为皮带运行速度。

从式（6-12）中可以看到板材间隔短，皮带速度快，磨头升降时间短。板材间隔宽度由 CCD 扫描仪进行扫描并传输给控制系统，由控制系统控制磨头的升降速度。磨头下降高度也由传感器来控制，以避免磨头冲击板材。同时磨头下降速度要有缓冲过程，越接近板材时，要保证磨头下降的加速度减小。整个系统可以模拟出板材磨削状态，并由该磨削状态确定最佳磨削参数。同时该系统还可以控制磨料使用状态，检测各个磨头加工板材数量，为计算磨头使用寿命提供关键数据，用户可根据总面积数来判断是否需要更换磨头。

系统磨料状态主要用来控制和显示磨头的消耗量。检测仪器可以采用声发射仪、激光仪、压力传感器等仪器，测量磨头消耗产生的压力变化、距离变化、内部组织变化等参数。当磨头消耗到规定值时，系统自动停机，更换磨头。同时控制系统对皮带数据归零、皮带编码器测试、连续进板模式、延时进板、传动皮带张紧功能等进行设定和检测。

旋转编码器是一种能够将角位移变化转换成电信号的旋转型位置传感器，所以也称为角编码器。旋转编码器普遍与被测量轴连接，通过跟被测量轴形成同步转动，将被测量轴的角位移变化转换成连续的脉冲形式的电信号，实现对被测量轴角位移的测量。在有必要时，通过半径换算就可以计算出直线位移。编码器的脉冲输出信号一般连接计数器、PLC、计算机。

传送带可以采用液压张紧机构，由液压系统的液压油在缸内形成压力，然后通过油缸向传送带施加牵引张力。电气和液压系统的特点，使传送带具有控制精度高、响应速度快、信号处理灵活、各种参数反馈容易等优点。传感器可以安装在传送带各个地方，对传送带工作过程中的相关张力进行采集，分析后调整张力。其主要工作过程是：传感器采集传送带的运动数据，将所有数据传送到控制系统进行相关分析，并根据系统的相关计算分析调整张力。如果传送带的张力不够，液压系统将开始为传送带工作，提供适当的张力。如果皮带张力过大，那么液压系统会根据传感器采集的相关数据进行调整，使整个张紧装置能够给皮带提供最合适的张力，确保系统的正常运行。

6.8 石材固废资源化处理生产系统

6.8.1 简介

晋江华宝石业有限公司（以下简称"华宝"）于 2010 年开始立项研发纯无机人造石。经过多年的研制与提升，研发了石材固废资源化处理的专用无机人造石黏合剂技术、无机人造石工艺配方、无机人造石高效制备方式技术（方料制备方法）、无机人造石设备自动化、智能化选型组合等科研成果。形成了全无机型高固废处理的人造石成套技术，实现了大宗固废高效资源化利用处理系统。

6.8.2　专用无机石黏合剂技术

固废资源化处理无机人造石项目的核心关键是黏合剂技术研发。华宝科研团队经过多年不懈的科技攻关，研究出无机人造石专用黏合剂技术。人造石无机黏合剂是在水泥胶凝材料的基础上，运用先进的晶相成核与生成技术以及结构交联技术，融入多种胶凝材料的调控、可塑技术，建立多元胶凝体系协同增强的复合胶凝体系；发明了黏结性能优异、制造工艺简单的人造石无机黏合剂和添加剂，并在此基础上优化了无机颜料、骨料及无机填充物，综合形成了具有反应活性的混合浆料，实现产品的石粉、石碴掺量达70%以上的同时，保证了人造石产品的黏结强度和原料结合的可塑性。应用华宝专用黏合剂配合相关工艺，可确保华宝无机人造石的抗压强度、抗折强度、剪切强度等性能指标在优质天然大理石和天然花岗石之间，线膨胀系数接近天然花岗石线膨胀系数等级。华宝无机黏合剂技术是无机人造石制备方法国家发明专利中的重点技术，是无机人造石成功的根本。

6.8.3　无机人造石密实配制技术

通过对石材固废材料进行清洁、破碎，以范德华界面力学理论为基础，利用晶相结合与生成技术和振动压制技术，着力提高无机人造石的致密性和密实性。通过数学建模和人工智能等先进技术，运用多组分配比设计，找到以理论与实践相结合的密实性配制技术。形成了华宝无机人造石密度比天然大理石高、接近天然花岗石密度的人造石配制技术。该配制技术保证石碴、石粉等与黏合剂的黏结强度，保证了人造石制备后的高密度性能，为人造石后续抛光加工的光泽度要求打下了最坚实的基础。这是华宝无机人造石方料配制关键技术的核心。

6.8.4　无机人造石方料制备工艺技术

在人造石密实配方技术的基础上，运用多组分配比设计，项目对制备材料、制备设备性能进行物理、化学、机械性能组合试验。重点解决胶凝材料开放时间（主要是初凝时间、终凝时间），保证原材料和胶凝材料搅拌均匀。着重研究了无机石压制过程中的真空气泡消除技术、振动压制密实性物理保证技术、方料成型技术、方料规模化生产工厂时间规划、后续方料脱模时间及技术、后期养护保证等。通过广泛正交设计试验等多种优选法，进行海量的方料制备配方试验。在坚持不懈的研究与试验中，开发出华宝无机人造石专用的生产工艺助剂，保证了石材固废材料和胶凝剂的搅拌均匀、真空去泡、振动模压密实成型等工艺的完成。同时保证胶凝材料物理化学固化、脱模养护以及结合工厂规模化生产的实际需求。华宝研发的工艺助剂初凝时间合适、终凝时间迅速，在保证各组分材料和胶凝材料之间相互形成强结合力的基础上，制成大体积的无机方料石，从而实现方料的规模化和连续化生产，解决了规模化工业生产的难点，属国内首创。

6.8.5　无机人造石抛光原理与技术

针对添加水泥的制品都存在抛不光、磨不亮、光泽度难以达到70度的问题，华宝无机人造石研发团队着重分析和研究了原因。首先，在产品密实度和吸水率上下功夫。运用无机人造石密实性技术和晶相生成技术，将这些材料掺到自主研制的助剂里面，并运用在方料制备配方中。生产出来的产品性能基本等同于天然石，破解了水泥制品光泽度低的难题。同时，华宝对市场上的各种优质磨料进行匹配性选择、对石材抛光设备的自动化和智能化程度进行选型。高品质的产品与相匹配的磨料和自动化程度较高的磨光设备结合在一起，达到了无机人造石不需要使用"超洁亮"等增光材料，得到与天然石相媲美的光泽度。

6.8.6　无机人造石方料生产线的建成

运用设备改造技术、机械集成技术、化学工程技术、自研设备等技术手段，率先建成全国第一条纯无机人造石方料生产线。生产线基于人造岗石（有机）成型压机、真空成型等设备；经过华宝科研负责人与厂家共同对设备进行改造、创新改良、适应性匹配等，进行系统集成，形成基于无机人造石的石材固废资源化处理生产系统。目前单条生产线可实现年产100万 m^2 无机人造石大板生产能力，可处理5万 t 石碴。

近年来，为提高无机人造石加工效率和加工精度，使固废资源化处理系统智能化程度更高，华宝引进了自动磨光机、五轴联动切边机、多头石材雕刻机、石材自动清洗、烘干、包装一体机等加工设备。这些设备与普通设备、手工设备、传统造型设备相比，效率提高了5倍以上，且自动化程度高，减少了2/3的加工生产线员工。新设备还有噪声低、湿式作业不扬尘等优点，大大优化了工作环境，防止了职业病危害的产生。

华宝无机人造石以方料形式制成，可进行灵活的外观、功能设计，不但能够满足设计师的各种设计要求，而且可以根据客户的需要加工成各种规格和各种加工面的异型制品。产品可立体雕刻、雕花及制作线条；可加工成磨光面、火烧面、水洗面、仿古面、喷砂面、拉丝面等。作为新一代的绿色环保装饰材料无机人造石，产品拥有高可塑性和丰富造型；有着丰富的肌理，如水波纹、自然面、几何线条等。相较于天然石材，能更加灵活、定制化地满足设计师及广大消费者的装修需求。其加工工艺路线如图6-91所示。

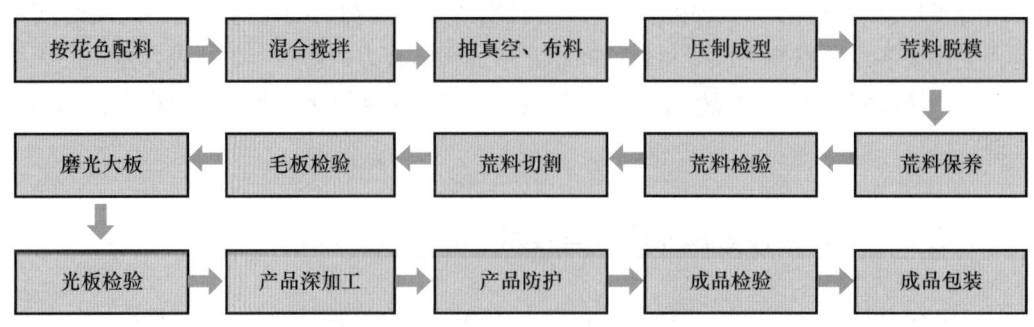

图 6-91 无机人造石加工工艺路线

6.8.7 无机人造石性能指标及应用范围示范效益

华宝无机人造石产品以其纯无机、可火烧、无烟毒、无辐射、不变形、耐老化、抗冻融、强度高等优点受到市场的青睐，成为工装与家装的首选产品。产品主要性能指标优异，近年来经国家权威机构多次检测，其平均技术指标见表 6-7。

表 6-7 无机人造石性能指标

性能	指标
防火性能	A_1 级
烟气毒性	AQ_1
放射性核素限量	A 类
莫氏硬度	4～6
体积密度（g/cm³）	2420～2590
吸水率（%）	0.29～0.55
压缩强度（MPa）	79.7～125
弯曲强度（MPa）	9.72～15.8
光泽度（度）	71.9～92.6
耐磨度（mm）	32.6
抗冻系数（%）	96
线性热膨胀系数（K^{-1}）	3.2×10^{-6}～6.9×10^{-6}

高品质的华宝无机人造石产品可替代天然石，"不是天然石，胜似天然石"。目前产品主要应用在地铁、机场、车站、广场、别墅、住宅小区、酒店、商场、会所等建筑物的内外墙装饰及室内、室外地板铺贴等，应用范围非常广泛。

华宝无机人造石产品包括白色系列、灰色系列、黑色系列、彩色系列、马赛克系列等。同时还有卫浴系列，如图 6-92 所示。产品广泛应用到国内外各大型工程中，如深圳地铁 6 号线二期的地面、导向板、楼梯板、盲道砖；深圳地铁 8 号线一期地面、导向板、楼梯板、盲道砖；北京北新建材总部地面铺贴；上海世贸商场地面、墙面、工作台；韩国釜山格兰德朝鲜酒店地面（图6-93）等。

图 6-92 卫浴系列

图 6-93 韩国釜山格兰德朝鲜酒店地面

6.9 石材工程智能化养护技术

6.9.1 石材养护的主要内容

石材是以天然石或以岩石、树脂、水泥等为原料，经加工制作成的具有一定形状和尺寸，可用作建筑装饰材料的产品。常见的石材有花岗石、大理石、石灰石、微晶石、水磨石、人造石等。由于石材吸水性、密度、硬度等性能的多变性，虽然看起来坚硬耐用，但石材含有气孔，如同人类的皮肤，在"呼吸"的同时将空气中的细菌、尘埃、微生物等吸入，也容易被腐蚀、污染，如倾倒的饮料、咖啡、茶、消毒清洁剂，硬物坠落和拖曳造成的撞击和摩擦，水泡或潮湿环境等都可能导致石材产生病变，使用寿命缩短。为了预防石材病变，石材铺贴安装后需要做整体研磨和结晶处理，以及日常养护的结晶、翻新和病变治理等。

石材养护是为提高石材表面性能和装饰效果,对石材表面所进行的物理、化学处理工艺的统称。利用先进的科学技术及方法,对装饰石材采取专业、规范的保养和防护措施,彰显装饰石材的高品质,延长石材的使用寿命。养护可分为日常保养维护和石材表面处理。在石材安装使用后要定期进行检查、维护、保洁和保养,还可通过对石材表面进行物理、化学处理以保持天然石材的装饰效果。常见的养护方式有清洗、防护、研磨、修补、结晶、增光增艳、染色等。传统的养护方式已经显现出一些弊端。依靠化学结晶材料,通过化学反应起光的方式并不是一种可持续的养护方式。随着养护时间的延长,石材长期受到化学物质的侵蚀,表面会出现病变,最终缩短使用寿命。市场需要更高效的物理研磨材料,用物理起光代替或减少化学起光。这就需要更高效、耐久的防护剂产品来达到防污抗渗、耐酸碱腐蚀、防水防油的保护效果。需要可以高效延长固光时间的产品来增加光泽度、加密加硬,也需要高效的病变治理及预防产品,应对石材常见的锈斑、返碱、黑斑、水斑等病变的发生。

6.9.2 石材养护市场分析

随着社会的发展,人们对石材装饰效果的要求越来越高。由于石材表面结晶硬化处理技术发展迅速,养护后石材的镜面光泽效果明显,晶面养护已经成为普遍的需求。随着社会的发展,人们对石材的装饰效果要求越来越高。由于石材表面硬化处理技术发展迅速,养护后石材的镜面光泽效果明显,晶面养护已经成为普遍的需求。石材养护技术经过三十多年的引进、传承、发展和创新迭代,中国的石材护理技术后来者居上。目前我国大多数石材防护剂、清洗剂、晶硬剂、保养剂、增强剂、着色剂、磨料、磨块等材料已经逐步国产化,普通石材打磨翻新机械也主要由国内生产,而且材料和设备生产商还在不断进行改进和升级。目前行业内已经推出了全球首台具备商业推广价值的智能石材晶面养护机器人。在激烈的市场竞争和客户不断提升的品质需求下,石材企业都需要不断地更新和升级养护材料及设备。

我国传统石材养护行业仍属于劳动密集型产业,目前从业人员达到数十万人。传统养护多采用石材护理工操作单擦机或高速抛光机等设备,同时加上百洁垫、钢丝棉、药剂等工具的养护模式。养护作业过程中工人需要不时停下来喷洒药剂,更换研磨垫,即使是熟练的技术工每天平均作业面积也仅有 $200m^2$。由于养护设备重、振动幅度大等,传统石材养护作业对操作工的操作技巧和身体素质有一定要求。此外为避开人群,石材养护大多在晚间作业,劳动强度大,重复性劳动多。在这种情况下,行业越来越难招到员工,行业里熟练技工难求。同时人工成本逐年上涨,行业迫切需要逐步降低对人工的依赖,降低人工成本。

经过多年的市场竞争,目前国内石材养护的中标价格基本都在中低水平,行业的毛利率逐年下降。未来如何提高传统石材护理行业利润率是关系到行业生存的问题。石材养护行业尚未经过有效的市场整合,具有资源优势的企业如何在价格竞争中另辟蹊径,取得局部市场的优势也是值得深思的问题。这些问题需要系统的解决方案。

6.9.3 智能养护机器人

吾尚良品环境服务（上海）有限公司成立于2013年，是专注于环境友好型、资源节约型纳米养护材料开发与应用的科技型服务企业集团。以"用新技术和新材料为行业赋能"为企业使命。目前已自主研发、生产出针对石材、木材、玻璃、金属、陶瓷等表面的"大师晶盾"系列纳米涂层产品，拥有多项知识产权，可广泛应用于常见建筑材料饰面修复、翻新及养护业务。2021年，公司与纳米技术及应用国家工程研究中心成立的建筑饰面养护联合产品研发中心开展技术合作，不断深化研发，拓宽产品线。

通过多年的行业实践，吾尚良品环境服务（上海）有限公司联合科研单位共同研发"大师晶盾"石材晶面养护智能机器人。

"大师晶盾"石材晶面养护智能机器人配置有激光雷达、深度摄像头、超声波、防撞条等多种传感器装置，灵活应对环境中出现的静态、动态障碍物，并实时做出反应，最大限度保障晶面机器人、人和设施的安全。可自主定位导航，自主建图和规划路径，保证结晶效果优质均匀，并具备自动更换抛光垫、智能控制结晶剂等功能。全流程无人化连续作业，人力成本大幅度减少，且操作简便，可一键生成作业区域、一键开始作业任务，支持触屏、App等多种交互模式。晶面养护智能机器人不仅可以实现无人自动化作业，养护过程中还可以自动报告任务详情，反馈任务进度，为相关人员提供信息化管理手段，使石材养护这一传统业务跨入信息化、智能化模式。

在养护作业现场，70%的养护区域（规则区域、空旷区域）结晶养护均可由机器人完成，30%的养护区域（不规则区域、狭窄区域）结晶养护由专业人员养护。现场专业人员除具备机器人操作、维护及传统结晶养护技能外，还可对现场出现的石材问题进行诊断，具备病变治理、修复及翻新技能。根据现场情况，调整机器参数及作业路径规划；一个熟练的技工可以同时管控和维护3~5台机器人进行养护作业。传统结晶材料与"大师晶盾"石材专用纳米涂层在机器人给药系统实现联合出药，混合研磨，不仅缩短了起光时间，而且在结晶完成的同时，实现结晶层纳米材料涂覆。因为有了涂层的保护，涂层材料固化后，可延长结晶固化时间一倍以上。结晶后的石材观感通透，赏心悦目，具备一定的防污、抗渗功效，可有效延长石材使用寿命。

6.9.4 智能养护机器人结构和工作原理

"大师晶盾"机器人主要由喷药电机组件、激光器、前防撞板、后轮、脚踏板、头盖、主前壳、前门、主后壳、尘推组件等构成。机器人外形尺寸为896mm×675mm×1073mm，总质量为275kg，总功率2.2kW，采用锂电池，结晶续航时间6h，尘推续航时间12h。

机器人控制硬件由轮毂电机驱动器、上位机、下位机、接触器、继电器、激光测距模块、刷盘电机驱动器、步进电机驱动器、功放及喇叭等构成。

采用单片机作为下位机的主控芯片，实现对机器人底盘电机模组的控制及激光雷达、轮毂电机驱动器、刷盘电机驱动器、步进电机驱动器等模块的信息采集与传输，并将激光雷达、轮毂电机驱动器、刷盘电机驱动器、步进电机驱动器等模块的数据通过串口上传至上位机。可以采用树莓派作为上位机，安装机器人操作系统，对下位机上传的数据生成里程计节点和激光雷达节点，进行机器人建模、坐标转换及地图生成，实现机器人的导航规划；将树莓派摄像头的数据传至网络服务器进行远程监控。控制系统控制框图如图 6-94 所示。

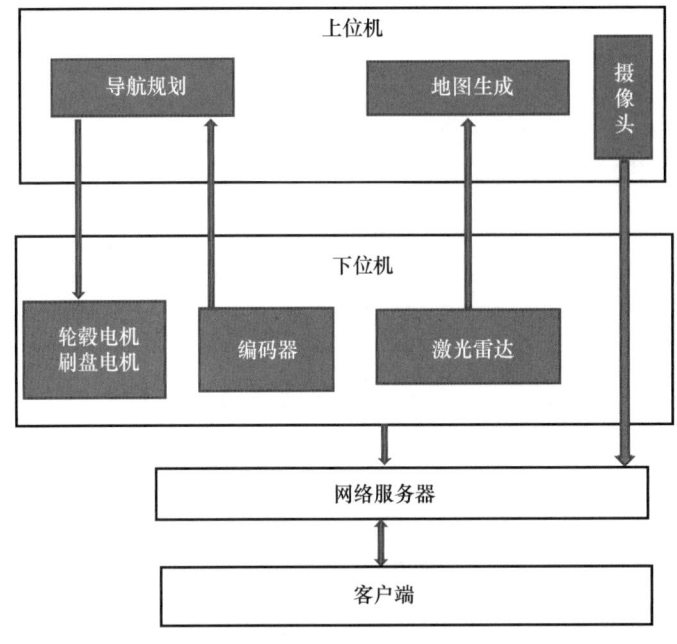

图 6-94　控制系统框图

上位机放在控制面板中可以处理所有数据并记录所有运行日志，驱动器精准控制每个电机正常运作和控制面板之间的信息快速、有效地传输、反馈。前后摄像头可以避障和获取实时彩图。激光器主要用于扫描地图与定位导航，辅助避障。防撞条用来碰撞缓冲，避免二次伤害。

晶面机器人的操作面板为触摸显示屏。晶面机器人开机后，显示屏自动加载智导 App 应用模块，通过该模块，用户可以自主选择清洁任务让晶面机器人执行，并对晶面机器人进行一系列高级设置与部署。晶面机器人配置手动与自动模式切换按钮，主要用于晶面机器人两种模式之间切换，以应对不同的使用场景。晶面机器人开机后默认开启手动模式，此时长按该按钮 3s 后松开，按钮灯常亮表示自动模式开启。如果需要关闭自动模式，再次长按该按钮 3s，待按钮灯熄灭表示自动模式关闭，此时晶面机器人恢复为手动模式。通常情况下，晶面机器人开机后默认开启手动模式；而如果需要执行清洁任务，操作人员则可以将晶面机器人切换至自动模式，然后在控制面板选择清洁任务并执行。手动模式启用时，晶面机器人不具备完整的自动避障功能，此时仅防撞条会起作用，其他传感器均不工作，因此晶面机器人的移动控制完全依赖操作人员的观察与控制，此时请留意周围环境动态，遇到紧急状况应及时做出反应。如果晶面机器人撞上其他障碍物，防撞条会自动回弹以保障操作人员的人身安全。晶面机器人可以与手机通信（图6-95），便于相关人员随时了解施工现场情况。

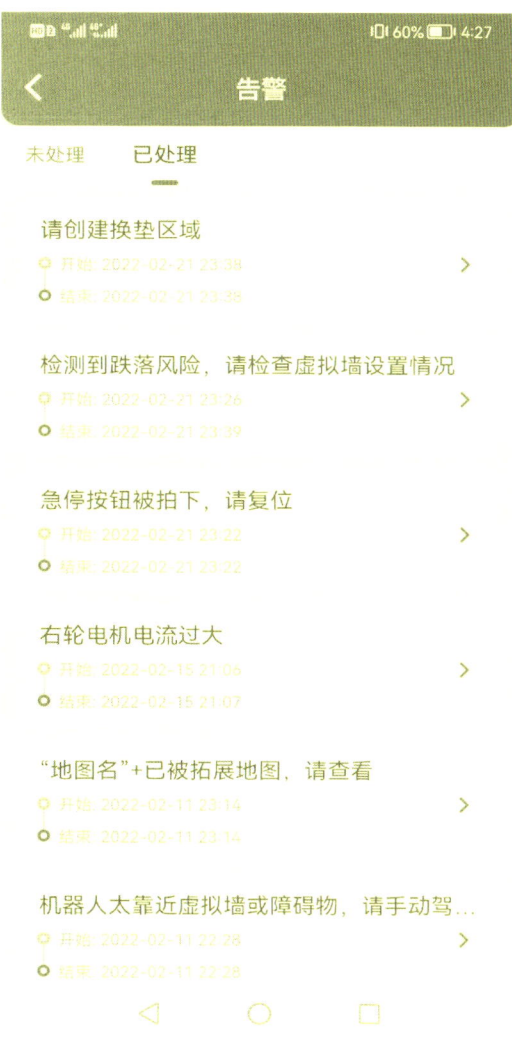

图 9-95　晶面机器人 App 界面

6.9.5　智能养护机器人工作流程

石材养护工艺流程如图6-96所示。

```
注射 → 修补 → 打磨 → 结晶
```

图 6-96　石材养护工艺流程

注射：使用水性环氧胶用高压注射器注射到石材孔内。要注到饱和，水性环氧胶有亲水性，能够吸收石材孔内少量的多余水分，24h 后待水性环氧胶完全固化后进行下一步操作。

修补：使用 307 不饱和聚酯树脂和石材同色的微粉搅拌均匀，修补石材裂缝和孔洞处。胶完全干燥后使用金刚石磨料进行整平。

打磨：使用打磨盘对石材表面进行磨削和抛光。

结晶：将晶面加硬剂喷洒在石材表面上，启动旋转磨盘，磨盘上面的钢丝棉与石材表面摩擦产生热量，与晶硬剂中的氟离子、少量树脂反应产生硅氟化物结晶层，呈玻璃质状，具有较高的硬度、耐磨度、透明度，具有抗水、抗污、防滑等作用。机器人结晶界面如图 6-97 所示。

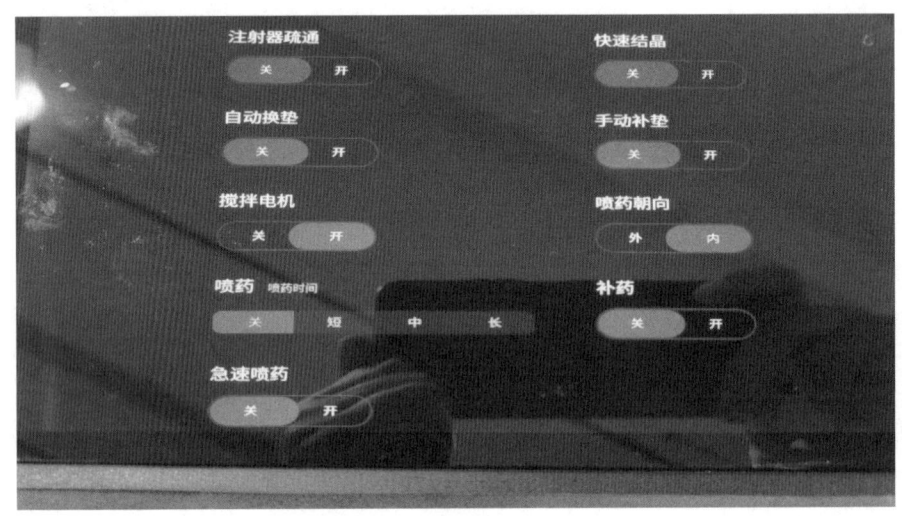

图 6-97　机器人结晶界面

将装好的刷盘组件安装到机器上，并拧紧蝶形螺栓。内侧灌装涂层，外侧灌装结晶剂。将装好药剂的注射器装好后，手动旋转螺杆往下压。若 4 个注射器都正常滴药，则没有问题，若 4 个都没有出药，继续点击喷药按钮，直至都出药为止。机器人操作分为自动作业和手动作业两种。

6.9.5.1　自动作业

机器人开始作业前要对场地进行地图扫描，以便规划好作业路线。地图采集通过激光雷达传感器、超声波传感器等环境信息，做出定位和地图的构建。采集的信息通过串口传递给上位机，上位机对数据进行处理并应用于地图构建。上位机根据路径规划的设计原则，为底盘计算出合理的运行轨道，并通过上位机将运行指令下达给底盘去执行动作。

激光测距方法主要有 3 种，分别是激光飞行时间测距、相位法测距和三角法测距。三角法和相位法测距主要用于短距离测量，虽然其测距精度较高，但探测距离短，无法满足移动机器人室内建图时对障碍物探测的距离要求。目前在机器人领域基本都采用激光雷达的激光飞行时间测距方法。

激光雷达采用的激光飞行时间测距方法是通过精确测量激光在发射物与目标物间往返飞行所用的时间来进行距离的测量。激光飞行时间测距系统主要包括控制器、发射电路、接收电路、TDC（Time-to-Digital Converter）计时电路、光学系统等。测距时，控制器控制激光发射电路产生一个电信号使激光器发射激光，经光学准直器准直后向目标物发射出去，同时，发射电路产生一个脉冲发射信号传给 TDC 计时电路开始计时，待激光被目标物反射回来时，被接收电路收到，接收电路产生一个脉冲接收信号传给 TDC 计时电路，TDC 停止计时。这段时间差记为 Δt，原理如图 6-98 所示。

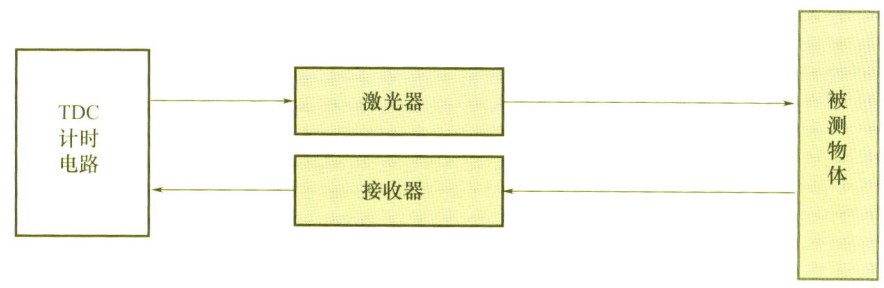

图 6-98 激光雷达测距原理

设被测物体与激光雷达间的距离为 L，飞行时间测距符合光在空气中的传播原理，其距离公式为

$$L = \frac{c \times \Delta t}{2} \tag{6-13}$$

式中，c 为光速。

由式（6-13）可以看出，测量距离 L 的精度取决于对 Δt 的测量准确度，测量时间差与真实时间差越接近，则测量出的距离越准确。

激光雷达采用机械旋转扫描方式，扫描机构通过电机带动激光测距模块旋转进行扫描测距。激光雷达置于移动机器人顶部平台上工作。激光测距模块通过相关结构固定于电机扫描模块上方，由电机扫描模块带动测距模块进行 360°旋转，主控制器可以控制电机的旋转速度和角度分辨率，工作时，电机可以按预设的参数转动，这时激光测距模块也开始向周围环境发射激光脉冲。电机扫描模块转动微小的角度，测距模块便可以实现多个激光脉冲的收发，通过对测量出的距离和角度数据进行处理，便可以知道测量的距离与其对应的角度值。将这些数据传输到电脑中进行处理，就可以知道激光雷达周边的环境信息，对移动机器人进行数据综合处理分析后，就可实现室内建图、导航避障等功能，其原理如图 6-99 所示。

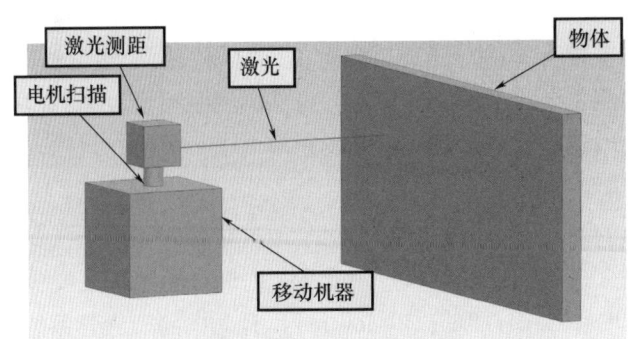

图 6-99　激光雷达工作原理

激光雷达搭载于移动机器人车载平台上工作，充当机器人的"眼睛"，感知周边环境，并形成扫描地图。扫描地图之后，若发现地图噪点比较多（噪点：在本来没有障碍物的地方出现障碍物），检查激光灰层后，重新扫描一次地图；若噪点比较少，可以选择原地图编辑，如图 6-100 所示，把有噪点的区域框起来，点击完成，清空区域，确保清空的区域没有障碍物，只是单纯的噪点。

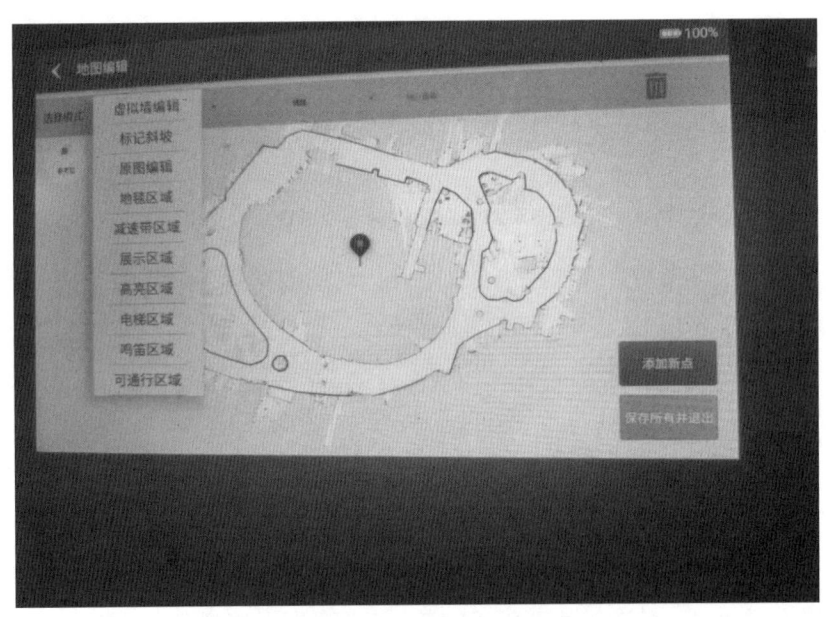

图 6-100　地图编辑界面

地图编辑包括虚拟墙编辑、标记斜坡、原图编辑、地毯区域、减速带区域、展示区域、高亮区域、电梯区域、鸣笛区域、可通行区域等。选择虚拟墙编辑是将作业区域的边缘用线条描一遍，建立作业范围，保证作业安全性。如果遇到电梯口和地毯等区域，取适当的距离，将此区域隔开。进入数据管理系统，创建组合路径，添加任务，点击选择结晶模式，将所需要组合的结晶模式添加进去。可以通过箭头来调整顺序，设置结晶模式。在任务系统中可以根据石材类型、地面磨损情况选择药剂量、结晶路径数量及循环次数，如图 6-101 所示。

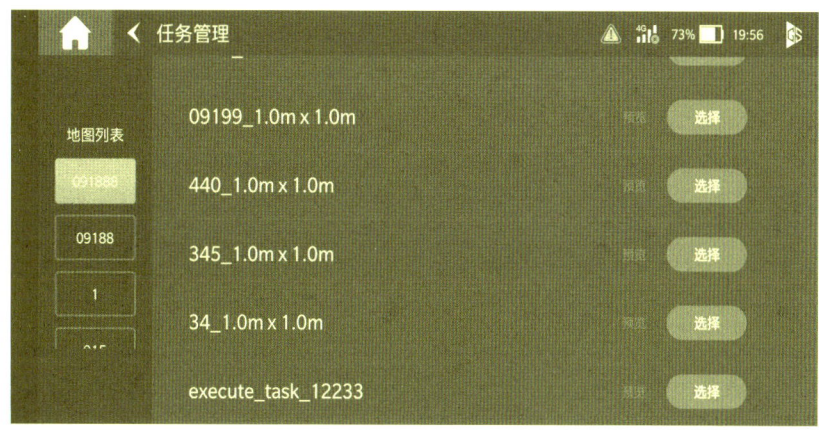

图 6-101　任务参数选择

各参数选择好后,开始对选择的区域进行自动作业,如图 6-102 所示。机器人会自动初始化位置,确定"定位状态"变为绿色,并且红色激光线和障碍物边缘重合,说明定位成功。如果定位不成功,机器人需进行手动初始化来选择"循环次数"按钮,可以选择任务循环次数、刷盘速度、清洁速度等参数。所有参数确定后,机器人开始进入自动工作界面,如图 102 所示。

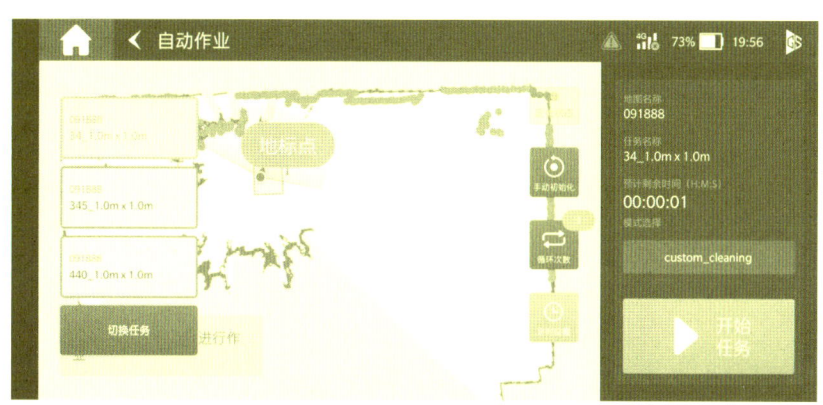

图 6-102　自动结晶作业

6.9.5.2　手动作业

机器人除了具有自动作业功能,还配有手动结晶作业功能。手动作业模式包括刷盘、尘推、刷盘转速等级、清洁速度。其操作界面如图 6-103 所示。

机器人对大面积进行结晶任务后,操作人员对结晶区的边角进行检查,比如距离墙体 40cm 范围的转盘处是否有圈印、漏药剂、注射器堵塞等不正常现象。这时需要人工调节机器进行二次作业。同时在机器人作业完成的区域,还要完成一些跟进清理、找补、推尘等作业。如果有药剂滴落腐蚀印记的地方,在腐蚀印记旁边放抛光剂,单盘机抛光即可。如果有下盘印记,在地面上放少量抛光剂,采用单磨盘抛光即可。如果发现地面有晕迹,在单磨盘上安装干净的钢丝棉抛光一遍即可,或在地面撒少量药剂进行磨

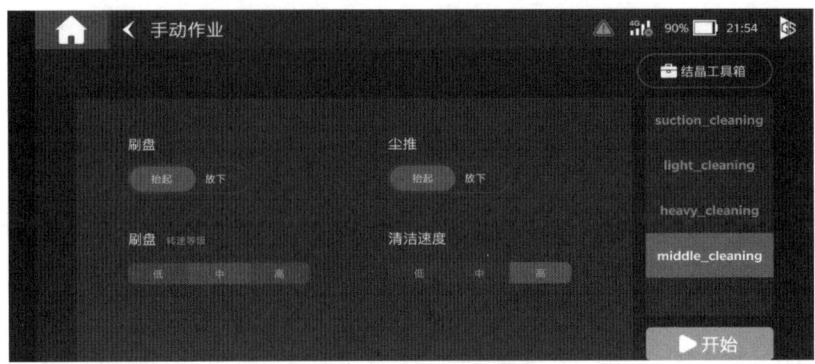

图 6-103　手动作业操作界面

抛。结晶任务完成，对结晶过的区域进行检查，判断地面是否满足光泽度、清晰度、通透性要求，检查地面是否有未磨干的药剂印、刷盘印等缺陷。如果有上述缺陷，使用单盘机磨抛，以达到晶面验收标准。

晶面机器人利用 HC-05 蓝牙芯片作为通信模块，完成智能手机与机器人之间的通信，同时利用 L298N 驱动模块驱动机器人行走和工作。机器人运行流程是操作者通过手机 App 与晶面机器人的蓝牙模块相连接，实现手机 App 远程控机器人。整个结晶任务通过远程手机下载的 App 查看作业时间、结晶模式、结晶效率、结晶面积、剩余电量等数据，如图 6-104 所示。

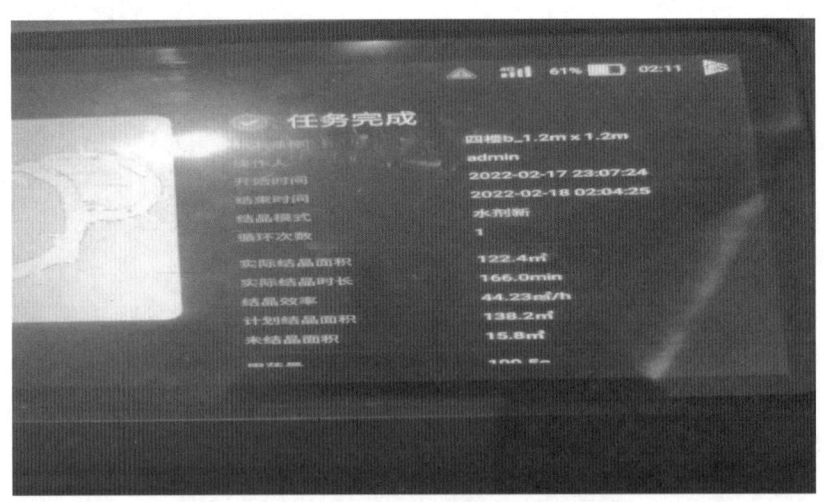

图 6-104　手机 App 查看作业任务

6.9.5.3　数据管理

晶面机器人配有数据管理功能。数据管理功能模块主要包括三方面的内容：一是地图管理；二是地图编辑；三是路径和点管理。

1）地图管理

该管理功能可以扫描新地图，并对地图进行重命名、恢复、编辑、扩展和删除等操作,如图 6-105 所示。

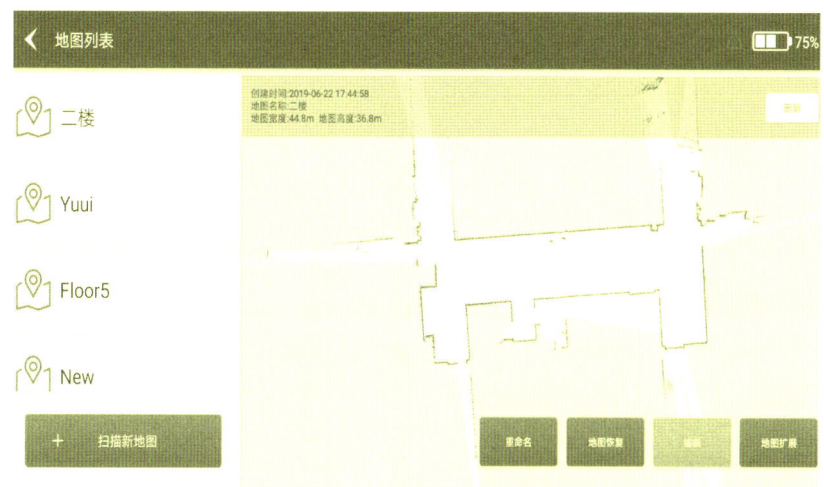

图 6-105 地图管理主界面

扫描新地图即进入扫描地图界面,也可以手动驾驶晶面机器人让机器人在环境中移动,其配备的激光传感器探测周围环境,并根据收集的环境数据构建高精度地图。如果地图构建完成,可以保存扫描地图;如果对当前构建的地图不满意,可以取消扫描地图,重新构建地图。

2)地图编辑

地图管理主界面具有地图编辑功能。该功能不适用于当前正在使用的地图,仅对历史保存地图有效。同时还有地图恢复功能。地图恢复功能主要用来恢复当前地图。通过原图编辑操作增加或者减少的数据无法恢复。如通过原图编辑功能清除地图上的噪点数据或者增加激光雷达无法扫描到的障碍物区域数据,这些数据无法通过地图恢复功能恢复。地图扩展功能可以扩展当前地图。在新打开的窗口中,先控制机器人移动到原有地图的路径上,然后开始建图。对已有地图进行扩展之前,需要确保机器人定位准确,如果定位不准确,需要先进行地图初始化操作,再进行地图扩展操作。在新打开的地图编辑界面,可以选择多种模式对当前地图进行编辑,编辑内容见表 6-8。

表 6-8 地图编辑内容

编辑模式	说明	支持形状	备注
虚拟墙编辑	地图上添加虚拟墙,标记激光扫描不到的区域,以防止机器人在该区域发生误撞危险	线段/多边形/圆形	地图上显示为黑色线条
原图编辑	对原图上的区域进行修改,可以框选区域进行清空或者填充操作,清空区域即清除区域内的地图数据,区域内即为无障碍物区域,填充区域将区域标记为障碍物区域; 用户可以通过该功能对地图中的障碍物或激光噪点进行修改	多边形	地图上显示为黑色线条包围的区域

续表

编辑模式	说明	支持形状	备注
地灯区域	在当前地图上标记地灯区域； 标记地灯区域后，机器人作业时会避开地灯区域	多边形/圆形	地图上显示为圆形图标
退垫区域	扫描地图后需标记退垫区域，退垫区域的个数为4个；正常作业时，机器会导航全退垫区域将刷盘自动退掉，然后返回作业区域继续作业	多边形/圆形	地图显示为方形区域

地图编辑步骤如下。

（1）参考层以辅助地图编辑。参考层中包括网格层、潜在障碍物、虚拟墙、点列表、路径列表、手绘路径等多个选项可供选择。可以根据实际应用需要进行勾选，并在展开列表选项里选择具体的选项以供后续操作参考，如图6-106所示。

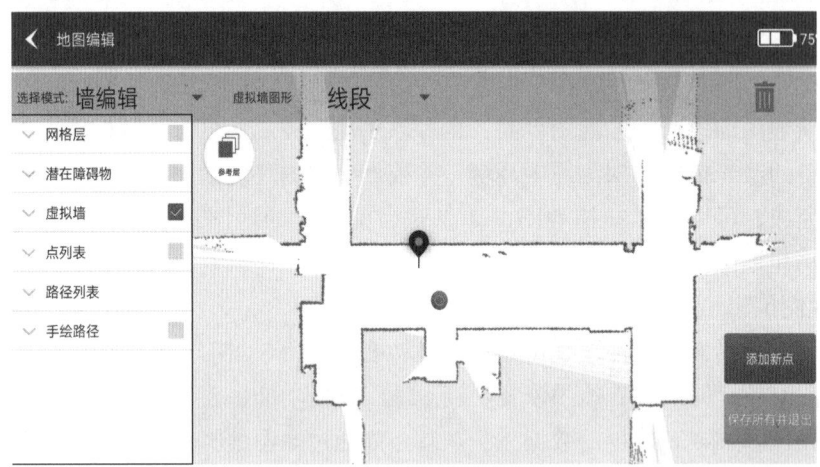

图6-106　App地图编辑界面

（2）选择需要的模式。在图形右侧的展开选项中选择合适的形状，选择添加新点，然后拖动地图，拖曳出线段，再次点击添加新点，拖出线段，便可以在地图上勾画出不同形状，从而进行修改操作。

（3）删除保存的修改。再一次点击之前编辑的元素，如虚拟墙、斜坡或者原图编辑，然后点击右上角的删除按钮，即可删除相应的元素。

（4）添加导航点。可以在当前地图上添加导航点（初始化点或者充电点），还可以通过精度条，即参考层中的网格层展开选项来修改点的位置，选择标记当前点，便可以将当前位置标记成导航点。

3）路径和点管理

机器人自主导航是判断机器人智能化程度的重要指标。给出目标点位置之后，需要规划出从当前位置到目标点位置的可通行路径，对于这条路径，其路径的长度、路径的平整度、行走时间都是重要的评价指标。大多数室内环境都是非规则的图形，如正方形、圆形等，有着大量不规则的障碍物，在这样的环境中进行路径规划的过程本质上就是求解一个非线性优化问题的过程。路径规划的算法很多，常用的有滑动窗口算法、人工势场法、仿生研究的蚁群算法、遗传算法等，以及近年来基于深度学习的一些方法。因此寻求一个最佳路径可以避免机器人在运动过程中出现不必要的碰撞。

在展开菜单中点击数据管理图标，然后选择路径和点管理选项，进入图 6-107 所示的路径和点管理界面。在该界面，可以进行一系列的基本任务创建工作，如录制路径、手绘路径、组合路径常用地等。在左侧的路径列表中，点击不同的路径类型，即可查看对应的路径类型下已经绘制好的路径信息。在界面中间所显示的地图上方区域，可查看当前显示的地图和任务的信息，包括地图名称和任务名称。路径类型见表 6-9。

图 6-107　App 功能路径和点管理界面

表 6-9　路径类型

路径类型	描述	备注
清扫路径	人为控制机器人移动，并让机器人记录的路径	
手绘路径	手动在地图上绘制路径，并让机器人根据上述绘制的路径行走	
路径组合	将各类路径进行组合，从而形成新的路径	
路径点	将各类路径与各类关键点进行组合而成的新路径点	如地标点、导航点等
实时自动覆盖	手动绘制闭合的路径区域，生成路径时不能自动生成路径规划。机器人执行任务时将根据实际环境动态规划行走路径	

在路径与点管理界面，具有"示教模式"与"自动覆盖"两种，任意选择一种路径进行绘制，绘制成功后机器人便可以跟随绘制好的路径移动。

示教模式如图 6-108 所示。如果选择了示教模式绘制路径，在新打开的界面点击开始按钮，输入路径名字，然后手动驾驶机器人行走。机器人将实时记录自身的行走路径，同时对该路径进行绘制并保存，由此生成机器人的运动轨迹。后续机器人执行任务时，可以直接调用该路径，并按照预定的路径行走。

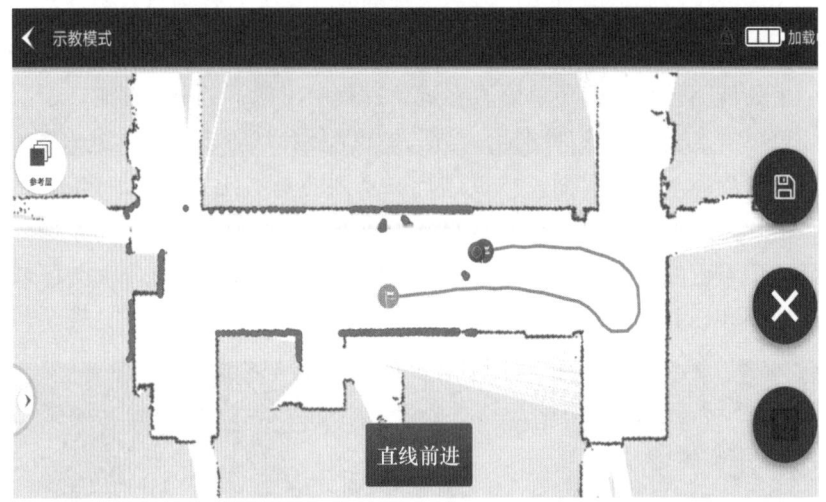

图 6-108　示教模式

自动覆盖如图 6-109 所示。如果选择了自动覆盖形式绘制路径，在新打开的界面点击开始按钮，输入路径名字，然后驾驶机器人行走，直至绘制出一个闭环区域（机器人的行走路径的起点和终点最终相接，中间区域是被路径封闭起来的区域）。该闭环区域绘制成功后，机器人将以该闭环路径为基础，在该闭环内部区域自动规划路径填满整个区域，从而实现机器人路径对该区域的自动覆盖。如果该区域存在障碍物，机器人进行自动覆盖操作时将自动避开障碍物，然后继续进行覆盖操作。

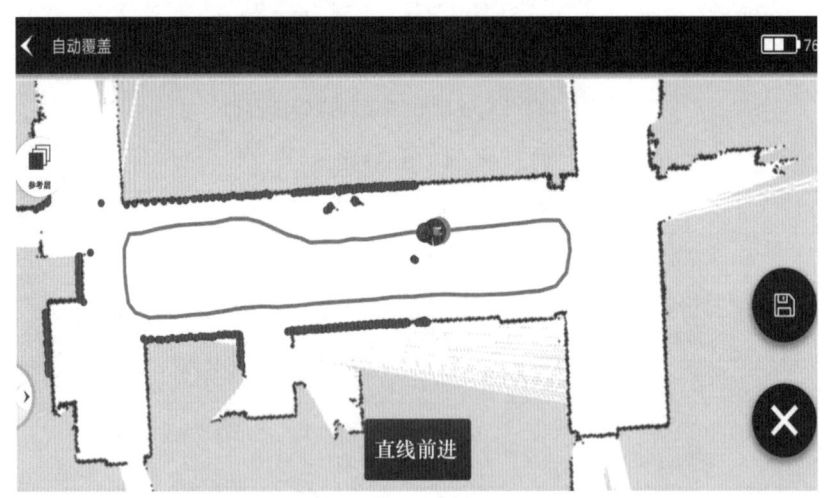

图 6-109　自动覆盖

路径与点管理功能是将之前绘制的各类任务添加进来，用于组合成新的任务，此时也可实时添加新的关键点和绘制新的路径，即把对应的添加点和添加路径模式组合即可，如图 6-110 所示。

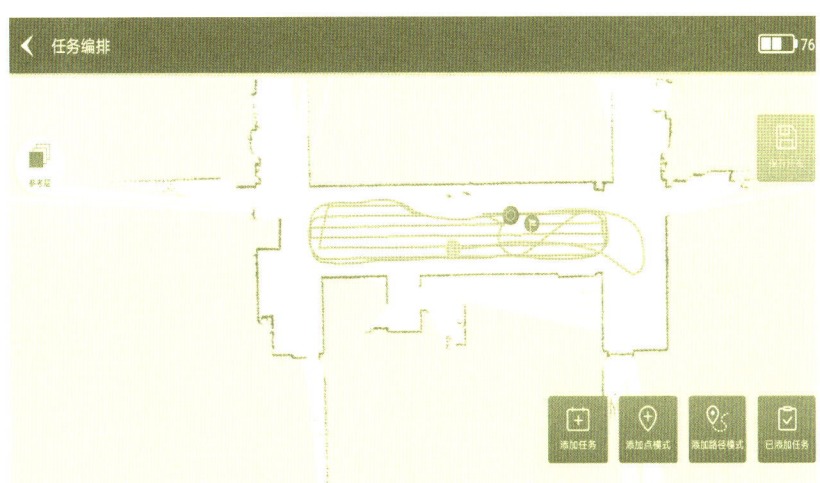

图 6-110　App 组合新路径界面

图 6-110 是智导 App 创建新的点界面。点击"创建新的点"按钮即可在地图上添加新的初始点、导航点和充电点。可借助方向调节器来对导航点到达时的方向进行调节，并保存当前新添加的点。地图关键点说明见表 6-10。

表 6-10　地图关键点说明

点名称	含义	数量	备注
地标点	建议每张地图创建 1 个坐标点，用于标记晶面机器人每天自动作业工作的起点	每张地图一个	在开始任务之前需要工作人员把车驾驶或推至地标点
导航点	（1）把设置完成的一些导航点加入路径组合，实现作业完毕自动导航至某点，推荐使用此项功能； （2）导航点用于标记地图上机器人可以到达的点，后续用户可以选择该点，然后机器人将自主导航寻路至该导航点	每张地图支持添加多个	

创建完路径后，要对路径进行规划，其路径规划注意事项如下。

（1）路径线不要出现过于明显的凹槽或者凸起的地方（尤其是锐角路径线），不然自动生成的路径线会很乱或可能出现缝隙。

（2）起点和终点必须在一个点上，可以越过起点一段距离，越过的部分最好是和路径线重合，一定不要出现路径线交叉的现象。

（3）如果作业区域是异型的，根据现场实际情况分割成多个相对比较规则的覆盖区域。

（4）如果通道过于狭窄，使用示教模式而非自动覆盖模式（从工作效率方面考虑，通常认为通道宽度小于 3m，就应该使用示教模式，请根据现场情况酌情考虑）。

（5）如果是实体墙，可以离墙体 20cm，如果是货架或者玻璃门等一些不规则易碎/反光透光的贴边，不能离得太近，避免出现危险。

参考文献

[1] 李培根,高亮. 智能制造概论[M]. 北京:清华大学出版社,2021.

[2] 张进生,张政梅,王志,等. 石材矿山开采技术[M]. 北京:化学工业出版社,2007.

[3] 廖原时. 金刚石串珠锯在饰面石材生产中的应用技术[M]. 北京:冶金工业出版社,2009.

[4] 张进生,张良智,王志,等. 石材异性制品加工技术[M]. 北京:化学工业出版社,2006.

[5] 刘增文. Pro/E编程在石材雕刻中的应用[J]. 石材. 2008(8):10-12.

[6] 赵民,李天敏,邵萌,等. 基于CCD摄像机石材表面颜色识别方法[J]. 沈阳建筑大学学报(自然科学版). 2019,1(35):133-141.

[7] 金媛媛,曹瑞元,赵民. 基于Pro/E石材扭纹柱三维造型设计及加工[J]. 石材. 2013(5):15-17.

[8] 肖强,张云凤,赵民. 基于Pro/E石材圆柱数控车削加工研究[J]. 石材. 2013(11):37-39.

[9] 林彩梅. 基于CAD/CAM的石材拼花设计与加工的研究与应用[J]. 兰州文理学院学报(自然科学版). 2015,1(29):52-55.

[10] 邓拥军,周向. 一种基于机器视觉的石材缺陷检测方法[J]. 机械设计与制造. 2019(12):150-154.

[11] 赵民. 石材三维设计及加工技术[M]. 北京:机械工业出版社,2014.

[12] 赵民. 石材数控加工技术[M]. 沈阳:辽宁科学技术出版社,2013.

[13] 赵民. 金刚石圆锯片技术[M]. 北京:科学出版社,2015.

[14] 姚靖维、周祺、张刚. 基于数字孪生技术的船舶管件加工智能车间研究[J]. 自动化仪表. 2021(6):101-105.